教育部人文社会科学研究青年基金项目"乾嘉之际岭南布衣诗群研究"（08JC751008）
广东省哲学社会科学"十二五"规划项目"清代岭南布衣诗人群体研究"（GD13CZW01）
广州市哲学社会科学发展"十二五"规划项目"清代岭南布衣文学研究"（13Y11）

广东财经大学学术文库

清代布衣诗人研究

以岭南布衣诗人为例

张琼 著

中国社会科学出版社

图书在版编目(CIP)数据

清代布衣诗人研究:以岭南布衣诗人为例/张琼著. —北京:中国社会科学出版社,2020.5
ISBN 978-7-5203-6288-7

Ⅰ.①清… Ⅱ.①张… Ⅲ.①诗人—人物研究—广东—清代 Ⅳ.①K825.6

中国版本图书馆 CIP 数据核字(2020)第 059418 号

出 版 人	赵剑英
责任编辑	史慕鸿
责任校对	周 昊
责任印制	戴 宽

出　　版	中国社会科学出版社
社　　址	北京鼓楼西大街甲 158 号
邮　　编	100720
网　　址	http://www.csspw.cn
发 行 部	010-84083685
门 市 部	010-84029450
经　　销	新华书店及其他书店
印　　刷	北京明恒达印务有限公司
装　　订	廊坊市广阳区广增装订厂
版　　次	2020 年 5 月第 1 版
印　　次	2020 年 5 月第 1 次印刷
开　　本	710×1000　1/16
印　　张	22.25
字　　数	278 千字
定　　价	118.00 元

凡购买中国社会科学出版社图书,如有质量问题请与本社营销中心联系调换
电话:010-84083683
版权所有　侵权必究

序

  改革开放40年来，学术研究上蹉跌推进，长期冷落一隅的清诗研究已经悄然发生改变。无论文献整理的基础建设、研究领域的横向拓宽，还是各种问题的深入开掘，形成一种蔚为大观的集约面貌。断续迭出的众多研究成果，不断刷新着历来学界对清诗的陈见，刮诟磨光，展示了清诗应有的文化价值与诗学魅力。
  我向来认为，在中国古典诗学的发展过程中，"性情"与"学问"是一对相关命题，历史上，诗人抒情写志既有"情志→景象→韵味→意境"的以"性情"为中心的"意境化"模式，也有"陶冶诗意→依藉典籍→比附典事→融之入诗→润之成句"的以学问为诗的路径。这两条路径同时并存，并贯穿中国古典诗学的全部历程。就以学问为诗的路径而言，从先秦起，诗歌学问化要素已孕育生成，汉魏六朝诗拉开了古典诗歌学问化的序幕，唐诗持续发展，到了宋诗，形成了古典诗歌学问化的第一座高峰，继元明诗之后，清诗又形成了古典诗歌学问化的第二座高峰，随之而来的是近代诗歌中学问化的新变与终结。无疑，古典诗歌学问化倾向是清诗最突出的特点，也是清诗直追唐诗、宋诗的重要原因，"清诗之所以祧元明而配唐宋，恰恰就在于它'以学问为诗'"①，原因不言自明，清人要在唐宋以后的诗坛上开辟疆域绝非易事，以学问为诗，可以说是清人适应并光大古典诗学内在文化流脉又刻意为之的结果。

但是当我们把目光投向岭南，这里又是另一方天地。岭南地处五岭之南，偏居一隅，背山靠海的地理位置、热带亚热带的气候条件、山高皇帝远的政治生态使得岭南成为中华文化大家族中独特的一支。就诗歌创作而言，岭南诗坛同样别具面貌。数年前，我在《清中叶岭南四家诗歌创作研究》的序言中指出，"与乾嘉正统诗坛——诗人们的精力才智被导向缺少深厚历史内涵为依托的诗歌风格艺术诸方面的刻意琢求——不同"，"在地域文化的特定视野中，作为岭南人，诗人以诗学为核心的全部活动和成就所显示的，就不仅是他个人在乾嘉诗坛上地位的高下，而代表了地域文化在当时交融的主要趋向以及所达到的深度"②。

现在回过头来看，我认为当初的看法是符合岭南诗歌的实际的。岭南诗歌走出了一条不同于中原的发展道路，即受动并体现了一种开放兼容、求真务实、直观享乐的地域文化性格。毋庸讳言，这种文化性格的另一面也许是文化积淀不那么深厚——乾隆开设《四库全书》馆时，岭南地区进献的书籍屈指可数便可见一斑。这样的地域特色，使得岭南诗人大多数难以在"以学问为诗"的道路上策马驰骋，势必主要遵循着"意境化"的抒情写志道路。

张琼的《清代布衣诗人研究——以岭南布衣诗人为例》具有弥补空白的本体价值，即首次对岭南布衣诗人群体面貌进行勾勒、界定和分析。全书分为上下两编，上编对"布衣"的相关问题加以探

---

① 吴孟复：《别才非学最难凭——略谈清代的诗学与学风》，载《明清诗文论集》，江苏古籍出版社1986年版，第1—6页。
② 魏中林：《序》，张琼《清中叶岭南四家诗歌创作研究》，江西人民出版社2012年版，第2—3页。

讨，分析了清代布衣文人的精神特质，进而梳理了清代布衣文人对清代文学的推动作用，论述"诗在布衣""文章归于匹夫"这种现象的产生，与布衣自小为之的创作轨迹、留名后世的创作目的、心无旁骛的创作态度、相对自由的创作过程及明确的文坛争胜意识有着密切的联系。在清代统治者恩威并施的文化政策的高压之下，布衣文人以多样化的谋生方式保持了自身的独立与尊严。下编主要剖析清代乾嘉时期的布衣诗人，细致地分析了乾嘉岭南布衣诗人的特殊心态，指出乾嘉布衣诗人创作的价值所在：在举世讴歌太平盛世的时刻，他们从社会底层的视角，展现了一个下层社会的全景图，描画出"乾嘉盛世"大幕下的另一重社会生态和心态。

同时，本书从诗人的社会身份出发，似乎不经意印证了"学问化""意境化"的诗歌创作道路与诗人的社会地位有着密切关系。大略而言，布衣诗人更倾向于"意境化"诗歌创作，仕宦诗人则更青睐于"学问化"路径。全书既有宏观鸟瞰，将诗人诗作置于清代乾隆嘉庆的历史背景之下，在横向与纵向的比较中，结合时代环境、作家的生平和思想研读作品，并运用心理学、生态学、地域文化理论，探讨乾嘉之际的岭南布衣诗人的心灵轨迹，也有对乾嘉时期的岭南布衣诗人的微观研究，突出岭南诗人的地域性风貌，触摸了一些学术上的盲点，新意频出，不少地方有一得之见，如注意到诗人的谋生方式与诗人创作的互动关系，就颇有独到之处。当然，有些具体问题摸到即止，未遑展开，似是为日后深入开掘留下空间。

张琼于世纪之交负笈南下，列我名下接续攻读硕士和博士研究生。记得她当时已对古代的隐逸现象产生了浓厚的兴趣，毕业后入职广东财经大学，虽然工作岗位屡有变迁，行政工作日益繁重，却始终坚守初心，教学行政事务之余，集中精力研究地域性布衣诗人问题，其研究旨趣正与她既能热心服务群体，又不辍学术追求而体现的淡泊守志相映成趣。

　　此书是张琼的第二部学术著作，读来倍感欣慰。如果说前一本《清中叶岭南四家诗歌创作研究》是对"岭南四家"进行了集约式探究，那么，这本书反映了她研究视野的广度与深度又上了一个台阶。深冀其以此为起点，不断有更多的新成果问世。是为序。

魏中林

目 录

前言 …………………………………………………………（1）

上 编

第一章 关于"布衣"若干问题的探讨 ……………………（3）

第一节 "布衣"概念的界定 …………………………（3）

　一 古代"布衣"的含义 ……………………………（3）

　二 学术界对"布衣"的界定 ………………………（15）

　三 本书对"布衣"的界定 …………………………（16）

第二节 布衣与寒士、隐士等概念的辨析 ……………（23）

　一 布衣与寒士 ………………………………………（24）

　二 布衣与隐士 ………………………………………（25）

　三 布衣与山人 ………………………………………（26）

　四 布衣与高士 ………………………………………（29）

　五 布衣与遗民 ………………………………………（30）

第二章 清代布衣诗人探论 ………………………………（33）

第一节 布衣诗人的涌现与清代文化政策 ……………（33）

一　清朝统治者高度重视教化……………………………………（33）
　　二　恩威并施：清代文化政策的主导倾向…………………（36）
第二节　清代布衣诗人的构成…………………………………………（50）
　　一　清初布衣诗人的构成……………………………………（50）
　　二　清中晚期布衣诗人的构成………………………………（64）
第三节　清代布衣诗人的谋生方式……………………………………（73）
　　一　清代布衣诗人对谋生重要性的认识……………………（74）
　　二　清代布衣诗人的谋生方式………………………………（76）
　　三　清代布衣诗人谋生的特点及其意义……………………（94）
第四节　布衣诗人治生方式对文学创作的影响………………………（96）
　　一　影响布衣诗人对文体的选择……………………………（96）
　　二　影响布衣诗人的创作内容………………………………（99）
　　三　影响布衣诗人的创作面貌………………………………（100）

第三章　清代布衣精神引领下的诗歌创作概况………………………（106）
　第一节　清代布衣诗人之精神特质…………………………………（106）
　　一　砥砺气节，鄙弃功名……………………………………（108）
　　二　傲骨铮铮，率性而为……………………………………（112）
　　三　立德立言，为师一方……………………………………（115）
　第二节　布衣诗人对清代文学的推动………………………………（118）
　　一　引领清代诗坛风气转移…………………………………（118）
　　二　助推"为民"诗歌大发展…………………………………（121）
　第三节　清代"诗在布衣"现象之成因………………………………（123）
　　一　留名后世的创作目的……………………………………（125）
　　二　心无旁骛的创作态度……………………………………（127）
　　三　相对自由的创作过程……………………………………（129）

下　编

第一章　清代岭南诗歌发展概述 ……………………………（135）
　第一节　清初岭南诗歌 ………………………………………（136）
　　一　清初诗人的人生选择：留题始爱汉山河 ………………（136）
　　二　清初诗歌创作主题 ………………………………………（140）
　第二节　清中叶岭南诗歌 ……………………………………（148）
　　一　清中叶岭南诗人之人生抉择：繁华地有冷淡人 ………（150）
　　二　清中叶岭南诗坛概貌 ……………………………………（152）
　　三　清中叶岭南诗坛繁荣成因分析 …………………………（156）
　第三节　晚清岭南诗歌 ………………………………………（163）
　　一　晚清岭南的社会背景 ……………………………………（164）
　　二　晚清岭南诗人的共同心态：如此飘零怨也迟 …………（167）
　　三　晚清诗人的创作主题 ……………………………………（171）

第二章　乾嘉岭南布衣诗人的构成与交游 …………………（186）
　第一节　乾嘉岭南布衣诗人的构成 …………………………（186）
　　一　乾嘉岭南布衣的构成分析 ………………………………（186）
　　二　岭南诗人对功名的选择 …………………………………（188）
　　三　乾嘉岭南布衣诗人的普遍心态 …………………………（194）
　　四　乾嘉布衣诗人与商人的关系探究 ………………………（199）
　第二节　乾嘉岭南布衣诗人交游考证 ………………………（204）
　　一　乾嘉岭南布衣诗人的交游 ………………………………（204）
　　二　乾嘉岭南布衣与中原诗坛 ………………………………（231）

第三章 乾嘉岭南布衣诗人诗歌创作概述 ……………… （238）

第一节 乾嘉岭南布衣诗人的创作主题 ……………… （238）
一 描绘自身艰难处境 ……………………………… （239）
二 抒发自身怀抱 …………………………………… （240）
三 展示家乡魅力 …………………………………… （242）

第二节 乾嘉岭南布衣诗歌的认识价值 ……………… （244）
一 揭露吏治腐败的真相 …………………………… （245）
二 揭露官府盘剥的无情 …………………………… （247）
三 揭露物价飞涨、苦乐不均的现实 ……………… （250）

第四章 乾嘉岭南代表性布衣诗人研究 ……………… （254）

第一节 乾嘉岭南布衣诗人的谋生方式 ……………… （254）
一 乾嘉布衣诗人的地域分布 ……………………… （254）
二 乾嘉岭南布衣诗人的谋生方式 ………………… （256）

第二节 黄屋自娱臣老矣，何曾争胜汉朝仪
——论罗天尺 …………………………………… （259）
一 罗天尺生平与思想 ……………………………… （259）
二 罗天尺创作研究 ………………………………… （267）
三 坐馆生涯对罗天尺创作的影响 ………………… （277）

第三节 既事千秋足知己，画痴书癖最诗豪
——论黎简 ……………………………………… （280）
一 研究现状 ………………………………………… （281）
二 黎简生平：盛世隐士 …………………………… （285）
三 黎简的谋生生涯 ………………………………… （292）
四 笔耕对黎简创作的影响 ………………………… （295）

结语 …………………………………………………（309）

参考文献 ………………………………………………（311）

后记 …………………………………………………（331）

前　言

　　清代文学存在明显的"朝""野"分立现象。就诗歌的创作主体而言，尽管不乏天潢贵胄这样的贵族诗人，也不乏底层劳动人民的信笔之作，但这都不是诗坛主流，作家的构成主体非布衣诗人与仕宦诗人莫属，他们的社会地位不同，生活方式不同，个人经历不同，从而导致了创作内容、风格也判然有别。清人早已注意到这个问题，汪琬说："昔贤论文，有二体：有台阁之体，有山林之体。"[①] 章鹤龄说："诸家诗，前辈论之详矣。然详于台阁而略于山林。"[②] 徐乾学的创作是"高文典册，多关掌故。诗虽余事，要皆雍容宽博，自然名贵，此台阁之异于山林也"[③]。范文程说："诗无专集，流传仅见《永平府志》载《清风台宴集》二律，清越高华，犹见名臣襟度。"[④] 在诗歌这一方天地，清代统治者不惜以帝王之尊，亲自投入创作之中，并通过扶植御用诗人对创作进行干预，使得仕宦诗人与

---

① （清）汪琬：《汪琬全集笺校》，李圣华校，人民文学出版社2010年版，第1462页。
② （清）章鹤龄：《读布衣诸老诗各书一绝》小序，见郭沫若《万首论诗绝句》，人民文学出版社1991年版，第1313页。
③ 徐世昌：《晚晴簃诗话》，傅卜棠编校，华东师范大学出版社2009年版，第217页。
④ 同上书，第107页。

布衣诗人的创作存在明显差异。仕宦诗人创作受到更多的约束，统治者娴熟地运用高压与怀柔两手，将诗人肆意地玩弄于股掌之间；严迪昌先生指出，"举凡封建历史上曾有过的各式惨酷、阴柔、颠顶、诡谲的统治行为和手段，无不集大成地在这二百七十年间遍经施行，并且多有发展，别具特性"①。在这种特殊的历史背景之下，诗人动辄得咎，"其（文字狱）最明显而又对民族文化最具破坏性灾难效应的，是文士的失语。于是，层累有千百年人文积淀，又历经翻复更变之人生体审，本属才识之士辈出的时代，却由此陷入令人浩叹之心灵荒漠，呈现一种集体怔忡症：或热衷拱枢、或冷漠遁野，或饾饤雕虫、或风花雪月，或乡愿、或佯狂，或趋时、或玩世。总之，灵光耗散，卓识幽闭，顺者昌，逆得亡"②。由于统治者对创作的干预，清代诗人的创作空间相当有限，正如乾隆所坦言，"却共温花荣此日，将嗤冷菊背而今"③，他希望看到听到的是一派盛世元音、歌功颂德之作。这其实是清代统治者的共同期望。正是由于统治者有意无意在思想上达成一统，诗人的思想被限制，自由丧失殆尽，要想进入主流社会，就必须迎合甚至顺从。钱大昕说"梅花也学娇桃杏，不肯冲寒更出头"④，实在是道出了仕宦诗人隐秘的内心世界。他们明哲自保、谨小慎微，这种心态自然会影响创作，附庸风雅，无病呻吟，追逐名利，应答酬唱是仕宦诗人的普遍做法，文学不幸沦落为政治的附庸，成为皇权的吹鼓手，歌颂圣主的英明神武，发出黄钟大吕的正音。

---

① 严迪昌：《清诗史》，浙江古籍出版社1999年版，第5页。
② 严迪昌：《从〈南山集〉到〈虬峰集〉——文字狱案与清代文学生态举证》，《文学遗产》2001年第9期。
③ （清）爱新觉罗·弘历：《咏络纬》，转引自严迪昌《清诗史》，浙江古籍出版社1999年版，第675页。
④ （清）钱大昕：《探梅》，《潜研堂集·诗续集》卷七，嘉庆十一年刻本。

前　言

　　与仕宦文人相左的是布衣诗人。高压造成了仕宦诗人的谨言慎行、明哲保身，"盛世元音"充斥诗坛；幸运的是，布衣诗人远离仕途，远离权力中心，保持着人格的尊严与独立，具有真情真性，"斯文万古将谁属？共尔衰迟老布衣"①，他们在创作上寄予扬名后世的希望，"身前之遇，不自我；而操身后之名，可自我"②。正是由于布衣诗人的苦心经营，自创一派，自成一途，使清代诗歌得到了光辉的总结，正如严迪昌先生指出，"布衣诗应该视为中国诗史的一个重要现象，而清初遗民群体中的布衣诗人尤值得关注"，"清代中后期的诗史性活力有赖于这诗群而得以勉为鼓扬"③。严先生看到了布衣在诗歌史上的重要地位，可谓目光如炬。清代有着数量十分庞大的布衣群体，更重要的是，布衣不仅数量上占据优势，也取得了很高的创作成就。"大抵好诗在林壑，可怜名士满江湖。"④ 布衣虽"穷"，却获得了创作的自由。布衣诗人焦循指出："布衣之士，穷经好古，嗣续先儒，阐彰圣道，竭一生之精力，以所独得者聚而成书，使诗、书、六艺有其传，后学之思，有所启发，则百世之文也。"⑤他们不再温柔敦厚、怨而不怒，而是横眉怒目、匕首投枪、讽刺针砭，撰写出足以流芳后世的佳作，清代诗坛正因为布衣诗人的创作而得以丰富充实，"诗在布衣"成了清代文学史上一个重要的现象。

　　岭南也不例外，"五岭北来峰在地，九州南尽水连天。"⑥ 岭南

---

① （清）顾炎武：《路光禄书来叙江东同好诸友一时徂谢感叹成篇》，《亭林诗集》卷五，四部丛刊景清康熙本。
② （清）吕坚：《师竹轩诗序》，《迟删集》卷九，清滋树堂刊本。
③ 严迪昌：《清诗史》，浙江古籍出版社1999年版，第135页。
④ （清）闵华：《澄秋阁集》，《清代诗文集汇编》第273册，上海古籍出版社2011年版，第3450页。
⑤ （清）焦循：《与王钦莱论文书》，《雕菰集》卷十四，广陵书社2009年版，第266页。
⑥ （清）陈恭尹：《九日登镇海楼》，《独漉堂集》，郭培忠校点，中山大学出版社1988年版，第222页。

地理位置独特，东西绵延千里的五岭山脉，好似一道天然屏障，既阻挡了干冷气流的南下与暖湿气流的北上，也为南北地区之间的文化交流设置了障碍，使得岭南既从属于中原，又有着自己特有的发展轨迹。无论是对岭南人还是对中原人而言，在生产力尚不发达的古代社会，翻越五岭山脉的难度可想而知。因此，在漫长的历史长河中，岭南与中原相互隔绝、各自发展。当然，隔绝仅是一个方面，历史上，岭南与中原的文化交流从未中断过，因经商、战争、贬谪、避乱、探奇等原因，中原人源源不断地进入岭南，并带来了他们原生的文化。在长期的交融碰撞中，岭南文化不可避免地接受了中原文化。同时"窗棂之下，易感风霜"，靠海的地理优势，给岭南打开了另一扇窗口。"历史上，岭南特别是珠江三角洲一带是商业贸易比较发达的地区。广州是我国历史上最早、规模最大的重要对外通商口岸之一，自三国时代以来，广州就已经是中国海上丝绸之路的起点，到唐代已经成为世界著名商埠，宋代广州与50多个国家有通商及政治关系，元代广州与140个国家有贸易关系，明清时岭南商品经济迅猛发展，当时浙商、徽商、晋商、闽商争相走广，广州城南的濠畔街成为天下富商聚焉的闹市区。"① 岭南与海外频繁商业往来的同时，文化的交流也在持续。就这样，在本土文化、中原文化以及来自海外的外来文化共同作用下，岭南文化成为中华文化大家族中独具面貌的一支。

回顾岭南文化的发展历程，我们不难看到，历史上，岭南地区的经济文化发展是落后于中原地区的，在中原人心目中，岭南是"蛮荒""徼外"的代名词，"瘴疠病毒"是岭南的文化标签，所谓"触影含沙怒，逢人女草摇"（宋之问《早发韶州》）；"洛浦风光何

---

① 李权时：《岭南文化》，广大人民出版社2010年版，第19页。

前　言

所似，崇山瘴疠不堪闻"（沈佺期《遥同杜员外审言过岭》）；"南海风潮壮，西江瘴疠多"（张说《端州别高六戬》）；在他们看来，岭南不啻为绝境之域，"乘船浮鹢下韶水，绝境方知在岭南"（胡曾《自岭下泛鹢到清远峡作》），"炎光君此去，旅恨杳无穷。海树瘴烟黑，蛮村山路中"（寇准《闻杜宇》），"知汝远来应有意，好收吾骨瘴江边"（韩愈《左迁至蓝关示侄孙湘》）。……在中原人的印象中，岭南是个未开化的荒芜之地。诚如梁启超的愤激之言："广东一地，在中国史上可谓无丝毫之价值也"，"就国史上观察广东，则鸡肋而已"①。

岭南文化一直落后于中原，在文学领域也是如此。但岭南人不甘落后，在一代又一代岭南人的持续努力下，岭南文学奋起直追：中原地区已经形成了"风骚"的传统时，岭南尚处于"茹毛饮血"的阶段，文学的发展尚未起步。但是，从赵佗的《报文帝书》——"岭南第一书"开始，岭南文教渐开，就诗歌而言，先后出现了"岭南第一诗人"——杨孚，"岭南诗宗"——张九龄，"岭南第一社"——南园诗社，"岭南前三家"——邝露、黎遂球、陈邦彦，"清初岭南三大家"——屈大均、陈恭尹、梁佩兰，"惠门四子"——何梦瑶、罗天尺、苏珥、劳孝舆，"惠门八子"——何梦瑶、劳孝舆、吴世忠、罗天尺、苏珥、陈世和、陈海六、吴秋，"岭南四家"——黎简、张锦芳、吕坚、黄丹书，"岭南三子"——冯敏昌、张锦芳、胡亦常，"粤东三子"——张维屏、谭敬昭、黄培芳，"粤东七子"——谭敬昭、林联桂、黄玉衡、黄培芳、张维屏、吴梯、黄钊，"近代岭南四家"——梁鼎芬、曾习经、罗惇曧、黄节，诗界革命的旗帜——黄遵宪，等等。不仅著名诗家先后涌现，文学

---

① 梁启超：《世界史上广东之位置》，《饮冰室合集》第二册，中华书局1989年版，第76页。

社团、文学并称也相继出现,昭显了岭南诗歌的发展由寥若晨星到引领全国思潮的全过程。陈永正先生曾经指出:"岭南诗歌与中原文化的关系大致可分为三个时期:第一时期,自汉至宋元,可称为'接受期',岭南受到中原文化的直接影响,岭南诗歌尚未形成真正的地方特色。第二时期,自明至清道光年间,可称为'交融期',岭南与其他地区交流密切,岭南诗歌已形成独特的诗派,足以与中原、江左颉颃。第三时期,清道光至民国初年,可称为'拓展期',岭南诗歌处于领先地位,特别是'诗界革命',其影响遍及全国。"①陈永正先生长期致力于岭南文献、岭南诗歌的研究,"接受期""交融期""拓展期"的划分大体符合古代岭南诗歌的发展历程,体现了老一辈学者对岭南诗歌发展趋势了然于胸。不过,笔者认为,这种划分还可以更细致些。就"交融期"而言,由明到清是形成岭南诗歌特色的重要时期,根据岭南诗歌与中原诗坛的关系,又可细分为效仿期、并肩期与超越期。

明代是岭南诗歌的"效仿期"。此时,岭南诗人还停留在向中原学习效法的阶段,当然,比之唐宋元时期的寥落,此时的岭南文学有了长足的发展,岭南历史上第一个诗人群体——南园前后五子便出现在明代。南园五先生,分别是孙蕡、王佐、赵介、李德与黄哲。孙蕡(1337—1393),字仲衍,顺德人,南园五先生之首,胡应麟称其"足雄踞一方,先驱当代,第格不甚高,体不甚大耳"②。朱彝尊盛赞:"仲衍才调,杰出四人。五古远师汉魏,近体亦不失唐音。歌行尤琳琅可诵,稍嫌繁缛耳。集句亦工。"③纪晓岚评价:"蕡当元季绮靡之余,其诗独卓然有古格。虽神骨隽异不及高启,而要非林

---

① 陈永正:《岭南诗歌研究》,中山大学出版社2008年版,第1页。
② (明)胡应麟:《诗薮·续编一》,中华书局1962年版,第337页。
③ (清)朱彝尊:《静志居诗话》卷三,姚祖恩编,黄君坦校点,人民文学出版社1990年版,第70页。

鸿诸人所及。"① 纪晓岚将孙蕡与有明诗人之首的高启相提并论，指出孙蕡的成就虽逊色于高启，却远远超出了闽中诗派的林鸿，隐然有为岭南诗人排座次的意味。

王佐（1337—?），字彦举，南海人，人称听雨先生，与孙蕡齐名，被誉为"构辞敏捷，王不如孙；句意沉着，孙不如王"，"不可不谓定评也"②，与孙蕡不相伯仲。

赵介（1344—1389），字伯贞，番禺人，"出入汉魏盛唐诸大家闽奥，而尤穷心三百篇之旨"，"气充才赡，发为诗歌，实肖其人"，"更唱迭和，往往度越流辈，非特人品之高，才华之俊，亦由气之盛也"。他"博通六籍、佛老，书诗出入汉魏盛唐，世以'蕡哲佐德'并之"③。

李德，字仲修，番禺人，时人谓其诗能"跨晋唐而砾宋元"④。陈融赞曰："长史好为长吉语，未尝铸镂入肝脾。采真自有清真在，流水浮云不拔基。"⑤

黄哲（?—1375），字庸之，番禺人，朱彝尊评价为："五言诗源本六代，七言亦具体，品当在仲衍之下，彦举之上。"⑥

他们共同倡导捍卫诗骚传统，高扬汉魏遗风，蜚声海内，力矫元代诗歌创作上的纤弱萎靡之风，在岭南文学史上，具有重要的地位，屈大均说："粤诗自五先生振起，至黄文裕而复兴。陈云淙云：'太史公谓齐鲁文学其天性'，粤于诗则有然矣。我国家以淮甸为丰

---

① （清）纪昀总纂：《四库全书总目提要》，河北人民出版社2000年版，第4392页。
② （清）朱彝尊：《静志居诗话》卷三，姚祖恩编，黄君坦校点，人民文学出版社1990年版，第76页。
③ 陈融：《读岭南人诗绝句》卷一，民国油印本。
④ 梁守中：《南园前五先生诗 南园后五先生诗》，郑力民点校，中山大学出版社1990年版，第97页。
⑤ 陈融：《读岭南人诗绝句》卷一，民国油印本。
⑥ （清）朱彝尊：《静志居诗话》卷三，姚祖恩编，黄君坦校点，人民文学出版社1990年版，第77页。

镐，则粤应江汉之纪，风之所为首二南也。五先生以胜国遗佚，与吴四杰、闽十才子并起，皆南音，风雅之功，于今为烈。"①对岭南诗歌的健康发展，起到积极作用。

明末清初是岭南诗歌的"并肩期"，岭南诗坛终于赶上了中原诗歌的发展步伐，产生了足以与中原诗人一较高下的重要诗人，标志性诗家便是"清初岭南三大家"，他们分别是屈大均、陈恭尹与梁佩兰。"岭南三大家"并称的形成，归功于番禺人王隼的有意为之，"选辑岭南三家之诗成《岭南三大家诗选》二十四卷，隐然有抗衡江左三大家之意"②。这既是对岭南诗歌成就的客观总结，又是岭南人有意要与中原诗坛抗衡的心态体现，但是，屈大均、陈恭尹、梁佩兰虽然已经取得较高的成就，与"江左三大家"的钱谦益、吴伟业、龚鼎孳相比终有差距，而"粤中李白""粤中杜甫""粤中韩愈"的赞誉，也反映出岭南人的思维还停留在对中原名家的学习模仿上，尚未完全从学习效法中摆脱出来。

乾嘉时期是"超越期"，此时岭南人终于跳出了学习模仿的窠臼，自成一派，"拔戟自成一队"③，形成了自己独特的风格，在中原主流诗坛陷入"乾嘉诗风"的泥潭时，岭南诗坛却异军突起，大放异彩，成为诗坛不可忽略的一支力量。汪辟疆指出近代诗家有六派，"岭南派"与"湖湘派""闽赣派""河北派""江左派""西蜀派"豁然并举，它们一个共同的特点是"振雄奇之逸响"④，"皆确能卓然自立蔚成风气者也"⑤。乾嘉岭南诗人是岭南诗派定型的主要力量，"惠门四子""惠门八子""岭南三子""岭南四家"等诗人集

---

① （清）屈大均：《广东新语》，中华书局1985年版，第355页。
② 邓之诚：《清诗纪事初编》卷八，上海古籍出版社2012年版，第2页。
③ （清）洪亮吉：《北江诗话》，陈迩冬校点，人民文学出版社1983年版，第8页。
④ 汪辟疆：《近代诗派与地域》，见《汪辟疆文集》，上海古籍出版社1988年版，第291页。
⑤ 同上书，第314—315页。

群的先后出现，充分彰显了乾嘉时期岭南诗坛的繁荣。更可贵的是，"从明代以来主要对中原江浙诗坛的师从模仿，一跃而为独立创新，凸显出自身风格的流派，许多诗人成为被模仿的对象"①，岭南诗坛由取法中原而变为被中原学习效法，乾嘉岭南布衣诗人是产生这种转变的主力，他们与仕宦诗人一同铸就了岭南乾嘉诗坛的辉煌。洪亮吉曾经指出："尚得昔贤雄直气，岭南犹似胜江南。"② 虽然洪亮吉此诗并非直接针对乾嘉岭南诗人而言，但是，这个论断的得出，却建立在对黎简等乾嘉岭南布衣诗人的欣赏、认可之上："洪亮吉此首诗咏的是清初'岭南三家'，但其实他的'岭南犹似胜江南'的论断中无疑已渗进对黎简的'拔戟自成一队'的高度赞扬。可以说，黎二樵诗的出现，强化了洪北江对岭南诗的认识。"③ 因此，乾嘉时期是岭南文学发展的一个重要阶段，我们将以乾嘉岭南诗人为例，剖析清代的"诗在布衣"现象。

---

① 魏中林：《序》，张琼《清中叶岭南四家诗歌创作研究》，江西人民出版社2012年版，第2页。
② （清）洪亮吉：《道中无事偶做论诗截句二十首》之五，《洪亮吉集》第三册，刘德权点校，中华书局2001年版，第1244页。
③ 严迪昌：《清诗史》，浙江古籍出版社2002年版，第910页。

上 编

第一章 关于"布衣"若干问题的探讨

在古代,"布衣"是一个使用频率较高的词语,在不同时期、不同文人的笔下频繁出现,歧见纷呈,以致人们已经习焉不察,忽略了"布衣"含义的多维性。我们所用"布衣"为宽泛的概念,他们具有独特的精神特质,并为清代文学的发展做出了重要的贡献。

第一节 "布衣"概念的界定

"布衣",并不是一个生僻的词语。不过,它并不是一个僵化不变的概念,不同时期、不同历史背景下,其内涵、外延均有所不同。

一 古代"布衣"的含义

古代文献中的"布衣",语境不同,其含义也就不同。通过梳理可知,"布衣"至少有以下九种内涵。

(一)"布衣"的原始义:用粗布制成的衣服

古代的纺织品中,有一类是用麻、苎、葛、棉等材料织成的,这些材料比起轻柔的丝帛来说,无疑要粗糙得多,古人就把以麻、苎、葛、棉等材料织成的衣服称为"布衣"。春秋时卫国人甯戚曾经高歌，其歌词为："出东门兮厉石班，上有松柏兮青且阑。粗布衣兮缊缕，时不遇兮尧舜主。牛兮努力食细草，大臣在尔侧，吾当与汝适楚国！"① 歌词中提到的"粗布衣"就是用麻、苎、葛、棉等材料织成的布而制成的衣服，这种服装价格低廉，手感粗糙，是穷人穿的衣服，富贵之人是不会穿的。甯戚是卫国人，打算前往齐国拜见齐桓公，但是因家中贫困，竟然拿不出路费，最后只得替商人赶车，通过出卖劳动的方式才到达齐国，由此可见其经济的窘迫，歌词中的"粗布衣"当为甯戚所穿的服装。当然，甯戚的"粗布衣"是用什么材料制成的，此处我们无从得知，而东汉桓宽则说得很清楚："古者庶人耋老而后衣丝，其余则麻枲而已，故命曰布衣。"② "粗布衣"也就是用麻、苎等材料织成的布，再用这种布制成服装，材质很粗糙，穿在身上并不舒服，但好在价格低廉，所以平民百姓以穿这种粗布衣为主，直到耄耋之年经济改观了，才能穿上用丝绸制成的精细的服装。这就是"布衣"的本意，后来文献中屡有使用，如汉代卜式，"初，式不愿为郎。上曰：'吾有羊上林中，欲令子牧之。'式乃拜为郎，布衣屩而牧羊"③。汉武帝强行任命卜式为中郎将，但卜式不欲做官，汉武帝只得转而任命卜式为"羊官"，卜式这才欣然答应，穿上粗布衣去养羊。此处用的就是"布衣"的本意。这种含义，一直沿袭下来，学者谢应芳潜心性理之学，颇有声望，"达官缙绅过郡者，必访其庐。应芳布衣韦带与之抗礼。议论必关世教，切民隐，而导善之志不衰"④。谢应芳的布衣穿着，在那群巍冠博带

---

① 《饭牛歌》，（清）沈德潜《古诗源》卷一，中华书局1963年版，第10页。
② （汉）桓宽著，王利器校注，《盐铁论校注·散不足》，天津古籍出版社1983年版，第352页。
③ （汉）司马迁：《史记·平准书》，中华书局1959年版，第1432页。
④ （清）张廷玉：《明史·儒林传》，中华书局1974年版，第7225页。

的官员中显得是那样的特立独行。

（二）"布衣"的引申义：平民，是一种社会身份

古代中国是个等级社会，人与人之间有着严格的等级区分，这种区分直观地体现在衣着上，贵族、官僚的服装与平民、劳动者的服装有着严格的区分，"布衣"为平民百姓所穿的衣物，因此，遵循类推思维方式的惯性，古人很自然地将"布衣"由粗糙的衣物而衍生为一种社会身份，借指社会地位低下的人，指代平民，"布衣"就由服装本义而演变成为"身份"的象征。《吕氏春秋》说："人主之行，与布衣异。"①《战国策》载："苏秦从燕之赵，始合从，说赵王曰：'天下之卿相人臣，乃至布衣之士，莫不高贤大王之行义，皆愿奉教陈忠于前之日久矣。'"②《史记·李斯列传》曰："今秦王欲吞天下，称帝而治，此布衣驰骛之时而游说者之秋也。"③这三处"布衣"分别与"人主""卿相人臣""秦王"相对立，很明显是一种社会地位上的悬殊。"布衣"是平民、劳动者的服装，所以，"布衣"又用来借指社会地位低下的人，即平民。宋代谢翱在国家危难之时，投笔而起，"余以布衣从戎"④，此处"布衣"，指的就是谢翱平民的身份。谢翱，"字皋羽，福州长溪人，后徙浦城。……翱世其家学，试进士不第，倜傥有大节。大兵入临安，宋相文天祥至闽，开府延平，檄州郡为勤王之师。翱素赢于财，散家赀，募乡兵数百人赴难，遂参天祥军事"⑤。文天祥起兵抗元后，谢翱虽为平民，却挺身而出，散尽家财，招募数百人投效文天祥，加入了抗元的队伍。

---

① （战国）吕不韦：《吕氏春秋·行论》，上海古籍出版社1989年版，第177页。
② （汉）刘向集录：《战国策·赵二》，中州古籍出版社2007年版，第231页。
③ （汉）司马迁：《史记》，中华书局1959年版，第2539页。
④ （宋）谢翱：《登西台恸哭记》，陈振鹏、章培恒主编《古文鉴赏辞典》，上海辞书出版社2014年版，第1483页。
⑤ 柯劭忞：《新元史》，开明书店1935年版，第2038页。

南宋"江湖派"诗人戴复古诗云:"布衣不换锦宫袍,刺骨清寒气自豪。"① 同样也有此意。布衣与锦袍,本身是两种不同材质的服装,实质是地位的悬殊。清代朱彝尊记载了元代袁彦章的一段典故:"寺丞(袁珙。——引者注)得相法于别古崖,识文皇于潜邸,遂迁寺秩。然家本士族,其父彦章仕元为翰林国史检阅,世称菊村先生。尝作《布衣歌》云:'我家颇读书,初非田舍翁。'盖道其实也。"② 袁彦章在元朝担任翰林国史检阅,他回忆自己的家庭出身时说:"我家颇读书,初非田舍翁。""田舍翁"是耕田种地的劳动者,这说明"布衣"不是从事体力活动的"农",而是尚未做官的士人。当然,作为一种社会身份的"布衣",又可以细分为以下4种。

1. 出身寒微之人,与"贵族"相对

这种含义是前述"布衣"社会身份、平民含义的引申。吕不韦指出:"人主之行与布衣异。势不便,时不利,事仇以求存。执民之命。执民之命,重任也,不得以快志为故。故布衣行此指于国,不容乡曲。"③ 人主即君王,君王与布衣分处社会的两极,一个高高在上,一个处于最下层,地位的高下不言自明。"万乘之主不好仁义,则无以下布衣之士。于是五往乃得见焉。"④ 齐桓公贵为君主,为了吸引人才,纡尊降贵,屡次去拜访"布衣之士",从而成功地网罗了大批人才。而此处,"君主"与"布衣"对举,"布衣"地位之寒微低下可见。范缜《与王仆射书》说:"唐尧非不隆也,门有谤木;虞舜非不盛也,庭悬谏鼓;周公之才也,乐闻讥谏。故明君贤宰,不

---

① (宋)戴复古:《饮中》,《戴复古集》,吴茂云、郑伟荣点校,浙江大学出版社2012年版,第196页。
② (清)朱彝尊:《静志居诗话》卷六,姚祖恩编,黄君坦校点,人民文学出版社1990年版,第156页。
③ (战国)吕不韦:《吕氏春秋·行论》,上海古籍出版社1989年版,第177页。
④ (晋)皇甫谧:《高士传》,上海古籍出版社2014年版,第14页。

上编·第一章　关于"布衣"若干问题的探讨

悍愕愕之言,布衣穷贱之人,咸得献其狂瞽。先王所以存而勿亡,得而勿失,功传不朽,名至今者,用此道也。"① "明君贤宰"掌握着至高无上的权力,"布衣贫贱"则任其驱遣,后者的地位自然不能与前者相比。"布衣"与"贫贱"连用,说明布衣低下的社会地位。"今夫天下布衣穷居之士,身在贫贱,虽蒙尧、舜之术,挟伊、管之辩,怀龙逢、比干之意,欲尽忠当世之君,而素无根柢之容,虽竭精思,欲开忠信,辅人主之治,则人主必有按剑相眄之迹,是使布衣不得为枯木朽株之资也。"②

这里"布衣"与"贫贱"连用,道出了"布衣"被人轻视的现实,身为"布衣",哪怕才华横溢,也难以得到君王的信任重用,只能悄无声息地自生自灭。可见在人们心目中"布衣"的地位是很低的。

此外,司马迁视孔子为布衣,"孔子布衣,传十余世,学者宗之。自天子王侯,中国言'六艺'者折中于夫子,可谓至圣矣!"③孔子一生中做过高昭子家臣、中都宰、司空,由司空为大司寇,并行摄相事,也算是个高官了,可司马迁还是称其为"布衣",当是就孔子的出身而言,"其先宋人也,曰孔防叔。防叔生伯夏,伯夏生叔梁纥。纥与颜氏女野合而生孔子,祷于尼丘得孔子"④。这也说明"布衣"的低下寒微。后来,宋武帝刘裕、齐武帝萧道成、梁武帝萧衍,都曾经自称"布衣"。宋武帝刘裕出身寒微,其父为郡功曹,"功曹"是汉代官名,汉代郡守有功曹史,主管本郡的人事事务,也

---

① (南朝梁)范缜:《与王仆射书》,见龚德隆主编《中华教育经典》,中国人民公安大学出版社1998年版,第247页。
② (汉)邹阳:《狱中上梁王书》,(汉)司汉迁《史记·鲁仲连邹阳列传》,中华书局1959年版,第2476页。
③ (汉)司马迁:《史记·孔子世家》,中华书局1959年版,第1947页。
④ 同上书,第1905页。

可以参与一郡的政务，辅佐郡守，地位不高。刘裕由司马起家，"初为冠军孙无终司马"①，所以他自称布衣："高祖因宴集，谓群公曰：'我布衣，始望不至此。'"②这里的"布衣"，指刘裕发迹之前的寒微出身而言。汉代的开国之君刘邦也是如此，"夫大汉之开元也，奋布衣以登皇位，由数期而创万代"③。在刘邦发迹之前，做过泗水亭长，亭长是战国时期设立的基层小吏，"秦汉时亭长的本职是掌治安，逐捕盗贼，《后汉书·百官志》说：'亭有亭长，以禁盗贼。'本注：'亭长，主求捕盗贼，承望都尉。'补注引《汉官仪》说：'尉、游徼、亭长皆习备五兵。五兵：石弩、戟、盾、刀剑、甲铠。……亭长持二尺板以劾贼，索绳以收执贼。'可见亭长之本职在于禁盗贼，与尉及游徼同"④。"亭长"只是起协助作用，不参与政治事务，算不得官员，所以刘邦说自己是"布衣"。齐武帝萧赜也不例外。"光武遭汉中衰，群雄糜沸，奋起布衣，绍恢前绪，征伐四方，日不暇给，乃能敦尚经术，宾延儒雅，开广学校，修明礼乐，武功既成，文德亦洽。"⑤东汉光武刘秀由布衣奋起，也就是说刘秀出身寒微，由社会地位低下的寒微之士成为一国之君。明太祖朱元璋也是由布衣登上九五之尊宝座的人，"明太祖起布衣，定天下"⑥。这种含义后来也被沿用下来，"世情浮宦拙，吾道布衣尊。尽日雠书卷，藜床坐觉温"⑦。这里诗人将"仕宦"与"布衣"对举，很明显，这是两种不同的社会身份。明代赵

---

① （南朝梁）沈约：《宋书·武帝纪上》，中华书局1974年版，第1页。
② （南朝梁）沈约：《宋书·王弘传》，中华书局1974年版，第1313页。
③ （汉）班固：《东都赋》，见赵逵夫主编《历代赋评注》，巴蜀书社2010年版。
④ 俞鹿年：《中国官制大辞典》上卷，黑龙江人民出版社1992年版，第800页。
⑤ （宋）司马光：《资治通鉴》，中华书局1956年版，第2217页。
⑥ （清）张廷玉：《明史·儒林列传》，中华书局1974年版，第7221页。
⑦ （清）邵瑛：《春日杂兴》，（清）沈德潜《清诗别裁集》，吴雪涛、陈旭霞点校，河北人民出版社1997年版，第198页。

时春官居兵部武库司、翰林院编修兼司经校书时，曾经两次被贬为平民，他写诗自我解嘲："去岁布衣充侍从，今春侍臣作布衣。"①赵时春因为触怒了皇帝，被贬为平民，这也说明仕宦与布衣是一种身份的对立。

当然，历史上也有相当一部分"布衣"凭借一己之才进入国家的权力机构，手握重柄。战国时期，国力的强盛兴衰与人才的多寡有着直接的关系，因此，各国都注意招揽人才，在这种礼贤下士的风气下，许多知识分子凭借一己之才获得国君的赏识，"朝为布衣，暮为卿相"。汉代的"布衣卿相"情况有所相似，明代亦然，洪武间"由布衣而登大僚者不可胜数"②。

2. 没有做官的读书人，与仕宦相对

在"布衣"一词的运用中，由出身的卑微，含义又进一步缩小，专指没有进入仕途、没有获得官职的读书人。他们是掌握了知识文化的平民，与上述"布衣"不同，他们不参加、不直接从事体力劳动，而凭借自己所拥有的知识文化立足于社会。司马迁说，"布衣匹夫之人，不害于政，不妨百姓，取与以时而息财富，智者有采焉"③。很明显，此处"布衣"与"百姓"不是同样身份的人，含义是有区别的。在这里，"百姓"是从事体力劳动的人，"布衣"是介于上层与底层之间的中间阶层。前文中已经提到，古代社会，不同地位、身份的人衣着是不一样的，文人在进入仕途后，服装就由"白衣""青衣"换成了"锦衣"，鲤鱼跃龙门，服装上立即与平民区分开来。所以唐刘长卿有诗云："却讶绣衣人，仍交布衣士。"(《李侍御河北使回至东京相访》) 这里很明显，"布衣"与"绣衣"既是服装

---

① 转引自平凉市地方志编纂委员会、平凉地区志编纂委员会编《平凉文物》，甘肃人民美术出版社2007年版，第115页。

② （清）张廷玉：《明史·选举三》，中华书局1974年版，第1712页。

③ （汉）司马迁：《史记·太史公自序》，中华书局1959年版，第3319页。

的差异，更是身份的差别。高适诗云"不知天下士，犹作布衣看"（《咏史》），是诗人的愤激之言，本来具有"寰区大定，海县清一"的才能，却沉居下僚，满腹才华无从施展，难怪诗人要愤愤不平了。陆游《书叹》诗云："夜深青灯耿窗扉，老翁稚子穷相依。盐不给脱粟饭，布褐仅有悬鹑衣。偶然得肉思共饱，吾儿苦让不忍违。儿饥读书到鸡唱，意虽甚壮气力微。可怜落笔渐健快，其奈瘦面无光辉。布衣儒生例骨立，纨裤市儿皆瓠肥。"陆游曾经多次应考，都以失败而告终，"布衣儒生"，很明显是指读书人没有得到官职，进入仕途。

3. 没有获得科举功名的人（与进士、举人等相对）

"布衣"指没有获得科举功名，这种含义的出现，是在科举取士之后。学成文武艺，货与帝王家，"布衣"之人通过科举考试可以进入仕途，从而改变自己的社会地位，因此，布衣也借指科举考试中的失利者，名落孙山之人。杜甫说："杜陵有布衣，老大意转拙。许身一何愚，窃比稷与契。"（《自京赴奉先县咏怀五百字》）他自称布衣，因为他没能考中科举。罗隐诗云："村橘苍黄覆钓矶，早年生计近年违。老知风月终堪恨，贫觉家山不易归。别岸客帆和雁落，晚程霜叶向人飞。买臣严助精灵在，应笑无成一布衣！"（《东归途中作》）这里借功成名就的朱买臣、严助他们的嘲笑，表达自己功名无成的惭愧。此时的布衣，当指在科举考试中落榜，名落孙山。薛据说："时命不将明主合，布衣空惹洛阳尘。"① 从标题中就可以看出，这首诗是薛据落第之后所写，此处的"布衣"指没有获得功名。岑参亦云："来亦一布衣，去亦一布衣。羞见关城吏，还从旧道归。"（《戏题关门》）诗人赴试，铩羽而归，失意惆怅溢于言表。这里的

---

① 《落第后口号》，《全唐诗》，上海古籍出版社1986年版，第509页。此诗有争议，有人认为是薛据《早发上东门》，也有人认为是綦毋潜《落第后口号》。

"布衣",明显指没有获得功名的读书人。

4. 通过了科举但还没有被授予官职之人

按照科举考试制度的规定,考生在获取功名之后,还不能直接授予官职,许棠说:"丹霄空把桂枝归,白首依前着布衣。"(《讲德陈情上淮南李仆射八首》其八)一个"空"字,道出了自己内心的失落。"蟾宫折桂"是大部分文人的愿望,可是,好不容易如愿以偿,结果却是"白首依前着布衣",也就是说,虽然已经及第,却没有授予官位踏入仕途,他的身份并未改变。明朝也是如此,建立之初,朱元璋试图做出改革,通过科举考试、荐举贤才、学校培养等多种途径来解决选官取士的问题,但还有不少人等上几年,甚至几十年,仍为布衣①。清代《都门竹枝词·候选》云:"老叟皤皤发似银,龙钟带病少精神。贵班请问居何职?四十年前老举人。"② 僧多粥少,即使中举之后也不能马上授予官职,这就是摆在文人面前的残酷现实,无怪乎赵翼感叹道:"长安索米怅何依,年少江南一布衣。"《七十自述》此处"布衣"也是指自己年岁已长,却功名无成,确切地说,是还没有获得官职。

5. 获得了仕宦身份,但尚未正式登上仕途

"布衣"也指还没有登上仕途之前的状态。吕不韦《吕氏春秋》云:"世之所不足者,理义也;所有余者,妄苟也。民之情,贵所不足,贱所有余。故布衣人臣之行,洁白清廉中绳,愈穷愈荣。虽死,天下愈高之。"③ "布衣人臣"品行高洁,行为合乎规矩,足以为天下人所景仰。这里布衣与人臣相提并论,同样肩负着为百姓示范的使命,很明显,布衣是没有官职的人,但又不同于没有受到教育的

---

① 郭齐家:《中国古代考试制度》,商务印书馆1997年版,第150—170页。
② (清)杨米人:《清代北京竹枝词十三种》,路工编选,北京出版社1962年版,第40页。
③ (战国)吕不韦:《吕氏春秋·离俗览》,上海古籍出版社2014年版,第441页。

劳动者，是布衣之士。

另外，"魏惠王谓惠子曰：'上世之有国，必贤者也。今寡人实不若先生，愿得传国。'惠子辞。王又固请曰：'寡人莫有之国于此者也，而传之贤者，民之贪争之心止矣。欲先生之以此听寡人也。'惠子曰：'若王之言，则施不可而听矣。王固万乘之主也，以国与人犹尚可。今施，布衣也，可以有万乘之国而辞之，此其止贪争之心愈甚也。'"① 惠施为战国时宋人，以博学善辩著称，魏惠王要把王位让给他，惠子拒不接受。魏惠王聘他为相，是在惠子拒绝魏惠王传位给他之后的事。惠子此时尚未获得官职，所以自称布衣。

"初，谢安在东山居布衣时，兄弟已有富贵者，翕集家门，倾动人物。"② 此处的布衣就不指平民，谢安出身世家大族，其门第极其显赫，此处以"布衣"称谢安，只是因为他还没有进入仕途，没有获得官职而已。

皇甫规也是如此。他是甘肃平凉西北人，出身官僚世家。"皇甫规，字威明，安定朝那人也。祖父棱，度辽将军。父旗，扶风都尉"，本人"迁规弘农太守，封寿成亭侯，邑二百户，让封不受。再转为护羌校尉"。"永和六年（141），西羌大举入侵三辅，包围了安定，征西将军马贤击之，不能克，皇甫规虽为布衣，但见马贤不以军为重，知其必败，乃上书言状。不久，其果为羌众所杀。郡将见此，乃命皇甫规为功曹，率军却敌。"③ 皇甫规出身于官僚世家，自己也跻身高位，但是上疏之时他还没有被授予官职，所以是以布衣身份给朝廷上书。

---

① （战国）吕不韦：《吕氏春秋·不屈》，上海古籍出版社2014年版，第429页。
② （南朝宋）刘义庆：《世说新语·排调》，黄征、柳军晔注释，浙江古籍出版社1998年版，第344页。
③ 门岿：《二十六史精要辞典》（上），人民日报出版社1993年版，第656页。

（三）"布衣"的拓展义

除了"布衣"的上述含义外，在长期的使用过程中，"布衣"又具备了其他的内涵。

1. 代指简单、朴素的生活方式

"布衣"是平民所穿的服装，不过，并非达官贵人就不穿它，贵族官员也有穿"布衣"的。《庄子·让王》："魏牟，万乘之公子也，其隐岩穴也，难为于布衣之士；虽未至乎道，可谓有其意矣！"① 魏牟，战国时人，是中山国的王子，地位不可谓不显赫，他却不慕荣华富贵，行布衣之节。"布衣"，在这里指一种简单朴素的生活方式。类似的用法并不鲜见。班固《汉书》记载，汉代王吉、王骏、王崇祖孙三人都位至显宦，王吉"以郡吏举孝廉为郎，补若卢右丞，迁云阳令。举贤良为昌邑中尉"②；王骏位登御史大夫；王崇代为大司空，封扶平侯，地位不可谓不高，但是罢官之后，"及迁徙去处，所载不过囊衣，不畜积余财。去位家居，亦布衣疏食"③。大家很佩服他们的廉洁。此时，"布衣"就不再是身份的象征了，而指代一种简单、朴素的生活方式。再如东汉张纲，"少明经学。虽为公子，而厉布衣之节。举孝廉不就，司徒辟高第为侍御史"④。他出身高贵，祖先世为达官，父亲张皓五迁尚书仆射，职事八年，出为彭城相，后为司空。张纲出身于累宦之家，家境优越，却生活朴素，不追求奢华，过着非常简朴的生活。北宋名臣包拯也是如此。他是宋仁宗天圣间进士，历任天长县令、监察御史里行、监察御史、三司户部判官、京东转运使、尚书工部员外郎、直集贤院、三司户部副使等职，

---

① （战国）庄子：《庄子》，方勇译注，中华书局2010年版，第496页。
② （汉）班固：《汉书》，中华书局1964年版，第3058页。
③ 同上书，第3068页。
④ （南朝宋）范晔：《后汉书》，中华书局1965年版，第1816—1817页。

据《宋史》记载,"虽贵,衣服、器用、饮食如布衣时"①,包拯平步青云后依然生活简朴,虽然身居高位,但没有改变他平民时候的生活方式。仕宦人士身穿布衣,谓生活俭朴。

2. "布衣"还是谦称辞

由"布衣"与"贵族"相对的含义延伸出谦词,成为地位高贵之人的自谦。如诸葛亮《前出师表》云:"臣本布衣,躬耕于南阳,苟全性命于乱世,不求闻达于诸侯。"②诸葛亮出身琅邪望族,"汉司隶校尉诸葛丰后也。父珪,字君贡,汉末为太山郡丞。亮早孤,从父玄为袁术所署豫章太守,玄将亮及亮弟均之官。会汉朝更选朱皓代玄。玄素与荆州牧刘表有旧,往依之"③。诸葛亮自称布衣,是一种谦虚的说法。元末明初的徐宗实,明洪武十五年(1382)被授予铜陵(今属安徽)主簿,因忤旨谪为淮阳驿官后,被胡琏聘为老师。过庭训记载了徐宗实的一则逸事:"久之诏为驸马胡观师,教法严明,如在乡塾时。观受教惟谨,既冠入府成礼毕,每当讲授中,使援他府例,设驸马位于堂中北牖下南面,而置师席于西阶上东向。怃然叹曰:'师严道尊,然后民知敬学。岂以我一布衣而绌师道哉!'辄手引驸马位使下,然后为说书,复为书贻之,责以在三大义及富贵骄人之说,观泣下,逊谢执弟子礼愈恭,略绮纨之习,尚儒雅之风。"④胡琏设座南面中堂,置师座西阶。徐宗实认为与师道不符,于是亲手将驸马牵到堂下,自己端坐中堂授课。这里徐宗实虽然被罢免了官职,但皇帝降旨,钦点其为驸马老师,给了他无上尊荣,而徐宗实自称"布衣",这也是一种谦称。

---

① (元)脱脱:《宋史》,中华书局1977年版,第10318页。
② (三国)诸葛亮:《前出师表》,见(晋)陈寿《三国志·蜀书·诸葛亮传》,中华书局1959年版,第913页。
③ (晋)陈寿:《三国志·蜀书》,中华书局1959年版,第911页。
④ 魏桥:《浙江省人物志》,浙江人民出版社2005年版,第1004—1005页。

二 学术界对"布衣"的界定

学术界已有不少学者对"布衣"现象进行了研究,詹福瑞先生指出"布衣"是一个变化的概念,在不同的时代有不同的含义:"布衣的本义,原指人的穿着。但是……查阅先秦至唐代文献,布衣之指人的穿着似较少见,更多的是指人的或贫寒或居贱的身份。……汉以后,'布衣'主要指人的平民身份。……东晋宋之后的南朝时期,由于士族门阀制度的影响,士族高门与庶族寒门成为社会上两大对立的阶层。此一时期的布衣之士,多指出身于庶族寒门的人。唐宋时期的'布衣'虽然仍有平民之义,但更侧重于士之未达之时了,在唐诗中,'布衣'多指此类,且与功名富贵对照。唐宋时期史书中所称之布衣,与唐诗相似,不是指人的贫寒微贱,主要指士未遇非达之时。与汉代相比,身份的意义淡化了,境遇的意义越来越大。在这个时期,布衣已不再单指普通的平民,而习惯于指平民中的士人。"[①]

褚寒社先生把布衣定义为:"低贱的庶民。后来这一词也用来指代'平民知识分子'。"[②]

于春媚先生认为"布衣是一个历史名词,在不同时期有着不同的内涵——从单纯的服饰含义(物质范畴)发展到身份含义(政治范畴),再扩展到具有人格含义(精神范畴)。最终,文化意义上的'布衣'在唐代定格为具有布衣精神的平民知识分子"[③]。

[①] 詹福瑞:《布衣及其文化精神》,《清华大学学报》(哲学社会科学版)2011 年第 2 期。
[②] 褚寒社:《春秋战国时期布衣将相形成原因探析》,硕士学位论文,西北师范大学,2011 年,第 8 页。
[③] 于春媚:《论布衣及布衣精神的内涵》,《河北大学学报》(哲学社会科学版)2007 年第 1 期。

张英先生也认为，布衣是个历史概念。"布衣最初只是平民百姓的代称。春秋战国之交，王室衰微，诸侯强盛，旧的统治秩序被打破了，许多旧贵族沦落到下层。他们在沉入社会下层的同时，把原本'学在官府'的周代文化也带到下层人民之中。开门办学，教授门徒，一时成为风气，于是在社会中迅速成长起一批知识分子。这些人满腹知识和历史经验，但社会地位却与平民没有多大差异，因此，人们常常称那些没有做过官的读书人为'布衣'。……后来，布衣又由平民的代称演化为在野知识分子的代名词，并一直沿用下来。"①

余海珍先生把"布衣"界定为士阶层中终身未曾踏入仕途，没有科名职衔，不曾与政权发生重大关联的在野士人。②

杨志平先生把"布衣"定义为三类："其一，对帝王登基之前的称呼。其二，对权臣显宦等官员进身之前的称呼。其三，泛指普通的大众。概而言之，'布衣'是一个二元对立社会中的等级概念，一般与跻身官方而地位特殊者相对，大致与平民内涵一致，实则其内部也有多重等级地位之别。"③

田晓春先生的博士学位论文《清代"盛世"布衣诗群文化性格论》则把"布衣"界定为"身卑名微的寒畯之士"，具体而言，是科名在举人以下，职衔在七品以下的文人。④

三 本书对"布衣"的界定

"布衣"是一个变化的概念，不仅它的内涵在不断变化，诗人一

---

① 张英：《李白的布衣意识及其人文精神》，《云南社会科学》1999年第6期。
② 余海珍：《唐代布衣诗人及其诗歌研究——以晚唐布衣诗人及其诗为例》，硕士学位论文，曲阜师范大学，2007年，第3页。
③ 杨志平：《陈忱研究》，硕士学位论文，华东师范大学，2005年，第27页。
④ 田晓春：《清代"盛世"布衣诗群文化性格论》，博士学位论文，苏州大学，1998年，第23页。

生中身份完全可能发生变化，"布衣"是所有诗人人生的起点。参照目前学术界的相关成果以及古代"布衣"的多种内涵，结合清代诗人的实际，我们将"布衣"界定为：没有获得官职的读书人。文人的境遇千差万别，但总括起来，大致有三种。其一，平民终身。虽然经过寒窗苦读，却终身没有获得任何功名，或者有功名傍身，却没有获得任何官职。其二，步入仕途，成为统治集团的一员，要么春风得意，志得意满，要么沉居下僚，郁郁不得志。其三，挂冠而去，从官场中抽身，回归平民身份。这三种情形只是大概而言，具体到某一位诗人，又会有细微的差别。有鉴于此，本书对"布衣"的界定采取宽泛的概念，衡量一个诗人是否为"布衣"，用"盖棺定论"的方式，根据诗人生命的终点来判断：如果诗人平步青云直至年老致仕，那这位文人就不能称为布衣了。布衣是他发迹之前的身份，但是当他做官之后，"布衣"身份被"仕宦"所取代，他就不再是布衣了。当然，也不排除有些诗人中途辞官不做，对这些诗人身份的判断，主要依据其做官时间的长短以及仕途对其影响的大小来衡量。

此处以清代岭南人张锦芳、冯敏昌为例。两人皆辞官不做，但张锦芳可以视为布衣，而冯敏昌则不能，原因很简单，张锦芳34岁才举孝廉，44岁始中进士，散馆后被授予编修之职，不久即请假辞归，在任时间不足一年，他踏入官场时间短，受官场的影响有限。而冯敏昌则不同。乾隆四十三年（1778），冯敏昌入选钦点翰林院庶吉士，乾隆四十六年（1781），冯敏昌被钦点武英殿分校官，乾隆四十九年（1784），冯敏昌被皇帝钦点为会试同考官，乾隆五十年（1785），冯敏昌改授户部主事，乾隆五十九年（1794）改授刑部河南司主事，之后辞官。可见，张锦芳做官的时间很短，官场对他的影响几乎为零；而冯敏昌任职时间长达十六年，在官场上浸淫多年，即便其辞官之后，人们对冯敏昌依然也以仕宦文人看待。所以前者可以视为布衣，后者只能以仕宦视之。

另外，本书的"布衣"不涉及诗人的出身，不论其出身如何高贵，只要本人没有进入仕途，就以布衣视之。本书对"布衣"的定义，是以诗人最终是否进入仕途、是否在仕途上走完人生历程作为"布衣"的标准。之所以这样界定，基于以下原因。

1. 清廷对诸生的约束

按照清代科举考试制度的规定，诗人通过科举考试后，并不能直接做官，进入仕途。清代的科举考试沿袭明制，分为院试、乡试、会试三级，乡试中举后才可以进京参加全国性的"会试"。举人以下有五贡（副贡、优贡、拔贡、岁贡、恩贡），另有监生、廪生、增生及生员（通称秀才或诸生），他们构成了庞大的"仕宦后备军"，但是，真正能够由此进入仕途的却不多，"举人的铨选，其职高者为知县，其低者为地方官学学官，能跻身于宦海者，占举人总额的比例不多。有的等上几年、甚至几十年，仍为布衣"[①]。因此，不能说读书人中举之后就摆脱了布衣身份。如《儒林外史》中的范进，考过童生之后，依然被岳父胡屠父呼来骂去，要去参加乡试都拿不出盘缠，可以看出，范进的地位没有得到多少改观。《儒林外史》虽然是小说，但也逼真、如实地反映了社会的现实。

童生考取生员后，成为廪膳生员、增广生员，可以享受一定的特权，可以免除差役、徭役；如果犯法，官府的惩处也比对普通百姓要慎重得多，"廪、贡、文武生、监之犯法者，按情节轻者惩戒，重者斥革；如有斥革，于牌示时鸣炮一响，令众咸知。旧制抚恤诸生，例免差徭；诸生违犯禁令，小者府、州、县官行教官责惩，大者申学政黜革后治罪，地方官不得擅责"[②]。但是，清廷对诸生也有

[①] 郭齐家：《中国古代考试制度》，商务印书馆1997年版，第150—170页。
[②] 商衍鎏：《清代科举考试述录及有关著作》，百花文艺出版社2004年版，第9页。

着极为严格的约束,"教官主考校,有月课、季考,四书文外兼试策论,凡月课、季考之翌日,并讲《大清律例》刑名、钱谷之要者若干条。月集诸生于明伦堂,诵训饬士子文及《卧碑》诸条,诸生环听。除丁忧、患病、游学、有事故外,不应月课三次者加以戒饬,无故终年不应者黜革"①。成为诸生之后,要按时参加月课、季考,并且每年都有名目繁密琐碎的考核,"岁考生员有六等黜陟法,并有青衣、发社两名目,为考劣等者降级之处分"②。如不避庙讳、抄袭雷同、诗出韵、平仄失调等,分别处以罚停乡试一、二、三科、廪生停饩一年之类,重者并发学戒饬,学政罚俸议处③。这些严苛的规定,如同一道道枷锁捆绑在诸生身上。不仅如此,清廷不允许诸生参与、过问国家政治。顺治九年(1652)颁行的《训士卧碑文》共八条,其中,第三条:生员不可干求官长,交结势要,希图进身,若果心善德全,上天知之,必加以福。第四条:生员当爱身忍性,凡有司衙门,不可轻入;即有切己之事,只许家人代告。不许干预他人词讼,他人亦不许牵连生员作证。第五条:为学当尊敬先生,若讲说皆须诚心听受,如有未明,从容再问,毋妄行辩难;为师者亦当尽心教训,勿致怠情。军民一切利病,不许生员上书陈言,如有一言建白,以违制论,黜革治罪。第七条:生员不许纠党多人,立盟结社,把持官府,武断乡曲。所作文字,不许妄行刊刻,违者听提调官治罪④。这上述种种的规定,都防患于未然,将诸生从社会政治生活中完全隔离出来,政治上他们是没有发言权的;非但没有发言权,就连知情权也没有,他们不能参与国家的任何事务。因此,各类生员只是通向仕途之路的数目庞大的后备军,他们中有人成功

---

① 商衍鎏:《清代科举考试述录及有关著作》,百花文艺出版社2004年版,第27页。
② 同上书,第28页。
③ 同上书,第30页。
④ 同上书,第47页。

了，摆脱了布衣身份，成为仕宦中的一员，而僧多粥少，绝大多数人还是属于平民百姓，其身份地位并没有得到本质的改变。

2. 清代职官的实际

按照清代官制，县的佐贰官有县丞1人，主簿无定员正九品，典史1人，各县均设有儒学，一般都有教谕1人，训导1人，掌管本县生员学习事务。主簿、典史、教谕、训导都是协助县官处理具体事务，并不掌握实权。这都是未入流的官职，协助县令办事，不能视为身份的改变。所以，在清人眼中，五贡、诸生即为布衣，如清人章鹤龄写有一组《读布衣诸老诗各书一绝》的论诗绝句，诗一共20首，分论泰州吴嘉纪，丹徒冷士嵋、章性良、鲍皋、王豫，南海陈恭尹①，丹阳潘高，高邮李必恒，钱塘沈用济，山阴童钰，怀宁鲁瑸，武进黄景仁，桐城刘大櫆，江宁陈毅、蔡元春，滁州张葆光，怀宁潘瑛，青阳陈蔚，贵池王梦龄、姚翔，一共20人。其中，童钰、鲁瑸、陈毅、蔡元春、陈蔚、王梦龄仕履情况不详外，其余14人中，完全没有科名头衔的2人：吴嘉纪、陈恭尹。吴嘉纪，"字宾贤，泰州人。布衣。家安丰盐场之东淘。地滨海，无交游。自名所居曰陋轩。贫甚，虽丰岁常乏食。独喜吟诗，晨夕啸咏自适，不交当世。郡人汪楫、孙枝蔚与友善，时称道之，遂为王士祯所知。尤赏其五言清冷古淡，雪夜酌酒，为之序，驰使300里致之。嘉纪因买舟至扬州谒谢定交，由是四方知名士争与之倡和"②。陈恭尹，"字元孝，顺德人。父邦彦，明末殉国难，赠尚书。恭尹少孤，能为诗，习闻忠孝大节。弃家出游，赋姑苏怀古诸篇，倾动一时。留闽、浙者七年。一日，父友遇诸涂，责之曰：'子不归葬，奈何徒欲一死塞责耶！'恭尹泣谢之，乃归。既葬父增城，遂渡铜鼓洋访故人于海

---

① 陈恭尹实为广东顺德人。
② （清）赵尔巽：《清史稿·文苑列传一》，中华书局1977年版，第13323页。

外。久之归,主何衡家。与陶窥、梁无技及衡弟绛相砥砺,世称'北田五子'。已,复游赣州,转泛洞庭,再游金陵,至汴梁,北渡黄河,徘徊大行之下。于是南归,筑室羊城之南以诗文自娱,自称罗浮布衣"①。吴嘉纪与陈恭尹都是终生没有应试、没有科名头衔的"纯粹布衣"。

有科名头衔的9人:冷士嵋、潘高、李必恒、沈用济、鲍皋、张葆光、姚翔、潘瑛、王豫。冷士嵋,"士嵋字又湄,丹徒人,诸生。居傍大江,其读书之阁曰'江泠',故以名集。其诗刻意学杜,多为激壮之音"②。潘高,"明末清初诗人。字孟升,号鹤江。金坛(今属江苏)人。诸生。少有经世之志,明亡,知无可为,遂自甘寂寞,致力于诗的创作,现存诗千余首"③。李必恒,"字北岳,后更字百药。高邮(今属江苏)人。廪生,工诗古文,少以诗文驰名郡邑,然不得志于场屋,多次乡试报罢,发为幽忧之疾,辗转床笫"④。沈用济,"清代诗人。字方舟。钱塘(浙江杭州)人。生卒年不详,主要生活在康熙、雍正年间,乾隆初年犹在世。监生,家贫,无子嗣,一生未仕,终老于幕府"⑤。鲍皋,"清代著名诗人。字步江,号海门。丹徒人。国子生。生而颖异,有奇童之目。17岁随父往皖江,过采石,上太白楼,所至发为诗歌辄惊长老。壮游苏杭,其诗有北地、信阳之风,而丰致过之。沈德潜曾称他与余京、张曾为京口三诗人。客淮扬间,邗上诸大贾争延为上客。尹会一任两淮转运使时,以国士器之。乾隆元年(1736)举博学鸿词,以疾辞不赴。

---

① (清)赵尔巽:《清史稿·文苑列传一》,中华书局1977年版,第13331页。
② (清)纪昀总纂:《四库全书总目提要》,河北人民出版社2000年版,第4965页。
③ 马良春、李福田:《中国文学大辞典》第八卷,天津人民出版社1991年版,第6285页。
④ 傅璇琮、许逸民、王学泰等:《中国诗学大辞典》,浙江教育出版社1999年版,第599页。
⑤ 马良春、李福田:《中国文学大辞典》第五卷,天津人民出版社1991年版,第3156页。

卒年58岁"①。张葆光，"清代岁贡。工吟咏，曾往来吴越间，走京师，客宣府，足迹万里，凡所遇皆发之于诗"②。姚翔，"字铁舟。清代廪生。所著诗散见县志及近人所刻《兰言集》《池阳诗选集》中"③。潘瑛，"清诗人。字兰如，号十四洞天山人。江苏江都人，侨居怀宁。乾隆贡生。少孤苦，勤于读书，出姚鼐门下。家居课徒养母，笃志经史"④。王豫，"1768—1826，字应和，号柳村。丹徒（今江苏镇江）人。诸生。一生酷嗜诗，曾来往于杭州、苏州、扬州、泰州间，以选诗、辑诗为事，并受到阮元、王昶等支持，辑有《扬州图经》、《群雅集》四十卷、《二集》十八卷、《江苏诗徵》一百八十三卷，与张学仁合辑《京江耆旧集》十三卷"⑤。

做过下级官吏的有3人：章性良、刘大櫆、黄景仁。章性良，"由诸生援例岁贡，考选教习。以诗、古文词闻名。四方名士如魏冰叔、陈其年、徐亮直等皆与之交厚"⑥。刘大櫆，"雍正中，两登副榜，竟不获举。乾隆元年，荐应词科，大学士张廷玉黜落之，已而悔。十五年，特以经学荐，复不录。久之，选黟县教谕，数年告归。居枞阳江上不复出，年八十三，卒"⑦。章性良与刘大櫆都做过教谕，也就是县学教官，其职责就是掌教诲所属生员及主持文庙祭祀；黄景仁被授予主簿之职，但未就任，"高宗四十一年东巡，召试二等。武英殿书签，例得主簿。陕西巡抚毕沅奇其才，厚赀之，援

---

① 马德泾、范然、马传生：《镇江人物辞典》，南京大学出版社1992年版，第925页。
② 戒毓明：《安徽人物大辞典》，团结出版社1992年版，第866页。
③ 同上书，第314页。
④ 钱仲联、傅璇琮、王运熙：《中国文学大辞典》，上海辞书出版社1997年版，第1197页。
⑤ 傅璇琮、许逸民、王学泰：《中国诗学大辞典》，浙江教育出版社1999年版，第644页。
⑥ 马德泾、范然、马传生：《镇江人物辞典》，南京大学出版社1992年版，第863—864页。
⑦ （清）赵尔巽：《清史稿·文苑列传二》，中华书局1977年版，第13375—13376页。

例为县丞，铨有日矣，为债家所迫，抱病逾太行，道卒。亮吉持其丧归，年三十五"①。"主簿"是汉代以后普遍设置在中央和地方各官署的辅助性官职，其职任为掌管文书簿籍及监守印信，类似于现在的秘书②，而章鹤龄将这三位都视为布衣。

可见，古人对于"布衣"的界定是比较宽松的，获得科名头衔而没有进入仕途，或进入仕途但仅为不入流的小官者，同样被视为布衣。这也是我们将获得科名但没有进入仕途或者进入仕途但官职卑微者视为布衣的依据。

综上，我们所说的"布衣"，指没有官职的读书人，包括以下三种情况：（1）终身没有获得任何功名或者获得功名但没有进入仕途；（2）进入仕途，但官职卑微，不入流者；（3）进入仕途却为期不长、中途辞官的文人。布衣本是平民，读书人虽不能等同于从事体力劳动的、没有受过诗书教育的劳动者，但是在进入国家统治层面以前，他们的处境依然很悲惨，我们从《儒林外史》中周进、范进的遭遇可以感受得到他们在没有进入仕途之前的艰难处境，他们受尽冷眼，内心充满压抑与痛苦。可以说，他们的处境甚至还比不上可以自食其力的劳动人民，事实上旧时代也常以"布衣"称没有官职的读书人。

第二节 布衣与寒士、隐士等概念的辨析

"布衣"与寒士、隐士、山人、高士、遗民等概念的内涵与外延均有差异，又存在一定程度的交叉。

---

① （清）赵尔巽：《清史稿·文苑列传二》，中华书局1977年版，第13391页。
② 俞鹿年：《中国官制大辞典》上卷，黑龙江人民出版社1992年版，第174页。

一　布衣与寒士

何谓"寒士"？按照陈玉兰先生的观点，"寒士"指"一为出身寒微的读书人，一为贫穷的读书人"[①]。它与高门大族相对，指出身寒微、社会地位低下的读书人。范弘之，"安北将军汪之孙也。袭爵武兴侯"，却自称"寒士"："下官轻微寒士，谬得厕在俎豆，实惧辱累清流，惟尘圣世。"[②] 范弘之地位并不低，以"寒士"自称，其自谦的成分更多。不过，在推行九品中正制的魏晋南北朝，寒士难以担任高官，这是大家周知的事实，如陶渊明曾祖父陶侃，是东晋开国元勋，官至大司马，都督八州军事，荆、江二州刺史、封长沙郡公。祖父陶茂、父亲陶逸都做过太守。但在那个重视门第的社会里，陶渊明还是因为出身庶族而受人轻视，感到"不堪吏职，少日自解归"[③]。当时社会上讲究门第，出身贫寒的读书人被称为寒士。杜甫的"安得广厦千万间，大庇天下寒士俱欢颜"（《茅屋为秋风所破歌》）便是这种意义。

布衣与寒士的概念有所交叉。在古代的话语环境中，"布衣"与"寒士"经常被相提并论，王泰"虽为宰辅，食大国之租，服饰肴膳如布衣寒士"[④]。两者并举，但寒士更强调经济与政治上的落魄，即使进入了仕途，但沉居下僚、备受约束、无法施展自己才华者，也被视为寒士。布衣更强调社会地位，主要指没有涉足过官场，与经济的宽裕与否无关。事实上，有些布衣十分富有，如扬州马曰琯、

[①] 史仲文、胡晓林：《中华文化制度辞典·文化制度》，中国国际广播出版社1998年版，第414页。
[②] （唐）房玄龄：《晋书·范弘之传》，中华书局1974年版，第2363页。
[③] （唐）房玄龄：《晋书·隐逸列传》，中华书局1974年版，第2461页。
[④] （唐）房玄龄：《晋书·高密文献王泰传》，中华书局1974年版，第1095页。

马曰璐两兄弟，他们是闻名天下的盐商，财力优渥，不仅自己过着非常优越的物质生活，而且尚有余力，资助了大批贫苦之人："为粥以食江都之饿人，出粟以振镇江之昏垫，开扬城之沟渠而重腿不病，筑渔亭之孔道而担负称便，葺祠宇以收族，建书院以育才，设义渡以通往来，造救生船以拯覆溺，冬绵夏帐，椟死医赢，仁义所施，各当其厄。"① 扬州八怪之一的汪士慎就得到了二马的资助，厉鹗也长期寄食于马家，凭借二马所提供的优越的生活、学术条件而进行自己的学术活动。由此得出，布衣与寒士的分界较为明显。

二 布衣与隐士

隐士是"隐居不仕的人"。孔子曰："道不行，乘桴浮于海。"（《论语·公冶长》）庄子认为："古之所谓隐士者，非伏其身而弗见也，非闭其言而不出也，非藏其知而不发也，时命大谬也。当时命而大行乎天下，则反一无迹，不当时命而大穷乎天下，则深根宁极而待。此存身之道也。"（《庄子·缮性》）隐士，是为了坚持某种信念而拒绝出仕之人，"或隐居以求其志，或曲避以全其道，或静己以镇其躁，或去危以图其安，或垢俗以动其概，或疵物以激其清"②。有做官之后宦海浮沉，看破世情，而决然隐逸退隐山林者；也有天性淡泊，没有经历官场而终身隐逸者；还有以退为进，以隐逸谋求高名，从而得以步入仕途走终南捷径者。

可见，隐士有做官之后隐逸的，也有没做官就隐逸的。这样，隐士就与布衣形成了一定的交集：从没做过官就隐逸的人，既是隐

---

① （清）杭世骏：《朝议大夫候补主事加二级马君墓志铭》，《道古堂全集》文集卷四十三，顾廷龙主编《续修四库全书》第1426册，上海古籍出版社2002年版，第619页。

② （南朝宋）范晔：《后汉书·逸民传序》，中华书局1965年版，第2755页。

士，也是布衣；而进入仕途之后再退隐的，是隐士，而不是布衣。这就是说，布衣中有隐士，隐士中也有布衣。虽然如此，布衣与隐士二者的分野还是比较明显的。通常说来，隐士是不问世事的，如蒋星煜先生曾经指出，"中国隐士大部分是冷酷而无情的人物，并且由于变态心理而自视超凡不群，结果有意无意地逃避现实……中国隐逸诗人的传统作风是使中国诗歌和现实脱离开来，而走上为诗歌而诗歌的歧路上去"①。相形之下，清代布衣虽然离开仕途，但对国计民生依然有着殷殷关注，不在其位而谋其政，他们虽然没有做官，但并没有由此淡出社会，他们的用事之心还是非常迫切的。顾炎武就是一个例子。清人入关，顾炎武向南明小朝廷进献《军制论》《形势论》《田功论》《钱法论》，即著名的"乙酉四论"，为南明小朝廷出谋划策，革除弊端，后又投笔从戎，加入义军，投身于抗战的最前线。起义失败后，顾炎武决不放弃，奔走于各股抗清力量之间，"每从淮上归，必诣洞庭告振飞之子泽溥，或走海上，谋通消息"②。其决心之大、意志之坚定堪称布衣翘楚。

三 布衣与山人

"山人"原本是官名，春秋时期鲁国设置的掌管山林的官员。《左传·昭公四年》："山人取之，县人传之。"杜注："山人，虞官。"孔颖达疏："《周礼》山虞掌山林之政令，知山人虞官也。"③ 后来，山人也被用来借指隐士，指隐居于山中的士人。孔稚珪说："蕙帐空兮夜鹤怨，山人去兮晓猿惊。"（《北山移文》）王勃诗云："野客思

---

① 蒋星煜：《中国隐士与中国文化》，生活·读书·新知三联书店1988年版，第89页。
② 邓之诚：《清诗纪事初编》，上海古籍出版社2012年版，第2页。
③ 史仲文、胡晓林：《中华文化制度辞典·文化制度》，中国国际广播出版社1998年版，第75页。

茅宇，山人爱竹林。"(《赠李十四》四首之一)

到了明代，"山人"由官名而演变成为借助一技之长游走于达官贵人门下谋求生存的文人，即"以诗文书画为工具，干谒权贵，并不断地流动，以获得'幕修'或赠与为最主要目的的一个士人社会群体"①。由此可见，山人与布衣存在明显的差异，"山人"具有对权贵的强烈依附性，他们的谋生方式要单一得多，正如下面这首民歌所揭示的那样：

我哩个些人，通假咦弗假，道真咦弗真，做诗咦弗会嘲风弄月，写字咦弗会带草连真。只因为生意淡薄，无奈何进子法门。

做买卖咦吃个本钱缺少，要教书咦吃个学堂难寻，要算命咦弗晓得个五行生克，要行医咦弗明白个六脉浮沉。

天生子软冻冻介一个，担轻弗得步重弗得个肩脾，又生个有劳劳介一张说人话人自害自身个嘴唇，算尽子个三十六策，只得投靠子个有名目个山人。

陪子多少个蹲身小坐，吃了我哩几呵煮酒馄饨，方才通得一个名姓，领我见得个大大人。虽然弗指望扬名四海，且乐得荣耀一身。②

他们这样的"山人"，不学无术，阿谀奉承，以招摇撞骗谋生。山人与以游幕为生的布衣有所接近，但两者的差异也是很大的，游幕是凭借自己的技艺获得幕主的聘用，从而谋求自身的生存，这是雇佣与被雇佣的关系。清代著名幕客汪辉祖就指出，游幕必须要娴熟律令，"幕客佐客，全在明习律例。律之为书，各条具有精蕴。仁

---

① 张建德：《明代山人文学研究》，湖南人民出版社2010年版，第5页。
② （明）冯梦龙：《山歌》，江苏古籍出版社2000年版，第103页。

至义尽,解悟不易,非就其同异之处,融会贯通,鲜不失之毫厘,去之千里。夫幕客之用律,犹秀才之用四子书也。四子书解误,其害止于考列下等,律文解误,其害乃致延及生灵"。要饱读诗书,"学古入官,非可责之幕友也。然幕友佐官为治,实与主人有议论参互之任,遇疑难大事,有必须引经以断者,非读书不可"。要勤快,"办理幕务,最要在勤一事。入公门伺候者,不啻数辈,多延一刻,即多累一刻,如乡人入城探事,午前得了,便可回家。迟之午后,必须在城觅寓,不惟费钱,且枉废一日之事。小民以力为养,废其一日之事,即缺其一日之养。其羁管监禁者,更不堪矣,如之何勿念?"要谨慎交游,"广交游,通声气,亦觅馆一法。然大不可恃。得一知己,可以不憾。同心之友,何能易得。往往所交太滥,致有不能自立之势,又不若硁硁自守者转得自全,且善善恶恶,直道在人,苟律己无愧,即素不相识之人,亦未尝不为引荐,况交多则费多,力亦恐有不暇给乎"①。诸如此类,对文人的要求很高,绝不是仅凭借阿谀奉承就可以应对的。汪辉祖就曾告诫过,不要过多地接受幕主的人情,因为"合则留,不合则去,是处馆要义。然有不能即去者,不仅恋馆之谓也。平日过受主人之情,往往一时却情不得岁脩,无论多寡,饩稟称事,总是分所应得。此外多取主人分毫,便是情分。受非分之情,或不得不办非分之事。故主宾虽甚相得,与受必须分明,即探支岁脩,亦宜有节,探支过度,则遇有不合,势不得洁身而去矣"②。幕僚对幕主的依附性不强,合则留,不合则另谋高就。此外,布衣的谋生方式除了游幕,还有其他途径。因此,与山人相比较,"布衣"从本质上更具备独立性。

---

① (清)汪辉祖:《佐治药言》,清乾隆五十四年双节堂刻本,《续修四库全书》第755册,上海古籍出版社1996年版,第279页。

② 同上。

四 布衣与高士

所谓"高士",乃志行高洁之士,鲁仲连就是一位高士:"吾闻鲁仲连先生,齐国之高士也。"① "高士"也被用作对隐士的尊称。《易经》:"不事王侯,高尚其事。"注疏:"不复以世事为心,不系累于职位,故不承事王侯,但自尊高慕,尚其清虚之事,故云高尚其事也。"② 西晋皇甫谧所撰《高士传》载晋以前九十六人,清高兆《续高士传》载晋至明一百四十三人,两部《高士传》共有二百三十九人,他们皆是隐士。在某些时候,"高士"也被用作道士的封号,如宋徽宗年间就是如此,据《续资治通鉴·宋纪》"徽宗重和元年"条记载皇帝降下圣旨:

> 自今学道之士,许人州县学教养;所习经以《黄帝内经》《道德经》为大经,《庄子》《列子》为小经外,兼通儒书,俾合为一道,大经《周易》,小经《孟子》。其在学中选人,增置士名,分入官品。元士、高士、上士、良士、方士、居士、隐士、逸士、志士,每岁试经拨放。州县学道之士,初入学为道徒,试中升贡,同称贡士。到京,入辟雍,试中上舍,并依贡士法。三岁大比,许襕幞就殿试,当别降策问,庶得有道之士以称招延。③

明代也有过类似的情况,

---

① (汉)司马迁:《史记·鲁仲连邹阳列传》,中华书局1965年版,第2460页。
② (宋)朱熹:《周易本义》,上海古籍出版社1986年版,第20页。
③ (清)毕沅:《续资治通鉴》,上海古籍出版社1987年版,第487页。

二十八年（1395）令天下僧道赴京考试给牒，不通经典者黜之。……道士有大真人、高士等封号，赐银印蟒玉，加太常卿、礼部尚书及官保衔，至有封伯爵者……①

总之，高士侧重的是个人品行，并不涉及社会地位，通常来说，一个人有了高雅的节操，自然就有可能被视为高士，如前述鲁仲连，"所贵于天下之士者，为人排患释难解纷乱而无所取也"②。其高风亮节历来为人所景仰，如李白就对他崇拜备至："齐有倜傥生，鲁连特高妙。明月出海底，一朝开光曜。却秦振英声，后世仰末照。意轻千金赠，顾向平原笑。吾亦澹荡人，拂衣可同调。"（《古风》其十）而布衣，更侧重于文人的社会地位，与其个人品行没有直接关系。当然，布衣文人因为远离仕途，其扬名后世的手段便是立德立言，更重视道德品行的磨砺，以高雅的品行而名留史册，如李世熊，"山居四十余年，乡人宗之，争趋决事。有为不善者，曰：'不使李公知也。'"③ 乡人这种朴实的话语很能反映出李世熊在大家心目中的威信，深得乡人景仰，当地人做了有违道义的事情，都不敢让他知道，大家把李世熊作为自己为人处世的一面镜子。

五 布衣与遗民

遗民，指改朝换代后不仕新朝的人，"遗民"一词最早源自《左传·闵公二年》："卫之遗民男女七百有三十人。""为之歌唐，曰：'思深哉！其有陶唐氏之遗民乎？不然，何忧之远也。非令德之后，

---

① 王俊良：《中国历代国家管理辞典》，吉林人民出版社2002年版，第519页。
② （汉）司马迁：《史记·鲁仲连邹阳列传》，中华书局1965年版，第2465页。
③ （清）赵尔巽：《清史稿·遗逸列传二》，中华书局1977年版，第13863页。

谁若是？'"① "我们现在所理解的遗民存在两层含义，一指亡国之民，二指改朝换代后不仕新朝之人。"② 遗民以是否出仕新朝为标准，不论此人在前朝是否做过官，只要他没有出仕新朝，就可被视为遗民。他们中既有曾经在前朝为官者，也有前朝没做官者，后者就是我们所说的布衣。也就是说布衣的界定依据是是否出仕，与改朝换代没有关系。

历史上，遗民大量涌现主要有两个时期，一是宋末元初，一是明末清初，而明末清初的遗民数量之多、文化事业上所做出的贡献大大超出了前代。如明遗民陈弘绪，"以任子荐授晋州牧。时真定属邑多被兵，阁臣刘宇亮出督师，欲移师入晋州。宏绪拒不纳，遂被劾，缇骑逮问。士民哭阙下，颂其保城功，得释，谪湖州经历，署长兴、孝丰二县事，有惠政，寻免归。国变后，屡荐不起，移居章江。辑《宋遗民录》以见志"③。再如方以智，"字密之，桐城人。崇祯时，尝避地南都，与杨廷枢、陈子龙、夏允彝相友善，成庚辰进士。父孔炤以楚抚被逮，以智怀血疏，跪朝门外，叩头号呼，求代父死。帝叹曰：'求忠臣必于孝子之门。'并释之，擢检讨。北都陷，父子为贼所掠，濒于死。南都马、阮当国，诬其污伪命，入之六等罪中，举朝大哗，乃已。叹曰：'是尚可为邪？'褫衣散发，卖药五岭间。隆武帝召之，未赴。永历时，以翰林学士知经筵，寻命入阁。以智知不可为，乃为僧去，号'无可'，最后，自号曰'浮山愚者'。清兵尝物色得之，令曰：'易服则生，否则死。袍服在左，白刃在右。'乃辞左而受右。清帅起谢之，为之解缚，听其以僧终。乃披缁诣天界，事俍公。同时有啸峰者，亦皖人，尝官都给事中，

---
① （春秋）左丘明：《左传》，蒋冀骋点校，岳麓书社2006年版，第11页。
② 从扬：《明清之际的遗民心态》，硕士学位论文，辽宁师范大学，2009年。
③ （清）孙静庵：《明遗民录》，赵一生标点，浙江古籍出版社1985年版，第23页。

与并师俍公,时称为皖江两大师"①。陈弘绪、方以智都是明朝的官员,在明亡之后,顶住重重压力为明朝效忠,因此被收录入《遗民录》中。他们的遗民身份是毋庸置疑的。但是,由于他们曾经为官的经历,即使在清朝没有做官,我们也依然将其界定为仕宦,不以布衣视之。只有明清两朝皆未出仕的文人,才被本文纳入布衣的范畴。如朱鹤龄,"性好学,遗落世事,晨夕一编,行不识路,途坐不知寒暑。或谓之愚,因以愚庵自号。尝笺注杜子美、李义山诗,故所作韵语,颇出入二家。明亡,屏居著述,与顾亭林友,亭林以本原之学相勖,始湛思覃力于诸经注疏,及先儒语录。著有《尚书埤传》、《禹贡长笺》、《读左日钞》、《诗经通义》等书"②。朱鹤龄在明朝仅是一介诸生,并没有做官,入清后又埋头著述,不曾出仕,自然符合我们对布衣的界定,是遗民布衣。

由此可见,遗民与布衣在一定程度上存在重叠。

---

① (清)孙静庵:《明遗民录》,赵一生标点,浙江古籍出版社1985年版,第35—36页。
② 同上书,第45—46页。

第二章　清代布衣诗人探论

这一章主要探讨三个话题：清代文化政策的流变、清代布衣诗人的构成以及清代布衣诗人的谋生方式。清代统治者恩威并施的文化政策是布衣诗人形成的重要原因。高压之下，布衣诗人以多样化的谋生方式保持了自身的独立与尊严。

第一节　布衣诗人的涌现与清代文化政策

清代统治者采取了恩威并施的文化政策，造成社会风气的空前压抑，使布衣诗人大量涌现，成为突出的社会现象。

一　清朝统治者高度重视教化

清朝与元朝一样，都是由少数民族统治的朝代，但是，同为少数民族，他们的文化修养却截然不同，汉化程度也判然有别。蒙古贵族集团文化水平极其低下，而清代统治者却汉化程度很高，其深厚的修养来自良好的教育。有清一代，统治者极其重视教育，康熙的雄才伟略即得益于其扎实的学问修养，他自己学养深厚，对其儿子也严格要求，太子是康熙钦定的接班人，更是耳提面命，时刻不曾放松。康熙二十四年（1685），康熙帝巡视京畿，皇太子随侍身边，寸步不离，"帝乘辇，皇太子在侧。帝沿途观书，每至齐家治国、裨益身心之处，及经史诸子中疑难者，必将意义本末善为诱掖，旁引曲喻，一一启发，教之通晓。皇太子心领神会，从容奏对。言词温雅清朗，即侍从近臣不谙文义者，经天语研究讨论明晰，亦皆忻然，不知其手舞足蹈也。在行宫御前，几案周环，皆列图书，帝或翻阅书史，或书大小字，或著文及作诗赋，常至夜分，为时甚久。皇太子在傍读书，未尝先寝"①。在康熙的严格督促下，"皇太子从来惟知读书，嬉戏之事一切不晓。即朕于众子，当其稚幼时，亦必究心文学，严厉礼节者，盖欲其明晓道义，谦以持身，期无陨越尔"②。其他皇子的学习也绝不放松，"且天潢衍庆，圣子众多，帝以成就德器，皆在自幼预教，四五岁即令读书，教以彝常。是以诸皇子自五六岁，动止进退应对，皆合法度，俨若成人"③。同样，乾隆在御制诗中，回忆自己当年读书情景时，十分感慨地说："余幼时日所授书，每易成诵，课常早毕。先生即谓余曰：'今日之课虽毕，曷不兼治明日之课？'比及明日复然。吾弟和亲王（弘昼）资性稍钝，日课恒落后。先生则曰：'弟在书斋，兄岂可不留以待之？'复令余加课，俟其课毕同散。彼时孩气，尝不以为然，今思之则实有益于已。故余所读之书倍多，实善诱之力也。"④ 历史学家、诗人赵翼通过自己的观察，对皇室的教育之严格也钦佩无比："本朝家法之严，即皇子读书一事，已迥绝千古。余内值时，届早班之期，率以五鼓入，时部院百官未有至者，唯内府苏喇数人，谓闲散白身，人

---

① 戴逸、李文海：《清通鉴》，山西人民出版社1999年版，第1816页。
② 同上书，第1872页。
③ 同上书，第1873页。
④ （清）杨钟羲：《雪桥诗话》卷八，民国求恕斋丛书本。

在内府供役者往来。黑暗中残睡醒，时复倚柱假寐，然已隐隐望见有白纱灯一点入隆宗门，则皇子进书房也。吾辈穷措大，专恃读书为衣食者，尚不能早起，而天家金玉之体，乃日日如是。既入书房，作诗文，每日皆有程课。未刻毕，则又有满洲师傅教《国书》、习《国语》及骑射等事，薄暮始休。然则文学安得不深？武事安得不娴熟？宜乎皇子孙不唯诗文书画无一不擅其妙，因上下千古成败理乱已了解于胸中。以此临政，复何事不办？因忆昔人所谓生于深宫之中，长于阿保之手，如前朝宫廷间逸惰尤甚，皇子十余岁始请出阁，不过宫僚训讲片刻，其余皆妇寺与居，复安望其明道理、烛事机哉？然则我一朝谕教之法，岂惟历代所无，即三代以上，亦所不及矣。"①上述记载言论，无不彰显了清代统治者对教育的重视以及持之以恒。在这样的教育下，清王朝统治者之高度汉化也就在情理之中了。

不过，清王朝统治者毕竟是游牧民族出身，在高度汉化的过程中，又不得不提防自身原有的文化被汉文化所消融。康熙二十六年（1687）有段话讲得非常清楚："朕谨识祖宗家训，文武要务并行，讲肄骑射不敢少废，故令皇太子、皇子等既课以诗书，兼令娴习骑射。即如八旗以次行猎，诚恐满洲武备渐驰，为国家善后之策。朕若谓一人行乐，何不躬率遄往？近见众人及诸王以下其心皆不愿行猎，朕未尝不闻。但满洲若废此业，即成汉人，此岂惟国家计久远者哉？文臣中愿朕习汉俗者颇多，汉俗有何难学？一入汉习，即大背祖父明训，朕誓不为此。且内廷亦有汉官供奉，朕曾入于汉习否？或有侥幸辅导东宫以为荣名，营求嘱托者，欲令皇太子一依汉人习尚，全不以立国大体为念，是直易视皇太子矣！皇太子其可易视耶？其果自愿效力，何不请效于朕前耶？设使皇太子入于汉习，皇太子

---

① （清）赵翼：《檐曝杂记》卷一"皇子读书"条，嘉庆湛贻堂刻本。

不能尽为子之孝,朕亦不能尽为父之慈矣!至于见侍诸子内,或有一人日后入于汉习,朕定不宽宥!且太祖皇帝、太宗皇帝时成法具在,自难稍为姑息也。"① 康熙非常严厉地对其子孙进行警诫。

"一入汉习,即大背祖父明训",可见,早在皇太极、多尔衮、顺治时期他们就已有警惕,坚决反对子孙后代被汉文化同化。这也是清王朝统治者的特殊心态,面对先进文化的自卑心理,他们一方面醉心于汉文化的精致与魅力,另一方面又要警惕自己原有的文化不被汉文化所同化。这种心态,在鄙视汉文化、完全将其拒之门外的元朝统治者那里是不会有的,因为他们从来就没有走进去过,无法探知这座宫殿神秘的内部,而清统治者走进去了,并且熟谙她的一草一木,一门一柱,当他们发现,在这里的富丽堂皇是他们过去从来就没有的,对比这里的金碧辉煌,他们的过去实在是简陋得无法形容时,很自然地产生了自卑心理,他们既爱这样的温文尔雅,同时又不能忘记自己过去的金戈铁马,显示出复杂的内心世界,这是熟谙汉文化的清统治者的特殊心态。

二 恩威并施:清代文化政策的主导倾向

清代的文化政策的制定,与他们少数民族入主中原的特殊心态有直接的关系,这种心态导致了他们政策的采纳:"说到底,它乃是汉人素持的'夷夏之防'观念从负面投向新朝集权统治者心理上的阴影,推促他们急遽的糅合有自信又自怯、自大又自卑的心态律变。要稳固入主中原后的政权,必须在以'武功'起家平天下的同时,迅速辅以'文治',来收拾民心,箝制民心。"② 这也就不难理解,

---

① 戴逸、李文海:《清通鉴》,山西人民出版社1999年版,第1872页。
② 严迪昌:《清诗史》,浙江古籍出版社1999年版,第17—18页。

在清朝的不同阶段，统治者采取了大致相似的文化政策：恩威并施，笼络与高压并行。虽然在不同时期，笼络或高压的比重有所不同，但两者却是一以贯之的。清初，汉人的反抗此起彼伏，清朝统治者采取了高压兼笼络的政策，以高压来威逼震慑，以笼络来网罗人才尤其是汉族知识分子以期尽快收服人心巩固政权，是高压在前，笼络在后；当天下安定，统治稳固之后，就成了笼络在前，高压在后，将知识分子肆意玩弄于股掌之上了。

（一）笼络手段

众所皆知，清王朝入主中原，难的不是"武功"，而是"文治"，彪悍强壮的游牧民族在武力上是强大的，温文尔雅的农耕民族并不占据军事上的优势，但是，"万事有不平，尔何空自苦？长将一寸身，衔木到终古。我愿平东海，身沉心不改，大海无平期，我心无绝时"①。深受儒家思想熏染的汉族文人严守"夷夏之大防"，明知不可为而为之，对入侵者进行了顽强的抵抗，就连手无缚鸡之力的知识分子也加入了反抗的队伍当中，顾炎武、王夫之、归庄、傅山、屈大均、魏耕等诗人就是其中的优秀代表。这使清统治者意识到，仅凭借武力是难以使天下臣服的。谙悉中华传统文化的清朝统治者深知，要收服民心，首先要收服知识分子的心。如何收买人心？清初统治者采取的关键措施有三点。

1. 恢复科举考试

恢复科举考试是清统治者所采取的至关重要的一个举措。清世祖顺治二年（1645）浙江总督张存仁疏称，"近有借口剃发反顺为逆者，若使反形既露，必处处劳大兵剿捕。窃思不劳兵之法，莫如速遣提学，开科取士，则读书者有出仕之望，而从逆之念自息。行

---

① （清）顾炎武：《精卫》，《顾炎武诗文选译》，李永祜、郭成韬译注，巴蜀书社1991年版，第47页。

免，薄税敛，则力农者少钱粮之苦，而随逆之心自消"①。张存仁深谙读书人心理，为统治者开出了一剂良药，顺治采纳了建议，命南方归顺各省开科取士，迅速举办科举考试，我们从顺治初期三次殿试制策的命题可以一窥统治者的内心世界。

清世祖顺治三年（1646）制策曰："今欲早成混一，衽席生民，巩固鸿图，克垂永久，以亿万年敬天之休，遵何道而可欤？内外臣工，朕所与所共理天下者也。朕居深宫之中，邪正真伪，不能悉辨，是非功罪，不能尽明，全屏章奏以为进退赏罚。每闻前代朝臣，分门别户，植党营私，蒙蔽把持，招权纳贿。今恐在朝各官，固仍敝习，不能力改前非，所关治乱甚非细故，必如何而后可尽革其弊，俾朕得日闻正言、行正事，以综核名实，修明法纪欤？在外各官贪酷不公者甚众，临民听讼，惟贿是图，善恶不分，曲直颠倒，吏治既坏，民心日离，奸狡计行，善良被陷，斯亦向来有司之痼疾也。必如何而后能使官方清肃，风俗还淳，以致太平欤？欲定天下之大业，必一天下之人心，吏谨而民朴，满洲之治也。今如何为政，而后能使满汉官民同心合志欤？……帝王劳于求贤，而逸于得人。夫以四海之广，人民之众，应有奇伟非常、才全德备之大贤，能佐朕平治天下，以延运祚于无疆者，必如何而后可致之欤？"②

清世祖顺治四年（1647）制策曰："帝王之治天下，莫不以得人为急务，朕深维真才希觏，知人实难。如以言貌取人，虑有内外不符，妍媸互异者；如以荐举进用，虑有朋党援引，真赝混淆者；如以博学能文而遽信其存心行事，又每有下笔千言，侈谈尧舜而中藏奸佞、莅官污秽者。必如何而后真才可得欤？近闻现任官员，伯叔昆弟族人等，以及废绅劣矜，大为民害，往往压夺田宅，估攫货财，

---

① 戴逸、李文海：《清通鉴》，山西人民出版社1999年版，第767页。
② 同上书，第792页。

凌暴良善，抗逋国课，有司畏惧而不问，小民饮恨而代偿。以致贵者日富，贫者日苦。明季弊习迄今犹存，必如何而后可痛革欤？当今混一之初，尚在用兵之际，兵必需饷，饷出于民。将欲减赋以惠民，又虑军兴莫继，将欲取盈以足饷，又恐民困难苏。必如何而后能两善欤？"①

清世祖顺治六年（1649）制策曰："从古帝王以天下为一家，朕自入中原以来，满汉曾无异视，而远迩百姓犹未同风，岂满人尚质，汉人尚文，习俗或不同欤？音语未通，意见偶殊，畛域或为化欤？今欲联满汉为一体，使之同心合力，欢然无间，何道而可？民为邦本，食为民天，自兵兴以来，地荒民逃，赋税不充，今欲休养生息，使之复业力农，民足国裕，何道而可？尔来顽民梗化，不轨时逞，若徒加以兵，恐波累无辜，大伤好生之意，若不加以兵，则荼毒良民，孰是底定之期？今欲使之革新向化，盗息安民，一定永定，何道而可？"②

三次殿试制策题目，分别与网罗人才、清除弊端、满汉同心及休养生息有关，其求贤之心不可谓不迫切。随后，朝廷又多次开设博学鸿词科，对那些拒绝参加考试、隐居山林、声誉隆望的知识分子加以网罗，授予爵禄。康熙朝也是如此。康熙十七年（1678），大举征召博学鸿词，"方是时，高才博学之彦多未忘明，朝廷以大科罗致遗老，于盛名之士，无不揽取，其能荐士者，虽杂流卑官，亦许荐呈。于销兵有望之时，正以此网罗遗贤，与天下士共天位，消海内漠视新朝之意"③。尤可注意的是，在康熙十八年（1679）的博学鸿词科下，朝中大臣与各地官员遵旨举荐士人，诸多明朝遗民被列

---

① 戴逸、李文海：《清通鉴》，山西人民出版社1999年版，第830页。
② 同上书，第892页。
③ 同上书，第1610页。

其中。"凡必取之人，概曲加通融。毛奇龄乃名士，卷中有'天倾如此，岂炼石之可补'语，故意语出讽刺，康熙视之不理，仅问'娲皇补天事信乎？'冯溥答曰：'赋主铺张古籍，宜可用。'遂取中。严绳孙故意仅赋一诗，未完卷而出。康熙帝素知其人，特谕阁臣：'史局不可无此人。'遂取为二等。"① 康熙的宽容优待，自然是为了收服文人之心，为此，他对于文人的故意冒犯之举若无其事，其行为的实质正如孟森的分析："于三藩未平，大势已不虑蔓延而日就收束，即急急以制科震动一世，巽词优礼以求之，就范者固已不少。即一二倔强彻底之流，纵不俯受衔勒，其心固不以夷虏绝之矣。时天下名士推亭林、黎洲。黎洲虽不赴，犹遣子代应史馆之聘。洁身事外者独有亭林，要其著书立说，守先待后，亦无复仇视新朝之见矣"②。虽然依然有文人坚守民族气节，拒不出山，可是，"圣朝特旨试贤良，一队夷齐下首阳。家里安排新雀领，腹中打点旧文章。当年深悔惭周粟，此日翻思吃国粮。非是一朝忽改节，西山蕨薇已精光"③。知识分子立刻起了分化，效果非常显著。此后，雍乾王朝也多次开设博学鸿词科，但用意已经发生了明显的变化，作秀的成分更多一些。陆以湉对康熙十八年（1679）、乾隆元年（1736）两次博学鸿词科试进行了比较："康熙己未，乾隆丙辰，两次博学鸿词，其制微有不同。己未三月，试一百五十四人，取五十人：一等二十人，二等三十人；丙辰九月，试一百九十三人，取十五人：一等五人，二等十人；丁巳七月补试二十六人，取四人：一等一人，二等三人。己未试一场，赋一、诗一。丙辰试二场，第一场赋、诗、论各一，第二场经、史、论各一；己未取者，进士授编修，余皆授检

---

① 戴逸、李文海：《清通鉴》，山西人民出版社1999年版，第1632页。
② 孟森：《己未词科录外录》，见《明清史论著集刊》（下），中华书局1984年版，第517页。
③ （清）褚人获：《坚瓠集》，上海古籍出版社2012年版，第12页。

讨，其已官卿贰、部曹、参政、参议者，皆授侍讲；丙辰取者，一等授编修，二等进士、举人授检讨，余授庶吉士，逾年散馆，有改主事、知县者。己未，自大学士以下，至主事、内阁中书、庶吉士、兵马指挥、督捕理事等官，皆得荐举；丙辰，三品以下官荐举者，部驳不准与试。己未，凡缘事革职之官，皆得与试；丙辰，部驳不准与试。"① 这样一对比，乾隆元年取士政策的狭隘性就很明显了，即孟森先生在《己未词科录外录》一文中所揭示的："己未惟恐不得人，丙辰唯恐不限制。己未来者多欲辞不得，丙辰皆渴望科名之人。己未为上之所求，丙辰为下之所急。己未有随意敷衍，冀避指摘，以不入彀为幸，而偏不使脱羁者，丙辰皆工为颂祷，鼓吹承平而已。盖一为消弭士人鼎革后避世之心，一为驱使士人为国家装点门面，乃士有冀幸于国家，不可以同年语也。"② 清代的文化政策，经历了求贤若渴到野有遗贤的大转变，当国家已经安定，人才就沦为点缀太平的装饰物了。

2. 编撰各类书籍

（1）设馆修《明史》

顺治二年（1645），朝廷即下令开设明史馆，任命内三院大学士冯铨、洪承畴、李建泰、范文程、刚林、祁充格等为纂修《明史》总裁官。③ 康熙四十三年（1704）康熙对修《明史》有一番宏论："《明史》关系极大，必使后人心服乃佳。……《明史》不可不成，公论不可不采，是非不可不明，人心不可不服。关系甚巨，条目甚繁，朕日理万机，精神有限，不能逐一细览，即敢轻定是非，后有公论者必归罪于朕躬。不畏当时而畏后人，不重文章而重良心者，此也。"④

---

① （清）陆以湉：《冷庐杂识》，崔凡芝点校，中华书局1984年版，第4页。
② 孟森：《明清史论著集刊》，中华书局2006年版，第484页。
③ 戴逸、李文海：《清通鉴》，山西人民出版社1999年版，第745页。
④ 同上。

虽然史馆的运作有时中断，但是，对知识分子的触动是巨大的。我国向来有着悠久的修史传统，知识分子向来以能够参与修史为荣，《明史》馆的开设，对于笼络知识分子起到了相当的作用。可以说，清廷此种行为的首要目的，即"以国史大业牢笼遗民志士，可谓苦心"①。一语中的。最著名的例子便是黄宗羲。他自己拒绝出山，得知大学士徐元文出任修《明史》总裁时，黄宗羲认为这是事关忠奸评判和子孙后世的大业，于是动员学生万斯同赴京入馆，"三叠湖头入帝畿，十年乌背日光飞。四方声价归明水，一代贤奸托布衣。良夜剧谈红烛跋，名园晓色牡丹旂。不知后会期何日，老泪纵横未肯稀"（《送万季野北上》）。万斯同以布衣身份修撰《明史》，坚持不署衔，不领俸禄，最终保证了《明史》的修撰质量，被认为是继前四史之后质量最高的一部史书。

（2）编撰《古今图书集成》《四库全书》等大型类书

清代类书数量，据《清史稿·艺文志》及其《补编》著录，共计146部、13847卷，其中由官方主持的大型类书有陈梦雷等编《古今图书集成》、张玉书等编《佩文韵府》、张廷玉等编《子史精华》、陈元龙编《格致镜原》等。其中《古今图书集成》开始于康熙四十年（1701），印制完成于雍正六年（1728），历时两朝28年，采集广博，内容丰富，正文10000卷，目录40卷，共分为5020册，520函，42万余筒子页，1.6亿字，内容分为6汇编、32典、6117部。全书按天、地、人、物、事次序展开，规模宏大、分类细密、纵横交错，举凡天文地理、人伦规范、文史哲学、自然艺术、经济政治、教育科举、农桑渔牧、医药良方、百家考工等无所不包，是现存类书中卷数最多、体例最完善的一部。《中国丛书综录》著录的2797

---

① 钱穆：《国史大纲》，商务印书馆2010年版，第103页。

种丛书中，清代丛书占绝大多数，著名者如曹溶《学海类编》、徐乾学《通志堂经解》、阮元《皇清经解》、王先谦《皇清经解续编》、伍崇曜《粤雅堂丛书》等。其中最重要的当属《四库全书》，这是我国历史上最大的一部丛书。该书收录古籍3503种、79337卷。乾隆在整个编撰过程中不断提出具体的指导性意见，对图书编撰的细节作出具体的部署。如乾隆三十七年（1772）诏书："著该督抚等先将各书叙列目录，注系某朝某人所著，书中要旨何在，简明开载，具折奏闻。候汇齐后令廷臣检核，有堪备阅者，再开单行知取进。"①乾隆三十九年（1774），乾隆又降下圣旨："《四库全书》处进呈总目，于经史子集内分晰应刻、应钞及应存书目三项，各条下俱经撰有提要，将一书原委，撮举大凡，并详著书人世次爵里，可以一览了然。较之《崇文总目》，搜罗既广，体例加详，自应如此办理。"②"著通查各省进到之书，其一人而搜藏百种以上者，可称为藏书之家，即应将其姓名附载于各书提要末；其在百种以下者，亦应将由某省督抚某人采访所得附载于后；其官版刊刻及各处陈设库贮者，俱载内府所藏；使眉目分明，更为详细。至现办《四库全书总目提要》，多至万余种，卷帙甚繁。将来钞刻成书，翻阅已颇为不易。自应于《提要》之外，另刊《简明书目》一编，只载某书若干卷，注某朝某人撰，则篇目不繁而检查较易。"③……乾隆要求各地官员在采录书籍时，要标明作者、朝代，并写出内容简介，要求官员们撰写《提要》《简明书目》，最后形成了四库全书的基本体例，可以说，《四库全书》的编撰完全贯彻了乾隆的个人意图。"四库"开馆于乾隆三十八年（1773），乾隆五十二年（1787）全帙初就，又经过6年时间校

---

① （清）纪昀总纂：《四库全书总目提要》，河北人民出版社2000年版，第2页。
② 同上书，第5页。
③ 同上书，第6页。

核、审订、增补，在乾隆五十八年（1793）全工程结束，前后耗费20年时间。编撰《四库全书》实际上有一种导向作用，那就是引导文人皓首穷经，埋头于考据之中。

3. 政策引导：推崇文教，右文之治

创业需武，守成需文。清统治者努力酝酿、形成尊儒崇教的社会风气。顺治十二年（1655）顺治下诏说："诏兴文教崇经术。朕惟帝王敷治，文教是先，臣子致君，经术为本。自明季扰乱，日寻干戈，学问之道阙然未讲。今天下渐定，朕将兴文教，崇经术，以开太平。尔部即传谕直省学臣，训督士子，凡六经诸史，有关于道德经济者，务必研求通贯，明达体用。处则为真儒，出则为循吏。果有此等实学，朕当不次简拔，重加任用。又念先贤之训，仕优则学，乃传谕内外大小各官，政事之暇，亦须留心学问，俾德业日修，识见益广，佐朕右文之治。"①

顺治的旨意传达出一个尊儒崇教的信号。顺治十四年（1657）九月初七，清朝廷举行了历史上的第一次经筵盛典。下月，又以初开日讲祭告孔子于弘德殿。不过，由于顺治时期的社会并不安定，顺治的"右文"并没有得到彻底落实。康熙继位后，康熙六年（1667），内弘文院熊赐履遵旨奏言弊政，其中之一就是"学校废除而文教日衰"。"今者痒序之教，缺焉不讲，师道不立，经训不明，士子惟揣摩举业，以为科名之具，绝不知读书讲学，以求圣贤理道之归。其高明者，又或泛滥百家，沉沦二氏，惑世诬民，莫斯为甚。伏乞皇上隆重师儒，兴起学校，畿辅则责成学院，各省则责成学道，使之统率士子，讲明正学，非六经孔孟之书不读，非濂洛关闽之学不讲，敦崇实学，扶持正教。"② 熊赐履此言，深得康熙之心。康熙八年（1669），

---

① 戴逸、李文海：《清通鉴》，山西人民出版社1999年版，第1120页。
② 同上书，第1403页。

康熙亲临太学释奠孔子。康熙九年（1670），康熙下诏说："近见风俗日敝，人心不古，嚣凌成习，攒越多端，狙诈之术日工，狱讼之兴靡已。或豪富凌轹孤寒，或劣绅武断乡曲，或恶衿出入衙署，或恶棍诈害善良，萑苻之劫掠时闻，仇忿之杀伤叠见，陷罹法网，刑所必加，诛之则无知可悯，宥之则宪典难宽。"康熙把这种情形的出现归结于"念兹刑辟之日繁，良由化导之未善"①。康熙九年（1670）十一月初三，定经筵、日讲日期，提出了以"文教是先"为核心的"圣谕十六条"②，形成制度，希望从上化下，以帝王之尊对经典的推崇来引导社会风气。乾隆更是倡导风雅，与诸多臣子的唱酬往来不绝，对某些文人大加扶植，沈德潜的格调说、翁方纲的肌理说与袁枚的性灵说，都得到乾隆或公开或隐秘的支持。如沈德潜就受到过乾隆的特别赏识与栽培，乾隆曾言："朕于德潜，以诗始，以诗终。"③他为沈德潜的《归愚诗集》作序云："德潜老矣，怜其晚达而受知者唯是诗"，"非常之人然后有非常之遇，德潜受非常之知，而其诗亦今世之非常者，故以非常之例序之"④。在沈德潜里居的20余年，君臣之间的诗歌酬唱更是绵绵不绝。

这些手段颇具成效。胡蕴玉《中国文学史序》论清代文学之风气云："满洲入关，假托文学，藉收人心，以固皇位：纂六经，兼收诸儒之说；开四库，网罗历代之书。又复设乡会之科，创鸿辞之举。辇毂之下，烟霏雾集，或徒步而取公卿，或累句而膺台鼎。于是有无文学之士，靡然向风。"⑤清廷的笼络手段，可谓立竿见影。

---

① 戴逸、李文海：《清通鉴》，山西人民出版社1999年版，第1459页。
② 同上书，第1460页。
③ （清）赵尔巽：《清史稿》，中华书局1977年版，第10511页。
④ （清）沈德潜：《自定年谱》，见《沈归愚全集》，乾隆十六年刻本。
⑤ 徐中玉：《中国近代文学大系（文学理论集）》，上海书店出版社1994年版，第25页。

（二）高压手段

与清统治者对文人的笼络相一致，清统治者的高压手段同样是不余遗力的，两者互为表里。这种高压，是伴随笼络同时进行的，"于死者以忠烈褒之，生者则以礼遇笼络之。右文稽古歆动于其前，八旗兵力收拾于其后"①。清初著名的三大案件，奏销案、通海案、科场案都是对江南文人横加迫害的案件，矛头对准江南文人，震慑的却是普天之下的知识分子。顺治十四年（1657）南闱科场案发，处理的结果是"方犹、钱开宗俱著即正法，妻子家产籍没入官；叶楚槐等十七名同考官俱著处绞，妻子家产籍没入官。已死之同考官卢铸鼎妻子家产亦籍没入官。方章钺、张明荐、伍成礼、姚齐章、吴兰友、庄允堡、吴兆骞、钱威，俱著责四十板，家产籍没入官，父母兄弟妻子并流徙宁古塔。另在逃之程度渊，令速行严缉获解"②。清顺治十八年（1661），被判定"通海"的文人有冯征元、王明试、李铭常等65人，与吴县"哭庙案"，大乘、园果"诸教案"等囚犯121人，在江宁执行死刑，"金坛因海寇一案，迷入雾网，屠戮灭门，流徙遣戍，不止千余人"③。顺治十八年（1661）江南奏销案起，"四府一县二千一百七十一名乡绅，一万一千三百四十六名生员悉列于降革中。韩菼、徐元文、吴伟业等江南有名望者皆入罚单"④。以致人人以有家产为累，"富人往往以田为累，委田契于路，伺行人拾取，遽持之，大呼曰：'田已属尔。'"⑤ 田产成了烫手山芋，人人避之唯恐不及。总之，三大案件的先后出现，一时朝野震动，人人为之色变。

---

① 孟森：《明清史论著集刊》，中华书局1958年版，第517—518页。
② 戴逸、李文海：《清通鉴》，山西人民出版社1999年版，第1190—1191页。
③ 花村看行侍者：《花村谈往》卷二《金坛海案》，民国适园丛书本。
④ 戴逸、李文海：《清通鉴》，山西人民出版社1999年版，第1313页。
⑤ （清）邵长蘅：《与杨静山表兄》之二，《青门簏稿卷》十一，清康熙刻本。

但这还不是高压的全部。清朝最为后人诟病的弊政之一，便是文字狱。陈广逊"非关笔砚生涯拙，总为文章厄运多"①道出了文人的不幸，潘柽章、吴炎无辜卷入《明史》案，就是一个例子。

潘柽章，"乙酉后隐居韭溪。肆力于学，综贯百家，天文地理，皇极太乙之书，无不通晓。欲仿司马迁书，作《明史记》。友人吴炎所见略同，遂与共事。柽章分撰本纪及诸志，炎分撰世家列传。柽章长于考核，炎长于叙事。互相讨论，撰述数年，书成十之六七。会南浔庄氏史狱起，参阅有柽章及炎名，俱及于难。然庄氏书，二人未尝寓目，徒以名重，为所摭引。既罹惨祸，其书亦不传"②。吴炎，"乙酉后，弃诸生，隐居教授，以诗文自豪。所拟古赋，及今乐府，皆传诵于时。既与潘柽章共撰明史，炎天才矫拔，所撰世家列传，甚有体裁，美恶不掩，有古良史风。书未及成，史案株连，及于难"③。潘柽章、吴炎两人仅仅因为庄廷龙在出版《明史》时，仰慕二人的声望，署上他们的名字以自重，竟使二人遭受无妄之灾。这些重大案件出现的结果，是一些宵小之人以诬告为升官发财之道，"近见奸民捏成莫大之词，逞其诈害之术。在南方者不曰'通海'，则曰'逆书'；在北方者，不曰'于七贼党'则曰'逃人'，谓非此则不足以上耸天听，下怖小民"④，形成了恐怖的社会氛围。

清朝统治者的高压使得知识分子动辄得咎，生存处境显得尤为艰难。就以官场为例，顺治十一年（1654）顺治下诏，"严惩督捕右侍郎魏琯，以其上奏请宽逃禁故也"⑤。之所以严惩，被认为"偏私

---

① （清）陈广逊：《老儒》，《静斋小稿》，清稿本。
② （清）冯桂芬：《（同治）苏州府志》卷一百六，清光绪九年刊本。
③ （清）傅以礼：《庄氏史案本末》卷下，清抄本。
④ 戴逸、李文海：《清通鉴》，山西人民出版社1999年版，第1399页。
⑤ 同上书，第1086—1087页。

市恩，殊为可恨！"① 开始是降三级调用，很快因为吕煓窝逃案发而被革职，流徙盛京。顺治十二年（1655），兵科右给事中李姻上奏痛陈逃人法之弊害，被杖责四十，流徙宁古塔。这样严厉的处置与统治者对汉人为官的偏见是分不开的，顺治一语道破乾坤："本朝之兴，岂曾谋之尔汉官辈乎？"② 康熙也说："从来遇贼迎降，即此等空言作文之辈。流贼李自成进京之际，明文臣迎降，称颂李自成。奏表云，迈汤武而惭文德，比尧舜而多武功。本朝兵至，复降本朝。逆贼吴三桂叛时，贵州巡抚曹申吉降，而提督李本深亦降。王师至，箪食壶浆迎之。贼兵至，亦箪食壶浆迎之，真不可信也。"③ 骨子里对汉官充满蔑视。因此，顺治虽一再强调满汉一体，但实际上严格区分满汉之畛域，他多次训斥汉官不能与满官同心，"朕自亲政以来，各衙门奏事，但有满臣，未见汉臣"④。他谴责汉官无报国之心，"今观汉官之图报主恩者，何竟无一人耶？"⑤ "与其才高而不思报国，不如才庸而思报国之为愈也。倘明知而不思报效，擅敢乱行，事发绝不轻贷。彼时毋得怨朕，自贻伊戚耳。"⑥ 顺治训斥汉官："是朕以一体相视，而尔等蓄有二心。朕以故旧相遇，而尔等猜如新识。朕以同德相期，而尔等多怀异念矣。"⑦ 顺治即责怪汉官不出力，清世祖顺治十年癸巳（1653）罢大学士陈之遴，是怀疑他对清廷有二心，因为陈之遴奉旨审理李应试案时默无一言⑧。顺治这样，康熙也是如此，对汉族官员大加训斥："唯唯诺诺，临大事竟归无用。生

---

① 戴逸、李文海：《清通鉴》，山西人民出版社1999年版，第1086—1087页。
② 同上书，第1047页。
③ 同上书，第2502页。
④ 同上书，第1030页。
⑤ 同上书，第1070页。
⑥ 同上书，第1072页。
⑦ 同上书，第1094页。
⑧ 同上书，第1039页。

人杀人，乃朕之权，彼焉得操之，此后尔等皆当省改，凡人既读书知义理，即当以其所学见之于事，非仅作文已也。"①

可见，汉人在清廷为官的处境何其尴尬。"世路方险嘖，小官亦不易"②、"逢人恶说风波险，曾向蛟龙窟里来"③ 的休惕感慨绝非夸张之言。宦海凶险，无处不在。文人动辄得咎，造成社会氛围的空前肃杀，康熙时期熊赐履奏称的社会弊端之一是"士气日靡。近见各衙门大小臣工，大率缄默依阿，绝少实心任事之人，甚至讬老成慎重之名，以济尸位素餐之计。树议者谓之疏狂，任事者目为躁竞，廉静者斥为矫情，端方者笑为迂腐。间有修身体道、读书穷理之士，则群指为道学而非笑之，百计诋排，必禁锢其终身而后已"④。康熙朝如此，清中晚期更是变本加厉，士风受到极大的摧残，社会氛围空前肃杀，诗人唯唯诺诺，老气横秋，士风萎靡不振。"诗能兴狱"成为大家的共识。为了保全自身，大家不得不谨小慎微，"一切字迹必须时刻留心，免遗后患"⑤。陈祖范说："非止口嗑哇，惟恐风波生。"（《桐城方贞观寄诗稿书赠》）使得大家人人自危，成了惊弓之鸟，"避席畏闻文字狱，著书都为稻粱谋"⑥，或"遇事辄持两端，甚或幸人之急而排挤之，讪笑之，以自明涉世之工，否则自诩为深识远见，以为固早虑其有此"⑦，或"以模棱为晓事，以软弱为良图，以

---

① 戴逸、李文海：《清通鉴》，山西人民出版社1999年版，第2294页。
② （清）龚景瀚：《夜雨有怀小范家兄触绪纷纷遂至满纸》，《澹静斋诗文钞》卷三，道光二十年恩赐堂刻本。
③ （清）折遇兰：《舟过洞庭》，转引自刘靖渊《从台阁诗风的消长看乾嘉之际诗风转换》，《山东师大学报》2001年第3期。
④ 戴逸、李文海：《清通鉴》，山西人民出版社1999年版，第1403页。
⑤ 上海书店出版社编：《清代文字狱档》，上海世纪出版股份有限公司、上海书店出版社2007年版，第67页。
⑥ （清）龚自珍：《咏史·金粉东南十五州》，《龚自珍全集》，王佩诤校，上海人民出版社1975年版，第471页。
⑦ （清）洪亮吉：《钱大令维乔诗序》，《洪亮吉集》，刘德权点校，中华书局2001年版，第969页。

钻营为进取之阶,以苟且为服官之计"①,因为"莫教行化乌场国,风雨龙王欲怒嗔"②,"昔人辨听反为累,吁嗟从来口舌真祸梯"③。这就是清王朝诗人的普遍心态。

因此,诗人感慨道:"冠盖多风波,相将返故林。"④ 官场不易,如履薄冰的休惕感慨不绝于耳。但凡有个性的文人,不欲仰人鼻息,备受拘束,远离仕途还可换来平安度日,何乐而不为?凌时遇,"真性未漓,初不知世有机械变诈事,既壮后,所如辄阻,气因不平"⑤。金农,"清江三月好风多,自唱年年铜斗歌。莫哂求官我无分,金襕不换一渔蓑。"⑥ 这也是无可奈何的自我保全之举。

第二节 清代布衣诗人的构成

在这一节中,笔者拟对清代布衣诗人的具体构成作一剖析,按照清初、清中晚期的顺序梳理清代布衣诗人在不同时期的构成。

一 清初布衣诗人的构成

"当世天下士,多在布衣中。"⑦ 明末清初的沧桑巨变给诗人造

---

① (清)洪亮吉:《乞假将归留别成亲王极言时政启》,《洪亮吉集》,刘德权点校,中华书局2001年版,第225页。
② (清)蔡显:《题友裘裟照》,《闲渔闲闲录》,民国嘉业堂丛书本。
③ (清)金农:《雀啄覆粟曲》,《冬心先生集》,侯辉点校,西泠印社出版社2012年版,第60页。
④ (清)申涵光:《送赵秋水入都》,(清)陶梁《国朝畿辅诗传》卷十,道光十九年红豆树馆刻本。
⑤ 中山大学中国古文献研究所编:《粤诗人汇传》,岭南美术出版社2009年版,第1531页。
⑥ (清)金农:《乾隆十一年三月廿有二日乃余六十犬马之辰,触情感事,杂书四首,非所以自寿也》,《冬心先生集》,侯辉点校,西泠印社出版社2012年版,第84页。
⑦ (清)计东:《广陵五日宴集作》,见赵永纪《清初诗歌》,光明日报出版社1993年版,第142页。

成了身心的巨大创伤，但动荡的社会又给诗人提供了一个前所未有的机遇，他们走上历史舞台，充分地去施展自身的才干。清初布衣主要由两类构成，一类是坚持民族气节至死不渝的遗民，一类是在清朝成长起来的新一代诗人，他们的人生经历、思想立场及心态都有明显区别。前者是效忠于前朝，而后者则是科举不得意，或受到迫害打击的诗人。随着清朝统治的稳定，一批在清朝成长起来的诗人登上了历史的舞台。对这一批诗人来说，明朝是一个模糊的印象，前辈的亡国之痛对他们来说已经是很遥远的记忆，摆在眼前的是如何进入体制之中去施展自身的才华问题。但不幸的是，统治全国的是文化修养远不及中原的满族，落后民族在面对文化先进的民族时那种与生俱来的自卑感时有流露，这使他们对汉族带有诸多猜忌，甚至恩威并施以树立起自身的权威，一批诗人因此而备受打击迫害，布衣吴兆骞成为丁酉科场案的牺牲品，流放塞外23年；计东遭遇"奏销案"之祸，一生不得志，落魄而卒，董俞也因为"奏销案"被除名。对这些诗人来说，旧巢已覆，新枝难栖。这样的诗人虽为数不多，也足以警醒世人了。以下，我们重点剖析遗民群体。

明末清初的遗民群体是历史上非常重要的一个群体，"清初明遗民是历史上自觉性最强、成熟度最高的一代遗民，而且在人数上空前绝后，在心态上充分展现遗民风骨，在创作上异常高产，在成就上辉煌斐然。他们不但对整个封建社会，尤其是朱明覆灭进行了理智而又深刻的反思，而且在文学创作方面创造出了不可磨灭的文化价值"[①]。此言非虚。清初遗民有一种强烈的使命感，顾炎武曾云："天生豪杰，必有所任，如人主于其臣，授之官，与之职。今日者拯

---

① 奕翔：《朱鹤龄〈愚庵小集〉研究》，硕士学位论文，安徽大学，2011年。

斯人于涂炭，为万世开太平，此吾辈之任也。仁以为己任，死而后已。"① 这种看法是有代表性的。因此，明清易代，是一场政治上的天崩地裂，是一场文化上的灾难。"乱世出英雄"，在这样一个武力入侵与文化被征服的历史背景下，深受"亡天下"之痛苦的文人自觉地承担起传承中华文明的使命，潜心向学，著书立说，抛弃明代文人"空疏不学"之弊端，提倡"经世致用"，奠定了清代学术的基调，遗民布衣诗人就是其中的佼佼者。

1. 遗民的几种类型

清初遗民人数众多，明末清初的遗民人数远远超出了宋代遗民。根据统计，康熙初年卓尔堪编选的《遗民诗》所收已有525家，民国初年孙静庵有《明遗民录》，"所载至八百余人，而所遗漏者，尚汗漫而不可纪极也"②。邓之诚《清诗纪事初编》把遗民单独列为前编，该书共收顺治、康熙间诗人600余家，其中较重要的诗人中，遗民就占到了一半左右。钱仲联《清诗纪事·明遗民卷》收录402家，谢正光《明遗民传记索引》依据明遗民传记资料208种，统计有明遗民2311人。张其淦《明代千遗民诗咏》三编合计收遗民3700人以上。由此可见，明遗民的数量是极其可观的。这些遗民，不论在明代有功名或无功名，有官位或无官位，无论过去的身份给他们留下了怎样的印记，入清之后，他们都面临着共同的处境：国仇家恨，艰难生存，虽生犹死，游离于王朝体制之外。"遗民"已经说明了他们布衣的立场。孙静庵在《民史氏与诸同志书》中有云："又思宋命以来，宗国沦亡，不遗余民，寄其枕戈泣血之志，隐忍苟活，终身穷饿以死，殉为国殇者，以明为犹烈。"③ 清初产生了大批的遗

---

① 孔定芳：《清初遗民的身份认同与意义寻求》，《历史档案》2006年第2期。
② （清）孙静庵：《明遗民录》，赵一生标点，浙江古籍出版社1985年版，第1页。
③ 同上书，第375页。

民，无论是数量还是成就方面都是宋遗民难望其项背的。在沧桑巨变的现实面前，遗民们有着种种表现。

（1）战士型遗民

国家遭变之初，各地武装力量尚存，在南明政权的号召下，各地小规模的抵抗仍在进行。这些平常只懂得舞文弄墨的读书人，在坚定的复国信念的指引下，毅然投笔从戎，投入反清武装斗争中，如唐复思，"至甲寅，滇、闽大乱，而淳、遂之地年余忽不见唐复思迹。及归，乃云自秦中来。缙绅之徒，因疑其志异，稍稍谢绝之"[1]。在云南福建的大乱中，巧合的是人们在当地没有见到唐复思的身影，虽然不清楚唐复思到底有没有参与，但从当地缙绅对他的回避来看，唐复思的嫌疑不小。张成义，"丙戌后，起兵不克，行遁去，不知所终"[2]。孙守法，"国变后，竖义旗募兵，约总兵贺真为恢复计"[3]。朱会芝，"甲申明年，江上兵起，以流滞他方不得与，往来英霍山寨及太湖军中，遗书戚人推官董德钦，邀之共事。德钦答以海上之局，劝金芝归赴同仇。甫抵里，而德钦以事泄死。金芝不为怵，好事益甚。未几被捕，亡命深山"[4]。黄宗炎，"兄弟毁家，率子弟僮仆荷戈，妇女皆执爨以饷，所谓'世忠营'也"[5]。徐鑛，"甲申告变，山泽之揭竿者数十万计，掌文尽破家私以佐军实，而身奔走其事。于是江南之兵，号吴为盛"[6]。

在这些遗民当中，黄宗羲、顾炎武、王夫之、归庄、傅山等人是遗民最杰出的代表，他们杀敌冲锋，一往无前，如归庄曾与顾炎

---

[1] （清）孙静庵：《明遗民录》，赵一生标点，浙江古籍出版社1985年版，第2页。
[2] 同上书，第26页。
[3] 同上书，第49页。
[4] 同上书，第39页。
[5] 同上书，第74页。
[6] 同上书，第117页。

武、吴其沆参与王永祚领导的义军，清军攻占苏州后下剃发令，归庄领导数千人聚校场结盟起兵，扑杀降清的阎茂才。屈大均在广东、王夫之在湖南，顾炎武在昆山、苏州，黄宗羲在四明山寨，都是奋勇抗击，魏耕、屈大均甚至发起了震惊朝野的"通海案"。顺治十六年（1659），郑成功由崇明进长江，与南明兵部侍郎张煌言会师，六月八日至丹徒，十三日至焦山，直捣瓜州，一时间朝野震动，这也是遗民的抗争最接近成功的一次，而为郑成功传递消息的，正是魏耕、屈大均等遗民。

除了亲自投身战场，与敌人进行斗争之外，遗民还以各种方式进行了抗争。如邱义，"清命学使者试汀，父强之就试，义文入'宗庙丘墟，鼎社迁改，荼毒攒心，无天可诉'等语，盛触忌讳，免责除名"①。邱义被迫参加了科举考试，这不是妥协，而是为了更好地反抗，在清朝统治的考卷上，邱义直言不讳地写出了他对前朝覆亡的痛苦，和对统治者的痛骂，其胆识不言自明。他们不光自己抗争，也教育其后人，"子四人，皆课读经史，顾不许其应试，曰：'读书所以立身，试则鬻身。吾虽贫，不鬻其子也。'"②读书不过是为了他们能懂得礼义，绝不是为了谋取什么功名。卢象晋，拒绝剃发，"守验视其顶发偏寡，谓已剃复生，象晋厉声曰：'未也。'守怪之，趣剃发，象晋曰：'我先朝遗老也，兄弟俱死国难，吾头可与发俱断，吾发不可剃。'守怒，榜掠之，具狱，当大辟。巡抚疑之，诘责郡守。郡守惧，缓象晋死，乃遗书胁其母：'象晋不剃发，罪且及。'母自诣狱，持象晋而泣。守猝入，缚而髡之，既而释之"③。真是头可断，发不可不留。张拱乾也是如此，不惜以死对抗剃发令，"旋下

---

① （清）孙静庵：《明遗民录》，赵一生标点，浙江古籍出版社1985年版，第22页。
② 同上。
③ 同上书，第66页。

剃发令，禁甚严。九临（拱乾字——引者注）以不剃发，为镇将吴某所系，同系者四十余，先戮数十人，次及九临，吴见其名，忽心动曰：'吾固知此人三吴才士也。苟剃发，当特原之。'拱乾曰：'死则死耳，男儿不可髡也。'吴某意不悦，低徊未忍加诛，杖四十释之。"① 对张拱乾来说，死尚且不惜，遭受皮肉之苦又算什么呢？

虽然清初的抗清活动并没有能够扭转时代发展的基本走向，但是，遗民们发扬了刑天舞干戚、精卫填海的精神，明知不可为而为之，其勇气胆识让后人肃然起敬。

（2）学者型遗民

这些遗民虽然没有投身战场，却认识到自身传承文化的崇高使命，黄宗羲认为："天下之治乱，不在一姓之兴亡，而在万民之忧乐。"② 王夫之认为："一姓之兴亡，私也；而生民之生死，公也。"③ 明代灭亡，续起者是礼教未开的"蛮夷之辈"，这让一些文人决心著书立说，传承文脉。范荃，"国变后，不应有司试。同人劝其仕，荃答以书云：'闭门静坐，啜茗听鹃，与二三童子周旋外，或沈酣史籍，上下古今，或商榷风雅，考订讹伪。兴之所至，笔墨淋漓，五字刻成，千言立就，真不知天高地厚，乐境无穷，安往而不得其为我？'"④ 范荃在著述中收获快乐和满足。刁包，"明亡，痛哭不欲生，将自戕，弟子苦劝之，乃以讲学终其身。日取四子五经，及宋元以来诸儒书，反复寻究，积二十年不倦。其学以谨言行为要，以程朱为宗旨"⑤。刁包潜心著述讲学，终成一代大儒。张履祥，"鼎革后，益杜门寡交，病当世讲学者骋口辩，沽虚名，故于来学之士，未尝受

---

① （清）胡蕴玉：《发史》，见《中国野史集成》第40册，巴蜀书社1993年版，第18页。
② （清）黄宗羲：《明夷待访录（不分卷）》，清指海本，第2页。
③ （清）王夫之：《读通鉴论》卷十七，清船山遗书本，第3页。
④ （清）孙静庵：《明遗民录》，赵一生标点，浙江古籍出版社1985年版，第11页。
⑤ 同上书，第15页。

其拜，一以友道处之"①。胡承诺，"国变后，隐居不仕，卧天门巾、柘间，穷年诵读，书无所不窥，而深自韬晦，足不出庭户。生平无讲学名，而析理至精，论事尤极平实。著《绎志》六十一篇"②。

正由于这些诗人潜心于著述，且有着明确的目的性，心无旁骛，所以取得了很高的成就。顾有孝，"尝窃慨于唐人之诗选者承讹踵缪，千百年来未能洗剔，为之扬榷论次，择其真赏者，命之曰《唐诗英华》。捃摭新旧《唐书》，以及纪事、艺文志，人自为传，胪而陈之。钱牧斋称其不立阡陌，不树篱棘，分曹迭奏，焕然复见唐人面目。书成，凡扶余日出之国，无不争购，于是茂伦诗名及于海内"③。朱鹤龄，"明亡，屏居著述，与顾亭林友，亭林以本原之学相勖，始湛思覃力于诸经注疏，及先儒语录。著有《尚书埤传》、《禹贡长笺》、《读左日钞》、《诗经通义》等书。《尚书》斟酌于汉学宋学间，《长笺》作于胡朏明《锥指》之前，不及朏明书，而旁引曲证，亦多创获。《读左》瑕瑜并陈，不及顾亭林、惠定宇之密。《诗经》参订于古今之间，于近今惟用陈启源说，盖启源实与参订焉。其邶、鄘、卫三国，《禹贡》三江、震泽、太湖、嶓冢、汉源诸辨，多有裨于考证"④。吕留良，"摒挡一切，与桐乡张考夫、盐官何商隐、吴江张佩忍诸人，及同志数人，共力发明洛闽之学，编辑朱子书，以嘉惠学者。穷乡晚进有志之士，闻而兴起者甚众。其议论无所发泄，一寄之于时文评语，大声疾呼，不顾世所讳忌"⑤。汪佑，"乃与汪正叔、江卫道、汪月岩、胡匏更、吴敬庵、汪石樵、吴慎先、汪括斋、朱济臣、陈书始、谢兼善诸君，振兴紫阳大会，订

---

① （清）孙静庵：《明遗民录》，赵一生标点，浙江古籍出版社1985年版，第17页。
② 同上书，第23—24页。
③ 同上书，第30页。
④ 同上书，第46页。
⑤ 同上书，第55页。

六邑同人，岁以朱子生日行释菜礼，讲学三日，一遵白鹿洞遗规，严斥歧趋，循正轨。此外，若休城四孟会、白岳圣诞会、各邑塾月讲会，皆不惮远涉，应期必赴"①。李容，"一名颙，二曲以昌明圣学为己任，家无书，从人借关学自横渠后，三原、泾野、少墟，累作累替，至二曲而复盛"②。孙奇逢，"率弟子门人入易州五公山，结茅双峰，戚族相依者数百家。乃饬戎器，侍糇粮，部署守御，又以其暇赋诗习礼，弦歌声相闻，寇盗屏迹。当道交章荐，皆坚卧不应，前后十一征，不起。晚岁渡河，慕苏门百泉之胜，且为康节鲁斋讲学地，水部郎马光裕奉以夏峰田庐，遂移家筑堂曰'兼山'，读《易》其中，率子弟躬耕。四方来学愿留者，亦授田使耕，所居成聚。公卿持使节过卫源，辄屏驺从，以一见为快。而睢阳汤斌，官岭北道，告养归，遂从受业凡十年。始奇逢与鹿忠节讲学，以象山、阳明为宗，晚更和通朱子之说。其持身务自刻砥，而与人无町畦"③。他们著述讲学，传承文脉。

（3）隐士型遗民

隐士型遗民，他们或隐于禅，遁入空门，以僧道自居，如阮文锡，"逃于释氏，名超全，以教授生徒自给。论者谓是郑所南、谢皋羽之流"④。李灌，"弃家东渡，至角北寺，遂剃发为僧，放浪太华、黄河间，入山采药，或累岁不知所向，或黄冠缁衣，行哭都市"⑤。唐访，"既知事不可为，乃痛哭祝发，筑食苦庵以终，号食苦和尚"⑥。林增志，"闽亡，髡发为僧，住温州之头陀寺"⑦。唐泰，

---

① （清）孙静庵：《明遗民录》，赵一生标点，浙江古籍出版社1985年版，第89—90页。
② 同上书，第114页。
③ 同上书，第217页。
④ 同上书，第3页。
⑤ 同上书，第8页。
⑥ 同上书，第28页。
⑦ 同上书，第35页。

"回滇后,值中原板荡,祖国沉沦,担当痛之。乃剃发,从无住禅师受戒律,结茅鸡足山"①。何宏仁,"随披剃从方外游,入陶介山,事山主云藏师,随众樵汲,昼夜作苦。同事者为宏仁难之。宏仁曰:'吾视出没风涛间,瞬息生死者何如?而敢言劳苦哉!'……遇高僧郭莲峰、征君李秘霞,结尘外之交,馆留崇圣寺,藜床风雨,三人者相对嘿语终日,人不测其所以"②。邵以贯,"已而国难作,以贯欲死之,以母老不果,遂祝发为头陀,狂走入雪窦山中妙高台"③。万寿祺,"国变后,僧冠僧服,自名明志道人,沙门慧寿,饮酒食肉如故"④。张怡,"明亡,寄摄山僧舍,不入城市,人称之曰白云先生"⑤。陈五箴,"国变后,痛君亲之难,遂祝发,号南一百行脚,一号衲拾残。钱受之、吴梅村与结方外交,交相唱和"⑥。刘若宜,"甲申之变,遁迹浣花庵,剃染为僧。……故与若宜同谱者,多列当道,交相荐辟,皆不就,谢以诗曰:'山僧久卸朝天路,只整威仪拜法王。'"⑦……

总之,遗民之逃禅者为数不少,邵廷采云:"僧之中多遗民,自明季始也。"⑧ 遗民逃禅,这是在高压之下的消极反抗,得以逃避清初的剃发令,避免换上满人的服饰,所以,方以智"清兵尝物色得之,令曰:'易服则生,否则死。袍服在左,白刃在右。'乃辞左而受右。清帅起谢之,为之解缚,听其以僧终"⑨。方以智在死亡与易

---

① (清)孙静庵:《明遗民录》,赵一生标点,浙江古籍出版社1985年版,第47页。
② 同上书,第48页。
③ 同上书,第65页。
④ 同上书,第88页。
⑤ 同上书,第136页。
⑥ 同上书,第166页。
⑦ 同上书,第134页。
⑧ (清)邵廷采:《思复堂文集》卷三,《四库全书存目丛书》集部第251册,齐鲁书社1997年版,第386页。
⑨ (清)孙静庵:《明遗民录》,赵一生标点,浙江古籍出版社1985年版,第36页。

装两者之间，宁可选择死亡也拒绝易装，最终他遁入空门来保全对前朝的忠贞，拒绝更换清朝服饰。方授，"甲申遭国变，遂焚笔砚。时同里世族多疾足以赴功名。其父强之，不可，则挞之。授逃之四明山中，结茅而栖，采橡栗而食"①。张若化，"山居四十年，足不及城市，未尝以姓名通有司。励志独行，不标讲学名，疾恶守义，愫不可犯，虽骨肉至亲不少假。而恻隐所周悉力于人者不少靳。丹山在群山中，巉岩阻绝，日夕云雾往来。茅茨数椽，上漏下湿，豺虎交横，时曳杖登陟，徜徉泉石间，啸歌自得"②。王继统，"丁明之季，乃绝意仕进，退而放浪于荒墟绝屿之间，扁舟草服自乐也。未几明亡，乃益颓然自废，不求闻达于人世，世亦无有知之者。……日键其户，足不履城市者且二十年"③。王方魏，"闭门著书四十年，不入郡城，不授徒，不游，不酒食往来，浑浑穆穆，以自全其天"④。

遗民的逃禅隐居是一种洁身自好的无奈之举。眼见复明无望，只好萧然逃世，隐匿于荒郊野外，遁迹于偏远之所，以不入城市、远离尘嚣近乎自虐的行为与现实对抗，以清苦自持、肉体的痛苦来抵挡精神的痛苦。这是一种弱者的消极反抗。

（4）狂士型遗民：狂放放纵，遗世独立

这一类遗民，行为狂放，怪异，迥异于常人，"江湖散发一狂生"⑤。他们自己也以狂士自居，如李枏机，"不畏寒暑，不择饮食，喜啖生肉，语謇涩不可辨。至人家，辄取纸笔，乱书不止，字多不可识，

---

① （清）孙静庵：《明遗民录》，赵一生标点，浙江古籍出版社1985年版，第166页。
② 同上书，第152页。
③ 同上书，第169页。
④ 同上书，第143页。
⑤ 同上书，第12页。

间有二一成句者"①。沈寱伊,"性峭直,一语不合,辄狂詈人,人称之曰'祢生'。当流寇充斥时,浙江骚动,寱伊慷慨流涕,上书大府,不省。遂托于佯狂以讽世,常携酒入神庙,痛哭失声,同行者皆避去。越二年甲申,明亡,寱伊私立木主于里社,朝夕哭临。社故有雷神像,狰狞可畏,寱伊怒目叱曰:'汝不能为国捍患,乃徒金睛赤发,惊里媪乎?'闾巷小儿,环视而笑,皆以为痴。家人劝之饭,进肉,寱伊叱曰:'此岂食肉时耶?'有时悲啼,人或阻之,则曰:'毋阻我哭,哭竟当自止。'一夕,里中有富家子,假其舍宴客,酒半,寱伊笑曰:'丈夫当散财为国家效尺寸,吾视若曹圈豕耳。'拔壁上剑,玩弄起舞,剑光与烛光相射,怒指四座曰:'吾当尽取若辈头,而刎吾头以为酬。'座客惊惧匿几下,或逃溷厕以免"②。张盖,"甲申之变,谢去诸生,悲吟侘傺,遂成狂疾。尝游齐、晋、楚、豫间。归自闭土室中,饮酒独酌,醉辄痛哭,虽妻子不得见。惟同里申涵光、鸡泽殷岳至,则延入土室,谈甚洽。其为诗哀愤过情,恒自毁其稿,或作狂草累百过,至不可辨识乃已。久之,狂益甚,竟死"③。周思南,"号元懋,字柱础,号德林,浮石人,文穆公应宾从子也。江东建国,钱肃乐招之,故人徐锦衣启睿亦招之,思南方丁内艰,固辞,而破家输饷不少吝。丙戌六月,江上师溃,思南恸哭,自沉于水,以家人救得免。思南故善饮,乃削发入灌顶山,益纵饮。无何,又不喜独酌,呼山僧,不问其能饮与否,强斟之,夜以达旦。山僧为所苦,遂避匿。则呼樵者强斟之,樵者以日暮长跪乞去。思南无与共,则斟其侍者;已而侍者醉,则呼月酬之;月落,则呼云酬之。继以灌顶深山,难觅酒伴,始返城西枝隐轩中。

---

① (清)孙静庵:《明遗民录》,赵一生标点,浙江古籍出版社1985年版,第45页。
② 同上书,第79页。
③ 同上书,第144页。

每晨起，则呼其子弟饮之，子弟去，则呼他人；或其人他往，则携酒极之于所往；不遇，则执途之人而饮之。于是浮石十里中，望见思南，辄相率走匿"①。《明遗民录》中狗皮道人，"黄冠朱履，身被狗皮，口作狗吠，乞食城都，城中狗从而和之。市人与之钱粟，道人则画然作虎啸，狗皆避易"②。

他们行为狂放怪僻，佯狂避世，不遵礼法，对文化危亡和故国存亡无比悲痛、哀伤，内心无比苦闷而又无计可施，试图以乖张、抑郁、狂躁的狂态发泄以实现心灵的解脱，实际上，终其一生，他们的痛苦始终没有解脱。

2. 清初遗民的特点

与宋遗民相比，明末清初的遗民生存处境无疑要险恶得多。邵廷采《宋遗民所知录》有云："明之季年，犹宋之季年也；明之遗民，非犹宋之遗民乎？曰：节固一致，时有不同。宋之季年，如故相马廷鸾等，又悠游岩谷，竟十余年，无强之出者；其强之出而终死，谢枋得而外，未之有闻也。至明之季年，故臣庄士，往往避于浮屠，以贞厥志，非是则有出而仕矣。"③元朝统治者可以容忍宋遗民悠游岩谷，为前朝守节，清朝统治者却不能容忍明遗民的疏离，对遗民威逼利诱无所不用其极，势必要其出山，越是名满天下者，受到的逼迫就越厉害，如顾炎武、黄宗羲、傅山、李因笃、吕留良等都饱尝清廷驱迫羁縻之苦。在这种情况下，意志软弱一点的人就屈服了，失去了遗民的身份。"疾风识劲草，板荡知忠臣"，高压之下的坚守，更难能可贵，更能激荡出遗民的本真。概括起来，清初遗民具有厉行苦节、孤傲耿直、安贫乐道、蔑视权贵的特点。

---

① （清）孙静庵：《明遗民录》，赵一生标点，浙江古籍出版社1985年版，第108页。
② 同上书，第300页。
③ （清）邵廷采：《思复堂文集》卷三，《四库全书存目丛书》集部第251册，齐鲁书社1997年版，第386页。

他们无惧生活的艰难，以现实的困境磨砺自己的意志，厉行苦节，备尝生活的艰辛而安之若素。宁浓，"家卧虎冈之北谷，为土室，终岁尸居其中。……非其人即避去，足迹不入城市者垂五十年"[①]。张翼星，"衣履常不完，盛夏犹峨冠毡笠，晏如也"[②]。李天植也是如此，"魏叔子来自江西，造其庐，天植视姓字，则强起，张目视之泣，叔子亦泣。时方绝粮，叔子探囊得银半两赠之，五反不受，固以请曰：'此非盗跖物也。'始纳之，买米为炊共食而别。叔子属周布衣筼、曹侍郎溶纠同志为之继粟，且谋其身后事。吴门徐昭法闻之曰：'李先生不食人食，听其以饿死可也。'已而天植果坚拒，未几卒。叔子闻之曰：'吾浅之乎为丈夫已！'乍浦有郑婴垣者，孤介绝俗，与天植称金石交，先二年冻死雪中。至是，天植以饿死，临殁曰：'吾无愧于老友矣！'时康熙十一年也，年八十有二，葬牛桥"[③]。他宁肯饿死也不接受他人馈赠，哪怕是同道中人的馈赠也力拒，身体上备受折磨，而精神上却倍感欣慰，因为自己无愧于心。

他们安贫乐道，甚至自我折磨，用肉体的痛苦来化解内心无法排遣的苦痛。张士榔，"惠安人，崇祯癸酉副举。国变后，遁迹台湾，辟谷三年，惟食茶果"[④]。吴琪，"与王光承兄弟以名节相砥砺。家徒四壁，留客一饭，即与妻啜粥一日以补之。光承称其坚苦自守，三旬九食"[⑤]。张若化，"食贫茹苦，尝捣柏叶以代园蔬，诸孙尝之，喀喀不下咽，若化茹而甘之"[⑥]。

他们对功名弃之如敝屣。谢文溶，"慨然有出世志，遂弃诸生入

---

① （清）孙静庵：《明遗民录》，赵一生标点，浙江古籍出版社1985年版，第9页。
② 同上书，第62页。
③ 同上书，第239页。
④ 同上书，第29页。
⑤ 同上书，第77页。
⑥ 同上书，第152页。

广昌之香山，阅佛书"①。李麟友，"字振公，嘉兴人，扬州训导自明次子也。史公可法兵败，自明自缢学宫。麟友求父骨不得，遂弃举子业，以布衣终"②。孙博雅，"既值世变，乃弃诸生服，锐意著述"③。吴炎、潘柽章，"吴炎，字赤溟；潘柽章，字力田，吴江诸生，有高才。国变后，年皆二十以上，并弃诸生，欲成一代史书。"④叶敦艮，"字静远，西安人，刘宗周弟子也。国变后，弃诸生，教于里塾，能昌明宗周之学，以笃行君子称"⑤。……他们著书立说，以传承文脉，如屈大均则进一步说："存宋者，逸民也。大均曰：'嗟夫，逸民者，一布衣之人，曷能存宋？盖以其所持者道，道存则天下与存……今之天下，视有宋有以异乎？一二士大夫其不与之俱亡者，舍逸民不为，其亦何所可为乎？世之蚩蚩者，方以一二逸民伏处草茅，无关于天下之重轻，徒知其身之贫且贱，而不知其道之博厚高明，与天地同其体用，与日月同其周流。自存其道，乃所以存古帝王相传之天下于无穷也哉。'"⑥ 这是立志著述的遗民的普遍心态。

他们蔑视权贵，权势不能使之屈服。严毅，"官于浙者，虽以势强逼之，不可得而屈辱也"⑦。李世熊，"闽疆旋陷，世熊自是杜门，绝迹城市。有崎岖于清帅某者，某遣人移书逼之，世熊复之曰：'天下无官者十九，岂尽高士？来书谓不出山，虑有不测之祸。夫死生有命，余年四十八矣。诸葛瘁躬之日，仅少一年；文山尽节之辰，已多一岁。

---

① （清）孙静庵：《明遗民录》，赵一生标点，浙江古籍出版社1985年版，第191页。
② 同上。
③ 同上书，第214页。
④ 同上。
⑤ 同上书，第289页。
⑥ （清）屈大均：《书逸民传后》，《屈大均全集》，欧初、王贵忱主编，人民文学出版社1996年版，第394页。
⑦ （清）孙静庵：《明遗民录》，赵一生标点，浙江古籍出版社1985年版，第44页。

何能抑情违性,重取羞辱哉!'时訾语沸腾,势汹汹不测,世熊矢死不为动"①。魏禧,"康熙戊子,诏举学鸿儒,禧被征,以病辞。有司督催就道,不得已,舁疾至南昌就医。巡抚疑其诈,以板扉舁至门,禧絮被蒙头卧,称病笃,乃放归"②。……这些遗民不畏强权,无惧重压,最终实现了对明朝的忠诚,其耿耿傲骨令人肃然起敬。清初遗民布衣,在改朝换代之际,坚守民族气节,历尽生活的磨难而不改初衷,正如王猷定指出:"天之生此遗民也,杀戮之所不能及,玺书征辟之所不能移,何为也哉?冲主既沉,孤忠尽陨,仰观天意,俯察人情,天下事其无可望也明矣。而遗民独甘老死于饥寒流离、餐独无告之地,则天能亡宋于溺海之君相,而不能亡宋于天下之人心。"③这段话虽针对宋遗民而言,又何尝不是明遗民的真实写照?

二 清中晚期布衣诗人的构成

与清初布衣诗人不同,清中晚期的布衣诗人的选择要单纯得多。从隋唐开始,以科举考试选拔人才的制度便确立了,文人但凡要进入仕途,参加科举考试是最主要的途径。不过,在对待科举考试的问题上,布衣诗人有两种类型:一类布衣诗人对仕途有种与生俱来的反感,自身没有受到现实的任何打击就主动地放弃走仕途之路;一类布衣诗人主观动机上是很希望踏上仕途的,但是科名不利,始终没能敲开仕宦的大门,他们极不甘于布衣的身份与处境。前者可谓主动型布衣诗人,后者可谓被动型布衣诗人。

---

① (清)孙静庵:《明遗民录》,赵一生标点,浙江古籍出版社1985年版,第77页。
② 同上书,第279页。
③ (清)王猷定:《宋遗民广录序》,《四照堂文集》卷一,《清代诗文集汇编》第12册,上海古籍出版社2011年版,第17页。

(一) 主动型布衣诗人

很多布衣诗人都有与科举考试决裂的经历。屈复，在乾隆元年（1736）的博学鸿词科中被推荐出山，但他借口年老体衰推辞不就。其后，贤清王先后三次以千金重礼敦聘他出山，他终不为所动，赋诗《贞女吟》"女萝虽小草，不愿附松柏。平原赠千金，仲连笑一掷"，可见其志向。奚冈也是如此，"终身不与试，征孝廉方正，辞不就"①。还有布衣诗人参加过科举考试，很快就认识到其中的欺骗之意，黎简应试，"入乡闱时，以搜检太严，慨然曰：'未试以文，而先以不肖之心待之，吾不愿也！'遂掷笔篮而去，从此不复应试"②。无独有偶，于祉也是如此，"入场时搜检至祉，忿然而返曰：'上不以士礼待士子，而视如狗盗，何考为！'自是隐居不出"③。吴颖芳应试时，"为隶所诃曰：'是求荣而先辱也。'自是不复应试，壹志于读书"④。

主动型布衣诗人也可以分成两类：一类是根本就不去参加科举考试；另一类是去参加科举考试，却完全不在乎结果，只将功名视为衡量自己能力的标尺及谋生的饭碗。

1. 彻底放弃科举考试的布衣诗人

清代布衣诗人中，有一部分布衣诗人完全不以功名为念，非常彻底、坚决地放弃了科举考试。虽然时至清代，用《儒林外史》中马二先生的话说，"就是夫子在而今，也要念文章、做举业，断不讲那'言寡尤，行寡悔'的话"⑤。这些布衣诗人却在举业之外，各有

---

① 毕萍、刘钊：《中国并称名人辞典》，南京大学出版社1992年版，第81页。
② （清）黎简：《五百四峰草堂诗钞》附录，梁守中校辑，中山大学出版社2000年版，第496页。
③ 柯愈春：《清人诗文集总目提要》，北京古籍出版社2001年版，第1224页。
④ （清）王昶：《吴西林先生小传》，《续修四库全书》第1438册，上海古籍出版社2002年版，第303页。
⑤ （清）吴敬梓：《儒林外史》第十三回，岳麓书社出版社1988年版，第113页。

追求。如清初布衣诗人王隼,"早年志栖遁,尝弃家人入丹霞,寻入匡庐"①。他很早就立下了悠游于山林间的愿望,所以不愿在科举考试上耗费精力。方秋白,酷爱旅游,"北至燕蓟,南极河仙,足迹万余里"②。黄式也被山水美景所吸引,"性爱山水,一遇幽胜,则吟咏不辍。晚节遂移家藤溪,以适其志焉"③。钱龙惕,"为诸生,有时名,屡踬场屋,遂谢去,刻意为诗"④。蒋郁,"少壮时即与邑中诸诗老游,连吟分赋,把酒登临无虚日。继而纵游四方,探禹穴,登钓台,憩金焦,浮章赣,溯三湘而陟五岭"⑤。

有些人则认为科举所考课程空洞无用,宁可从事其他的实务。陈振之,"舅氏少薄举业,谓制义宜圣贤语意,必如王太傅、归太仆者乃足当中,若时下肤庸恶习,则亦朱子所讥舞砑鼓而已。于是力求时务之学,凡古今成败、山川形势以及刀槊弛射,糜不究心"⑥。认为科举所考的内容与民生无补,于是致力于历史、地理、骑射等"时务之学"。冯龙官致力于考据,"年十二补县学生,送粤秀书院肄业,甫冠,出作汗漫游,沿楚入蜀,所至与名流讲求学问,归则聚群书,穷日研究。尝取《周秦廿八书》《文选》《玉台新咏》各为考证,又集《弟子职》《急就章》为《幼儿十书》。思注《十四经》,先成《孝经》数万言,为蚁蚀,叹息中止。平生尚风节,敦古处,南城曾燠、汀州伊秉绶慕其名,皆不得一晤。及伊得罪入狱,就狱中与订交。阮文达聘修志,不就。为文洋洒千言,考据精博。喜金石文字"⑦。陈接,"性倜傥,甫弱冠即博通群籍,诗律尤精,生平

---

① 中山大学中国古文献研究所编:《粤诗人汇传》,岭南美术出版社2009年版,第944页。
② 同上书,第1221页。
③ (清)王应奎:《海虞诗苑》,瞿绍基编,上海古籍出版社2013年版,第195页。
④ 同上书,第71页。
⑤ 同上书,第397页。
⑥ 中山大学中国古文献研究所编:《粤诗人汇传》,岭南美术出版社2009年版,第1227页。
⑦ 同上书,第1576页。

寝馈少陵，每叹向来注杜者，诠解多讹，力为厘正。晚年闭户穷居，乞文问字者接踵于门，咸称为骚坛宗匠。年七十三卒。著有《杜诗意》《女箴》《南极草图诗集》"①。倾慕杜甫，有感于历来注杜者讹误频出，立志要加以纠正。

有些人喜欢吟诗、作画、弹琴……如张璘，"诗宗少陵，间拟韩、白，多奇逸之句，钦聚三一见，遂以'小工部'呼之。其游踪多在吴门，一时名流，自聚三外，如金孝章、杨无补、彭贻令辈，咸乐与唱和，推为畏友"②。王誉昌，"为诸生，不沾沾举子业，而喜为诗。工于锻炼，一字一句，务致巧追新，而骨干特峻拔"③。薛熙，"弱冠即弃举子业，从陈碻庵学为古文，以清真雅正为宗"④。赵念喜欢绘画，"工画山水，笔法酷似大痴，能以意笔写真，为画家绝技。游佳山水，辄绘图貌所与游者于其上，见者不问而知其为某某也。性孤洁，好吟咏。家贫，所居仅蔽风雨，啸歌自得，澹然寡营，当道多礼重之，卒年九十余"⑤。许山也是如此，"生长绮纨而不求闻达，甘贫苦吟，又喜画秋花、病蝶、落雁、寒蝉，以寄其萧瑟闲冷之致"⑥。刘天立，"居罟里村，以耕读自娱，足迹不入城市。性好吟咏，每遇良辰美景，辄与二三知己酒杯流连，兴之所至，往往寓之于诗"⑦。也有人为了照料老人尽孝道而不外出应考，范树人，"母老躬养，不就外馆"⑧。周用贤，"天性孝友，尝准爱日图法以娱其亲"⑨。……

---

① 中山大学中国古文献研究所编：《粤诗人汇传》，岭南美术出版社2009年版，第1360页。
② （清）王应奎：《海虞诗苑》，瞿绍基编，上海古籍出版社2013年版，第137页。
③ 同上书，第220页。
④ 同上书，第238页。
⑤ 中山大学中国古文献研究所编：《粤诗人汇传》，岭南美术出版社2009年版，第1349页。
⑥ （清）王应奎：《海虞诗苑》，瞿绍基编，上海古籍出版社2013年版，第109页。
⑦ 同上书，第424页。
⑧ 中山大学中国古文献研究所编：《粤诗人汇传》，岭南美术出版社2009年版，第2128页。
⑨ （清）王应奎：《海虞诗苑》，瞿绍基编，上海古籍出版社2013年版，第164页。

他们因为各有兴趣所在,"视一切骑羊、斗鸭、世俗荣名若槐安中之蚁国也"①。真正看破了红尘,把功名富贵视为浮云,自然也就不会汲汲于仕途了,而以一种积极的、主动的态度抛弃了科举考试,不乐仕进,甘于布衣终老,可称主动型布衣。

2. 参加科举考试,但得失淡然

这一类布衣与前一类稍有不同,前者不去应试,而这一类布衣并不排斥科举考试,不排斥按照主流的道路行走,他们也参加科举考试,也获得功名,只不过他们对功名仕途淡泊视之,无论成也好,败也好,他们并不放在心上。吴文炜,"放意诗酒,三十二年癸酉,闱事将届,尚卧金茅山中。梁佩兰诸人力劝就试"②。开考在即,吴文炜还在金茅山中悠游度日,在朋友的规劝下才出山,这种行径很能看出他对科举的冷漠。实际上,这类布衣只是将功名视为衡量自己能力的标尺及谋生的饭碗,一旦得手,就急流勇退。再如胡天宠,"顺治辛卯乡荐,再上公车即脱屣名场,云游齐、鲁、晋、楚诸邦,足迹拟遍天下为乐。所为诗文,自成山岳,乡大夫慕其生气,折节而交。著有《香眉堂集》《约草》《旅草》《方外吟》《纪游》《漫言》诸书行世"③。彭泰来也是如此,"年十四,以诗与谭敬昭相酬唱。嘉庆十六年,曾燠开藩于粤,泰来与番禺陈昙俱为座上客。十八年,以拔贡入太学,罢归,遂绝意进取,宗属或讽之,泰来笑而不答。"④他们都是获得了功名之后就立刻罢手,绝不乘胜追击。

还有一些文人在面对功名利禄的诱惑时,很果断地拒绝,绝不纠结。谭孙元,"萨方伯以鸿词博首荐,不赴。刘郡守赠联云:'江

---

① 中山大学中国古文献研究所编:《粤诗人汇传》,岭南美术出版社2009年版,第1115页。
② 同上书,第1000页。
③ 同上书,第916页。
④ 同上书,第1472页。

门节母风犹在，岭表真儒学尚存。'"① 他被推荐博学鸿词科，一般说来，这种推荐获官位的可能性是非常大的，可谭孙元索性不去应考，对这种旁人看来来之不易的推荐不屑一顾。苏珥也拒绝征辟，"会荐举博学鸿词，大吏上其名，南海劳孝舆同被征，约与俱，珥曰：'予有母八十，不畏碧玉老人见哂乎？'乾隆三年举于乡，无计偕意，母促之乃行。及南返，不复出"②。

还有文人参加科举考试，以败北而告终，对这样的结果，他们并不放在心上，没有强烈的挫折感。严德垕，"为诸生祭酒者二十余年，始以岁贡生登己卯贤书，再上公车，不第，遂以母老不复出"③。单子廉，"其性情嗜好，在于居今稽古，事贤友仁，临水登山，吟风弄月。虽名场蹇滞，云路蹉跎，胸中了无芥蒂，洵可谓达士旷怀、雅人深致者也。其诗写景言情，精者多得于性灵，粗者每流于滑率。惟五言古体中读史数篇，识既高超，笔亦老健。观此乃知小泉有论世知人之识，非等寻章摘句之儒"④。冯修，"本衣冠世族，自翁以上，已九世无白丁矣。翁矢愿一青其衿，以足十世，而困童子科者历四十年，故咿唔与吟哦声相间，至白首不衰"⑤。

他们尽管在科举考试中失利了，却非常洒脱地对待这种结局，心情丝毫不受影响。这也说明他们对于这件事情并不重视。蒲松龄曾经撰文写士子应举之后的心理："迨望报也，草木皆惊，梦想亦幻，时作一得志想，则瞬息而骸骨已朽。此际行坐难安，则似被扎之猱；忽然而飞骑传入，报条无我，此时神情猝变，嗒然若死，则似食甘毒之蝇，弄之亦不觉也；初失志，心灰意败，大骂司衡无目，

---

① 中山大学中国古文献研究所编：《粤诗人汇传》，岭南美术出版社2009年版，第1093页。
② 同上书，第1168页。
③ （清）王应奎：《海虞诗苑》，瞿绍基编，上海古籍出版社2013年版，第299页。
④ 中山大学中国古文献研究所编：《粤诗人汇传》，岭南美术出版社2009年版，第1703页。
⑤ （清）王应奎：《海虞诗苑》，瞿绍基编，上海古籍出版社2013年版，第226页。

笔墨无灵,势必举案头物而尽炬之,炬之不已,而投之浊流。从此,披发入山,面向石壁,再有以且夫尝谓之文进我者,定当操戈逐之。无何,日渐远,气渐平,技又渐痒,遂似破卵鸠,只得衔木营巢,从新另抱矣。"[1] 一般文人把全部希望精力都寄托在科举考试上,所以非常在意结果。主动型布衣则不然,他们不在意考试的结果,因为对考试本身就不重视,所以,一旦失利,他们索性放弃科举考试,如易业富,他"三上公车不第,遂不复进取"[2]。顾彬,"邑诸生,少有文名,两荐不售,遂决意进取。世居东徐墅,与徐致尧、吕南宫、王东淑等结社联吟"[3]。李韫,"嗜酒击剑,少有狂生之目。既从其族父在廷先生游,磨揉迁革,渐麐备至。然十试有司不得遇,乃悉焚其著作,以自放于渔樵牧群之间。时亦为童子句读师,藉以消磨岁月,非其志也。年六十,幞被走江西,访香炉、洪崖、百花洲诸胜,阅岁而归,积诗成帙"[4]。莫维华,"资质纯粹,功苦力学。……屡战棘闱不售,归养母"[5]。陈中庆,"继入国雍,再试不售,遂谢去举子业,专意为诗"[6]。他们在失利之后,认为"此路不通",就及时放弃了科举考试。他们对待功名的态度可见一斑,所以,这一类布衣尽管参加了科举考试,也可以纳入主动型布衣这一类。

(二) 被动型布衣

被动型布衣对功名始终有着强烈的进取心,失败的现实让他们备受打击,深感沮丧,不过,同为被动型布衣,具体又有三种类型。

---

[1] (清)徐珂:《清稗类钞》考试类之"蒲留仙论乡试情形"条,中华书局1984年版,第535页。
[2] 中山大学中国古文献研究所编:《粤诗人汇传》,岭南美术出版社2009年版,第1195页。
[3] (清)王应奎:《海虞诗苑》,瞿绍基编,上海古籍出版社2013年版,第428页。
[4] 同上书,第1506页。
[5] 同上书,第1542页。
[6] 同上书,第147页。

1. 在科举道路上持之以恒，最终获得了功名

这类布衣一心一意希望通过科举考试出人头地，经历了再三挫折也绝不放弃，最后终于获得了生员之类的功名。梁无技，"内行纯笃，才望岿然，王黄湄、樊泽达先后典粤试，失南樵，辄不乐，亟与订交。王阮亭、朱竹垞、赵秋谷至粤亦争为推毂。……然竟困诸生中，年七十余犹随后辈入试席"①。谢启祚，"年九十八，犹入秋闱，以年例当早邀恩赐，大吏每列其名，辄力却之曰：'科名，定分也。老手未颓，安见此生不为耆儒一吐气乎？'丙午乡试，果中式……是科，番禺刘槃石孝廉彬华则以年仅十五而中式，老少同榜，年龄相距为八十三年。抚军某《鹿鸣宴纪盛》诗，有'老人南极天边见，童子春风座上来'句"②。梁无技以古稀之年，谢启祚以九十八岁的高龄，尚且前往应试，他们决心之大可想而知，他们对仕途的热衷可见一斑。最终虽然没有进入仕途，但获得了功名，也稍稍能够得到安慰了。

2. 执着应试，但终其一生，始终与功名无缘

这一类布衣，对于科举十分重视，终生应试，却潦倒名场，屡试不第，不要说进入仕途，就连功名也不可得。如李韦，"少应文武童子试，俱不售"③。张观国，"少岁即工举子业，潦倒名场，年逾七十犹应童子试，然终不一遇，致郁郁死牖下"④。凌友柏，"赋命其奇穷，十试不遇。年二十外即丧厥偶，陈湘舟先生复以季女妻之，生子汝潜，甫弱龄而夫妇皆殁，同人莫不惋惜"⑤。

他们把一生的希望都寄寓在科举考试上，毕生奔走于科举考试的独木桥，屡试屡败，所以失败后的挫折感尤其强烈，甚至由此而

---

① 中山大学中国古文献研究所编：《粤诗人汇传》，岭南美术出版社2009年版，第943页。
② （清）徐珂：《清稗类钞》，中华书局1984年版，第646页。
③ 中山大学中国古文献研究所编：《粤诗人汇传》，第1153页。
④ 同上书，第1224页。
⑤ 同上书，第1341页。

导致一些异常的行为。如刘学珍,"研覃制艺,十试不名一衿。世比之李将军之不侯也。性嗜酒,醉辄芒角四出,嬉笑谩骂以诮其座人,人亦谅其负才不平而不之怪;及醒,必引咎刻责,又恂恂如平日矣。年四十三卒。士林至今慨想之"①。这是"心羡功名富贵而不可得",成为布衣绝非他们的本意,所以称为被动型布衣。

3. 崭露头角,可惜年寿不永,未能更进一步

还有一类布衣,他们崭露头角,却年寿不永,没能获得官职便去世了。如黄怀,"性颖异,唱韵成诗。少有'蜉蝣荣片时,龟鹤寿千载'句,人咸以远到期之。乃年二十二卒"②。旷奕兰,"未及长吉之年,即赴玉楼之召,远近惜之"③。凌青槐,"补诸生后,无三日不饮药,至穷乏以卒,士之最厄于时命者也"④。周聃,"孤贫力学,少有俊才,拟王建、张籍为诗。年未三十而卒,时论惜之"⑤。冯延琬,"就试梁谿,补诸生,试辄异等。……会以试事至昆陵,舟覆遇寒,得疾而卒,年三十九"⑥。单嘉猷,"邑诸生,娴威仪,善词令,作诗、古文,落笔数千言,未尝起草,然不自珍惜,随手散去。年三十四遽卒"⑦。他们天资聪颖,小有名气,本来很有可能进入仕途的,但英年早逝,让旁人惋惜不已。

此外,还有部分诗人,被授予了官职,却还没来得及赴任就因病去世了。张兆魁,"授合浦教谕。公出长城居庸关外,睹秦鞭石迹,征途轱辘,先中溽暑,抵家,二浃旬而卒"⑧。孙廷标,"以拔

---

① 中山大学中国古文献研究所编:《粤诗人汇传》,岭南美术出版社2009年版,第1342页。
② 同上书,第1506页。
③ 同上书,第1051页。
④ 同上书,第1333页。
⑤ 同上书,第942页。
⑥ (清)王应奎:《海虞诗苑》,瞿绍基编,上海古籍出版社2013年版,第391—392页。
⑦ 同上书,第393—394页。
⑧ 中山大学中国古文献研究所编:《粤诗人汇传》,岭南美术出版社2009年版,第1198页。

贡考授中翰，未仕而卒，年仅三十有九"①。他们身在草野而心存魏阙，对于功名持之以恒地追求，如果寿命足够长，可能就进入了仕途。还有个别布衣诗人，不幸被卷入了官司，断送了功名之路，如邓林梓，"为诸生，名籍甚，寻以粮类讦误黜去。居久之，朝廷有宏博之选，君被荐，入都卒"②。孙旸，"丁酉岁，君游京师，名籍甚，钜公有物色之者，遂于是秋举京兆，寻以科场事牵连谪戍辽左"③。戴淙，"为诸生，以奏销案除名"④。所以这类布衣，也可以称作被动型布衣。

上述种种，构成了布衣远离仕途的几种主要情形。严格地说，被动型布衣始终对功名有着强烈的追求，这其实并不难理解，深受儒家熏陶的文人都有建功立业之心，岭南文人在清代也接受了儒家思想的熏陶，自然以出仕为要义。反而是主动型布衣，他们对朝廷抱有疏离之心，虽有才华，却不愿为朝廷效命，个中原因是很复杂的，个人的选择也是千差万别，需要具体情况具体分析，此处不赘。

第三节　清代布衣诗人的谋生方式

黄霖先生曾指出："作家进行创作时，其生存状态怎样？衣、食、住、行如何？家庭的经济来源何在？这些问题往往被忽略。而实际上，文人的物质生存条件、经济来源等问题在某种意义上决定着作家创作风格的形成与成就的高低，所以很有必要加强这方面的研究工作。"⑤

---

① （清）王应奎：《海虞诗苑》，瞿绍基编，上海古籍出版社2013年版，第333页。
② 同上书，第144—145页。
③ 同上书，第150页。
④ 同上书，第159页。
⑤ 黄霖：《序》，朱丽霞《明清之交文人游幕与文学生态》，上海古籍出版社2008年版，第2页。

下面我们就清代布衣文人的谋生情况进行一番简单的梳理。

一 清代布衣诗人对谋生重要性的认识

翻阅清代之前的诗人之作,他们很少提到自己的生存状态,似乎是不食人间烟火,超然出尘。清代布衣普遍从这种状态中走出来,他们不再视谈论生计为低俗之事,有一些诗人甚至已经认识到治生的重要性。顾炎武说:"士生今日,不能治生,至有负郭数顷之田不免饥寒以死。"① 顾炎武亲眼看到,明亡之后,一些知识分子因为不懂得如何谋生,虽家有良田却依然没有避免被饿死、冻死的厄运。彭士望曰:"今诸公日就穷苦,百端窘蹙,家累俯仰,身羁城市,职务纷纭,应酬丛杂,而欲令此中澄然无事而两忘,百虑同归而一致,此非有吞虎豹截蛟虺之胸怀胆力,吾知其隐显巨细之间,一日之中万私起灭,知而愧悔,昧而驰忘,又久则忍之听之甚且安之,更甚则饰之遁之而已。终日书过,终年救过,亦终身而无成;其与不入此门者,间不以寸。岁月掷人,忽然老至,反于古今常变之大略,身世补救之微几,寰区隐见之人才,经术张弛之实事,坐引茫然,如堕云雾。上之不能为圣贤,次之不能为豪杰,又次且不及杂伯,犹足以成务而救时?穷年兀兀,竟死何裨?可大哀也。妄为诸公通盘打算,莫若先计食指,次税粮,次逋责,而才志未必能胜学者,不如已之,勿使两误。以先附后出为耻,其家稍不至饿死,身已知学,以为圣贤为必决之意,苟又不能,请徙事经术,为笃行之儒,兼有用之学,藏器待时,是或一道。"② 彭士望再三劝告朋友不要把精力完全放在空疏的道学上,更不要因此而耽误了自家生计。顾梦

---

① (清)顾炎武:《顾与治诗》,《亭林诗文集》卷六,四部丛刊景清康熙本。
② (清)彭士望:《复甘健斋书》,《耻躬堂诗文钞》卷一,清咸丰二年刻本。

游规劝朋友："今年君不出，八口岂无忧。未必山田熟，多因小妇留。路难僧不免，网密党方钩。较是饥堪忍，飞鸟且漫投。"① 为了家人的生计，还是及早出山为宜。雷士俊也把生存视为生活中重要的一部分，并积极为好友谋求坐馆之机会："儒者以生理为重耳，衣食粗饶，饮酒读书，不知年数之不足，分外之事，未必然之。想忘去过半矣。又何叹老嗟穷乎？平子诗集，弟急欲一观，子田何日才来？馆事弟自当留意，弟将卜居安丰，如于此地，为兄觅得一馆，弟不寂寞矣。"② 陈确更是强调知识分子必须把"仰事俯育"看作自己最低限度的人生义务，绝不能依赖他人："学问之道无他奇异，有国者守其国，有家者守其家，士守其身，如是而已。所谓身非一身也，凡父母兄弟妻子之事，皆身以内事，仰事俯育，决不可责之他人，则勤俭治生，洵是学人本事。而或者疑其言之有弊，不知学者治生，绝非世俗营营苟苟之谓，即莘野一介不取，予学术无非道义也。今士鲜不谓明道义，而学未切实，则所为非道之道，非义之义。……作并学人之本事，而治生尤切于读书。然第如世俗之读书治生而已，则读书非读书也，务博而已矣，口耳而已矣，苟求荣利而已矣，治生非治生也，知有己不知有人而已矣，知有妻子不知有父母兄弟而已矣，而又何学之云乎？故不能读书，不能治生者，必不可谓之学，而但能读书，但能治生者，必不可谓之学，唯真志于学者，则必能读书，必能治生，天下岂有白丁圣贤败子圣贤哉！"③ 陈确强调读书做学问，绝非埋头苦读，而是要在其中找到生存之道。

沈垚强调知识分子维持个人尊严和人格的前提条件是经济生活上首先独立自足，"然而宋儒实有过高之弊，寒不能不衣，饥不能不

---

① （清）顾梦游：《寄蔡大美》，《顾与治诗》卷四，清初书林毛恒所刻本。
② （清）雷士俊：《答李艾山》，《艾陵诗文钞》卷十一，康熙莘乐草堂刻本。
③ （清）陈确：《学者以治生为本论》，《乾初先生遗集》卷五，餐霞轩抄本。

食。衣食足而后責以礼节,先王之教也。先办一饿死地以立志,宋儒之教也。'饿死'二字如何可以责人,岂非宋儒之教高于先王而不本与人情乎?宋有祠禄可食,则有此过高之言。元无祠禄可食,则许鲁斋先生有治生为急训。可见'饿死'二字之断不能责人也。醇厚者慕其高行,而不喜审时度世之言,则真至于饿死,狡猾者见其不轻予人一节,可为出纳之吝借口,则反以盖其为富不仁之诡计,于是'理学'二字适以困善人而庇狡猾矣"①。沈垚毫不留情地指出,宋儒之所以不惜以"饿死"立志,原因无他,只因为他们已经有了丰厚的俸禄,毫无饥饿之虞,可谓是站着说话不腰疼,所以口出大言。就连仕宦汪琬也评价说:"古之君子欲进则进,欲退则退,未有不浩然自得者也。今之君子侧身迟回于进退之际,恒惶惶焉不能自主者,何也?非其人为之,其时为之也。古之君子力耕以为食,力蚕以为衣,俯仰身世,无求而皆给。故当其不得志而退也,毕其生可以无闷。今之君子仰无以养其亲,无以育其妻子,饥寒之患,迫于肌肤,此其时与古异矣。虽不得志,其能遁世长往,浩然于寂寞无人之地哉?吾以是知其难也。"②他们都清醒地看到,不能离开生存来空谈学问,他们不再将"谋道"与"谋食"对立起来,甚至把"谋食"作为"谋道"的前提条件,由此可见,清人相当务实。

二 清代布衣诗人的谋生方式

张仲礼先生指出,清代社会中国文人的经济收入主要来自以下几个方面:

---

① (清)沈垚:《与许海樵》,《落帆楼文集》卷九外集三,民国吴兴丛书本。
② (清)金武祥:《粟香随笔》卷七,清光绪刻本。

第一，做官。"最重要的收入来自为国家和社会服务的补偿。这种服务是绅士特别有资格提供的。……对大多数绅士来说，最有吸引力的服务之一是担任政府官职。这会给他们带来威望、荣誉，满足他们的责任感；同时，颇为重要的是，可为他们提供很高的收入。"[①]第二，"来自发挥绅士职能的收入"，即处理各种地方公共事务的收入，这属于管理性质的收入。"他们的功能覆盖着广泛的领域，其中包括监督公共事项的财务、兴建和运作，组织和指挥地方团练，建立和经理地方和宗族的慈善机构，以及在和官府打交道时代表地方和宗族的利益。绅士的特别地位使他们不可避免地在他们所在的省份和地区承担这样的责任。"[②] 第三，允当幕僚。他们（幕僚）和雇用他们的官员之间只存在一种私人关系，薪酬也是官员自己支付的。第四，教学。由于有众多学生准备应考科举考试，绅士很容易找到塾师的职位，因而很大一部分绅士通过教学来获得收入。第五，经商，这种收入方式需要有一定的资金为基础。第六，其他收入来源，"如充当医生，或专事家庭人物传记及墓志铭之类的撰写，都是一些相对来说不很重要的收入来源"[③]。

的确，综观清代文人的人生轨迹，他们的谋生方式并不单一。"要为名高点翰林，主事也可显才能；发财最好当知县，惟有中书最冷清。"[④] 这是清代新进士中流传着的一首歌谣。可见，他们进入仕途，动机并不见得多么高尚，很明显是冲着升官发财而去。从现实主义小说《儒林外史》中我们可以看到，这种说法是有道理的。《儒林外史》所刻画的南昌府知府蘧太守，是一个品行高洁的官员，在

[①] 张仲礼：《中国绅士研究》，上海人民出版社2008年版，第211页。
[②] 同上书，第243页。
[③] 同上书，第212页。
[④] 齐如山：《中国的功名》，杨家骆《中国选举史料·清代编》，鼎文书局1977年版，第1522页。

其治理之下，政简人和，衙门里是"吟诗声、下棋声、唱曲声"，十分风雅，但是我们可以看到，虽然蘧太守自称"穷官"，他的经济绝不窘迫，因各种事由前后送出的银子达 2700 两，这说明他的经济条件是不错的，虽说不上大富大贵，但与倪老爹被迫卖儿卖女不啻有天壤之别。所以，一般来说，做官是文人最为心仪的谋生方式。进入仕途，文人就获得了稳定的俸禄，可以满足物质的需要，又可以实现兼济天下的理想抱负，可谓一举多得。但宦途风险，且僧多粥少，能如愿以偿的毕竟是少数，对大多数文人来说，做官是件可遇不可求的事，做官并不是文人的主要谋生方式。

清代布衣诗人终生没有进入仕途，这就意味着他们不具有稳定的俸禄来源。贫困是没有进入仕途的诗人的生活常态，即便有功名在身的各类生员，如监生、贡生等，也大多处在贫困的状态，社会上有"穷秀才"的俗称，道出了读书人的困境。生存成为挑战，谋生是清代布衣不得不面对的问题。遗民陆世仪曾自述其困境与尴尬："自甲申、乙酉以来，教授不行，养生之道几废。乙酉冬季学为贾，而此心与贾终不习。因念古人隐居多躬耕自给，予素羸弱，又城居，不习田事，不能亲执耒耜。但此中之理，不可不略一究心。虞九江兄向有水田在西郭，已躬耕有年矣，为予略说其概。余有薄田二十亩，在廿三都，佃甚贫，不能具种。予乃出工本，买牛具，自往督而佐之，一则古人省耕省敛之方，一则稍欲涉猎其事，以验农田水利之学也。"[①] 陆世仪在探索着适合自己的谋生方式，他曾经尝试过教书，也尝试过经商，都一一失败了，最后还是决定躬耕。陆世仪对谋生方式的选择探索是很有代表性的，布衣诗人根据自己各自的优势或现实的需要，选择不同的谋生方式，但归纳起来，主要有笔

---

① （清）陆世仪：《思辨录辑要》卷十一《修齐类》，清文渊阁四库全书本。

耕、游幕、坐馆、经商、方技、力耕这样几种。

（一）笔耕

所谓笔耕，谓以笔墨工作谋生，意指凭借自己的文才，应他人所请，抄录或撰写他人所需要的各种文章以获取酬劳的谋生方式。"笔耕"一词，其来有自，最早可见于《后汉书·班梁列传》上所载："（班）超佣书劳苦，投笔叹曰：'大丈夫当立功异域，以取封侯，安能久事笔耕乎！'"① 从此以后，凡是以抄书、著书来维持生活的行为都被称为"笔耕"。不过，唐之后，"笔耕"抄录的含义逐渐淡化，而演变为撰文、卖字、卖画。笔耕文人，即以笔耕为业的文人，也就是职业化的诗人、书法家、画家等等。这类布衣凭借一己之笔，充分利用出色的文字或书画功底，获得市场的认同，谋求生存。"视花鸟若友朋，以笔墨为耒耜"②，过着充满诗情画意的生活。比之幕僚，笔耕更具有精神的自由。

笔耕可称得上是文人的老本行，古往今来，以笔耕为业的文人数不胜数。陈著词曰："箭过时光，剑炊世界，谁带经锄谁笔耕。"③ 冯贽《云仙杂记》亦载唐朝王勃文章写得好，各处都有人请他执笔，王勃由此得到很多报酬，时人称为"心织笔耕"④。顾况《范山人画山水歌》云："漫漫汗汗一笔耕，一草一木栖神明。"⑤ 当然，前人笔耕，在大多数情况下，他们是以之为跳板，一旦有其他的谋生途径，就立即放弃了笔耕。前有班固投笔从戎，后有唐人卢纶《送李校书赴东川幕》云："男儿须聘用，莫信笔堪耕。"⑥ 在他们的心目

---

① （南朝宋）范晔：《后汉书》，中华书局1965年版，第1571页。
② （清）黎简：《五百四峰堂诗钞》，梁守中校辑，中山大学出版社2000年版，第461页。
③ （宋）陈著：《沁园春·和元春兄自寿》，唐圭璋编《全宋词》第5册，中华书局1965年版，第218页。
④ 王余光、徐雁：《中国读书大辞典》，南京大学出版社1999年版，第678页。
⑤ 周振甫：《唐诗宋词元曲全集》，黄山书社1999年版，第1955页。
⑥ 同上书，第2101页。

中，入幕比之笔耕更有前途，更利于施展人生的抱负。

笔耕，卖文卖画，以自己的文笔谋求生存，这也是清代布衣常用的谋生方式。有以此救急者，如王应奎记载："东涧先生（任瑷）晚年贫甚，专以卖文为活。甲辰夏卧病，自知不起，而丧葬事未有所出，颇以为身后虑。适盐使顾某求文三篇：一为其父云华墓志，一为云华诗序，一为《庄子注》序，润笔千金。"① 这高达千两银子的润笔可谓来得及时，解决了任瑷的难题。程京萼，"能诗工书，行草雄伟，遁迹不仕，年近六十始娶妻生子。家贫，恒书屏幅易薪米。尝客扬州，大书门曰：'白下书生，偶来卖画。'"② 程京萼路费乏绝，润笔为他弥补了空缺。当然，更多的是布衣文人终生以笔耕为职业者。清初著名画家、篆刻家程邃，早年曾经入兵部尚书杨廷麟幕中为僚属，入清以后，寓居扬州，专以书画等艺自娱。徐枋晚年以卖文卖画为生："家贫绝粮，耐饥寒，不受人一丝一粟。洪储时其急而周之，枋曰：'此世外清净食也。'无不受。豢一驴，通人意。日用间有所需，则以所作书画卷置篚于驴背，驱之。驴独行，及城闉而止，不阑入一步。见者争趣之，曰：'高士驴至矣！'亟取卷，以日用所需物，如其指，备而纳诸篚，驴即负以返，以为常。"③ 徐枋将书画作品放在驴背上，让驴子驮至城下，需要者把生活必需品放入竹篚，取走字画，这是一种以物易物的交易方式，大家各取所需，其方式不可谓不浪漫，而其内心谅必也不能不苦涩。清中叶的扬州八怪，更是一个以卖文卖画为生的著名文人团体，他们凭借自己出色的绘画技艺，保证了自身的生存，也赢得了社会的尊重。金农，扬州卖画解决了生计问题，有时甚至收入不菲，"王箬林澍、金

---

① （清）王应奎：《柳南续笔》，王彬等点校，中华书局1983年版，第180页。
② （清）张佩芳：《歙县志》卷十，道光八年（1828）刻本。
③ （清）赵尔巽：《清史稿》，中华书局1977年版，第13847页。

寿门农、黄松石树谷（后名山），郑板桥燮、高西唐翔、高凤翰西园，皆以笔墨租税，岁获千金，少亦数百金"①。清人甚至有离开仕途以笔耕谋生者。郑燮与袁枚是名声最著的两位笔耕者。郑燮，"乾隆元年进士，官山东潍县知县，有惠政。辞官鬻画，作兰竹，以草书中竖长撇法为兰叶，书杂分隶法，自号'六分半书'"②。郑燮辞官不做，扬州卖画为生，留下了很多趣闻。袁枚也是一个主动地抛弃仕途凭借笔耕谋生的诗人。甚为巧合的是，郑燮与袁枚都做过七品县令，他们都辞官不做，凭借自己的艺术才华来谋求生存。郑燮卖画，袁枚卖文，且都收入可观，衣食无忧。袁枚更是买下了曹寅的山庄，改名为随园，过着富足而洒脱的生活。郑燮、袁枚的经历，虽属个案，但却是一个动向，充分说明了文人笔耕的现实可行性。当然，郑燮、袁枚都做过官，不属于我们所划定的布衣范畴，此处不对他们二人进行详细论述。

（二）游幕

"幕僚"初指古代将帅幕府中之参谋、书记等僚属。《宋史·颜衍传》："请自今藩镇幕僚，勿得任台官。"③ 自南朝宋以后，凡军政各官署中办理文书、刑名、钱谷等一切助理人员亦通称为幕僚。这种用法在唐代就已被接受，据载，"（唐王中书令铎）位望崇显，率由文雅，然非定乱才。出镇渚宫，为都统，以御黄巢。携姬妾赴镇，而妻妒忌，忽报夫人离京在道。铎谓从事曰：'黄巢渐似南来，夫人又自北至，旦夕情味，何以安处？'幕僚戏曰：'不如降黄巢。'王亦大笑"④。此处的"幕僚"，就指地方军政长官衙署中的参谋、书记、

---

① （清）郑燮：《板桥偶记》，《板桥家书》，华耀祥、顾黄初译注，人民文学出版社1994年版，第151页。
② （清）赵尔巽：《清史稿》，中华书局1977年版，第13914页。
③ 转引自吴宝康、冯子直《档案学词典》，上海辞书出版社1994年版，第576页。
④ （宋）李昉：《太平广记》卷二百五十二，中华书局1961年版，第1955—1956页。

顾问之类的佐官。宋辽时代也是如此，幕僚是幕职官的别称，张俭"举进士第一，调云州幕官……圣宗猎云中，节度使进曰：'臣境无他产，唯幕僚张俭'"[1]。到了清代，"幕僚"演变为幕宾的别称。郭嵩焘"初，毛鸿宾督粤，事皆决于幕僚徐灏"[2]。"幕僚"是官员私人聘请的处理具体政务的顾问，他与衙中小吏不同，小吏属于官府的隶属，是有编制的，属于官僚队伍中的成员；幕僚则是官员私人聘请协助自己处理相关事务的文人，"应是聘者，率呼之曰'友'。友于义何居？曰'以属则僚，以德则师，以礼则宾'。僚近乎卑，师过于尊，宾介于尊与卑之间，故曰'友'之云尔"[3]。"幕僚"不是正式的官，是协助官员处理具体事务、替官员出谋划策的人。幕僚与官员是雇佣与被雇佣的关系，主人选择幕僚，幕僚也应择主就馆，双向选择，不合则去。清代名幕汪辉祖就认为，"且宾之与主，非有势分之临也。合则留，吾固无负于人，不合则去，吾自无疚于己。如争之以去就，而彼终不悟，是诚不可与为善者也。吾又何所爱焉，故欲尽言，非易退不可"[4]。幕僚与幕主，是一种松散的依附关系。

　　游幕也是清代布衣主要的谋生方式之一。根据清代的官制，官员在任上事务繁多，不可能全部亲力亲为，凭借一己之力来完成，必须请人帮忙，从而催生了幕客市场。雍正朝时甚至朝廷还为幕僚排定等级，这说明当时游幕之风盛行。当然游幕一途也存在着激烈的竞争，《清稗类钞》"袁古香赋新婚诗"条记载了这样一件事：

　　　　康熙中叶，金陵诗人有三布衣：一马秋田，一袁古香，一

---

[1] （元）脱脱：《辽史·张俭传》，中华书局1974年版，第1277页。
[2] （清）赵尔巽：《清史稿》，中华书局1977年版，第12473页。
[3] （清）平步青：《缥锦廛文筑》，《霞外捃屑》卷七上，民国六年刻香雪崦丛书本。
[4] （清）汪辉祖：《佐治药言》，上海商务印书馆1937年版，第2页。

芮瀛客。古香最老,凤馆京师康亲王府。芮年少,后至,意颇轻之,常短袁于王前。一日,王命宦者出一纸付客,乃贺新婚诗,韵限"阶""乖""骸""埋"。外银二封,轻重各一,能者,取重封留邸;不能者,持轻封作路费归。芮辞不能。袁独咏云:"裴航得践游仙约,簇拥红灯上绿阶。此夕双星成好会,百年偕老莫相乖。芝兰气吐香为骨,冰雪心清玉作骸。更喜来宵明月满,团圆不为白云埋。"王大称赏。芮惭沮,即日辞归。①

这段文字说明,游幕也不是一件易事,同行之间存在着激烈的竞争。当然,如果诗人名声在外,自会受到达官贵人的追捧,以此来塑造自己礼贤下士的好名声,其待遇与地位自会不同,邓石如便是如此:"立品甚高洁。乾隆庚戌,曹文敏公以祝釐入都,强山人同入都,山人独戴草笠,靸芒鞋,策驴,后文敏三日行。文敏舆从以山东发水,转后,与山人相值于开山。时巡抚以下命吏郊迎文敏,山人策驴过辕门,门者呵止之。文敏坐堂上,望见山人,趋出,延入,让上座,语座客曰:'此江南高士邓先生也,四体书皆国朝第一。'座客大惊,为具车从。文敏曰:'吾屈先生甚,欲其入都,卒不肯同行,愿诸公共成其志。'乃率座客送之辕门外,上驴去。后入毕秋帆尚书幕。吴中名士,多在节署,裘马都丽,山人独布衣徒步。居三年,辞归,毕强留之,不可,乃为置田宅为终老计,而觞其行,曰:'山人,吾幕中一服清凉散也。今行矣,甚减色。'四座惭沮。"② 我们虽然不知道邓石如平时幕资收入的具体数目,但根据毕阮一掷千金为其"置

---

① (清)徐珂:《清稗类钞》,中华书局2003年版,第3914—3915页。
② (清)徐珂:《清稗类钞》"邓石如客曹毕幕"条,中华书局2003年版,第1386—1387页。

田宅"的豪举，我们不难推测出，邓石如绝对是衣食无忧的。

（三）坐馆

坐馆是自古以来文人较为青睐的谋生方式。"坐馆"，意指文人凭借教书谋生，也指私塾教授，根据清朝的学习制度，私塾的形式大体有三种：一是大户人家聘请教师在自己家中教授子弟；二是教师自己在家设馆授徒；三是地方或家族聘请教师，多在寺庙、家祠这类公共场所设馆。① 这里面也包括主持书院。这种方式可以充分发挥文人的一技之长，无须额外的资本，在坐馆教书的同时也能继续复习应考，所以，这是知识分子常用的谋生方式。如宋代陈著以坐馆谋生，"聊借残书为生，或坐馆，或在家，无足为尊上道"②。他说："去家幸是老亲健，坐馆当如初宦看"。③ 明代章二"食贫处馆，有至性，更有坐性，终日不出。夜需陈酒二壶，他非所计。馆主三五年不肯辞"④。清代诗人也多有坐馆者，托名西周生的作者在其小说中写道："夜晚寻思千条路，惟有开垦几亩砚田，以笔为犁，以舌作耒，自耕自凿的过度。雨少不怕旱干，雨多不怕水溢，不特饱了八口之家，自己且还要心广体胖，手舞足蹈的快活。且更度脱多少凡人成仙作佛，次者亦见性明心。使那有利没害的钱，据那由己不由人的势，处那有荣无辱的尊。那官府衙役，大叔管家，除非他寻上我的门来算计作践，这是说不得的，却不是我寻上他的门去求他凌辱。所以千回万转，总然只是一个教书，这便是秀才治生之本。"⑤

---

① 周发增、陈隆涛、齐吉祥：《中国古代政治制度史辞典》，首都师范大学出版社1998年版，第428页。
② （清）陈著：《答胡表仁制机元叔》，《本堂集》卷七十八，清文渊阁四库全书补配清文津阁四库全书本。
③ （清）陈著：《次韵弟观授学陈子得家》，《本堂集》卷十七，清文渊阁四库全书补配清文津阁四库全书本。
④ （清）陈仁锡：《与吴邑周侯白章二盐访误挲书》，《无梦园初集》集三，明崇祯六年刻本。
⑤ （清）西周生：《醒世姻缘传》，时代文艺出版社2003年版，第418页。

此话虽不无调侃之意，说的倒也是事实。整个有清一代，设馆授徒都是布衣能够接受的谋生方式，如吕留良针对朋友"食少口繁，徒多为累"的家庭负累，指出了应对方法："凡事尤当加意敛约。以坐馆为上，依友次之，断不可自借华寓，借华寓则必将供帐宴会，内无人，内必至畜姬妾，从此铺排不可收拾矣。"① 坐馆既可以满足生活的基本需要，又可以著书立说，弘扬自己的学说。

当然，设馆授徒的收入因人而异，又因教授的层次不同而不同。"教学的经济收入取决于以下几个方面：塾师是否具有士绅身份、教学对象的人数及本人教学的水平高低。""塾师是否具有士绅身份是衡量经济收入高低的决定性因素。只有那些自己中了生员的士绅才有资格辅导学生准备乡试，他们能从中获得较高的收入。而那些自己还不是士绅的布衣书生通常只能为幼童启蒙，其薪酬也要低得多；因为没有功名，馆也不好做，要做先生也不容易。"② 一般的教师收入并不高，汪辉祖就曾经作过这种比较："吾辈从事于幕者，类皆章句之儒，为童子师，岁脩不过数十金；幕脩所入，或数倍焉，或十数倍焉。"③ 设馆授徒的收入非常微薄，当年朱之瑜在日本弘扬学说，当他得知长子在家乡以设帐授徒为业时，写信说："你馆谷糊口而食指甚繁，其贫可知。然不能为汝助也。歠粥咬菜根，亦是好事，犹胜缙绅之家耳。""汝辈既贫窭，能闭门读书为上；农圃渔樵，孝养三亲，亦上也；百工技艺，自食其力者次之；万不得已，佣工度日又次之；惟有房官不可为耳！"④ 他对塾师收入的微薄是非常清楚的，担心儿子会因为贫困而入仕清朝，不惜谆谆告诫。

---

① （清）吕留良：《寄吴孟举书》，《吕留良诗文集》，徐正注，浙江古籍出版社 2011 年版，第 273 页。
② 顾鸣塘：《儒林外史与江南士绅生活》，商务印书馆 2005 年版，第 94 页。
③ （清）汪辉祖：《佐治药言》，乾隆五十四年双节堂刻本。
④ （清）朱之瑜：《与男大成书》，《舜水先生文集》卷一，日本正德二年刻本。

相对而言，主讲书院的待遇就要高出很多了。这类人通常是闻名一方，有一定学问、成就、名气的大学者。清初理学家孙奇逢与黄宗羲、李颙并称清初三大儒，明亡后，他定居辉县夏峰村著述讲学，各地前来受业的人络绎不绝，就连在朝为官的汤斌、耿介等人也来求教。杜越，在新安南陵草舍讲学，一时名彦如魏莲六、崔夏章、赵玉峰、陈敬斋、冯雪梦等，纷纷拜他为师。刘掞、沈范孙、程虞卿、方东树等，都在各地主讲书院，无论待遇、收入，还是社会地位都远远高于一般的塾师。

（四）经商

文人经商，从事一个完全陌生的行业，难度肯定不小。托名西周生的无名氏说："但这穷秀才有什么治生的方法？只有一个书铺好开：拿上几百两本钱，搭上一个在行的好人伙计，自己身子亲到苏杭买了书，附在船上，一路看了书来，到了地头，又好赚得先看。沿路又不怕横征税钱。到了淮上，又不怕那钞关主事拿去拦腰截断了平分。却不是一股极好的生意？但里边又有许多不好处在内：第一件，你先没有这几百银子的本钱。第二件，同窗会友，亲戚相知，成几部的要赊去；这言赊即骗，禁不起骗去不还。第三件，官府虽不叫你纳税，他却问你要书。你有的应付得去，倒也不论甚么本钱罢了。只怕你没有的书，不怕你不问乡宦家使那重价回他；又不怕你不往远处马头上去买。买得回来，还不知中意不中意。这一件是秀才可以做得生意？做不得了。至于甚么段（缎）铺、布铺、绸铺、当铺，不要说没这许多本钱，即使有了本钱，赚来的利息还不够与官府赔垫，这个生意又是秀才们做不得的。"[1] 经商需要本钱，需要眼光，还需要与官府周旋，更重要的是，与儒家重义轻利的教诲背

---

[1] （清）西周生：《醒世姻缘传》，时代文艺出版社2003年版，第415页。

道而驰，所以文人一贯少有为之。不过，清代已非昔比，还是有一些布衣大胆尝试，弃儒经商，这种苗头从明末清初就出现了。易代之际一些具有民族气节的士人以从商达到隐退的目的，余英时先生认为，"明清之际的政治变迁曾在一定的程度上加速了'弃儒就贾'的趋势"，"因政治原因而'弃儒就贾'者则为数或恐不少"①。孙枝蔚就是典型的例子。崇祯十七年（1644）他在家乡对抗李自成农民军失败，到扬州经商以养家糊口，以至稍有成就："学小贾已倾广陵诸中贾，稍学中贾则又倾广陵诸大贾。孙子学中贾之三年三置千金。"②著名的遗民顾炎武也是一个成功的商人，"置田五十亩，供晨夕，饵沙苑蒺藜，而甘之曰：'唉此久，不肉不茗可也。'盖以蒺藜苗佐餐，以子待茗，故有此语。炎武既负用世之略，所至每小试之，垦田度地，累致千金，故随寓即饶足"③。尝到其中甜头，他还对士人经商大加称道："关中故多豪杰之士，其起家商贾为权利者，大抵崇孝义，尚节概，有古君子之风，而士人独循循守先儒之说不敢倍。嘉靖中，高陵、三原为经生领袖。"④

此外，著名的藏书家毛晋也是一个以经商为生的书商。他一生以刻书为业。叶德辉说："毛氏刻书，至今尚遍天下。亦可见当时刊布之多，印行之广矣。""光绪初元，京师湖南旧书摊头插架皆是。"⑤刊刻遍及天下，因是之故，毛晋被认为是中国古代伟大的私人出版家。戏剧家李渔也是一个成功的书商，他大约在顺治十六年（1659）移家南京，开设芥子园书坊，以印刷的精美而驰名天下。其他诸如

---

① 余英时：《中国近世宗教伦理与商人精神》，《知识分子》1986年第2期。
② （清）陈维崧：《溉堂前集序》，（清）孙枝蔚《溉堂集》，上海古籍出版社1979年版，第10页。
③ （清）张维屏：《国朝诗人征略》，陈永正点校，苏展鸿审定，中山大学出版社2004年版，第43页。
④ （清）顾炎武：《富平李君墓志》，《亭林诗文集》卷五，四部丛刊景清康熙本。
⑤ 叶德辉：《毛晋汲古阁刻书之二》，《书林清话》卷七，民国郋园先生全书本。

丁敬卖酒、郑宝卖书、陈裴之卖盐、周篔卖米、顾甘樵卖药……他们在经商之中找到了生存之道。

(五) 方技

方技是文人的副业，方技之属又有行医、堪舆、占卜等。相对来说，行医较受文人青睐，这是一个比较体面、受人尊重的职业。陈确说："医固未可轻言，何者？卜与星相虽非正业，而与臣言依忠，与子言依孝，庶于人事可随施补救，即有虚诬，亦皆托之空言，无预事实。医则生杀在手，事系顷刻。圣医差能不杀人，次则不能不杀人，庸医则杀无算。今之医者，率出次下，故未可为也。"① 人命关天，行医把脉是个技术活，非专门学习不能至此。所以，一旦医生能够妙手回春，其名气地位会直线上升，经济收入也非常可观。《儒林外史》第十七回中的赵雪斋就是如此，"可知道赵爷虽不曾中进士，外边诗选上刻着他的诗几十处，行遍天下。那个不晓得有个赵雪斋先生？只怕比进士享名多着哩！"② 赵雪斋不仅时常与官府往来，财力也非常雄厚，大家诗词聚会凑份子，他都比别人要多出一份。

总的来说，布衣以医谋生者为数不多，毕竟悬壶济世，人命关天，非同小可。吕留良《复高君鸿书》说："学也，禄在其中。果欲处馆，但当益精其本领。本领既精，则人将求我。每见贵郡能文诸兄，在敝里已获丰厚馆谷，次亦未至寒饿也。苟无其本，纵徼幸到手，终亦必亡，曾何补于待毙哉！即行医之道亦然。如尊公当日之行于三吴，亦其本领自取，非关人之荐扬而行也。若谓赖人荐扬，则戊戌、己亥之间，悬壶湖上者两年，其时同游之友，不惜极口，何以寂然不行；及庚子至敝邑，弟亦未尝为尊公标榜也。偶遇死症数人，投药立起，于是一时翕然归之。然则戊、己两年之不行，以

---

① （清）陈确：《与同社书》，《乾初先生遗集》，清餐霞轩钞本。
② （清）吴敬梓：《儒林外史》，岳麓书社出版社1988年版，第112页。

荐扬之虚语也。庚子以后之盛行，以本领之实效也。乃其时同游之友，触望于尊公者，以为尊公之行，由于弟之力；而得弟之力，又实由于彼之力。以此怨报德之薄，众口一声，至今不息，真欺天罔人之语。弟且无功，彼更何与？此弟每叹惋不平于斯者也。今同游之友，亦颇欲行医，其子若侄亦皆以医求食，何不一出其荐友之力，以自厚其身与子侄乎？岂为其身与子侄者反不若为友之切乎？由是言之，亲友之用力，固其情谊当然。若成败得失，则又由其人之本领与时命焉，不可强也。"①

正因为行医需要专门研习，所以布衣文人以此为生者为数不多。陆圻，"乙酉之难，培里居自经死。圻匿海滨，寻至越中，复至福州，剃发为僧。母作书趣之归，时圻尚崎岖兵甲之间，思得一对，事去乃返。雅善医，遂借以养亲，所验甚多。由是吴越之间，争求治疾，户外屦无算"②。在行医的布衣中，最有名者当属傅山。他以行医为生，田雯《傅青主》云："四海从龙自有真，巢由曾许作尧民。即看内阁邀殊宠，雅合青山作主人。伏阙讼冤标气节，饮池医国误风尘。云霄一羽无寻处，龛记霜红万古新。"清中叶的薛雪也是个名医。

专门从事堪舆与占卜者就更少了，社会地位低，甚至有坑蒙拐骗之嫌，"盖居心虽净，而操术已乖，信妖人之伪书，废族葬之良法，以无为有，以是为非，隔绝天伦，广废耕地，下乱人纪，上干天刑，理之必然"③。社会评价很低。《儒林外史》对堪舆占卜者也有活灵活现的描绘，如第四十五回："主人走进去，拿出一个红布口袋，盛着几块土，红头绳子拴着，向余敷、余殷说道：'今日请两位贤弟

---

① （清）吕留良：《复高君鸿书》，《吕留良诗文集》，徐正注，浙江古籍出版社2011年版，第245页。
② （清）徐鼒：《小腆纪传》卷五十八列传第五十一，清光绪金陵刻本。
③ （清）陈确：《与同社书》，《乾初先生遗集》，清餐霞轩钞本。

来，就是要看看这山上土色，不知可用得？'余二先生道：'山上是几时破土的？'主人道：'是前日。'余敷正要打开拿出土来看，余殷夺过来道：'等我看。'劈手就夺过来，拿出一块土来，放在面前，把头歪在右边看了一会，把头歪在左边又看了一会，拿手指头掐下一块土来，送在嘴里，歪着嘴乱嚼。嚼了半天，把一大块土就递与余敷，说道：'四哥，你看这土好不好？'余敷把土接在手里，拿着在灯底下，翻过来把正面看了一会，翻过来又把反面看了一会，也掐了一块土送在嘴里，闭着嘴闭着眼，慢慢的嚼。嚼了半日睁开眼，又把那土拿在鼻子跟前，尽着闻。又闻了半天说道：'这土果然不好。'主人慌了道：'这地可葬得！'余殷道：'这地葬不得！葬了你家就要穷了！'"① 其丑态跃然纸上，可见社会上对堪舆的普遍印象。

正因为堪舆占卜社会声誉不佳，布衣诗人一般较少考虑此道，从事此业往往是别无选择的选择。但是身处困境、绝境，这也不失为一条生计。明末清初的方文就是如此，他在衣食不周之际，就曾经卖卜、行医，聊以糊口。其《癸卯三月十九日润州客舍同潘江如小饮述怀四十韵》："三岁始归来，道路罢百屯。我适无所为，卖卜润城埏。一见喜欲狂，茅屋共宵晨。曾将卖卜钱，买酒醉千巡。"② 真是技多不压身，卖卜将方文从困境中解救出来。

（六）力耕

耕读传家是知识分子最理想的生活方式。李颙说："志在世道人心，又能躬亲稼圃，嚣嚣自得，不愿乎外，上也；志在世道人心，而稼圃不以关怀，次也。若志不在世道人心，又不愿从事稼圃，此其人为何如人！与其奔走他营，何若取给稼圃之为耶？"③ 有清一代，

---

① （清）吴敬梓：《儒林外史》，岳麓书社出版社1988年版，第282页。
② （清）方文：《嵞山集》再续集卷一，清康熙二十八年王概刻本。
③ （清）李颙：《下论语》，《四书反身录》，康熙思砚斋刻本。

布衣诗人能够以力耕而谋生者，主要集中出现于清初，不少遗民都亲身参加了农业生产。在易代的社会背景下，他们宁可躬耕自养，也不愿放弃自己的坚守。屈大均谈到了自己从事耕种的事情："予也平昔无田，年五十有七，始得茭塘黄女官沙之田三十七亩，潮田也。所莳者，交趾花秙，岁止一熟。佃与人耕，止得谷七十余石。以十石赋于公家，所余者六十余石，不足以供一家之食。于是予自耕之计，秋成合早秙糯，当得百石。年丰或不止乎是。于是二三田父笑谓予曰：'今岁雨水多，咸气轻微，垟𡊨之水大至，其泥淤肥，而毛蟛蜞不作。苗皆易滋，莳一二日已青青，三四日而弟齐，其兄以不费我耘耔，当秋分前数日即可接早禾而获之。不至如白露霜降诸种之迟迟。吾等自耕此外沙十数年来，未尝有大禾之美如斯，岂吾子于躬耕独宜而天故相之耶。'于是尽酒一壶相与。"① 这些文字如实记述了他与老农一起探讨农业生产的情景。万寿祺，"既脱难，携妻子渡江北，隐于山阳之浦西，筑庐治圃，号曰'隰西草堂'，自负翁，妻徐、子睿荷畚随之，灌园以自给"②。

其他如顾炎武、黄宗羲、李邺嗣、吴嘉纪、傅山父子、易堂九子等许多颇有名望的遗民，都参加了一定的农业生产。布衣也有依靠从事纺织、编织工作谋生的。夏道一，"甲申后，绝意仕进，率子躬耕，足迹不入城市。食不给，每操斤斧作纺车自鬻，或携归绩线易薪米。市人利其精细，争购之。口不言值，得钱入怀袖，辄短衣行歌，旁若无人。家居自为诗文，写黑蹄纸寸虚，有窥之者，即投诸水火。诸子皆不令读书，鞭牛负薪而已"③。刘永锡，"寻移居阳城湖滨，妻栗氏，子临，女贞，织席以食，永锡恒携席市中，见者

---

① （清）屈大均：《耕辞》，《翁山文外》卷十一，《清代诗文集汇编》第119册，上海古籍出版社2011年版，第222页。
② （清）万寿祺：《自志》，《隰西草堂诗文集》文集卷三，民国八年明季三孝廉集本。
③ （清）孙静庵：《明遗民录》，赵一生标点，浙江古籍出版社1985年版，第61页。

呼为席先生"①。

　　布衣还有通过砍柴、卖柴谋生的。董樵，"国变后，徙居文登海滨，日荷薪入市易米，人莫知其住处。有绅士要于路，欲与语。樵弃薪道左，诡云：'吾科头，当取冠与公揖。'竟去不来。绅士取弃薪以归，曰：'此高士所遗也。'樵从此不复入市矣"②。李孔昭，明亡后，"奉母隐盘山中，躬执樵采自给。母病，刲股疗之。北都陷，素服哭于野者三载。蓟州城破，妻王殉难死，终身不再娶。形迹数易，人无识者。清初，诏求遗老，抚按交章荐，不出。一日，当道遣吏持书币往，遇负薪者，呼而问之，曰：'若识李进士耶？'负薪者诘得其故，以手遥指而去。吏至其室，虚矣。邻叟曰：'汝面失之。向所负薪者，李进士也！'后屡物色之，卒不得"③。傅眉，"青主先生子也。能养志，每入山樵采，置书担头，休担则取读。中州有吏部郎者，故名士，访青主，问郎君安在？曰：'少需。'俄有负薪者归，山呼曰：'孺子来前肃客。'吏部颇惊。抵暮，令之伴客寝，则与叙中州文献，滔滔不置，吏部或不能尽答。诘朝谢曰：'吾甚惭于郎君也。'山故喜苦酒，称自老蘖禅，眉亦自称曰小蘖禅。或出游，眉与子共挽车，暮宿逆旅，仍篝灯课读经史骚选诸书。诘旦必成诵始行，否则予杖，故其家学为大河以北所莫能及"④。

　　又有种茶种菜谋生的。林时益，"卜居冠石，结庐佣田，非其力不食。冠石宜茶，时益以意制之，香味拟阳羡，所谓林茶者也"⑤。林时益的茶叶生产已成品牌，人们把他加工的茶叶命名为"林茶"。

---

①（清）孙静庵：《明遗民录》，赵一生标点，浙江古籍出版社1985年版，第221页。
② 同上书，第81页。
③（清）赵尔巽：《清史稿》，中华书局1977年版，第13843—13844页。
④（清）孙静庵：《明遗民录》，赵一生标点，浙江古籍出版社1985年版，第110页。
⑤（清）赵尔巽：《清史稿》，中华书局1977年版，第13319页。

清初余增远，"卧榻之下，牛宫鸡埘，无下足处。晨则秉耒出，与老农杂作，未尝因其贵人而让畔也"①。谢遴，"鼎革后，隐居种菜。检讨陈维崧赠以诗曰：'半亩半宫绕菜田，锄畦汲水独悠然。芒鞋一雨千金直，不踏城中二十年。'"②

他们躬耕自给，正像张履祥所言："夫能稼穑则可无求于人，可无求于人则能立廉耻；知稼穑之难则不妄求于人，不妄求于人则能兴礼让。廉耻立，礼让兴，而人心可正，世道可隆矣。"③ 力耕是一件非常有价值的事情。清代布衣为了维护人格尊严，磨砺意志，不惜亲自进行劳动生产，不以为苦，反以为乐，从而化解了现实的困难，成功地坚持了自己的理想。这种举措，在前代是难以见到的。晋代陶渊明躬耕田园，少之又少；明代唐寅公开宣言，他宁可靠技艺谋生，也绝不去从事体力劳动："不炼金丹不坐禅，不为商贾不耕田。闲来画幅丹青卖，不使人间造孽钱。"④ 洒脱的言行中透露出对劳动的鄙视。而清代布衣不以躬耕为耻，这是他们高过前人之处。

当然，还有一些布衣诗人，自己本身没有从事过任何谋生活动，仅仅凭借祖上传下来的家产，优游度岁，这也是一种生活状态，比如冒襄拒绝出山，归隐如皋水绘园中，与前来探访的众多文人士子相互酬唱，形成了文学交流的中心，"冒辟疆八十多年精彩、起伏的一生，则因为水绘园的存在，而找到最佳的再现载体"⑤。他衣食无忧，在吟诗作赋中找到了人生的寄托。

---

① （清）孙静庵：《明遗民录》，赵一生标点，浙江古籍出版社1985年版，第188页。
② 同上书，第182页。
③ （清）苏惇元：《张杨园先生年谱》，清同治当归草堂丛书本。
④ （明）唐寅：《言志》，《唐伯虎先生集》外编卷三，明万历刻本。
⑤ 李孝悌：《冒辟疆与水绘园中的遗民世界》，上海人民出版社2007年版，第65—66页。

三 清代布衣诗人谋生的特点及其意义

(一) 清代布衣诗人谋生方式多元化

如前所述，与前代相比，清代布衣诗人谋生的方式更多了。除了"以文谋生"的传统方式外，清代布衣更有经商、占卜等谋生方式，呈现多元化的特点，这是清代出现的新变化。

清代布衣诗人在选择谋生方式时显得更为豁达，了无顾虑。在传统观念里，商贾、医卜，甚至包括力耕、方技，都属旁门左道，既非文人所擅，亦非文人所屑为。清代布衣则不这么认为。遗民陈梅、顾炎武都主张遗民应该凭借种田而谋生，直至终老；次而下之的是学习医卜，他们宁可从事商贾百工技艺等被人所鄙视的所谓"贱业"，也不愿意出仕。陈确有《侮辱解》曰："太上躬耕，其次卖卜，未可谓贱，矧可谓辱。皇皇得君，非义而贵，一命再命，辱不可悔。"[①] 这在过去是不可想象的。再者，布衣弃儒经商，并以此为业，在过去也是罕见的。古来"士农工商"，商人为四民之末，社会地位低下；到了清代则有所不同，随着商品经济的发展，整个社会对商人的看法已经有所改观，文人不以经商为耻，因而不乏有以此谋生的布衣。即使以文谋生，清代布衣也不"传统"了，他们出售书画作品时不再有传统文人那种"欲说还休"的心理障碍。为人撰文绘画，收取润笔，古已有之。但是前人在收取润笔的问题上还显得"犹抱琵琶半遮面"，润笔不是其主要的生活来源，而且润笔的多少也较为随意；清代布衣则不然，大家甚至明码标价，大大方方地将书画作品当成商品进行买卖，这在清代已经成为一种普遍的现

---

① (清) 陈确：《乾初先生遗集》卷十五，清餐霞轩抄本。

象。还要注意的是,清代布衣的谋生方式并不单一,甚至同一个布衣有着多种谋生方式,如遗民方文就是一个代表。他在《自题其像》一诗中表明心迹:"山人一耒是明农,别号淮西又忍冬。年少才如不羁马,老来心似后凋松。藏身自合医兼卜,溷世谁知鱼与龙。课板药囊君莫笑,赋诗行酒尚从容。"① 可见他从事过的行业是非常驳杂的。

(二) 清代布衣谋生方式多元化的意义

在中国历史上,知识分子能够掌控自己命运的时候实在是太少了,"学成文武艺,货与帝王家",科举考试不仅限制了文人的出路,更束缚了文人的身心,客观上造成了这样一种局面:"士以为爵禄所在,日夜竭精敝神以攻其业。自《四书》、一经外,咸束高阁,虽图史满前,皆不暇目,以为妨吾之所为。于是天下之书不焚而自焚矣。"② 此乃为应试而读书、出仕以谋生之弊,千军万马过独木桥势必如此。而谋生方式多元化,广大布衣诗人减少了对仕途的依赖性,他们能够真正拥有独立的人格,进而坚持自己独立的思考,这对培养布衣精神无疑是大有裨益的。马镇《五十述怀》写道:"计拙谋生却惯贫,一路落拓抱情真。……共说人生当路贵,谁知从古布衣尊。"③ 邬熊卜也说:"飓风猛雨寒不怕,赚得钱来得自由。"④ 在谋生方式多元化的时代大背景下,清代布衣诗人能够凭自己一技之长独立谋食,从而获得主宰自己命运的权力,实现自己谋道的理想,这是清代难得的新气象。

---

① (清) 方文:《嵞山续集》,上海古籍出版社1979年版,第846页。
② (清) 廖燕:《明太祖传》,《廖燕全集》,林子雄点校,上海古籍出版社2005年版,第12—13页。
③ 柯愈春:《清人诗文集总目提要》,北京古籍出版社2001年版,第979页。
④ 同上书,第739页。

第四节 布衣诗人治生方式对文学创作的影响

布衣诗人终生平民,这意味着他们没有俸禄收入,除了少数文人因为家境优越衣食无忧之外,对于绝大多数布衣诗人而言,治生是他们不得不面对的问题。不同治生方式的诗人有不同的社会生活,有不同的社会交往,有不同的活动轨迹……这些都会直接影响他们的创作。文人选择什么样的文体,写作什么样的内容,固然与其艺术敏感性有关,与其审美趣味有关,但是,从一个群体去考量,布衣诗人的写作明显打上了他们治生方式的烙印。

笔耕、游幕、坐馆是清代布衣诗人最为青睐的治生方式。因此,此处主要探究笔耕、游幕与坐馆对布衣诗人创作的影响。

一 影响布衣诗人对文体的选择

笔耕、游幕与坐馆是三种不同的治生方式,他们所从事的事务不同,关注点不一样,干预创作的因素不同,这使不同治生方式的布衣诗人在选择写作对象时也有所侧重,从而给他们的创作打上了治生方式的烙印。

笔耕布衣诗人的特点是"笔札以资生,就君学幽讨"①。"生平卖画聊易米,今日云烟已乌有。浒关何处来寓公,数载积钱卖字久。老生贮此不时需,原为山人谋身后。同此非力不食心,画耶字耶特转手。"② 笔耕布衣诗人笔墨耕耘,润笔是他们主要的收入来源,而

---

① (清)陈洪绶:《同远林卜居山中》,《宝纶堂集》,《清代诗文集汇编》第 11 册,上海古籍出版社 2011 年版,第 707 页。
② (清)全祖望:《南枝先生卖字歌》,《鲒埼亭诗集》卷五,四部丛刊景清抄本。

在古人显亲扬名的风气之下,行状、墓表、墓志铭、祭文、碑记等传记文章很有市场,自然也就成为布衣诗人主要的创作文体,如王应奎记载了这样一件事情:"东涧先生(任瑗)晚年贫甚,专以卖文为活。甲辰夏卧病,自知不起,而丧葬事未有所出,颇以为身后虑。适盐使顾某求文三篇:一为其父云华墓志,一为云华诗序,一为《庄子注》序,润笔千金。"① 这高达千两银子的润笔可谓来得及时,解决了任瑗的难题。

游幕型布衣,游幕为生,这种治生方式的特点之一即是"游",古人安土重迁,对背井离乡有着天然的排斥。设馆授徒与笔耕治生都可自主选择地点,完全可以就在自己家乡进行,不必背井离乡。游幕在外,却是身不由己,只能跟随幕主的宦迹而四处奔波。乾隆时甚至规定,"御史胡翘元条奏称:'各衙门延请幕友,定以五年更换,并不准延请本省之人,及邻省五百里内者。'得谕旨,通行各省"②。按照这一要求,文人游幕,必须避开自己的家乡,这就使幕僚远行成了惯例。布衣游幕追随幕主,足迹不限于一地,经常见到迥异于家乡的风光,自然有所触动,大量写作山水诗也就是理所当然的事。"从数量上说,清代每一位游幕文人的作品集中几乎无一例外地山水诗占有主导的位置。这或许是清代山水诗特别繁荣的一个重要原因。"③ 因为长年追随幕主宦辙经游,奔波在外,鞍马劳顿,背井离乡的伤感与迥异于家乡的风景必然在游幕文人心目中留下深刻的印象,大量创作山水诗以及游记也就顺理成章了。

设馆授徒无须额外的资本,还可以兼顾其他,比如在坐馆教书的同时也能继续复习应考,还可以著书立说,弘扬学说,可谓一举

---

① (清)王应奎:《柳南续笔》,王彬等点校,中华书局1983年版,第180页。
② (清)高拜石:《古春风楼琐记》第十七集,台湾新生报社1979年版,第58页。
③ 朱丽霞:《明清之交文人游幕与文学生态》,上海古籍出版社2008年版,第6页。

多得,"是古代多数读书人在科举失意和人生巨变时所最钟情的谋生方式"①。坐馆有着不同于笔耕、游幕的职业特点。笔耕,是文人凭借自己的特长与买主之间构成了商品买卖关系,比较特殊的是买卖的对象是字画或文章,不同于其他的物品。文人与买主之间,可以遵循商品交换的规律,买主根据文人的名气、地位、作品稀缺程度等因素付以相应的报酬,买卖的过程是短暂的,因而不存在对某一个买主的依附性。相对而言,坐馆对东家存在较强的依附性,从这个角度来说,坐馆倒是与游幕比较接近,游幕也有待幕主的聘用。但是,二者又有本质的不同:坐馆面对的群体是学生,人数多寡不一,但都承担着"传道授业解惑"的任务,至于如何去完成,则有相当大的灵活性,一般要根据学生的不同资质、学识程度而因材施教;而游幕则是辅佐幕主处理各种具体的事务,处理的结果完全听命于幕主,二者的差异还是十分明显的。龚鹏程先生在其著作《中国文人阶层史论》中认为:"虽然为人作书取值或抄缮齿录这两种工作表面上同坐馆授徒很相似,都是在大户人家打工,但是二者之间有着本质的差别:坐馆属于聘任性质,名义上是西席,不失士居四民之首的位阶;为人作书取值或抄缮齿录,则职同雇佣,跟替大户做主计,其实已无区别。"② 塾师为四民之首,肩负着教化世道人心的使命,他们对学生耳提面命、循循善诱,其教化之意明显,在创作之时也贯穿了这种意图,如蒲松龄专门创作了《聊斋俚曲集》十三种(《富贵神仙》与《磨难曲》算作一种),文字浅近,让百姓在颂吟中潜移默化,以文教化的意图相当明显,而这种心理在笔耕及游幕文人中是绝对不存在的。

---

① 朱丽霞:《明清之交文人游幕与文学生态》,上海古籍出版社2008年版,第37页。
② 转引自张晓靖《蒲松龄的寒士际遇与聊斋志异》,硕士学位论文,青岛大学,2005年,第11页。

总之，笔耕诗人的创作受市场需求的制约，游幕诗人的创作与其"行万里路"的经历有关，坐馆诗人的创作与其教化意图相关——文人不同的治生方式，影响了他们对文体的选择。

二 影响布衣诗人的创作内容

不同诗人的创作内容千差万别，但是，从布衣诗人的治生方式出发去观照，可以看到，不同类型治生方式也会影响布衣诗人的创作内容。

先说笔耕。在古人的价值观念中，"立言"是三不朽之一，能给文人带来相当的成就感和满足感。笔耕型布衣大多数都是主动地选择笔耕为生，享受笔耕生活的乐趣，所以，在他们笔下，我们可以看到很恬淡的日常生活。迎来送往，诗词唱和，切磋技艺，这些平常的生活在他们笔下具有了不平常的美，宁静而充满诗情画意。

游幕的特点是跟随幕主，行踪无定，所以游幕诗人有很强烈的漂泊感；同时，游幕通常不能携带家属，所以孤寂感也如影随形。最重要的一点是，游幕诗人所从事的职业属于典型的"为他人作嫁衣裳"，他们依人作幕，事情办得好，是幕主的功劳；办得不好，则是自己的责任，直接"立功"的可能性几乎为零，所以，游幕布衣不能在这方面获得心理的补偿，因此，他们创作的主题主要集中在惜别、思念、感怀及苦旅几个方面，笔下的牢骚困苦之作特别多。

坐馆的职业特点，决定了坐馆型布衣的创作具有不同于笔耕型布衣、游幕型布衣的鲜明特色。坐馆型布衣一般来说，他们道学气更浓厚些，正统思想更为明显，特别强调文学的教化功能。葛兆光先生指出："在那个时代甚至一直到乾嘉时代，事实上还是官方认可的以儒学传统经典为依据的，以程朱理学对经典的解释为主的、作为道德伦理教条的意识形态话语笼罩着整个思想界。"①

坐馆型布衣对于儒学传统的认同程度比游幕型布衣与笔耕型布衣诗人更高,他们不仅思想上认同儒家思想,行为上也践行其理论,并在讲学过程中将其学识传播出去。所以,坐馆型布衣诗人更关注家庭伦理问题,如儿女不孝敬父母、后娘虐待前子、妻子悍妒、婆婆虐待媳妇或媳妇厌恶婆婆等,他们希望重振"事父以孝,事弟以悌,事友以义"的伦理道德,营造父慈子孝、兄友弟恭、夫妻恩爱的家庭氛围。

三 影响布衣诗人的创作面貌

不同治生方式的诗人,创作中呈现的诗歌风貌也有明显的差异。为了更形象地说明这个问题,笔者选择了除夕诗来作具体说明。除夕是中华民族最重要的传统节日之一,在清代社会中,除夕在大家心目中的重要地位不言而喻,所以古人描写除夕的诗作比比皆是。下面,我们分别以笔耕布衣王应奎、游幕布衣邵长蘅及坐馆布衣罗天尺为例,加以剖析。

王应奎(1684—1757),字东溆,号柳南,常熟人。著有《柳南诗钞》十卷、《柳南文钞》六卷,《柳南随笔》六卷、《柳南续笔》四卷,另有《海虞诗苑》十六卷。王应奎是一个终生笔耕不辍的布衣,"堂中集书万轴,经史百家略具。君以四几周身,堆书及肩,而埋头于其中,缃岁耽耽,不知户外"②,是一个典型的笔耕文人。在其《秋亭移居》中,他明确写到了自己笔耕之事:"卖文十载费驰驱,归卜城东一亩居。门对小桥垂碧柳,地当半郭报清渠。青箱作伴移来便,绿竹为邻看去疏。记得秋林图画好,而今小

---

① 葛兆光:《中国思想史》第二卷,复旦大学出版社1998年版,第412页。
② (清)王应奎:《柳南续笔》,王彬等点校,中华书局1983年版,第1页。

筑画中如。"①

邵长蘅（1637—1704），名衡，字子湘，号青门山人，别号亦窝，江苏武进（今常州）人。有《青门簏稿》《青门剩稿》等。邵长蘅从小就崭露头角，但科举不利，顺治十三年丙申（1656），被选拔为弟子员，"张西山先生能鳞视学江南，岁试拔第一，当食饩。会丁母艰，格于例"②。但随即爆发的江南奏销案使邵长蘅跌到人生的谷底，"江南奏销案起，继误者万人，而山人亦黜弟子员籍，时论益惜之"③。邵长蘅受到牵连，最终被革去功名，如宋荦《青门山人墓志铭》中所述："世竟惜山人厄于一第，佗傺不得志以老。"④ 游幕治生，是一个终身游幕的布衣文人。

罗天尺是一个典型的教书先生，一生无非是读书、应考、教书、写书而已，没有什么大起大落。康熙六十年（1721），罗天尺36岁，惠士奇担任广东学政，罗天尺得到了他的青睐，与何梦瑶、苏珥、劳孝舆同学于督学惠士奇门下，被称为"惠门四子"。"乾隆元年，举博学鸿词，以亲老不赴。是年秋，考中举人"⑤ 之后不再应试，在乡中石湖别业讲学终生，"授书马宁、锦鲤、羊额诸塾，为甘脆计，村庄无事，遂得整理其前后所录"⑥，过着"吾家失农业，织舌而耕笔"⑦ 的生活。有《瘿晕山房诗钞》13卷存世。

王应奎终身笔耕，邵长衡终身游幕，罗天尺终身坐馆，他们治生方式截然不同，笔下的除夕诗也各有风貌。从数量上来说，笔耕

---

① （清）王应奎：《柳南诗钞》卷七，见《清代诗文集汇编》第256册，上海古籍出版社2011年版，第331页。

② （清）宋荦：《青门山人墓志铭》，《邵青门全集》，清康熙刻本。

③ 同上。

④ 同上。

⑤ 马良春、李福田：《中国文学大辞典》第六卷，天津人民出版社1991年版，第3729页。

⑥ （清）罗天尺：《五山志林》自序，见吴绮等撰《清代广东笔记五种》，广东人民出版社2006年版，第31页。

⑦ 同上。

布衣王应奎写得最多，从戊申年 46 岁开始，王应奎每年除夕都创作有一首或数首诗，一共坚持了 21 年，有《戊申除夕同西京分韵得除字》《己酉除夕分韵》《庚戌除夕分韵》《壬子除夕》《癸丑除夕》《乙卯除夕限韵》《丙辰除夕限韵》《丁巳除夕同西涧翁韵》《戊午除夕》《己未除夕限韵》《庚申除夕》《辛酉除夕》《壬戌除夕限韵》《甲子除夕》《乙丑除夕》《丁卯除夕》《戊辰除夕》《己巳除夕同归愚宗伯约用"南"字》《庚午除夕同见复约用"辞"字》《辛未除夕约用"松"字》《壬申除夕同见复约用"冰"字》，共计 21 首。

邵长蘅的除夕诗数量上超过了王应奎，但写作时间较为集中，分别为《壬寅除夕》《癸亥都门除夜》《壬申除夕客吴门官舍三首》《戊午除夕阿城客舍同杨芝田汪新又守岁三首》《己未登州除夜二首》《癸酉除夕悼亡诗廿首》，共计 30 首。

罗天尺坐馆治生，其诗集中仅有一首《除夕》诗："捡历山中尽，蹉跎尚此人。新花将媚岁，碧柳暗回春。不饮非名士，难游为老亲。明朝当四十，闻道敢逡巡。"

三人不同的治生方式，导致他们除夕诗的数量有着显著的不同，更重要的是，这些诗作中可以看到大家所表现的情感存在鲜明的差异。王应奎的除夕诗，写出了自己在这个重要的节日中的生活及情感，我们可以看到王应奎的生活状态，是与书相伴，冷清而寂寞，"半炉榾柮一床书，寂寞墙东伴索居"[1]。虽然对时光流逝自己尚未成就有所遗憾，"庭喧爆竹散林鸦，又见江村换岁华"[2]，"纸窗灯火

---

[1] （清）王应奎：《戊申除夕同西京分韵得除字》，《柳南诗钞》卷四，见《清代诗文集汇编》第 256 册，上海古籍出版社 2011 年版，第 316 页。
[2] （清）王应奎：《庚戌除夕分韵》，《柳南诗钞》卷四，见《清代诗文集汇编》第 256 册，第 319 页。

影相亲,堂上辞年又一巡"①。但这种生活也有不少安慰,"检历却惊蛇赴壑,开筵且喜母加餐"②;"喜是家庭添乐事,含饴记取弄孙初","黄口咿嘤孙学语,白头强健母加餐。一灯相对团圞坐,为吐缸花报夜阑"③。亲人团聚的幸福,含饴弄孙的天伦之乐,承欢膝下的孝敬,都减轻了诗人的遗憾,所以我们可以品读到诗人恬静的内心世界,没有内心的割裂与痛苦,没有四处奔波远离故土和亲人的思念,"雄心只决随年减,吟兴宁教共岁除"④,笔耕治生带给王应奎的是内心的宁静。

邵长蘅则不然。他的除夕诗没有王应奎那么连贯,但也很集中,通常是要么不写,一写就是数首,最多的一次甚至写了20首,可以看到他的情感喷薄而出,一发而不可收拾。因为常年奔波在外,甚至除夕也不能回家团聚,邵长蘅的除夕诗就表现了游幕文人特有的漂泊心态,"前年除夜杨刘店,荒鸡喔咿短檠焰。旧年除夜还家园,挽鬓绕膝欢团圞。今年重作长安客,兽炭红炉又除夕。长安同舍多少年,卷波拍浮呼五白。顾我老懒百不作,拈须微吟坐倚壁。过年即办五岳装,半生会着几两屐。来岁渐少去岁多,百年强半客中过"⑤。

此诗中,邵长蘅回顾了自己的踪迹,前年人在济南,去年好不容易得以在家中度岁,今年人又到了北京,年后自己又将前往庐山,回忆起自己的前半生,几乎都在奔波之中度过,就连最重要的节日

---

① (清)王应奎:《壬子除夕》,《柳南诗钞》卷四,见《清代诗文集汇编》第256册,第322页。
② (清)王应奎:《戊申除夕同西京分韵得除字》,《柳南诗钞》卷四,见《清代诗文集汇编》第256册,上海古籍出版社2011年版,第328页。
③ (清)王应奎:《己未除夕限韵》,《柳南诗钞》卷四,见《清代诗文集汇编》第256册,第336页。
④ (清)王应奎:《癸丑除夕》,《柳南诗钞》卷四,见《清代诗文集汇编》第256册,第323页。
⑤ (清)邵长蘅:《癸亥都门除夜》,《邵子湘全集·青门旅稿》卷一,清康熙刻本。

都不能阖家团圆。其《己未登州除夜二首》也表达了相近的感慨："去年除夜东阿县，今夜登州岁又除。四十三年成底事，二千里外少来书。饧楪椒盘非故国，红梅翠竹忆吾庐。渐星短发不快意，笠泽春波有钓车。""雪屋风灯牟子国，青鞋布袜又年新。城空海气腥蛟蜃，岁晚官厨足介鳞。胜有栖鸦惊炬火，更无僮仆伴吟身。守岁围炉小儿女，料应絮语未归人。"让邵长蘅感慨不已的是他的漂泊。"冬尽愁为客，如何翻别家。一年又除夕，百里亦天涯"；"只作客中惯，今宵也惘然。节偏惊旅鬓，感易入衰年"①。"客路吾山北，乡心汶水前。遣愁聊酒盏，送腊只诗篇"；"我曹杯酒共，只当故乡看。旅月长途老，亲朋聚首难"；"暂遣乡愁去，茫茫又百端。隔年当此夕，儿女话团圆"②。

　　除夕本是团圆的日子，邵长蘅却远离了家乡，远离了亲人，眼看着幕主阖家团圆，自己却只能与幕友们一起借酒消愁，思前想后，自从游幕以来，与亲朋好友聚少离多，这样的离别之苦已经成为生命的常态了。他的诗倾吐了游幕的漂泊之感。

　　而坐馆布衣文人罗天尺的除夕诗"硕果仅存"，从客观上反映出，对罗天尺来说，除夕就是一个平常的日子，并没有什么特殊之处。他没有遗憾和缺失，既不像王应奎那样因为时光流逝而急切，为自己一事无成而遗憾，也不像邵长蘅那样奔波漂泊，为亲人分离而纠结。坐馆授徒，桃李满天下，能够给诗人带来不可多得而令人艳羡的满足感，足以抗拒物质的贫寒。

　　总之，王应奎笔耕治生，其诗作写出了他投闲置散的生活，写出了自己生活的平淡以及对时光流逝的急迫之感；邵长蘅以游幕治

---

① （清）邵长蘅：《壬申除夕客吴门官舍三首》，《邵子湘全集·青门剩稿》卷一，清康熙刻本。

② （清）邵长蘅：《戊午除夕阿城客舍同杨芝田汪新又守岁三首》，《邵子湘全集·青门旅稿》卷一，清康熙刻本。

生，其诗作表达了强烈的漂泊之感，以及孤身在外的孤寂情怀；而坐馆的罗天尺眼中除夕并没有特殊之处，可见他心态的平和。因此，诗人的治生经历给他们的创作打下了深深的烙印，留下了显著的职业特点。

第三章　清代布衣精神引领下的诗歌创作概况

清代布衣诗人是清代诗坛的一支劲旅，对清代诗歌起到了极大的推动作用，诸如影响风气转移、助推底层文学大发展等。我们认为，"诗在布衣"这种现象的产生，与布衣自小为之的创作轨迹、留名后世的创作目的、心无旁骛的创作态度、相对自由的创作过程及明确的文坛争胜意识有着密切的联系。

第一节　清代布衣诗人之精神特质

中国历朝历代不乏"布衣"，形成了中国文化中非常引人注目的"布衣"现象。如果要追溯布衣的远祖，可以追溯到远古时候的巢父。据皇甫谧《高士传》记载："巢父者，尧时隐人也。山居不营世利，年老以树为巢，而寝其上，故时人号曰巢父。尧之让许由也，由以告巢父，巢父曰：'汝何不隐汝形，藏汝光，若非吾友也！'击其膺而下之，由怅然不自得。乃过清泠之水，洗其耳，拭其目，曰：'向闻贪言，负吾之友矣！'遂去，终身不相见。"许由拒绝了尧帝将天下送给他的建议，"尧让天下于许由，曰：'日月出矣而爝火不息，其于光也不亦难乎！时雨降矣而犹浸灌，其于泽也不亦劳乎！夫子立而天下治，而我犹尸之，吾自视缺然，请致天下。'许由曰：'子治天下，天下既已治也，而我犹代子，吾将为名乎？名者，实之宾也，吾将为宾乎？鹪鹩巢于深林，不过一枝。偃鼠饮河，不过满腹。归休乎君，予无所用天下为。庖人虽不治庖，尸祝不越樽俎而代之矣！'不受而逃去"。后来，"尧又召为九州长，由不欲闻之，洗耳于颍水滨"[①]。许由又拒绝了，认为这个提议玷污了自己的耳朵，于是去河边洗耳。许由一再拒绝尧帝的重用，心中也许为自己的淡泊不无得意，所以把这个事情讲给好朋友巢父听。没想到巢父比起许由更加彻底——巢父当时正牵着牛打算饮牛，得知许由洗耳的原因，认为许由把河水弄脏了，把牛牵到上游去喝水。巢父可以说是历史上有名姓记载的第一位布衣。从巢父的举动来看，厌弃仕途、追求个人的独立自由是布衣精神的核心。巢父是上古时候的布衣，在后世，布衣精神内涵有了进一步的扩充。此处限于学力，我们只探讨清代布衣精神。

有清一代，布衣之士大量涌现，成为突出的社会现象。柯愈春的《清人诗文集总目提要》收录清代文人19700名，其中布衣诗人就有10761位，占了总数的一半有余[②]，足以反映清代布衣数量的繁富。这些布衣诗人的生平际遇、理想信念、创作内容、风格与仕宦诗人截然不同，既造成了文坛上布衣诗歌与仕宦诗歌的对立，也形成了别样的布衣精神。在传统的布衣精神内涵之外[③]，又增添了新的内容。大体来说，清代布衣精神的特质主要包括磨砺个人的意志，维护士人的尊严，鄙弃科举考试；傲气十足，与社会的黑暗划清界

---

① （晋）皇甫谧：《高士传》，上海古籍出版社2014年版，第40页。
② 田晓春博士《清代"盛世"布衣诗群研究》，涉及清代布衣1538人，其根据是《晚晴簃诗汇》。《晚晴簃诗汇》是徐世昌辑录的清代诗歌总集，收录诗人6100家，并不能概括清代诗人的全部。所以，本书以柯愈春的《清人诗文集总目提要》为准。
③ 詹福瑞先生在其《布衣及其文化精神》中，把布衣精神概括为："以天下为己任的责任情怀，即忧以天下、乐以天下的社会责任感和历史使命感；安贫乐道的士人气节，即不以贫贱为耻、乐道安贫、寂寞以守志的情操；平交王侯的布衣立场。"这种布衣精神的概括，主要针对宋代之前布衣文人而立论，清代布衣既有上述因素，又有新的内涵。该文刊登在《清华大学学报》（哲学社会科学版）2011年第2期。

限，率性而为，绝不屈己达人；品行高尚，以德服人，向往"立言"，以著书立说来实现自身的价值。

一 砥砺气节，鄙弃功名

在中国历史上，科举考试制度之确立对文人影响极大。客观地说，科举考试作为一种选拔人才的制度，在一定的历史时期有它的积极意义。相对于魏晋的"九品中正制"以出身论高下，这无疑是一种进步，寒门学子可以通过自身的努力改变自己的地位，实现其建功立业的理想抱负。事实上，唐宋时期的一大批杰出的文人正是通过科举考试而进入仕途的，如王维、韩愈、柳宗元、欧阳修、苏轼等。但是，这种情形在明代发生了改变。朱元璋推行八股取士，以《四书》《五经》作为科举考试的教材，其目的是为了束缚文人身心，便于巩固自己的统治。清初布衣廖燕对朱元璋的险恶用心早已洞若观火，他一针见血地指出："明太祖以制义取士，与秦焚书之术无异，特明巧而秦拙耳，其欲愚天下之心则一也。"[1] 在廖燕看来，明代的八股取士，本质上与秦始皇的焚书坑儒没有区别。而推行八股取士客观上造成了"士以为爵禄所在，日夜竭精敝神以攻其业。自《四书》、一经外，咸束高阁，虽图史满前，皆不暇目，以为妨吾之所为。于是天下之书不焚而自焚矣"[2] 的结果，起到了束缚文人身心的效果。不过，值得注意的是，廖燕此番言论，所针对的对象尽管是明代，但实际上也暗含有对清代科举制度的批评，因为清代沿袭了明代的八股取士。只是他身处清代，不便直言罢了。廖燕对科

---

[1]（清）廖燕：《明太祖论》，《廖燕全集》，林子雄点校，上海古籍出版社 2005 年版，第 12—13 页。
[2] 同上。

举制度的厌弃，从他上书请辞"诸生"的身份可见一斑。当然，并非仅有廖燕这一个布衣看到了八股取士的弊害，吴敬梓在《儒林外史》中，借王冕之口，对八股取士大加抨击："这个法却定的不好！将来读书人既有此一条荣身之路，把那文行出处，都看得轻了。"在八股文的腐蚀下，文人精神风貌被蛀空了，徐灵胎嘲讽道："读书人，最不济；歪时文，烂如泥！国家本为求才地，谁知道变作欺人计？三句承题，两句破题，摆尾摇头，便是圣门高第。可知道三通四史是何等文章，汉祖唐宗是哪朝皇帝！案头放高头讲章，店里买新科利器。读得来肩背高低，口角唏嘘。甘蔗渣儿嚼了又嚼有何滋味？孤负光阴，白白昏迷一世。就叫他骗得高官，也是百姓朝中的晦气。"①深受八股毒害文人的面貌跃然于布衣徐灵胎笔端。

  正是看到了这种制度的弊端，清代布衣诗人不愿随时俯仰而放弃个人的独立与尊严。清代科举考试，入场时搜检得十分严格，顺治时定士子穿拆缝衣服，单层鞋袜，雍正时又补充禁令，下令禁止"携带木柜木盒、双层板凳、厚褥装绵、卷袋装里，砚台不许过厚，笔管镂空，水注用瓷，蜡台单盘空心通底；糕饼饽饽，各要切开；毡毯无里，皮衣无面，入场携格眼烛柳考篮，只准带笔、墨、食具、油帘之属"②。翰林院黄明懿上奏朝廷，认为搜检太严，以致连亵衣下体都不放过，有伤知识分子的尊严。应该说，这种建议并不过分，但乾隆皇帝却降下圣旨，"斥其谬妄已极，交部严议"③。黄明翰的建议在我们今天看来，无疑是一种维护考生人格尊严的合理建议，不想这种合理化建议却触怒了皇帝，下旨交给刑部从严处置，这也可看成统治者在坚持考场搜身制度方面态度的坚决。

---

  ① 顾名：《曲选》，大光书局1931年版，第64—65页。
  ② 商衍鎏：《清代科举考试述录及有关著作》，百花文艺出版社2004年版，第70页。
  ③ 同上。

这样严格的搜身的确对考生是一种人格的侮辱，不少布衣诗人对这种侮辱人的做法十分愤慨，索性就不去应考，以维护人格的尊严。岭南布衣黎简应试时，"入乡闱时，以搜检太严，慨然曰：'未试以文，而先以不肖之心待之，吾不愿也！'遂掷笔篮而去，从此不复应试"①。再如李辅政，"十五岁赴试，例搜检，耻之弃去。郡守闻名欲见之，遁归"②。罗蕙屏，"光绪间尝以诸生赴乡试，第一场出闱辄舍去，遂终生不试有司。……著有《翠藤馆吟草》"③。无独有偶，山东布衣于祉也是如此，"入场时搜检至祉，忿然而返曰：'上不以士礼待士子，而视如狗盗，何考为！'自是隐居不出"④。胡翔瀛，"年十六应童子试，入场遭搜检，拂衣出，曰：'国家以盗贼待士，何以干进为？'遂终生不复与试"⑤。他们没有受到士人应有的礼遇而鄙弃科举考试，宁可"天荒地老无人识"，主动、决绝地与主流的价值取向背道而驰，磨砺个人的意志。还有一些布衣，即使得到了礼遇也不为所动，一如申涵光，"文名藉藉，顾不屑为举子业。顺治十七年，诏郡县举孝行，有司以涵光应，力辞之。再举隐逸之士，坚辞不就。尝自悔为名累，谢绝交游"⑥。又如屈复，在乾隆元年（1736）的博学鸿词科中被推荐出山，但他借口年老体衰推辞不就。其后，贤清王先后三次以千金重礼敦聘屈复出山，他始终不为所动，赋诗《贞女吟》曰："女萝虽小草，不愿附松柏。平原赠千金，仲连笑一掷。"可见其志向。奚冈也是如此，"终身不与试，征孝廉方正，辞不就"⑦。他们本来有机会进入仕途，却无一例外非

---

① （清）黎简：《五百四峰草堂诗钞》，梁守中校辑，中山大学出版社 2000 年版，第 496 页。
② 中山大学中国古文献研究所编：《粤诗人汇传》，岭南美术出版社 2009 年版，第 2099 页。
③ 同上书，第 2081 页。
④ 柯愈春：《清人诗文集总目提要》，北京古籍出版社 2001 年版，第 1224 页。
⑤ 同上书，第 312 页。
⑥ （清）赵尔巽：《清史稿》，中华书局 1977 年版，第 13321 页。
⑦ 毕萍、刘钊：《中国并称名人辞典》，南京大学出版社 1992 年版，第 81 页。

常坚决地拒绝了官方抛来的橄榄枝。

在一个普遍以出仕为高的社会里,作出这种决定并不容易,"今俗竟以科名混称,功名浸假,而多金捐纳,要津保举,亦同此称。平居偶语涉及朝市,必曰某人功名大,某人功名小,若者功名顺,若者功名逆。间有布衣下士,则共目之曰:此无功名,而其人亦茫然自顾,曰我无功名"①。可见,在世俗眼中,一个人成功的标志便是步入仕途,否则,便会受到他人的冷眼、冷遇。可见,布衣选择与主流社会不同的道路,确实需要勇气,而选择不仕其所面临的困难也是显而易见的。《荀子·大略》道:"古之贤人,贱为布衣。贫为匹夫,食则馈粥不足,衣则竖褐不完。"布衣诗人生活处境的艰难可想而知。虽然远离仕途,没有了官场的羁绊,可以过着任性适意的生活,但与此同时,布衣终老,也意味着没有稳定的收入,意味着生存的压力,意味着生活的艰难。事实上,不少布衣就时时被生存所困扰。李天植,"老夫妇白头相对,时绝食"②;恽格,"家酷贫,风雨常闭门饿"③;崔子忠,"家居常绝食。……遭乱,走居土室中,遂穷饿以死"④;朱遐昌,"漫游四方,穷途以死"⑤。……由此可见,缺衣少食、饥寒交迫是布衣们所面临的真实处境,如洪昇所言"江湖双泪眼,天地一穷人""驰驱千里外,踽踽一身多"⑥。在这种情形之下,还能做到"不为五侯生,甘为布衣死"⑦ 的确难能可贵。砺布衣之节,这是一个志向,而要实现这个志向,付出的艰辛、面临的困难却是实实在在的,天天都要面对,无可逃避。

---

① 邱炜萲:《五百石洞天挥麈》卷一,清光绪二十五年邱氏粤垣刻本。
② (清)赵尔巽:《清史稿》,中华书局1977年版,第13848页。
③ 同上书,第13906页。
④ 同上书,第13902页。
⑤ 柯愈春:《清人诗文集总目提要》,北京古籍出版社2001年版,第1225页。
⑥ (清)洪昇:《迷惑》,《洪昇集》,刘辉笺校,浙江古籍出版社1992年版,第408页。
⑦ (清)卓尔堪:《遗民诗》卷三,清康熙刻本。

为了摆脱困境，不少清代布衣卖文卖画、设馆授徒，更有布衣不惜亲自参与劳动生产。李天植，"卖文自食；不足，则与其妻为樱鞯竹筥以佐之"①。有人甚至还很成功，林时益，"卜居冠石，结庐佣田，非其力不食。冠石宜茶，时益以意制之，香味拟阳羡，所谓林茶者也"②。林时益的茶叶生产已成品牌，人们把他加工的茶叶命名为"林茶"。

总之，清代布衣为了维护人格尊严，磨砺意志，不惜亲自进行劳动生产，不以为苦，反以为乐，从而化解了现实的困难，成功地坚持了自己的理想。这种举动，在前代是难以见到的。而清代布衣不以躬耕为耻，这是他们高过前人之处。

二 傲骨铮铮，率性而为

中国古代的文人普遍是在儒家思想熏陶之下成长起来的。孔子有言："邦有道，则仕；邦无道，则可卷而怀之。"（《论语·卫灵公》）孟子也说："古之人未尝不欲仕也，又恶不由其道。不由其道而往者，与钻穴隙之类也。"（《孟子·滕文公下》）儒家提倡建功立业，出仕是文人的第一要义。但是，是否出仕有两个条件：其一，政治清明，如果处在乱世之中，文人就应该及时抽身而退；其二，取之有道，如果官位不是通过正常途径而获得，就是蝇营狗苟之辈，是遭人鄙视的。应该说，这种观念对文人影响是很深远的。清代布衣也深受这种观念的影响，千金难买布衣尊，在重压之下依然傲骨铮铮，与社会的黑暗划清界限，率性而为，绝不屈己达人。

这里有必要对清代社会进行简要回顾。作为第二个少数民族入

---

① （清）赵尔巽：《清史稿》，中华书局1977年版，第13848页。
② 同上书，第13319页。

主中原且汉化程度极高的清朝统治者，在对待汉族文人之用心上远非元代统治者能够相比，"举凡封建历史上曾有过的各式惨酷、阴柔、颠顸、诡谲的统治行为和手段，无不集大成地在这二百七十年间遍经施行，并且多有发展，别具特性"①。这就是布衣所处的社会环境，这绝非布衣心目中的理想盛世，"丈夫志四方，此言须细详。四方虽云乐，何如在家乡。况复多变态，前途更难量。网罗到处有，不可不慎防。所以先圣训，教人善行藏。进礼退以义，穷达视彼苍。滔滔虽皆是，我必择康庄。人生贵知道，岂必登庙廊"②。这样的社会，伏匿才是布衣的首选，以远离污浊的现实。因此，清代布衣大多耿介绝俗，洁身自好，与仕宦、权贵决绝，"苏州黄子云，号野鸿，布衣能诗。有某中丞欲见之，黄不可，题一联云：'空谷衣冠非易觏，野人门巷不轻开'"③。一句"野人门巷不轻开"可谓道出了布衣的心声，中丞虽然显贵，却叩不开布衣之门。这方面的例子不胜枚举。汪沨，"高尚舣舟载酒西湖上，约三高士以世外礼相见，惟沨不至。已，知其在孤山，以船就之，排墙遁去"④。监司卢高纡尊降贵，布衣汪峰却并不领情。邢昉，"性孤介，不慕荣利，不问生产，不屑借交游以博名誉，落落穆穆，多否少可，一语不合，辄拂衣去，耻与尘俗俯仰"⑤。黎简，"有大腹贾以纸索画，简民为画洋钱数十元。或问之，简民曰：'若辈之所识者此耳！'其圭角类如此"⑥。奚冈，"诗词超隽，而画尤见长，清高宗乾隆南巡，冈方应童子试，杭州知府系之至，使画竹白壁。冈曰：'焉有属画而系至

---

① 严迪昌：《清诗史》，浙江古籍出版社 1999 年版，第 5 页。
② 徐世昌编：《晚晴簃诗汇》，闻石点校，中华书局 1990 年版，第 1319 页。
③ （清）袁枚：《随园诗话》，江苏古籍出版社 2000 年版，第 71 页。
④ （清）赵尔巽：《清史稿》，中华书局 1977 年版，第 13853 页。
⑤ （清）卓尔堪：《遗民诗》卷三，清康熙刻本。
⑥ 钱仲联：《清诗纪事》，江苏古籍出版社 1989 年版，第 7020 页。

者，头可断，画不可得'，系者曰：'尔非童生，乃铁生也。'因自号铁生"①。……

　　清代布衣不求功名，藐视权贵，面对强权宁可以死抗争，也绝不屈服，主动与官场划清界限，即使与仕宦交往，也是安之若素，傲骨铮铮，从不屈己达人。如杜濬，"遇名贵人，必以气折之"②。达官贵人拥有地位、金钱，杜濬虽然无钱无势，却并不输了气势。毕涵，"性古朴，曾馆礼亲王邸，宾礼有加，而涵布衣芒履，举止疏慢，如在山泽间"③。冯景，"善属文，千言立就。康熙时游京师，侍郎项景襄、金鼐皆遣子弟从受学。……王士禛"转左都御史，景以受知士禛，冀其大有匡济，为书讽之"④。王士禛是继钱谦益之后的文坛领袖，深得康熙器重并扶持，与冯景地位相差不啻云泥。但是冯景不妄自菲薄直言劝谏。洪昇，"白眼踞坐，指谪古今"，"常不满人，亦不满于人"，"朝贵轻之，鲜于往还"⑤。屈来泰《皇清征君显曾祖考晦翁府君行述》记载了屈复的逸事："后先寓都门者，近二十载，贵优晋谒迎送，胥不出庭户。或疑为简者。府君曰：'以势分言，布衣安与公卿游，以文章道义言，恐诸不得以俗礼求我也！'"屈复对仕权贵的轻视溢于言表。叶时章更借戏剧中人对仕宦大加抨击，其《琥珀匙》中有句云："庙堂中有衣冠禽兽，绿林内有救世菩提。"结果触怒了官员，"下狱几死"⑥。叶时章直指仕宦为衣冠禽兽，差点为此丢了性命。赖学海云"不受人怜存傲骨"⑦，"傲骨"正是这些布衣诗人的共同特征。

---

① 毕萍、刘钊编著：《中国并称名人辞典》，南京大学出版社1992年版，第81页。
② （清）赵尔巽：《清史稿》，中华书局1977年版，第13960页。
③ 毕萍、刘钊编著：《中国并称名人辞典》，南京大学出版社1992年版，第81页。
④ （清）赵尔巽：《清史稿》，中华书局1977年版，第13359页。
⑤ 秦华生：《清代戏曲发展史》，旅游教育出版社2006年版，第64页。
⑥ 同上书，第46页。
⑦ （清）邱炜薆：《五百石洞天挥麈》卷七，清光绪二十五年邱氏粤垣刻本。

清代布衣诗人也追求精神的高度自由，不受拘束，率性而为。张际亮就是这样一个文人。曾燠位高权重，一般人对其奉承逢迎，"燠食瓜子粘须，一人起为拈去，际亮大笑，众惭。既罢，复投书责燠不能教后进，徒以财利奔走寒士门下"①。为了获得高官的青睐，其他人极尽吹捧之能事，张际亮对这样的举动非常不屑，并当众嘲笑，又写信责备曾燠品行有亏，正因为这样率性而为，他便获得了"狂名"。安徽布衣刘伯友，"与同里朱凤鸣等相友善，饮酒赋诗，纵谈天下事。或欷歔泣下，或仰天长笑，人皆以疯迷目之"，称为"疯迷会"②。周贯，"工诗成癖，尝宿奉新龙泉观，半夜搥门，道士科发披衣惊起问故，曰偶得句当奉，因以手指画，吟曰'弹琴伤指甲，盖席损髭须'。是夜寒甚，贯以席自覆，故尔"③。周贯一介布衣，酷爱写诗，得了好诗，竟然半夜三更去敲门，将对方叫起与自己共赏，这是何等的率性，何等的无拘无束！这样的洒脱放达，是魏晋名士风度的再现。这样率性而为，又岂是仕宦之中能够拥有的！

《荀子·富国》："布衣䌷屦之士诚是，则虽在穷阎漏屋，而王公不能与之争名。"这种布衣尊严，在清代布衣江壁笔下得到了诗意的呈现："公侯之长揖不跪，布衣贵比公卿高。"清代布衣的傲骨铮铮、率性而为，是对传统布衣精神的再一次弘扬。

三　立德立言，为师一方

自从叔孙豹提出"三不朽"之说后，立功、立德、立言成为中

---

① （清）赵尔巽：《清史稿》，中华书局1977年版，第13428页。
② 齐森华、陈多、叶长海：《中国曲学大辞典》，浙江教育出版社1997年版，第180页。
③ （清）裘君弘：《西江诗话》卷十一，清康熙刻本。

国古代文人的理想追求。布衣之士，远离仕途，立功并不现实，何况，立功意味着出山，与浊世妥协，亦非布衣所愿。于是，布衣选择了立德与立言。才名原是布衣尊，布衣的品德、学识足以为师一方。西方人常常称知识分子为"社会的良心"，认为他们是人类基本价值的维护者，这与布衣对自身的严格要求不谋而合。此外，客观上，布衣与劳动人民更为接近，他们的一言一行、一举一动更容易被百姓所熟知，在百姓眼中，他们的为人处世更符合道义，他们的品行堪为楷模。布衣，成了当地百姓的标杆。

李世熊，"山居四十余年，乡人宗之，争趋决事。有为不善者，曰：'不使李公知也。'"① 乡人这种朴实的话语很能反映出李世熊在他们心目中的威信，他们把李世熊作为自己为人处世的一面镜子。雷慎庵也是这样一个人，"家居新祠宇，修谱系，备祭器，规范肃以和族之无后者，列于牌，定期以祭，其荒坟不可识者，甃石志之。雷为宁望族，户数百，科第衣冠林立，君以一布衣肩族务，叙族法，不见龃龉，相与宜之"②。雷慎庵以高风亮节，在大家族里树立起自己的威信。

此外，由于远离仕途，布衣有更多的精力去著书立说，这样，布衣不仅道德上为一乡景仰，学术上也颇多建树。"都会湖山天下最，国朝文献布衣多"③，这是对清代布衣诗人在著述方面所取得的成就的充分肯定。布衣诗人既然选择了不仕，就能把精力放在读书著述上，魏禧说："文之至者，当如稻粱可以食天下之饥，布帛可以衣天下之寒，下为来学所秉承，上为兴王所取法，则一立言之间，而德与功已具。"④ "立言"之意是相当迫切的。即邵瑸《春日杂兴》

---

① （清）赵尔巽：《清史稿》，中华书局 1977 年版，第 13863 页。
② （清）蔡世远：《二希堂文集》卷一，清文渊阁四库全书本。
③ （清）曹溶：《静惕堂诗集》卷二十九，清雍正刻本。
④ （清）魏禧：《上郭天门先生书》，《魏叔子文集》卷六，清宁都三魏全集本。

所言:"尽日雠书卷,藜床坐觉温"①,能在著述上投入大量的时间精力,无怪乎布衣的著述丰富,且能领袖一方,如李颙,"布衣安贫,以理学倡导关中,关中士子多宗之"②。浙江布衣应嗣寅,"以经学教授里中,生徒甚盛"③;万斯同,有明一史皆了然于胸,"每覆审一传,曰某书某事当参校,顾小史取其书第几卷至,无或爽者。士大夫到门咨询,了辩如响"④;祖禹精于史学,其《读史方舆纪要》被誉为"此数千百年绝无仅有之书也",以其书与梅文鼎《历算全书》、李清《南北史合抄》称三大奇书⑤。姚振宗的目录学独步天下,"著汉艺文志、隋经籍志考证,能订宗源之失。又补后汉、三国两艺文志。目录之学,卓然大宗。论者谓足绍二章之传"⑥。邓石如致力于碑刻,其"篆法以二李为宗,纵横辟阖,得之史籀,稍参隶意,杀锋以取劲折,字体微方,与秦、汉当额为近",被认为是"千数百年无此作矣"⑦,其涉猎之广,实在让人惊叹。

布衣现象是中国古代文化中一道亮丽的风景,它与隐士、山人、处士等相互补充,构成了古代文人进退出处的两级。清代布衣自逐于仕途,"衮衮登台省,而今少布衣"⑧。在普遍以功名为高的时代里,能够主动抛弃功名利禄的诱惑,甘于清贫,他们具有极大的、不可多得的勇气和胆识,"不为五侯生,甘为布衣死"⑨。孟子所提倡的"富贵不能淫,贫贱不能移,威武不能屈"的凛然正气

---

① (清)沈德潜:《清诗别裁集》,吴雪涛、陈旭霞点校,河北人民出版社1997年版,第198页。
② (清)赵尔巽:《清史稿》,中华书局1977年版,第13108页。
③ (清)王士禛:《池北偶谈》,文益人校点,齐鲁书社2007年版,第186页。
④ (清)赵尔巽:《清史稿》,中华书局1977年版,第13345页。
⑤ 同上书,第13850页。
⑥ 同上书,第13398页。
⑦ 同上书,第13893页。
⑧ (清)屈大均:《送徐司业》,《翁山诗外》卷八,顾廷龙主编《续修四库全书》第1411册,上海古籍出版社2002年版,第529页。
⑨ (清)阎尔梅:《侠士行》,(清)卓尔堪《遗民诗》卷三,清康熙刻本。

在清代布衣身上得到了真正再现。他们追求精神的高雅,享受生活的单调与平淡,他们厉行苦学,以自己的真知灼见、高尚品德而名留青史,正如《吕氏春秋·离俗览》中所言:"故布衣人臣之行,洁白清廉中绳,愈穷愈荣。虽死,天下愈高之。"清代布衣,其名位尽管不显,却为中国古代文化的充实完善做出了巨大的贡献,值得后世景仰。

第二节　布衣诗人对清代文学的推动

如前所述,清代布衣诗人是一个数量十分庞大的群体,他们从主流的道路上剥离出来,构成了与仕宦诗人并行的客观存在,并以其对创作的执着投入,对清代诗坛产生了深远的影响,为清代文学的繁荣做出了重要的贡献,自有其不容忽视的价值。布衣诗人对清代文学的贡献,大体上说,主要表现在以下几个方面。

一　引领清代诗坛风气转移

不可否认,在文坛上,仕宦具备地位的优势,登高一呼,众人响应,甚至能够形成席卷全国的文学运动,这在文学史上是显而易见的事实,正如赵执信《钝吟集序》所言:"文章者,载道与治之器,而非人则莫之托也。三代以上惟君相操之,春秋作而权在匹夫,盖千古之变端矣。汉、唐而降,朝野相参,而卿大夫之力恒胜其上者,经术事功足以震耀海内,故一言之发,举世诵之。即其仅以立言自见者类,学富而名高,不挟官位以为重其光芒气焰,能使天下人之心思耳目无敢苟为异同。岂若幽潜之士,老为蠹鱼,或瑰词自赏,或寓言托讽,幸则知名于时,不幸则与身俱没,漠无关于文章之数，可胜道哉！"① 王士禛的神韵说、沈德潜的格调说、翁方纲的肌理说等等，都是如此。他们在文坛呼风唤雨，引领着一时潮流。而布衣身处下僚，憔悴偃蹇，生存尚且不易，其作品的流传也十分困难，遑论在文学史上形成席卷全国的文学运动，就连一方也不容易！因此，生前冷清、死后寂寞是布衣的常态，历史的长河不知湮没了多少贫贱苦吟者！但是，沧海遗珠，布衣所散发出的巨大光芒是其布衣身份所遮挡不住的。在清代文坛上，布衣时常被排斥在主流之外，但也有卓绝特立者，以其独具特色的创作、独到的文学追求影响了诗坛风气。

1. 孙枝蔚、吴之振、厉鹗促成诗坛宗宋之风

清代诗坛一直存在着宗唐宗宋之争，唐诗因得到统治者的支持而一统江湖。据毛奇龄《西河诗话》记载："初盛唐多殿阁诗，在中、晚亦未尝无有，此正高文典册也。近学宋诗者率以为板重而却之。予入馆后，上特御试保和殿，严加甄别。时同馆钱编修以宋诗体十二韵抑置乙卷，则已显有成效也。"② 这段记载清楚地揭示出在朝与在野之人不同的审美取向：在朝者推崇"高文典册"的盛世之音，在野者却偏好"板重"的宋诗，钱编修因为未能揣摩圣意，创作宋体诗，结果被降至二等，受到了惩戒。这也是朝廷方面所发出的强烈信号，与此同时，王士禛因力尊盛唐而得到了统治者的扶持，使之成为诗坛盟主，同时期诗人，无不受其牢笼。宋诗运动的产生，显然是与统治者所推崇提倡的背道而驰，而其发起者便是布衣之士。如清初孙枝蔚面对旁人的非议不为所动，最喜学宋，对清代的宋诗运动实在有先导之功。继而吴之振以极大的热情，精心选编了《宋诗钞》，带至京城广为散发，为人们学习宋诗提供了可供参考的范

---

① 王运熙、顾易生：《清代文论选》，人民文学出版社1999年版，第436—437页。
② （清）毛奇龄：《西河诗话》卷五，康熙间刊本。

本,"清初宗宋诗风的形成,浙东诗派的确立,与这部大型宋诗总集的刊行有很大关系"①。稍后的厉鹗更从创作上推进了宋诗运动在全国的影响。他不仅自己创造宋体诗,以自己高明的诗作成为宋诗派的巨擘,而且借助扬州小玲珑山馆的丰富藏书,编成《宋诗纪事》一百卷,进一步促进了其他文人对宋诗的接受,从而在全国形成燎原之势。可见,正是他们的尝试与努力引领了诗坛风气,并最终促成了清代诗坛宗唐与宗宋的对立。

2. 万树、孙默引领了词坛风气

词在清代号称中兴,布衣万树、孙默之力不可忽视。万树在从事创作过程中,有感于词坛混乱,不谐音律的现状,编成《词律》20卷,共收唐、宋、金、元词660调,1180余体。在康熙《钦定词谱》问世之前,是词体最详、资料丰富、考订最细、最具权威的一部词谱。田同之《西圃词说》评价说:"故浙西名家,务求考订精严,不敢出《词律》范围之外,诚以《词律》为确且善耳。"②《词律》被创作词者视为金科玉律,成为有志于填词文人必不可少的工具书。

孙默对清初词作的整理也起到了引领词坛风气的作用。他耗费十四年,选编了《十五家词》,收录吴伟业、梁清标、宋琬、曹尔堪、王士禄、尤侗、陈世祥、黄永等名家名作,"一时倚声佳制,实略备于此,存之可以见国初诸人文采风流之盛"③。将清初词坛大家囊括其中。不仅如此,孙默还有意识地构建词学理论,每一集前均附有学者大儒所写序言,阐述有关词学理论,从而以理论保证了词的健康发展,影响了清词此后发展的走向。

以布衣诗人的人微言轻,而能形成上述影响实属不易,弥足珍贵,

---

① 张仲谋:《清代文化与浙派诗》,东方出版社1997年版,第107页。
② 唐圭璋:《词话丛编》,中华书局1986年版,第1474页。
③ (清)纪昀总纂:《四库全书总目提要》,河北人民出版社2000年版,第5497页。

他们对文坛做出了别样的贡献,且在一定程度来说并不亚于仕宦。

二 助推"为民"诗歌大发展

自从有了中国文学之日起,就有仕宦文学与布衣文学的对立,如汪琬《张青琱诗集序》说:"昔贤论文有二体:有台阁之体,有山林之体。惟诗亦然,铺扬德伐,磊落而华赡者,台阁之诗也;襄回景光,雕琢而纤巧者,山林之诗也。春容翱翔,泽于大雅者,台阁之诗也;悲呼愤慨,邻于怨诽者,山林之诗也。"① 章鹤龄写有一组《读布衣诸老诗各书一绝》小序说:"诸家诗,前辈论之详矣。然详于台阁而略于山林。"② 这里的"台阁"与"山林"是对立的两个概念,"台阁"意即官僚、仕宦,"山林"意即隐士、布衣,即从创作主体的身份来划分,文学可分为仕宦文学与布衣文学两大类。

因身份地位不同,立场与关注点也不同,导致布衣与仕宦的情感指向存在明显差异。大体而言,仕宦文学属于为君的文学,其创作的目的和文学的服务对象指向高高在上的统治者。古代中国社会,君权至上,"普天之下,莫非王土,率土之滨,莫非王臣",君王拥有天下,拥有无限的权力,文学也是君王的所有物。为君的文学占据了文坛正统,地位显赫。布衣文学则属于"为民的文学",是为百姓、平民而创作。两者内容上情感上泾渭分明,邓乔彬先生曾经指出,为君的文学是"歌功颂德、粉饰太平,以至庸俗应酬、迂腐说教、瞒和骗的文艺,尽管雍容、华贵、典雅,却缺乏生气甚至面目可憎"③;相反,布衣文人无官一身轻,没有功利之心,更重要的是

---

① (清)汪琬著,李圣华笺校:《汪琬全集笺校》,人民文学出版社 2010 年版,第 1462 页。
② 郭绍虞:《万首论诗绝句》,人民文学出版社 1991 年版,第 1313 页。
③ 邓乔彬:《古代文艺的文化观照》,上海教育出版社 2003 年版,第 116 页。

布衣的生存际遇无疑要比位高权重者艰难得多。他们生活困窘，情感上与下层民众息息相通，更能体会百姓的痛苦哀怨与希翼企盼，于是，布衣文学比之仕宦文学，更多了民胞物与的情怀，他们酣畅淋漓，自言其志，嬉笑怒骂，皆成文章，从而形成了与仕宦文人截然不同的风格，这里稍举数例：如龙震《吴下口号》抨击清廷采买苏州女子入宫，给百姓造成的生离死别，《农老从军叹》反映农民遭遇的天灾与人祸；孙枝蔚《田家杂兴次储光羲韵》写出了战争给百姓带来的灾难，《难妇词》道出了被清兵掳掠的江南妇女的不幸；屈复在《送从姓敬止携家之襄阳》诗中揭示了社会的黑暗；覃颐《悯荒谣》《民谣》揭露农民挖肉补疮的痛苦无奈；黎简的《村饮》道出了物价飞涨造成百姓难以为生的现实；李宝缃的《凿石行》记载了大灾之年，百姓以观音土充饥、饮鸩止渴之事；曹俨《独秀峰诗序》更是站在百姓的立场上，冒天下之大不韪揭示太平天国起事的原因："夫为民父母而贪污酷虐，夺民生计，断民生路，致令吾民贫不欲生，甘心作贼，是诚贼心而非父母之心矣；及民既为贼，又但知恨贼，而不能抚贼，且一味畏贼而不敢讨贼，势必使不敢为贼之民与未尝贼民之官亦同死于贼。"① 类似的诗作不胜枚举，总之，布衣诗人较少顾忌，能够畅所欲言，对社会的黑暗进行淋漓尽致的揭露。

当然，并非仕宦文学就完全是为君而不为民的，布衣文学就完全是为民而不为君的，这里的现象千丝万缕，相当复杂，笔者今后将另行撰文论述；此处，我们可以非常明确的是对现实的讽刺针砭方面，布衣之作更加锋芒毕露、入木三分，我们可以将仕宦之作与布衣之作作一个对比：两广总督毕沅曾有《荆州述事》描写水灾

---

① 柯愈春：《清人诗文集总目提要》，北京古籍出版社2001年版，第1328页。

的惨状,"云梦苍茫八九屯,半皆饿口半游魂。鲛绡有泪珠应滴,鳖足无功极恐翻。救急城填成死劫,劈空刀落得生门。若非帝力宏慈福,十万苍灵几个存?"首联写出了水灾的惨状,接下来则轻描淡写地抒发一下悲痛之情,随后写朝廷的救灾,最后曲终奏雅,对于皇帝一顿吹捧。这样的作品,在仕宦笔下并不鲜见。黎简的《夜将半南望书所见》则描绘了一次火灾:"乍冷初冬密云黑,忽惊万丈曙霞红。远知何处中宵火,低拜前头北海风。五岭三年千里内,多时十室九家空。已怜泪眼啼饥尽,更使无归作转蓬!"①深刻沉痛、语言犀利,这就是布衣眼中的乾嘉盛世。以一斑可窥全豹,比较之下,无论是内容还是风格,布衣之作与仕宦之作都截然不同,真可谓"布衣自有布衣语,不与簪绅朝仕同"②。布衣诗人笔端饱含民胞物与的情怀,使清代为民文学取得了大发展,迎来了大繁荣。

第三节 清代"诗在布衣"现象之成因

布衣诗人是清代诗坛的一股重要力量。文章坛坫布衣高,清代布衣诗人的成就,再一次印证了"穷而后工"的正确性。"穷而后工"是个由来已久的命题,但在不同的时代里,有着不同的表现。到了清代,"穷而后工"才成为真实的存在。一个直接的表现就是唐宋时仕宦既处官位,又是文坛领袖,不"穷"而创作"工","穷而后工"的情形实际上并不突出;明清时期,"穷而后工"则成了主流现象。人所周知,古人能文者皆能诗,更重要的是,布衣的创作风

---

① (清)黎简:《五百四峰堂诗钞》,梁守中校辑,中山大学出版社2000年版,第200页。
② (清)方文:《都下竹枝词二十首》之二十,《嵞山集·北游草》,上海古籍出版社影印本1979年版,第624页。

格各异，成果丰硕。王豫在《盟鸥溆笔谈》中对布衣诗有过这样的评价："本朝布衣诗如彭爱琴之秀拔，吴野人之直朴，蒋前民之真挚，邢孟贞之淡永，潘南村之清折，冷秋江之悲壮，周青士之闲逸，徐东痴之幽奥，沈方舟之警炼，李客山之高老，盛青屿之坚栗，张永夫之澄洁，于亦川之雄骏，鲍步江之超秀，吴淡川之新隽，朱二亭之淡逸，潘兰如之清雄，石远梅之高浑，张竹轩之淳古，能各具唐人之一体，洵韦布之雄也。"① 清代布衣诗人可谓群星璀璨，"布衣诗"自成系列，充实了清代诗坛。兹略举数人。吴嘉纪，"一生不出东陶路，自有才名十五州"②。邢昉，王士禛评价为"余最许石湖邢孟贞五言诗，以为韦、柳门庭中人"，陈田也尤其推崇他的五言诗，说："孟贞五言，取径唐人，而时涉柴桑藩篱，以幽秀淡宕为宗，得储、韦之自然，兼韩、孟之刻厉。明季布衣诗，邢昉第一，洵为确论。"③ 厉鹗，堪称"浙词巨匠"，吴锡麟认为"吾杭言词者，莫不以樊谢为大宗"④，谢章铤也指出："雍正、乾隆间，词学奉樊谢为赤帜，家白石而户梅溪矣。"⑤ 事实上，清人早已注意到布衣在清代诗坛上的重要地位，屈大均就曾指出："今天下善为诗者，多隐居之士。盖隐居之士，能自有其性情，而不使其性情为人所有。"⑥ 其他人也有类似的看法："大抵好诗在林壑，可怜名士满江湖"⑦、"评诗推许称同辈，落落关东老布衣"⑧、"循吏而今有子孙，江天吟

---

① 转引自严迪昌《清诗史》，浙江古籍出版社2002年版，第137页。
② （清）王苹：《读吴野人诗》，（清）吴嘉纪著，杨积庆点校《吴嘉纪诗笺校》，上海古籍出版社1980年版，第1页。
③ （明）陈田：《明诗纪事》，上海古籍出版社1993年版，第3012—3013页。
④ （清）吴锡麒：《有正味斋集》卷八，嘉庆十三年刻有正味斋全集增修本。
⑤ 严迪昌：《清词史》，江苏古籍出版社2001年版，第343页。
⑥ （清）屈大均：《见堂诗草序》，《清代诗文集汇编》第119册，上海古籍出版社2011年版，第201页。
⑦ （清）闵华：《澄秋阁集》，《清代诗文集汇编》第273册，上海古籍出版社2011年版，第3450页。
⑧ （清）杨钟羲：《雪桥诗话余集》，民国求恕斋丛书本，第232页。

啸布衣尊"①，等等。

　　文学史上，仕宦文学与布衣文学的分野由来已久。刘再复先生曾经指出："诗词要写得好，一定要在'发达'之前，不可在发达之后。诗词要写得好，诗人必定要有真切的人生体验，必定要有各种情感上的波动与折磨。发达之前和发达之后，诗人所处的社会地位和人文环境极不相同，精神、心境、性情也会有很大的不同。因为不'发达'，诗人就容易与人间的苦痛相通，人生的体验就会真切而丰富，作为诗人的真性情也会得到充分表现。诗'穷而后工'，我赞成这种说法。诗人一旦发达，进入宦门、权门、宫廷之门，自然就与广阔的人间隔起一堵高墙。'一入侯门深似海'，能不被各种桂冠所诱惑而继续保持自己的真性情并与人间的痛苦相通的人极少。"②而在清代，布衣诗人在创作目的、创作态度、创作轨迹及创作过程等诸多方面均迥异于同一时期的仕宦文人。

一　留名后世的创作目的

　　布衣文人布衣终老，人生充满了不得志，在"事功"已很渺茫的现实中，唯一能够把握的只有"立言"，"身前之遇，不自我；而操身后之名，可自我"③。生前的境遇不由自己决定，而死后的名声则是自己可以掌控的，故而，创作是布衣文人全部的寄托，也是他们实现人生抱负的重要手段。最具代表性的当数石卓槐《芥园诗钞》托名沈德潜写序一事："至于山林隐逸之士，一生无他嗜好，惟孳孳矻矻于五字七字之中，既无名位足传，复不得一人表而章之，数十

---

① 徐世昌编：《晚晴簃诗汇》，闻石点校，中华书局1990年版，第6631页。
② 刘再复：《红楼梦悟》，生活·读书·新知三联书店2006年版，第287页。
③ （清）吕坚：《师竹轩诗序》，《迟删集》卷九，清滋树堂刊本。

年后，其人与诗皆归于无何有之乡。"① 石卓槐担心逝后别集散佚，希望能得到达官贵人的揄扬而闻名于时。沈德潜深得乾隆器重，大权在握，石卓槐这样一个无名之辈，不可能与之攀上关系。为了抬高身价，他索性假托沈德潜之名，自己操刀写序，这种做法当然不可取，但这一个案反映出布衣文人欲以诗文闻名当世、扬名后世的迫切意愿。急于"立言"的布衣远不止石卓槐一个。江干，"一编诗草当儿孙"②，真是乐在其中；章敬修，"迨穷愁之交迫，始发愤而著书，孳孳矻矻，罔顾揶揄，动而得谤，名与之俱。老冉冉其已至，行难补于桑榆。而乃垂空文以自见，欲争一得于区区"③。可见布衣文人"立言"心情之恳切，创作是布衣文人生命中的重要构成，是他们留名后世的重要手段，他们反复学习、揣摩、习作，并终生倾力于此，其成就自然不可小觑。

　　仕宦诗人则完全相反。清朝历代帝皇对诗歌普遍有着特殊的偏好，他们不仅自己创作诗歌，而且还经常与臣僚们诗词唱和，尤其在大规模的宴会中，赋诗唱和更是必不可少的一个环节。上行下效，仕宦诗人自然也热衷此道，在一个推崇风雅的国度里，仕宦诗人如果不会吟诗作赋，官场上的应酬往来将颇为被动，因此，要写得出两手文章。但是总体而言，仕宦诗人与布衣诗人的创作目的是不一样的。就仕宦诗人而言，"三不朽"中立功、立德都已经唾手可得，"立言"并不是那么必不可少，于是他们多借创作展示才华，或借创作消遣应酬。袁枚曾经记载了一则逸事："尹文端公好和韵，尤好叠韵。每与人角胜，多多益善。庚辰十月，为勾当公事，与嘉兴钱香树尚书相遇苏州，和诗至十余次。一时材官傔从，为送两家诗，至

---

　　① （清）石卓槐：《留剑山庄初稿》，《清代诗文集汇编》第392册，上海古籍出版社2011年版，第513页。
　　② 柯愈春：《清人诗文集总目提要》，北京古籍出版社2001年版，第794页。
　　③ （清）戴鸿熙：《汤溪县志》，台北：成文出版社1975年版，第157页。

于马疲人倦。尚书还嘉禾，而尹公又追寄一首，挑之于吴江。尚书覆札云：'岁事匆匆，实不能再和矣！愿公遍告同人，说香树老子，战败于吴江道上。何如？'适枚过苏，见此札，遂献赋七律一首，第五六云：'秋容老圃无衰色，诗律吴江有败兵。'公喜，从此又与枚叠和不休。"① 一和再和，志在压倒对方，创作成了逞才斗胜的手段，此外案牍劳形、迎来送往，让仕宦文人难以勤力于此。对他们来说，创作已经不是生活的主业。综观仕宦文人的创作，其高峰往往在出仕之前或退仕之后。

二 心无旁骛的创作态度

在对待创作的态度上，布衣诗人与仕宦诗人也存在明显的差异。创作是布衣诗人终生的寄托，他们心无旁骛，"诗堪托死生"，对创作寄予了全部的热情。布衣张隽的一生，是在读书、教书、抄书、著书中度过的，在人生陷入困境时，著述成了他唯一的安慰，正如他自己所说："正月末，遭雈苻，青毡不存。继而家难洊起，顾影自畏，平生之所尊闻，至此茫无用处，亦且惭其儿子。因忆古人都从忧患疢疾中讨活路，支离委顿间，辄复取古今简编而究图之。"② 贫病交加之时，尚能笔耕不辍，他从创作中得到了莫大的安慰。清初遗民布衣更是如此。白孕彩，"鼎革后，弃举人业，居测鱼村，行吟泽畔，时为诗以自娱，悲歌慷慨，藉以见其怀抱"③。吕留良，"比向当年一半遗，书成涕泪欲何为。甲申以后山河尽，留得江南几

---

① （清）袁枚：《随园诗话》，王英志点校，江苏古籍出版社2000年版，第4—5页。
② （清）张隽：《与斯录自题》，《西庐文集》卷二，《清代诗文集汇编》第19册，上海古籍出版社2011年版，第14页。
③ 徐世昌：《晚晴簃诗话》，傅卜棠编校，华东师范大学出版社2009年版，第59页。

句诗"①。对这些遗民布衣诗人来说，支撑他们继续生存下去的一个重要的动力便是保存文脉。张笃庆曾就此赋诗："胜国拒儒谁遁迹，躬耕述作惟遗民。遗民不只徒避世，著书万卷无其伦。"② 布衣诗人看重文字的巨大力量，认为著述也是救世的一种有效途径。当清朝的统治日渐稳固，柔弱的书生无力在武力上与之相抗衡时，他们便自觉承担起传承文脉的历史使命，视创作为与现实相抗争的武器，从而以诗存史。韩畕，"好学能诗，尤善琴，然不轻为人鼓。请者必肃衣冠，卑颜色，伺至夜分，或闻一奏。有左右顾及笑语者，即拂衣囊琴去。游江南，遍历台宕诸胜，所携惟一琴，并负二筐，贮其平生所为诗文，如性命，顷刻不以离也"③。甚至在面临着死亡的威胁时，布衣诗人也依然不放下手中的笔。据钮琇《觚剩》记载，吴愧庵、潘柽章被卷入《明史》案后，关押入狱，经常被提审，即便如此，他们继续笔耕，吴愧庵有《营中送春》《怀古四首》，潘柽章有《漫成四首》《与美生对酌绝句》等数首诗。遭受无妄之灾，生命面临着终结，创作仍给了他们极大的勇气，伴随他们度过人生最后的短暂时光。创作在布衣诗人生命中的分量之重，由此可见一斑。

与之相左的是，仕宦诗人的创作多数是一时的兴之所至，态度称不上"端正"。如一代名宦于成龙，顺治十八年，授广西罗城知县；康熙六年，迁四川合州知州。八年，迁湖广黄州府同知。十三年，擢武昌知府。④ 做过福建按察使、直隶巡抚、江南江西总督，

---

① （清）吕留良：《手录从子亮功遗稿》，《吕留良诗文集》，徐正注解，浙江古籍出版社2011年版，第323页。
② （清）张笃庆：《村居杂咏十九首》之十，《昆仑山房集》，《四库全书存目丛书补编》，中国科学院图书馆藏清抄本。
③ 徐世昌：《晚晴簃诗话》，傅卜棠编校，华东师范大学出版社2009年版，第195页。
④ 王钟翰：《清史列传》，中华书局1987年版，第541页。

"江宁知府缺,二十三年三月,江苏巡抚余国柱入为左都御史,安徽巡抚涂国相升任湖广总督,成龙兼署两巡抚事。四月,卒于官"①。逝后被康熙誉为"操守端严,始终如一。朕巡幸江南,延访吏治,博采舆评,咸称居官清正,实天下廉吏第一"②。于成龙可谓在官场上一帆风顺,春风得意,被评为"为一代廉吏之冠,德业粲然",但"不以诗重"③。再如谭吉璁,康熙己酉举人,历官礼科给事中。其作品"仅存疏稿。竹垞赠持有云:'雕虫何足尚,辛苦羡名山。'殆其志不欲以诗名也"④。仕宦诗人的精力不在创作,他们并不指望以创作成名,因此创作成了他们公事之后的余事,多为一时兴之所至的消遣。袁枚曾言:"余春圃、香亭两弟,诗皆绝妙。而一累于官,一累于画,皆未尽其才。"⑤ 步入仕途,案牍劳神,对诗歌创作是有妨碍的。

三 相对自由的创作过程

诗歌创作尤其需要个性,但仕宦诗人的创作却受到了多方面的束缚。清代文字狱盛行,此外,皇帝通过扶持诗坛领袖来干预创作,这就使得仕宦诗人的创作不可能生发由心,高压造成了仕宦文人的谨言慎行、明哲保身,朱克敬指出为官之道是:"仕途钻刺要精工,京信常通,炭敬常丰。莫谈时事论英雄,一味圆融,一味谦恭。大臣经济在从容,莫显奇功,莫说精忠。万般人事要朦胧,驳也无庸,议也无庸。八方无事岁年丰,国运方隆,官运方通。大家赞襄要和

---

① 王钟翰:《清史列传》,中华书局1987年版,第548页。
② 同上。
③ 同上书,第177页。
④ 同上书,第214页。
⑤ (清)袁枚:《随园诗话》,王英志点校,江苏古籍出版社2000年版,第101页。

衷，好也弥缝，歹也弥缝。无灾无难到三公，妻受荣封，子荫郎中。流芳身后更无穷，不谥文忠，也谥文恭。"① 这样的行事方式，自然会体现在创作上，那就是四平八稳的"盛世元音"充斥诗坛。张英，"久直禁廷，不忘丘壑，尝以乐天、放翁自拟。《四库提要》称其：'鼓吹升平，黼黻廊庙，无不典雅和平。至于言情赋景之作，又多清微淡远，抒写性灵。台阁、山林二体，古难兼擅，乃兼而有之。'……《拟古田家诗》有云：'面无忧喜色，胸无宠辱情。始知于陵子，灌园逃公卿。'何等胸次"②。喜怒完全可以不形于色，其情感的压抑到了如此地步！诗如其人，所以，不难理解，越是位高权重者，其创作也就越四平八稳，充满了八股文的气息。如范文程，"诗无专集，流传仅见《永平府志》载《清风台宴集》二律，清越高华，犹见名臣襟度"③。徐乾学，"集中高文典册，多关掌故。诗虽余事，要皆雍容宽博，自然名贵，此台阁之异于山林也"④。所以朱彝尊批评说："后世君臣宴游，辄命赋诗记事，于心本无欲言，但迫于制诏为之，故其辞多近于强勉。若学士大夫用之赠酬饯送，则以代仪物而已。甚至以之置科目取士，限之以韵。其所言者，初未尝出乎中心所欲，而又衡得失于中，冀逢迎人知所好，以是而称之曰诗，未见其可矣。"⑤ 张英、徐乾学、范文程等都是深受皇帝器重的高官，与皇帝的酬唱不绝。这样的权势，这样的地位，这样的创作过程，使他们的创作势必不能随心所欲，而是有所克制，这就与诗歌创作讲究真情真性背道而驰。

　　与仕宦诗人相左，布衣诗人听凭心声，受到的约束相对较少。

---

① 朱克敬：《暝庵杂识》，岳麓书社1983年版，第119页。
② 同上书，第211页。
③ 徐世昌：《晚晴簃诗话》，傅卜棠编校，华东师范大学出版社2009年版，第107页。
④ 同上书，第217页。
⑤ （清）朱彝尊：《曝书亭集》，四部丛刊景清康熙本，第321页。

他们远离仕途，远离权利中心，保持着人格的尊严与独立，加之本身大多个性张扬，"盖隐居之士，能自有其性情，而不使其性情为人所有"①，故能任真情真性自由宣泄，"尝见山人（石卓槐）读书，有所当意，每抉摘向余谈说不休，谓不信今人非古人也。其自许如此。……至议论古今，及有关当世之务，则意气慷慨，时大声狂叫，目上视，气勃勃，若使气者。座客为之避，即老成宿儒亦莫不呷舌焉"②。周容："初则奔走于患难，继则奔走于饥寒，间偶有述，皆激楚忿懑之余，且护爱而逞恃，慕亢而讳因，以故气满于词，意尽于腕，其忸怩愧悔，更甚于足下所云。"③ 方文说："野老生来不媚人，况逢世变亦嶙峋"，"试中愤感妻常戒，酒后颠狂客每慎（嗔）"④。吴嘉纪《后七歌》道："朝来得与显者遇，宾客笑我言词拙。男儿各自有须眉，何用低头取人悦！"⑤ 他们率意耿直，而仕宦唯唯诺诺，二者对比如是鲜明！有这样的个性特征，发为诗文，自然也任性驱使，少有随从附和了。愤怒出诗人。布衣虽"穷"，却获得了创作的自由，正如焦循所言："布衣之士，穷经好古，嗣续先儒，阐彰圣道，竭一生之精力，以所独得者聚而成书，使诗、书、六艺有其传，后学之思，有所启发，则百世之文也。"⑥

总之，"诗在布衣"是清代文学的一个重要现象。重视与否，决定了仕宦与布衣在创作上精力投入的差别。仕宦的案牍劳形导致他

---

① （清）屈大均：《见堂诗草序》，《清代诗文集汇编》第119册，上海古籍出版社2011年版，第201页。

② （清）翁方纲：《序》，（清）石卓槐《留剑山庄初稿》，《清代诗文集汇编》第392册，上海古籍出版社2011年版，第515页。

③ （清）周容：《复汪苕文书》，《春酒堂文集》，《清代诗文集汇编》第66册，上海古籍出版社2011年版，第164页。

④ （清）方文：《客有教予谨言者口占谢之》，《嵞山集》，上海古籍出版社1979年版，第379页。

⑤ （清）吴嘉纪著，杨积庆点校：《吴嘉纪诗笺校》，上海古籍出版社1980年版，第446页。

⑥ （清）焦循：《雕菰集》，刘建臻点校，广陵书社2009年版，第266页。

们对文学创作无法专一执着，对文学创作的重要性也就认识不足。布衣诗人疏离朝廷，摆脱了皇权施加于文学的影响，保留了真性情，能够直面现实人生，执着于内心的咏歌，坦露各自的个性。他们潜心艺术，坚持己见，不再"怨而不怒"，多了横眉怒目，多了匕首投枪，多了讽刺针砭，创作出足以流芳后世的"百世之文"。布衣诗人苦心经营，"诗在布衣"的情形得以出现，使清代诗坛得以丰富充实。

下 编

第一章　清代岭南诗歌发展概述

屈大均曾经指出："广东居天下之南，故曰南中，亦曰南裔。火之所房，祝融之墟在焉，天下之文明至斯而极。极故其发之也迟，始然于汉，炽于唐于宋，至有明乃照于四方焉，故今天下言文者必称广东。"① 这番话道出了岭南文学的发展趋势：当唐诗宋词已经取得高度繁荣时，岭南的文人还是寥若晨星，与中原地区有着较大的差距；但岭南文学虽然起步较晚，却一直没有停下前进的脚步，清代则呈现后来居上的态势，一些诗人甚至跻身于全国一流大诗人的行列。魏中林先生曾经指出："岭南诗学的全面兴盛是在清代完成的。其标志有三：一、产生了一批任何文学通史都不能够'疏漏'的大家，从清初'岭南三大家'到清末'诗界革命运动'的领袖黄遵宪、梁启超等嗣响不绝；二、从明代以来主要对中原江浙诗坛的师从模仿，一跃而为独立创新，突显出自身风格的流派，许多诗人成为被模仿的对象；三、自清初以来，切近时代风云，领异标新，到晚清终于以倡导新诗潮而允执全国诗坛牛耳。"② 魏师要言不烦地

---

① （清）屈大均：《广东新语》，中华书局2006年版，第316页。
② 魏中林：《序》，张琼《清中叶岭南四家诗歌创作研究》，江西人民出版社2012年版，第2页。

指出清代在岭南诗歌发展史上的重要地位。

第一节　清初岭南诗歌

公元 1644 年，是中国历史上至关重要的一道分水岭，朱明王朝积重难返，回天乏力，惨淡谢幕。明清易代的沧桑巨变，给汉族士大夫带来了巨大的心理冲击。岭南是抗清的最后一块阵地，可歌可泣的故事一再上演。岭南诗坛的创作主体主要有三类群体：遗民、仕宦及方外诗人，无论是遗民群体，还是仕宦群体、方外诗人，都写出了内容充实、情感丰沛的诗篇，正所谓"国家不幸诗家幸，赋到沧桑句便工"①。

一　清初诗人的人生选择：留题始爱汉山河

沧海横流方显英雄本色，在明清易代的沧桑巨变下，每个人都被迫作出自己的抉择。仕宦群体对故国既未能忘怀，又出仕于清朝；与明遗民继续诗酒往还，又奔走于达官贵人门下。程可则、梁佩兰、方殿元等便是代表。他们的思想行为是复杂矛盾的：他们的诗歌间杂以兴亡离乱之感，反映易代之际的民生疾苦，但又对当时重大的社会矛盾采取回避的态度，甚至有意无意地粉饰太平。他们的诗集中充塞着吟咏景物和酬赠之作，思想内容就远不如当时的遗民诗了。清初诗人的杰出代表是遗民群体，"盖明季吾粤风俗以殉死为荣，降附为耻，国亡之后，遂相率而不仕不试以自全其大节，其相勖以忠义亦有可称者……吾粤人心之正，其敦尚节义，浸成风俗者，实为

---

①　（清）赵翼：《题元遗山集》，华夫主编《赵翼诗编年全集》，天津古籍出版社 1996 年版，第 1010 页。本书赵翼诗均出自本版本，不再一一注明。

他行省所未尝有也"①。他们坚守对明王朝的眷念，坚守故国之思，面对日渐稳固的清政权依然如同精卫填海、刑天舞干戚一般，明知不可为而为之，屈大均、陈恭尹便是遗民中最优秀的代表。陈伯陶《胜朝粤东遗民录》收录岭南遗民290余人，清初布衣普遍选择居于乡野、绝迹于城市、不妄通宾客的生活方式，表现了眷恋故国、抗拒新朝的遗民情怀。在国难当头的时刻，方殿元、梁佩兰等人选择了妥协，而屈大均、陈恭尹、陶璜等人却选择了抗争。

屈大均（1630—1696），字翁山、冷君、介子，号华夫，菜圃、罗浮山人，祖籍广州府番禺县沙亭乡人。1646年清军陷广州，屈大均参加其师陈邦彦以及陈子壮、张家玉等人带领的反清斗争，失败后矢志抗清，于番禺县雷峰海云寺削发为僧，法名今种，字一灵，又字骚余。名其所居为"死庵"，以示誓不为清廷所用之意。顺治十三年（1656）始，屈大均出游大江南北，遍交豪杰，志图恢复，后曾东至会稽，与魏耕、祁班孙等秘密参与郑成功、张煌言水师进袭金陵之谋。康熙十二年（1673）十一月二十一日吴三桂发动兵变，宣布反清。屈大均参加吴三桂反清部队，监军桂林。康熙十五年（1676）春，屈大均辞去，回到故乡，居家著述，直至去世。屈大均以自己充满战斗精神的一生，完美地诠释了"从来天下士，只在布衣中"②的内涵。

陈恭尹（1631—1700）字元孝，初号半峰，晚号独漉子，又号罗浮布衣，广东顺德人。著名抗清志士陈邦彦之子，陈邦彦的事迹在陈恭尹的《请恤疏》中可见一斑："两攻广州，五复郡邑。一妾屠戮，三子丧亡，指挥依然，须眉益厉。热肠火热，壮气云高。

---

① （清）陈伯陶：《〈胜朝粤东遗民录〉序》，周骏富《清代传记丛刊》第70册，台北：明文书局1985年版，第13页。
② （清）屈大均：《鲁连台》，陈永正主编《屈大均诗词编年笺校》，中山大学出版社2000年版，第68页。

却虏西侵，牵之东顾。势有同于破竹，食未免于含沙。慷慨伪庭，强一屈之不可；从容俎上，甘万死之如饴。"①父亲壮烈牺牲后，陈恭尹一度痛不欲生，但因陈氏血脉系于一身，陈恭尹只能苟且偷生，隐居羊城，与何绛、何衡、陶璜、梁琏结成"北田五子"，赋诗唱和。陈恭尹的《独漉篇》写出了自己的痛苦："独漉独漉，水深泥触。……父冤不报，欲活何为？"四十八岁时，清廷怀疑他与"三藩之乱"有牵连，逮捕了他。陈恭尹被解救出狱后，凡是达官贵人欲与之结交者，陈恭尹无不以礼相待，为此备受人诟病，并被剔除出遗民的行列。但终其一生，陈恭尹始终未在清为官，坚守了气节。

王隼（1644—1700），番禺人，字蒲衣，是清初岭南诗坛的著名文人王邦畿之子。王邦畿，法名今吼，与程可则、方殿元及陈恭尹等称"岭南七子"。著有《耳鸣集》。王邦畿是一个具有民族气节的文人，明亡后，他出家为僧。王隼无疑受到父亲的影响。"隼父既甘隐，隼早年亦志栖遁，自号蒲衣。尝弃家入丹霞为僧，寻入匡庐，居太乙峰。久之返于儒。"②王隼与父亲一同入道，父亲去世后，王隼"结潨庐于西山之麓者二十年。夫人潘氏，通史汉诸书，乐贫偕隐，字之曰孟齐"③。王隼与妻子相约，夫唱妇随，入山修道近二十年。之后又"为武夷匡庐之游，六七年而归，而学益进"④，游览的经历开阔了王隼的眼界。

陶璜（1637—1689），字黼子，号握山，番禺人。"大清兵克广

---

① （清）陈恭尹：《请恤疏》，《独漉堂集》，郭培忠点校，中山大学出版社1988年版，第837页。
② （清）阮元：《（道光）广东通志》卷二百八十六，道光二年版刻本。
③ （清）钮琇：《觚賸》卷七，康熙临野堂刻本。
④ （清）史澄：《（光绪）广州府志》卷一百三十，清光绪五年版刊本。

州时,从父翼宸走乡落,遇风覆舟,父溺。璜自舵后得出,更字苦子。"①覆巢之下,安有完卵,在国家动荡之时,陶璜也遭遇了人生的不幸。之后,陶璜以读书著述为生,"所至扫一室,设书史香茗,旦夕寝处其中。性孤癖,尝吟咏,虽在尘俗嚣杂间,持笔注思,若罔闻见。居平考究古今得失,山川险易,人材盛衰之故,娓娓辩论,辄数夕不休"②。陶璜淡于功名,"十岁能文章,补诸生。久之弃去,奉母陈避地僦舍以居,凡十数徙"③。对金钱淡漠,"自奉俭薄,有所积,悉以周人。当事仰其才,欲见之,终不可得。家庙在郡城,经乱为兵所据,乃别建于西郊。新会有三广公石坊,将颓,又揭赀新之。广州撤藩民,复旧业,璜先业为人所隐,上片纸可复,而璜耻与较置,弗问"④。著有《慨独斋遗稿》《握山堂集》。时人评价陶璜,"其体中有三反:俭吝而好施,懦缓而勇于义,喜著述而不以立名"⑤。陈恭尹予以高度评价:"洁其道而晦其迹,远其志而迩其行,丰于人而薄于己,敦其实而去其名。其大者致孝享于祖考,建祠庙于郊坰,修忠勋之坊表,思先德而奋兴,竭心力于数载,皆只手所经营;外则通缓急于朋友,恤患难于孤茕?厌趋附之炎热,托肝胆于同声。性耽吟咏,早薄簪缨,凝神物表,得意忘形。对嚣尘而白眼,等阛阓于蓬瀛。乃若持躬刻苦,操履冰兢,箪瓢可拟,敝缊为荣,视其家如传舍,寄行迹于浮萍。挈妻孥于空谷,阅饥寒而莫惊。虽或矫枉之过正,抑亦达士之孤情也。"⑥钦佩之情溢于言表。

---

① (清)史澄:《(光绪)广州府志》卷一百三十四,清光绪五年版刊本。
② 同上。
③ 同上。
④ 同上。
⑤ (清)温汝能纂辑,吕永光等整理,李曲斋、陈永正审定:《粤东诗海》,中山大学出版社1999年版,第1101页。
⑥ (清)陈恭尹:《祭陶握山文》,《独漉堂集》,郭培忠校点,中山大学出版社1988年版,第820页。

再如梁琏,"诗情哀柳板桥间,画境如诗意态闲。几笔云林从所好,不曾辛苦作荆关";"爱友宁堪负素期,篱花驿叶有深悲。陈何热泪临风落,感读寒塘谢世诗"①。这是陈融对梁琏的刻画。梁琏(1628—1673),字器甫,自号寒塘居士,又号铁船道人,顺德人。诸生,工书画,画学云林,称寒塘派。与陈恭尹、何绛等结社北田,也是北田五子的成员之一。面对改朝换代,梁琏的态度比之何绛更为愤激,"器圃弱冠补诸生,有声。运会迁移,盛年自废,结茅池西,扁曰'寒塘',悬板桥以限往来,非其人不得入也"②。他索性公然与世隔绝,建了一座吊桥,只有志同道合者才可以被放进来。不过,梁琏天性喜欢热闹,这样离群索居是有违其本性的,"天性高洁,然不能独居,无朋友则不乐。偶不至,则轻装就之,高谈雄论,触绪英发,遇世俗人,终日不作语"③。由此可见国家沦亡给梁琏造成的巨大伤痛,悲观无奈之下,梁琏可违背天性,离群索居。

面对清廷的杀戮与淫威,诚如李婵娟先生所言:"闭居草野,不与新廷发生任何联系,是此时的布衣文人的普遍选择。这种选择背后,饱含着明遗民丧国辱身的伤痛与无奈,更是明遗民珍视自己遗民身份,于历史原型中寻求人格认同并积极效仿屈原、陶潜等忠介苦节之士的结果。"④

二 清初诗歌创作主题

面对"亡天下"的现实,诗人长歌当哭,以笔作为武器,寄托

---

① 陈融:《读岭南人诗绝句》卷六,民国油印本。
② (清)陈恭尹:《梁寒塘墓志铭》,《独漉堂集》,郭培忠校点,中山大学出版社1988年版,第782页。
③ 同上。
④ 李婵娟:《北田五子与清初典范遗民文人集团之建构》,《中山大学学报》2015年第3期。

于诗文著作,以至于"忧愤指斥之语,几于篇篇有之,皆为当时所万万不容者"①。虽然遗民们的个人际遇不尽相同,但是同为遗民身份,他们最具趋同性的心态就是异常炽烈的民族情感与顽强不屈的救国精神。"揽笔不离唐日月,留题始爱汉山河。"②遗民诗人始终不忘故国,忠贞之气,至死不变。因此,倾诉亡国之痛、寄托故国之思以及谴责侵略者的暴行成为大家共同的主题。

1. 倾诉亡国之痛

"兴废久知他日事,清高终立故人朝。"③遗民们坚守民族气节,倾诉亡国之痛。陈恭尹沧桑巨变的亡国之痛,浓缩在《崖门谒三忠祠》中:"山木萧萧风又吹,两厓波浪至今悲。一声望帝啼荒殿,十载愁人拜古祠。海水有门分上下,江山无地限华夷。停舟我亦艰难日,畏向苍苔读旧碑。"④

借古讽今,亡国之痛溢于纸外。厓门即崖门山,在广东新会县南海中,南宋末年为抗元的最后据点,是南宋的覆亡之地,"三忠"指文天祥、陆秀夫、张世杰三人,"三忠祠"建于陆秀夫投海处,是为了纪念民族英雄文天祥、陆秀夫和张世杰所建的祠堂。"海水有门分上下,江山无地限华夷"是此诗最为人称道之句,海水尚有上、下门分别其流,被占领的国土则无从区别华夷界限,诗人的痛苦无奈跃然纸上。赵翼评价说:"此等雄骏句,虽李、杜、苏、陆,穷尽气力,一生不过数联,而独浇切定其地,不可移咏他处,尤难得。"⑤《西湖》有异曲同工之妙:"山中麋鹿若为群?岭外双鱼杳不闻。贫

---

① 邓之诚:《清诗纪事初编》,上海古籍出版社1986年版,第291页。
② 陈融:《读岭南人诗绝句》卷六,民国油印本。
③ (清)屈大均:《夜泊大滥作》,陈永正主编《屈大均诗词编年笺校》,中山大学出版社2000年版,第171页。
④ (清)陈恭尹:《独漉堂集》,郭培忠校点,中山大学出版社1988年版,第37页。
⑤ 转引自钱仲联《元明清诗鉴赏辞典》,上海辞书出版社1994年版,第999—1000页。

甚独存冯客剑，深雪特上岳王坟。西湖歌舞春无价，南宋楼台暮有云。休恨议和奸相国，大江犹得百年分！"① 这是陈恭尹退而求其次的无奈之言：南宋虽然偏安一隅，但还是保住了半壁江山，而南明小朝廷风雨飘摇，仅残存了一年便被连根拔起，在与历史的对照中何其残酷！因为宋朝还存在，没有完全覆灭，总比现在整个国家被清统治要强吧？对陈恭尹的诗，彭士望评价说："大气鼓橐其中，郁不能逞，远览放游，束缚归里，磨礲圭角，低头就范，随物肖形，以其类应，间有刑天舞戚，衔木填海之思，跃冶屏出，随即扫除，减去爪迹。"② 看到了陈恭尹意在言外、欲语还休的难言之隐，严迪昌视陈恭尹为遗民诗界的殿军③。

何绛的诗作与陈恭尹不同，他更倾向于在山水美景之中表达自己的痛苦，优游于美景之中的行为，隐含的却是亡国的惨痛，如《丙寅春三月叶端五招饮后山寿燕亭》写道：

> 城中大小山有六，无如此山快人目。苍松百尺夹广路，袅袅青萝挂高木。路穷忽见有人家，依然鸡犬与桑麻。此间男女并耕作，群羊曝日眠野花。石门中断对西湖，湖光山色时时殊。六桥掩映垂杨里，朝云墓草啼鹧鸪。主人亭上开瑶席，重费金钱宴宾客。四时之味置两头，笑倚胡床飞玉液。酒酣兴发洞箫起，坐客新声清入耳。林木忽动云不流，蓝采秦青何足比。须臾赌酒齐弯弓，羽箭交加射春风。老夫虽乏猿臂技，观之亦各壮心雄。吁嗟此城十载前，作客向人曾谈天。心醉名山未暇上，往来瞻望空流连。今日登山成白头，世间万事一墟丘。酌再酌，

---

① （清）陈恭尹：《独漉堂集》，郭培忠校点，中山大学出版社1988年版，第16页。
② （清）温汝能纂辑，吕永光等整理，李曲斋、陈永正审定：《粤东诗海》，中山大学出版社1999年版，第1202页。
③ 严迪昌：《清诗史》，浙江古籍出版社2002年版，第338页。

玛瑙盘光太白浮。谁为奴仆谁王侯,会须一醉忘千忧。诸君切莫倚少壮,年光似电不可留。①

此诗写于1686年,康熙二十五年,原本是一次愉快的游玩之行,却笼上了淡淡的阴影,风和日丽,风景优美,青松苍翠,绿萝茂密,让人惊喜的是,看到了百姓男耕女织的宁静生活,这在乱世之后无疑是难得一见的情景。还有三五好友,在风景优美的六如亭大开宴席,珍馐美味,高朋满座,箫声相伴,大家不仅饮酒射覆,更有知己的促膝长谈,但是,诗人笔锋一转,十年前自己也曾经来过这里,十年前的自己与现在的自己有了太多的变化,而这还不仅仅是诗人感慨之处,"谁为奴仆谁王侯",这才是诗人真正有感于心的地方,既表达了乱世之中逃避保全的思想,还有时间流逝时不我待的紧迫,以及山河易帜的悲哀。可见,尽管时光飞逝,但诗人的亡国之痛并没有得到化解。何绛的另一首诗《作客惠阳,寄居穷巷中,有小室方不盈丈,仅足读书临帖无隙地。可以栽花种竹。独辟西牖,稍能坐观西湖之胜。旅中稍暇,赋诗自娱,二日以来,遂成四章》则化悲痛为力量,他写道:"六十未云至,五十已有余。耳顺岂我能,知命亦非余。为吏固不敢,躬耕力气虚。开窗读史册,往事多欷歔。韩仇椎既误,荆轲剑亦疏。愿言逐夸父,虞渊追日居。"② 其中,值得注意的是,"韩仇椎既误,荆轲剑亦疏",大有深意,张良、荆轲刺杀秦王失败,诗人用这两个功败垂成的典故,也隐秘地表达出对吴三桂反清失败三藩之乱被镇压的惋惜。

---

① (清)温汝能纂辑,吕永光等整理,李曲斋、陈永正审定:《粤东诗海》,中山大学出版社1999年版,第1082页。
② 同上书,第1079页。

2. 寄托故国之思

江山易主，带给诗人是无尽的痛苦与哀思，冯璿《咸阳怀古》写道："驱车复过咸阳道，西望骊山欲怆神。长剑尚传赤帝子，一声如哭白蛇人。大风沛里曾歌汉，余火阿房又毁秦。遥望北邙荒草里，鹧鸪啼处寝陵春。"① 咸阳是一个有特殊内涵的地方。秦始皇统一全国后，定咸阳为国都，后来沧桑巨变，秦朝二世而亡，楚汉相争，国家重归大一统。刘邦恢复被项羽焚毁的咸阳，西汉十一个皇帝中有九个安葬在咸阳，在某种程度上，咸阳成为西汉的象征。明清易代的历史背景下，冯璿不能不感慨万千，虽然直指改朝换代，但在清政府的高压下，也只能欲语还休。曾公亮的《镇海楼作》写道："重来风景意留连，把酒长歌感事迁。说剑化为龙入水，吹箫骑得凤归天。刘琨啸处谁能听，王粲登时自可怜。细柳青蒲无限恨，杜鹃啼血自年年。"② 对明亡的事实无限感慨，风景虽旧，江山却已经易主，即使自己能够像刘琨一样闻鸡起舞，终究于事无补，诗人只能像王粲登临一样发出凄凉之音。如同传说中的望帝痛失国家一样，此情此恨已经是刻骨铭心，永远不可能化解。王隼《庚午秋夜梦与石门游匡山》是记其梦中所作："双松抱门，竹篱半塌，满园芳草，王孙安归。徘徊太息者久之，还坐玉渊潭上，涧水泠泠，斜阳半岭，感山川云物之殊，今昔存亡之恨，四顾茫茫，潸然出涕。适樵父以美酒饷，班荆松下，款曲道故，石门曰：'对酒当歌，又悲歌可以当泣，盍赋诗纪游可乎？'遂分韵联句，得绝诗七章，相与朗吟而醒。速命童子篝灯录之，仅得一章。吁梦寐之际，其可慨矣夫。"③ 日有所思，夜有所梦，梦是一个人内心情感的最真实的体现，王隼在梦

---

① （清）温汝能纂辑，吕永光等整理，李曲斋、陈永正审定：《粤东诗海》，中山大学出版社1999年版，第1147页。
② 同上书，第1183页。
③ （清）王隼：《大樗堂初集》卷一，清粤十三家集本。

中依然"徘徊太息者久之",可见对故国执念之深。虽然王隼长期以隐士的面貌出现,但究其实际,黍离之感从未离去,悲歌当泣,愁绪萦怀,亡国之痛,无时不在,他的《宿溢浦口书怀》写道:"雪晴荒店闻猿叫,乱思欺人拨不休。年长易侵潘岳鬓,愁多难上仲宣楼。高峰泉石来心上,晓月关山落马头。故国无成惭重返,一瓢吟向五湖秋。"① 故国已成往事,留给诗人的是无法排遣的痛苦。其他诸如许城《春起》:"离乱日中难计命,寂寥窗下易怀人。"② 黄从英《送庞野直之端州》:"到时莫上江楼望,一隔羚羊非故乡。"③ 曾公亮《镇海楼作》:"春花犹似昔时红,世事兴亡在眼中。""素声落尽铜驼棘,画角吹残铁笛风。"④ 谭汉《将之吴门留别诸同学》:"他日登临多怅望,谁同对月醉吴歙。"⑤ 铜驼荆棘,不同程度上表达了对故国的无限眷念。

3. 痛诉百姓之苦

宁为太平犬,莫做乱离人,战乱带给百姓的是无尽的灾难。清人在入主中原的过程中,犯下了累累恶行,诗人对之口诛笔伐,加以揭露。屈大均说道:"所见所闻,思以诗文一一载而传之。诗法少陵,文法所南,以寓其褒贬予夺之意。而于所居草堂名曰'二史'。"⑥ 杜甫有"诗圣之誉",宋代隐士郑所南有《心史》传世,屈大均立志要效仿二人"以心为史,以诗存史"。这也是此时诗人一个普遍的做法。

---

① (清)王隼:《大樗堂初集》卷十七,清粤十三家集本。
② (清)温汝能纂辑,吕永光等整理,李曲斋、陈永正审定:《粤东诗海》,中山大学出版社1999年版,第1194页。
③ 同上书,第1148页。
④ 同上书,第1183页。
⑤ 同上书,第1177页。
⑥ (清)屈大均:《二史草堂记》,《翁山文钞》,《清代诗文集汇编》第119册,上海古籍出版社2011年版,第42页。

屈大均《民谣》写道："白金乃人肉，黄金乃人膏。使君非豺狼，为政何腥臊"；"珠皆泪所成，不必鲛人泣。三斛买蛮娥，余以求大邑"；"初捕金五千，再捕金一万。金尽鬻妻孥，以为府军饭"①。写出了官府对百姓的敲骨吸髓，"揭露了清朝统治者残酷压榨和剥削劳动人民的罪恶"②。《大同感叹》揭露了侵略者的暴行："杀气满天地，日月难为光。嗟尔苦寒子，结发在战场。为谁饥与渴，葛屦践严霜。朝辞大同城，暮宿青燐傍。花门多暴虐，人命如牛羊。膏血溢槽中，马饮毛生光。鞍上一红颜，琵琶声惨伤。肌肉苦无多，何以充君粮。踟蹰赴刀俎，自惜凝脂香。"③ 人食人的惨状让人不忍卒读。《菜人哀》更为细致入微，与《大同感叹》有异曲同工之妙："夫妇年饥同饿死，不如妾向菜人市。得钱三千资夫妇，一脔可以行一里。芙蓉肌理烹生香，乳作馄饨人争尝。两肱先断挂屠店，徐割股腴持作汤。不令命绝要鲜肉，片片看入饥人腹。男肉腥臊不可餐，女肤脂凝少汗粟。三日肉尽余一魂，求夫何处斜阳昏。天生妇作菜人好，能使夫妇得终老。生葬肠中饱几人，却幸乌鸢啄不早。"④ 全诗以冷嘲的语气将对战争遗祸的哀怨抒发到极点，描写战场再如何激烈，都比不上人与人同类相食的惨状给人心带来的战栗，这更是印证了顾炎武所指的"亡天下"的论断。

此外，陈恭尹《感怀》写战争之后，满目疮痍的情形："海滨何遥遥，遥遥三千里。一里一千家，家家生荆杞。空房乳狐兔，荒沼游蛇虺。居人去何之，散作他乡鬼。新鬼无人葬，旧鬼无人祀。相逢尽一哭，万事今如此。国家启封疆，尺地千弧矢。人民古所贵，

---

① 陈永正主编：《屈大均诗词编年笺校》，中山大学出版社2000年版，第35页。
② 钱仲联：《清诗三百首》，岳麓书社1985年版，第344页。
③ 陈永正主编：《屈大均诗词编年笺校》，中山大学出版社2000年版，第266—267页。
④ 同上书，第3页。

弃之若泥滓。大风断松根，小风落松子。松根尚不惜，松子亦何有。"①《耕田歌》也写出了百姓的备受欺压："耕田乐，耕田苦，乐哉乐有年，苦哉不可言。春未至，先扶犁。霜华重，土气肥。春已至，农事始。鸡未鸣，耕者起。泥汩汩，水光光。二月稻芽，三月打秧，五月收花，六月垂垂。黄再熟之，田始有望。三月打秧，六月薅草，一熟之田，九月始得获稻。近路畏马，马食犹寡；近水畏兵，兵刈何名。上官不问熟不熟，昨日取钱今取谷。西邻典衣东卖犊，黄犊用力且勿苦，屠家明日悬尔股。"② 辛苦的劳作换不来丰衣足食，除了天灾之外，更忧心人祸，官兵的践踏，官府的苛索，成了农民头上的一道道枷锁。

何绛的《西湖曲》："游龙山下桃花庄，鸡犬桑麻自一方。地似避秦人稍异，村中忙杀为官粮。"③ 在不动声色中表达了对清廷的不满，揭露了他们对百姓的盘剥，即使是桃花源一般的偏僻之地，都无法摆脱被剥削的处境，表达了深深的感慨。

王隼《小麦童谣》则写出了战争对民生的破坏："去年小麦肥如珠，今年大麦枯如癯。去年打麦皆丈夫，今年打麦皆妇姑。噫！有麦不打胡为乎，噫！有麦不打胡为乎。"④ 诗人以平白如同白话的语言勾勒出两幅截然相反的图景：去年收割麦子的都是男人，而今年在田里劳作的却是妇孺之辈，诗人忍不住接连追问：为什么男人不去田里劳作呢？答案昭然若揭：在战争的阴霾之下，男人或死于非命，或被迫服劳役，家中只剩有妇孺之辈了。

就连仕清诗人也写出了侵略者的暴行。方殿元《五羊城》：

---

① （清）陈恭尹：《独漉堂集》，郭培忠校点，中山大学出版社1988年版，第63页。
② 同上书，第76页。
③ （清）温汝能纂辑，吕永光等整理，李曲斋、陈永正审定：《粤东诗海》，中山大学出版社1999年版，第1088页。
④ （清）王隼：《大樗堂初集》卷三，清粤十三家集本。

五羊城，我生之初犹太平。朱楼甲第满大道，中宵击鼓还吹笙。南隅地僻昧天意，二王赫怒来专征。城中诸将各留命，百万烝黎一日烹。家家宛转蛾眉女，尽入王宫作歌舞。妙舞娇歌杂鬼哭，疮痍尚在重翻覆。乱后遗黎又仳离，当日哀嫠更茕独。前秋奉母辞乡里，弟妹牵衣怜我姊。日日高楼望母归，谁知魂返烽烟里。魂返烽烟不可知，灵輀倏忽滞三期。何年得度梅关去，泣血浈江向南注。①

广州是一个繁荣富裕的城市，但是经历了战争的劫难后，已是满目疮痍面目全非了。

第二节　清中叶岭南诗歌

　　乾嘉时期，清中叶诗歌从变调而重新被纳入正音，清代诗歌"从那时起已总体进入这样的运动轨迹：'清雅'、'醇正'之风正荡涤或消解被视为不合'指归'的一切变徵变雅之调。由雍正朝进入乾隆'十全'盛世后，这种趋势走向在更为严酷的文字狱的威劫下，以及一大批新一代更能体察圣意的文字侍从、乡会试考官、学政督使甚至封疆大吏的八面鼓动导扬中，进一步得到推进。必须注意的是，由于学政命官和封疆大吏的愈趋于风雅化，诗人与朝廷名宦的密合为一，诗界的贵族化、缙绅化倾向必更加严重。他们的'嘉惠士林'，极一时诗酒流连之盛，对心态处于惊悸和抑郁之中的才士们也确实构成别样的温馨感，从而既多少淡化了一些文字大狱造成的恐怖氛围，又必圆融入更见浓重的清真醇雅风调。乾嘉诗坛的褒衣

---

①　徐世昌编：《晚晴簃诗汇》，闻石点校，中华书局1990年版，第1277页。

大袑之气和以'学'为诗、以诗饰世等风尚无可避免地急剧涌起。然而，事物的发展和历史的演进又总是不尽按某种意志单向前行，包括诗在内的文学艺术作为心灵的记录，并不因为'卿大夫恒以官位之力胜匹夫'而锐减其本体功能。诸如风雅大吏的消解肃杀气氛既不能抚平心灵的种种创痛和积郁，文网的惨酷也未见得威劫掉所有风云悲怆之气；岁月的流逝、社会的潜变、生活的无定规、人心的多灵动，这一切一切无不深层潜在地涌动着一股与上述统制于'正'的诗潮相逆向的波流。于是，赵执信所说的'文章乃归于匹夫'的现象再次出现，换句话说，清诗发展到中期，真诗、见心灵的真情文字，大抵又复出之于'匹夫'笔端；挣脱羁缚，一展抒情主体个性精神的吟唱重归于布衣、画人以及为'世道'所屏弃而遁迹草野、息影山林的谪宦迁客群中"①。

这段征引较长，核心意思有两层：一是统治者对诗歌创作的干预在乾嘉诗坛起了作用。把持诗坛的先后有沈德潜的格调说、翁方纲的肌理说，他们得到了朝廷或明或暗的支持，由他们所倡导的诗歌风格得以由上至下加以推广。二是在严密的思想钳制下，底层诗人以我手写我心，突破了褒衣大袑的刻板诗风，写出了充满真情真性的诗篇，这恰恰是乾嘉诗歌的价值所在。严迪昌先生高瞻远瞩，对清诗发展的"朝""野"之分有着通透的把握。乾嘉诗坛，"朝""野"分立明显，"朝"是"愿共温花荣此日"的官样文章，"野"是天然无华的性情之作，显然，两者在文学上的价值是不同的。具体就岭南诗坛而言，由于岭南远离政治中心，山高皇帝远，中原的文化政策对岭南的影响不是那么直接，加之岭南人特有的文化特点："与深受儒家浸染的中原人温文尔雅不同，岭南人血液中流淌着刚烈之气，

---

① 严迪昌：《清诗史》，江苏人民出版社2002年版，第652—653页。

即不受羁束、向往自由与独立之精神,恶劣的自然条件的历练,加之海洋文化赋予其一定的包容性,对外来文化的汲取自然就更容易更主动,这就使岭南人不墨守成规,不畏权威,敢于创新,敢于革命,常常青春勃发,有着鲜明的地域文化特色。"[1] 导致岭南诗坛的"朝""野"分立不是那么直接和明显,"地僻未染诸家病,风竞堪张一旅军"[2],乾嘉岭南诗坛在布衣诗人和仕宦诗人的共同努力下,既锻造了岭南诗坛的繁荣,也为中原诗坛注入了活力。

一 清中叶岭南诗人之人生抉择:繁华地有冷淡人

与中原士人相比,岭南诗人对功名普遍比较淡漠。"仕与隐的观念一直支配着中国古代文人对生命形态的抉择。"[3] "文人存在着既关心政治,热心仕途,又不得不退出和躲避它这样一种矛盾双重性。"[4] 不过,"这对内地文人来说有时是艰难抉择,而对岭南人来说似乎不是太成问题,在进退出处的两难选择中,粤人早就做出了决定"[5]。我们以清中叶最为有名、影响最大的"岭南四家"——黎简、张锦芳、黄丹书、吕坚为例。黎简,"视花鸟若友朋,以笔墨为耒耜"[6],"筑药烟阁,旦夕与其妇梁相依于药鼎茶铛中"[7]。张锦芳,"至乾隆庚子,乡试中式副榜,明年,举乡试第一。又十年始成进士,改庶

---

[1] 张琼:《清中叶岭南四家诗歌创作研究》,江西人民出版社2012年版,第211页。
[2] (清)潘耒:《羊城杂咏》,《遂初堂集》,顾廷龙主编《续修四库全书》第1417册,上海古籍出版社2002年版,第205页。
[3] 李瑞腾:《唐诗中的山水》,《古典文学》第三集,台北:学生书局1982年版,第159页。
[4] 李泽厚:《美的历程》,北京文化出版社1981年版,第153页。
[5] 张琼:《清中叶岭南四家诗歌创作研究》,江西人民出版社2012年版,第215页。
[6] (清)冯敏昌:《太史张君墓志铭》,陆善采等点校《冯敏昌集》,广西民族出版社2010年版,第361页。
[7] (清)郭汝诚修,(清)冯奉初纂:《(咸丰)顺德县志》卷二十六《黎简传》,清咸丰六年刊本。

吉士,散馆受职编修,名复大振,隐然负天下文章之望,都下贵人,至咸欲得其词翰以为光焉。顾君独念父撄中公春秋高,遂乞养径归,都人无不叹息"①。在张锦芳被授予编修之职后,他毫不留念地辞官回乡。黄丹书仪表堂堂,当时许多达官贵人想招揽他作为门生,他都一一谢绝,他的名言是"贫与富交则损节,贱与富交则损节"②。吕坚"寄食腰长剑,三年旧阿蒙"③。期望能建功立业、留名青史,却始终保留个性,"性如懒残耻拜跽"④,刘彬华评价吕坚说:"性兀岸自异,少所许可,豪于饮,高谈雄辩,四座皆惊。人颇目为狂。"⑤绝不卑躬屈膝以争取出人头地。他们在对功名的取舍中,都主动作出疏离的人生抉择。

岭南四家的人生抉择不是个案,岭南人不乏从仕途中急流勇退之人,冯敏昌同样如此。冯敏昌(1747—1806),钦州人(今广西合浦),是当时誉满两广的诗人、书法家和金石学家,与张锦芳、胡亦常并称为"岭南三子",书法则与黎简、吴荣光、张岳崧并称"粤东四家"。历来评价甚高,翁方纲以"南海明珠"⑥誉之,钱载对他推崇备至,"若岭南诸先正,皆得偏方之音,而此独否"⑦。秦瀛赞誉有加:"近日称诗者……要未有拔起于穷荒僻远之区,独以其诗鸣,才情横骛,别树帜于诸君子之外者,则如钦州冯君鱼山是已。"⑧冯

---

① (清)冯敏昌:《太史张君墓志铭》,冯善采等点校《冯敏昌集》,广西民族出版社2010年版,第361页。
② (清)郭汝诚修,(清)冯奉初纂:《(咸丰)顺德县志》卷二十六《黄丹书传》,清咸丰六年刊本。
③ (清)吕坚:《寄食》,《迟删集》卷一,清滋树堂刊本。
④ (清)吕坚:《诘穷鬼赠许大波》,《迟删集》卷一,清滋树堂刊本。
⑤ (清)刘彬华:《岭南四家诗钞》卷四《吕坚卷》序,清嘉庆十八年(1813)刊本。
⑥ (清)冯士镳:《先君子太史公(讳敏昌)年谱》,陆善采等点校,《冯敏昌集》,广西民族出版社2010年版,第469页。
⑦ 同上书,第470页。
⑧ (清)冯士镳:《先君子太史公(讳敏昌)年谱》,(清)冯敏昌《冯敏昌集》,陆善采等点校,广西民族出版社2010年版,第502页。

敏昌声名卓著，做过武英殿分校官、翰林编修、户部主事、刑部河南司主事，却在中年之后，退出了仕途，转而担任书院院长，先后主讲河南孟县河阳书院、花封书院，广东省肇庆府瑞溪书院，广州粤秀书院、越华书院。

再如温汝能（1748—1811），字希禹，一字熙堂，晚号谦山。顺德龙山人。清乾嘉年间学者。"乾隆五十三年（1788）中举，历任内阁中书舍人。中年渐厌倦官场，辞官南归，隐居莲溪。筑室藏书数万卷，埋头整理岭南地方文献，成绩斐然。编著有《粤东诗海》、《粤东文海》、《谦山文钞》、《谦山诗钞》、《龙山乡志》。"[①]

再如赵希璜。赵希璜，字渭川，惠州人。"渭川读书于罗浮山，嘘吸云烟，变换肌骨，故其诗绝无尘土气，其人亦风致翩翩，好交海内名士，尝刻黄仲则全集，当时有仙吏之目焉。"[②] 今存《四百三十二峰草堂诗》二十六卷。赵希璜做过县官，但显然他对这个官职的兴趣是有限的。黄景仁英年早逝，被翁方纲视为"卒以不自检束，憔悴支离，沦于丞倅"[③]，赵希璜却对黄景仁予以高度评价，并耗费心力，于嘉庆四年刊刻黄景仁的《两当轩诗钞》十四卷、《悔存词钞》二卷。

不必一一例举了，他们在清中叶的繁华中，冷眼旁观，作出了自己的人生抉择。

二　清中叶岭南诗坛概貌

清初岭南三大家之后，岭南诗坛衰退过一段时间，"风雅日沦，

---

① 管林：《广东历史人物辞典》，广东高等教育出版社2001年版，第754页。
② （清）刘彬华：《岭南群雅·初集·赵希璜》，清嘉庆十八年（1813）玉壶山房刻本。
③ 转引自严迪昌《严迪昌论文自选集》，中国书店出版社2005年版，第96页。

紫色蛙声不免窃据坛坫矣"①。直到乾隆时期才风雅中兴，称盛一时，岭南诗坛进入了岭南文学史上的繁荣期。岭南诗坛繁荣的主要表现在以下几个方面。

首先，这一时期涌现了众多作家。乾嘉时期，岭南诗坛可谓人才济济，诗家备出，有如春兰秋菊，群芳竞放，彬彬称盛，诚如刘彬华所言："国朝钜手迭兴，逮鱼山药房二樵诸公崛起，研炼诸体，各擅所长，独七言古诗专以李杜韩苏为之师，引气必盛，征事必实，运思必沉，矢音必洪，置阵必整，彬彬乎入大家堂奥，有起衰式靡之功，粤中诗教于斯称极盛焉。"②刘彬华所辑录的专门收录乾嘉岭南诗人的《岭南群雅》共8卷，其辑选范围从乾隆初年开始，至嘉庆中期为止，"爰汇数十家，择其尤雅者，断自鱼山以下二十九人为初集，而先君子遗诗附焉，其现存者，自芷湾以下四十三人为二集，统名曰《岭南群雅》。诗小雅之材七十四人，大雅之材三十一，言众多也"③。收录了93位诗人的1576首诗作，"近人著作多借以传"④，它的体例是先系以诗人小传，再附上诗话，最后是诗人的诗歌选摘，是一部可以全面反映乾嘉诗坛风貌的诗歌总集，从中可以窥见乾嘉岭南诗风之盛。更值得注意的是，此时岭南出现了在全国诗坛都占据了一席之地的诗人。张锦芳、黄丹书、黎简、吕坚，"是广东诗坛中兴的杰出人物"⑤，并称为"岭南四家"，乃一时风云人物，黎简更是四家中的翘楚，"足不逾岭而名动海内"⑥，在全国都产生了不小的影响，关于黎简，将在后文详加分析，此处从略。

---

① （清）温汝能纂辑，吕永光等整理，李曲斋、陈永正审定：《粤东诗海·序》，中山大学出版社1999年版，第22页。
② （清）刘彬华：《岭南群雅·序》，清嘉庆十八年（1813）玉壶山房刻本。
③ 同上。
④ 同上。
⑤ 陈永正：《岭南诗派略论》，《岭南文史》1999年第3期。
⑥ 苏文擢：《黎简先生年谱》，香港中文大学出版社1973年版，第5页。

153

其次，岭南诗人的创作个性鲜明，形成了自己的风格。此时的岭南诗坛摆脱了单纯对中原主流诗人的学习效法，在相对平庸的乾嘉诗坛上，他们不为潮流所囿，写出了自己的个性，风格各异，绝不以同样面目示人。还以"岭南四家"为例，他们虽然经常在一起交流探讨，却风格各异，张锦芳"汪洋驰骛，牢笼百态"，黄丹书"格律醇正，才力富健，诸体兼胜"，黎简诗歌幽深险劲，"清彻窈峭，新响轧轧"，吕坚"幽艳陆离，奇情郁勃，不肯作一常语"①，确实形成了不同于"温柔敦厚"的格调派、轻佻滑易的性灵说、雍容典雅的肌理说之特色，在乾嘉诗坛上独树一帜。洪亮吉读到黎简诗后，如获至宝，挥笔写下《舟中读黎明经简诗跋后》一诗，洋洋洒洒三百余字，对岭南诗人尤其是黎简进行高度评价："一侍临书一温酒，笔下似有千条蛟。一百万匠为镌雕，楼台窗牖无一世。人式更就四渎驾起五岳为长桥，茫茫昧昧信手题。落笔时瘦时仍肥，肥若鳌足瘦鹿蹄。"此后又言其"拔戟自成一队"②。李调元也夸赞包括黎简在内的岭南诗人："秀气独于君辈聚，文风敢谓我能开。"③

再次，此时岭南诗坛对文学创作进行了总结，大型文学作品总集相继问世，如《粤东诗海》《粤东文海》《广东诗粹》《岭南风雅》《岭南群雅》《广东文献》《国朝岭海诗钞》等就完成于此时。这些诗集各有特点，编撰各有侧重。但相同的是，大家出自对乡邦文学的热爱之情，总结编撰了地方诗歌总集。温汝能《粤东诗海》说："粤东居岭海之间，会日月之交，阳气之所极，阳则刚，而极必变，

---

① （清）刘彬华：《岭南四家诗钞·序》，清嘉庆十八年（1813）玉壶山房刻本。
② （清）洪亮吉：《北江诗话》，陈迩冬校点，人民文学出版社1983年版，第8页。
③ （清）李调元：《舟中别黄丹书、湛祖贵、刘辅元、庚泰均、黎简诸生》，《童山集》卷二，转引自黎简《五百四峰堂诗钞》附录，梁守中校辑，中山大学出版社2000年版，第542页。

故民生于其间者，类皆忠贞而不肯屈辱以阿世，习而成风，故其发于诗歌，往往瑰奇宏伟，凌轹今古，以开辟一家之言。其次者，亦温厚和平，兢兢先正典型，不为淫邪佻荡之音，以与世推移。是则广东之风也。"①《粤东诗海》共106卷，入集诗人1055家，将汉至清中叶的诗人囊括其中，是一部皇皇巨著。

最后，乾嘉时期的岭南文人已经成为岭北人士的取法对象。清初岭南三大家是以平等的姿态与岭外名家交流，而乾嘉时期，因岭南人所取得的成就，岭北人士开始进入岭南，向岭南诗人学习，"特别是到了清代中叶以后，广东诗歌已独具精神面貌，傲然雄视诗坛，不少江浙诗人便自觉地以岭南诗人作为自己的仿效榜样，在诗歌创作中有意识地吸取岭南诗歌特长之处，进而开辟出江浙诗中的崭新境界"②。此时的岭南诗坛对中原诗坛开始产生一定的吸引力。历史上，江浙一直是人文渊薮，经济和文化高度繁荣，有着非常深厚的文学传统，但是，应值得重视的是，江浙文坛上的后起之秀还受到岭南文人的影响，在岭南四家身边，不乏向其学习之江浙人，如江苏的刘嗣馆，浙江的许宗彦、钱仪吉等人都深受"岭南四家"之一的黎简的影响。江浙诗坛如此看重岭南诗坛，足以说明岭南诗坛的成就。"地僻未染诸家病，风竟堪张一旅军"③——潘耒之言，已成定论，岭南文人自成一体，成为诗坛劲旅。近代岭南引领全国风气，乾嘉时期已然导其先路。

综上所述，乾嘉时期岭南诗坛高度繁荣，成为清代诗歌史上的一支生力军。与之形成鲜明对比的是，中原乾嘉诗坛却处于诗歌创

---

① （清）温汝能纂辑，吕永光等整理，李曲斋、陈永正审定：《粤东诗海·例言》，中山大学出版社1999年版，第15页。
② 严明：《清代广东诗歌研究》，台北：文津出版社1991年版，第122页。
③ （清）潘耒：《羊城杂咏》，《遂初堂集》，顾廷龙主编《续修四库全书》第1417册，上海古籍出版社2002年版，第205页。

作的低迷期。有学者指出:"这时期在文学创作方面,脱离现实的形式主义的拟古思想又弥漫文坛,特别是在诗歌和散文创作方面,表现最为严重,使很多诗文缺乏生力,诗中填书塞典,丧失了文学须有的创造性的特点。"①"诗风、文风离开清初现实主义的道路,向着拟古主义和形式主义的方向发展。"② 乾嘉之际,主流诗坛有其局限,此时的岭南诗坛则"风景这边独好",他们摆脱了上述种种不良倾向,创作上都有其独到之处,表现出相当鲜明的个性特征,坚持了岭南诗歌发展的正确方向,呈现异军突起的态势,成了乾嘉诗坛四平八稳之下的一抹亮色。

三 清中叶岭南诗坛繁荣成因分析

黄培芳曾经指出:"国朝诸公论吾粤诗,先后推许,如出一辙。"③从清初的王士禛、朱彝尊开始,岭北名家对岭南诗人赞不绝口。王士禛指出岭南诗家辈出的原因:"君乡粤东,人才最盛。正以僻在岭海,不为中原江左习气薰染,故尚存古风耳。"④ 他认为岭南偏处一隅,较少受到主流诗坛的不良影响故能繁荣。不过,就乾嘉岭南诗坛而言,这并不是其繁荣的唯一原因。细究起来,乾嘉岭南诗坛的繁荣绝不是偶然的,其必然性主要有三。

1. 与中原诗坛一较高下的主体意识觉醒高涨

历史上,岭南文坛长期沉寂,岭南文人向来奉中原名流为圭臬,

---

① 中国社会科学院文学研究所编:《中国文学史》第三册,人民文学出版社1985年版,第144页。
② 游国恩等主编:《中国文学史》第四册,人民文学出版社1964年版,第339页。
③ (清)黄培芳:《粤岳草堂诗话》卷二,《黄培芳诗话三种》,管林标点,广东高等教育出版1995年版,第88页。
④ (清)王士禛:《池北偶谈》,文益人点校,齐鲁书社2007年版,第204页。

直到清初王隼编选《岭南三大家诗选》，才隐然有与中原诗坛相抗衡之意，而乾嘉岭南诗人的主体意识更加明确，经常构想要重现前人辉煌，他们已经不甘于跟随中原诗坛之后亦步亦趋，大胆提出"张吾军"的口号。

"岭南四家为了重振岭南诗风，明确提出'张吾军'的主张，并在诗学理论与诗歌创作实践上进行积极的探索，具有重要的历史地位。"① 在岭南诗坛上同样提出"张吾军"的口号，说明乾嘉岭南人已经不甘于跟随中原诗坛之后亦步亦趋，明确地提出"张吾军"的口号，意味要树立起自己的旗帜，与中原诗坛一较高下。这种口号的提出，是基于对自己创作成就的高度自信，也是基于岭南诗坛的实际。乾隆初年的岭南诗人罗天尺在《送门人户部主政梁景璋远都》中对门人提出厚望："少亦及吾门，缒险创鬼工。后出绳祖武，盘敦时相从。我愧黄宫允，未老先龙钟。敢学韩与孟，低头拜云龙。望子张吾军，两广当要冲。或者娵隅蛮，亦可敌吴侬。王李吴宗徐，岂必承明宫。况复千秋业，不朽言德功。"他明确提出，岭南虽然僻处一隅，但要与江浙诗坛相抗衡。遗憾的是，罗天尺孤军作战，壮志难酬，未能真正实现其主张。稍后，岭南四家再次提出了"张吾军"的口号。"随着认识与实践的深入，岭南人不固步于惟他人马首是瞻，萌生出'张吾军'思想，希望在诗坛上竖起岭南的一面旗帜，与诗坛劲旅比肩。这是岭南布衣主体意识高涨的标志，也是岭南诗坛主体意识高涨的具体而又突出的表现之一。这种主体意识的高涨，为岭南诗坛指明了努力的方向。"②

乾嘉布衣"张吾军"的提出，是对明代南园诗社的继承。南园诗社是岭南文学史上第一个在全国范围具有影响力的文学团体，在

---

① 张琼：《清中叶岭南四家诗歌创作研究》，江西人民出版社2012年版，第30页。
② 同上书，第31页。

前后七子把持的诗坛中,他们吹起了一股清风,也成为后世岭南人效仿的对象。纪昀对此有过评价:"粤东诗派,数人实开其先,其提倡风雅之功,有未可没者。"① 乾嘉岭南布衣也对南园诸子非常钦佩,黄丹书曾经赋诗:"南园讵芜没,采拾余兰芳。愿公更培护,吾道其可昌。"② 这其实是岭南布衣共同的心声。在"风雅日沦,紫色蛙声不免窃据坛坫矣"③ 的乾嘉诗坛,他们心气相投地增强了各自的责任感与使命感。岭南四家对南园五子的继承,并不斤斤于字句之间,他们最在意的是南园诸子自创一途的自信、不屑于俯仰于人的傲气。正是出于对南园诸子的继承,岭南四家提出了"张吾军"的思想,并在诗歌创作上进行了积极的探索和实践,关于这个话题,在拙作中已有论及④,此处不赘述。他们的打拼卓有成效,"秀气独于君辈聚,文风敢谓我能开"⑤。正是他们继承南园诗派的优良传统,让岭南诗坛再次放出耀眼的光芒,让岭南诗派后来再次称雄全国。这就是岭南布衣对乾嘉岭南诗坛乃至清代诗歌的杰出贡献。可见,随着认识与实践的深入,岭南文人不再唯他人马首是瞻,萌生出"张吾军"思想,希望在诗坛上竖起岭南的一面旗帜,以与诗坛劲旅一较高下。这是岭南文人主体意识高涨的标志,也是促使岭南诗坛繁荣的原因之一。

2. 传承前辈流风遗韵的使命感空前强烈

岭南文化是一种典型的多元文化,是在其本土文化与外来文化

---

① (清)纪昀总纂:《四库全书总目提要》卷一百八十九,河北人民出版社2000年版,第5161页。
② (清)黄丹书:《万华廷明府招同人雅集分赋》,见(清)刘彬华辑《岭南四家诗钞》卷二《黄丹书集》,清嘉庆十八年(1813)刊本。
③ (清)温汝能纂辑,吕永光等整理,李曲斋、陈永正审定:《粤东诗海·序》,中山大学出版社1999年版,第22页。
④ 张琼:《清中叶岭南四家诗歌创作研究》,江西人民出版社2012年版,第30—34页。
⑤ (清)李调元:《舟中别黄丹书、湛祖贵、刘辅元、庚泰均、黎简诸生》,转引自黎简《五百四峰堂诗钞》,梁守中校辑,中山大学出版社2000年版,第468页。

的交融之中形成的,兼具保守与革新的特点,诚如黄尊生先生所论:"岭南僻处岭外,一方面是一个山国,又一方面是一个海国,而岭南人民又是一种山海野民,这种山海野民,一方面富于保守性,又一方面富于冒险进取性,以此民性,影响于民风,即有一种异样色彩。"[①] 岭南人一方面积极地接受外来文化,另一方面又尽可能地保留传统,在文学上的表现,就是文人对过去的诗坛名流向往之至,并试图重振当年辉煌,仰慕南园诗社就是其一例。南园诗社是岭南文学史上第一个在全国范围具有影响力的文学团体,在前后七子把持的复古诗坛中,他们吹起了一股清风,也成为后世岭南人效仿的对象。顺德人谭湘《暮春雅集议修社事》写道:"南园风雅久凋零,落落朋俦散晓星。户闭十年春孟破,莺传三月杨条青。韶光似客看流水,山色宜人列翠屏。今古不殊文酒地,坐花吟醉拟兰亭。"[②] 他们有一种前所未有的使命感,自觉地将前辈的风雅传承下去。从清初到乾嘉都是如此,屈大均修复浮丘诗社,就是有这样一种使命感的驱动,他在《修复浮丘诗社有作》中写道:"仙城三石三培娄,似三神山随波流。地道潜通第七洞,朱明门户惟浮丘。浮丘丈人昔栖此,子乔吹笙翩来游。浮丘伯与浮丘叔,兄弟一罗又一浮。稚川来挹浮丘袖,丹井至今如龙湫。海神珊瑚一再献,珊瑚知自珊瑚洲。潋阳(赵公志皋)浮丘结大社,吾越风雅凌中州。前掩曲江后海目,埙篪一一相绸缪。变乱以来遗响绝,后生不知分歌讴。抗风轩中失领袖,诃子林里谁赓酬。别裁伪体遍里巷,汉唐规矩同窓仇。泰泉弟子多古调,兰汀青霞居其优。我今欲作钟吕倡,欲得二三黎与欧。南园东皋总荒草,坛坫复有浮丘不。招携诸君理芜秽,胜事更与仙

---

① 黄尊生:《岭南民性与岭南文化》,民族文化出版社1941年版,第37—38页。
② (清)温汝能纂辑,吕永光等整理,李曲斋、陈永正审定:《粤东诗海》,中山大学出版社1999年版,第1489页。

灵谋。曜真之天再开辟，泉源福地持咽喉。"① 屈大均诗中对历代岭南诗坛名人如数家珍，并惋惜"南园东皋总荒草"，对南园诗社的衰落十分惋惜，他重建浮丘诗社，就有恢复南园诗社辉煌的意图，可见，对前贤的仰慕就成为屈大均此举的一个动力。乾嘉岭南诗人也对南园诸子非常钦佩，张锦芳说："南园已芜没，不令子少留。长恐大雅音，已散那复收。俯仰终古怀，环顾生百忧。"② 黄丹书也表达了要效仿南园的意愿。这其实是乾嘉岭南文人共同的心声。在歌功颂德、四平八稳的乾嘉诗坛，他们心气相投地增强了各自的责任感与使命感。黄丹书发出邀约："故人久别云水村，长安萧寺愁羁魂。迩来走马看花发，瀛洲高步离氛昏。吟残红药谁共赏，定忆旧侣余南园。"③ 吕坚写道："晓园摘藻振南园，博得儒官与道尊。月落诗存应入梦，风流人远最销魂。六帆歌罢传花气，千里潮生认水痕。近读青衿城阕序，斯能日饮坐黄昏。"④ 他们的使命感非常强烈，要将前辈风流发扬光大，这种发扬不是全盘仿效，而是"始则傍门户，终自竖荣戟。裨校转渠帅，挥叱赴巨敌。一身数生死，百战资学识"⑤。模仿不是目的，模仿的终极目的是体悟、获取其独创的途径，在模仿的基础上形成自己的风格。黎简认为："李唐以来，作诗而不出力求新，断难讨好。""大抵近千年以后，作诗不自抵死生新，决难名家。"⑥ 这种观点是有代表性的。大家普遍有强烈的使命感，并且已经认识到，要传承前辈风流不是简单地模仿，亦步亦趋，而是要创

---

① 陈永正笺校：《屈大均诗词编年笺校》，中山大学出版社2000年版，第920页。
② （清）张锦芳：《京邸闻胡同谦讣哭之以诗》，《逃虚阁诗钞》卷二，嘉庆六年刻本。
③ （清）黄丹书：《药房自都中以红白梅花一帧见寄叠东坡"畹"字韵题之》，见（清）刘彬华辑《岭南四家诗钞》卷二《黄丹书集》，清嘉庆十八年（1813）刊本。
④ （清）吕坚：《赠郑丙昌晓园潮阳司铎》，《迟删集》卷八，清滋树堂刊本。
⑤ （清）黎简：《与升父论诗》，黎简《五百四峰堂诗钞》，梁守中校辑，中山大学出版社2000年版，第151页。
⑥ 周兴陆：《黎简手批〈昌黎先生诗集注〉》，《文献》2004年第1期。

新，从而进一步扩大岭南诗坛的影响。他们对传承的理解是比较准确到位的。

3. 对待八股应试的心态淡漠超然

自从科举制度建立以来，恐怕没有哪一个朝代如同清代那般受到人们诟病。一方面，士子们竞相奔走于科举之途，"平居偶语涉及朝市，必曰某人功名大，某人功名小，若者功名顺，若者功名逆。间有布衣下士，则共目之曰：此无功名，而其人亦茫然自顾，曰我无功名"①。在当时，读书、考试、做官已经不是读书人个人的事情，而事关整个家族的荣耀。社会上也把获得功名、出仕，作为衡量一个文人成功的标准，否则，便会受到他人的冷眼、冷遇。另一方面，也有相当一批文人对这种制度冷眼旁观，不断进行反思与批判。乾隆在《训饬士子文》中引用朱熹的话说："居今之世，虽孔子复生，也不免应举。"在这种社会氛围下，岭南文人当然不可能完全无动于衷，但他们的可贵在于，虽然为功名奔走过，但绝不执着纠结，一旦得手，立刻潇洒转身，"视一切骑羊、斗鸭、世俗荣名若槐安中之蚁国也"②。真正看破了红尘，把功名富贵视为浮云，自然也就不会汲汲于仕途了，而以一种积极的、主动的态势抛弃了科举考试。如苏珥拒绝征辟，"会荐举博学鸿词，大吏上其名，南海劳孝舆同被征，约与俱，珥曰：'予有母八十，不畏碧玉老人见哂乎？'乾隆三年举于乡，无计偕意，母促之乃行。及南返，不复出"③。他被推荐博学鸿词科，一般说来，这种推荐获取官位的可能性是非常大的，可苏珥索性不去应考，对这种旁人看来来之不易的推荐不屑一顾。黄丹书，"年十三应童子试，辄冠军"。乾隆四十三年（1778），李

---

① （清）邱炜菱：《五百石洞天挥麈》卷一，清光绪二十五年邱氏粤垣刻本。
② 中山大学中国古文献研究所编：《粤诗人汇传》，岭南美术出版社2009年版，第1115页。
③ 同上书，第1168页。

雨村督学广东，22岁的黄丹书应试，受到李雨村的赏识，"见其诗，叹曰：抗风轩之不坠，其在虚舟诸子乎"①。"抗风轩"即明代南园五子活动之所，李雨村对黄丹书之器重可见一斑。乾隆四十五年（1780），黄丹书"以优贡行太学"，入国子监，居住一年左右即返回岭南，在家闲居。乾隆五十七年（1792），黄丹书协助冯敏昌管理广州粤秀书院，担任院监。乾隆六十年（1795），乡试中举，赴京廷试，因其仪表不俗，谈吐不凡，都下巨公争延而馆之，黄丹书以"贫与富交则损名，贱与富交则损节"②为由，一一推辞。乾隆六十年（1795），黄丹书担任过中丞府校对，嘉庆六年（1801）担任过一届开平教谕，从此黄丹书便绝迹官场。……他们对待科举考试的态度洒脱，可有可无，自然也不会在科举所要求的八股制艺上投入太多精力。人所共知，此二者是两种截然不同的思维方式，八股文以约束思维为导向，而诗歌创作崇尚个性化。所以，相关现象诗坛层出不穷，科举上的佼佼者往往不擅长于写诗，诗歌写得好的往往考不中科举。岭南文人既然对科举淡漠超然，"立功"已属渺茫，而"立言"尚有机会，自然在诗艺上多加琢磨，从而成就了他们的诗歌创作。

总之，进入乾嘉时期，曾经落后的岭南诗坛在提升自身地位的过程中作了种种努力。乾嘉岭南诗坛的繁荣是必然的，这种繁荣最终给原本平庸的乾嘉诗坛注入了地域性的活力。这启示我们：探讨乾嘉诗坛，宜将目光投向岭南这类地域性诗人群体，他们才是维系乾嘉诗坛真气之所在。

---

① （清）刘彬华：《岭南四家诗钞·序》，清嘉庆十八年（1813）刊本。
② （清）郭汝城修，（清）冯奉初纂：《（咸丰）顺德县志》卷二十六《黄丹书传》，清咸丰六年刊本。

第三节　晚清岭南诗歌

晚清社会，风雨飘摇，在这样的一个历史背景下，"莫怪诗情懒，凉风梦正赊"①。诗人们忧心如焚，长歌当哭，了无情绪，这恐怕是晚清诗歌成就有限的原因之一。关于晚清诗歌，严迪昌先生有段话非常精警："当这个以一家一姓的统治为标志的封建历史即将终结的前夜，正转化为国家有幸，而诗家大不幸的态势。此处所谓'大不幸'，不仅是指人们生前际遇的悲凉或痛苦，更主要的是说他们的诗的历史生命力的获得也已处于不幸之境。……尽管仍涌现不少优秀的诗人和出色的作品，然而强弩之末的趋势已不可逆转。特别是，作为心灵的载体，诗的形式固然继续在负担起它的职能，时势、人心，从各个层面上多有灵动和精警的甚而震撼共鸣的表见，然而上述'皮之不存，毛将焉附'的惶惑和迷茫，致命地戕伤着诗的功能，神魂不旺，心力难振。"②清诗的发展至此走向了穷途末路，个别杰出诗人的出现，不能改变诗歌衰颓的趋势。

晚清岭南诗坛也不例外，总体上呈现衰落之势，既没有数量上的优势，也没有出现在全国都产生影响的诗人，虽然前后出现了"粤东三子"（分别是谭敬昭、黄培芳、张维屏）以及"粤东七子"（分别是谭敬昭、黄培芳、张维屏、黄玉衡、林联桂、吴梯、黄钊）以及李黼平、谢兰生、钟启韶、黄乔松、黄玉衡、李士桢等优秀的诗人，但是整体创作而言，成就有限。此时诗坛引人注目的有两个现象。其一，诗学批评园地相当活跃，产生了不少有影响的诗话作品，如黄培芳的《香石诗话》《粤岳草堂诗话》《香石诗说》、张维

---

① （清）招茂章：《山居杂咏》，《橘天园诗钞》卷一，嘉庆十年刊本。
② 严迪昌：《清诗史》，江苏古籍出版社2002年版，第982页。

屏的《国朝诗人征略》《艺谈录》、梁九图的《十二石山斋诗话》、何曰愈的《退庵诗话》、黄剑的《诗纫》、李长荣的《茅洲诗话》、伍崇曜的《茶村诗话》、刘燨芬的《小苏斋诗话》、黄绍昌的《秋琴馆诗话》、屈向邦的《广东诗话》、张其淦的《吟芷居诗话》，等等。其二，诗歌总集的编撰工作继续推进。梁九图《岭表诗传》，伍庭曜《楚庭耆旧遗诗》，盛大世《粤东七子诗》，凌扬藻《国朝岭海诗钞》，邓淳、罗嘉蓉《宝安诗正》，言良钰《续冈州遗稿》，黄登瀛《端溪诗述》，彭泰来《端人集》，张煜南、张鸿南《梅水诗传》，胡曦《梅水汇灵集》，罗嘉蓉、苏泽东《宝安诗正续集》，冯询《冯氏清芬集》，潘仪增《番禺潘氏诗略》，黄映奎《香山黄氏诗略》，李长荣《柳堂师友诗钞》《柳堂师友诗录》，等等，或全面收录清代岭南诗歌，或按地域收录当地诗歌，或关注师友之间的交流往来，各成体系，各有规模。其中，凌扬藻《国朝岭海诗钞》尤其值得一提："初成于嘉庆二十五年庚辰（1820）春，后又陆续补纂修订，刊刻于道光六年丙戌（1826）秋。它第一次全面整理有清一代广东诗歌，收录了六百四十八位诗人，一千六百七十余首诗作。其卷帙之浩繁，搜罗之宏富，为广东地区清代诗歌总集之最。"[①] 比之清中叶的《粤东诗海》更为繁富。

一 晚清岭南的社会背景

　　晚清的岭南，社会矛盾尖锐，弊端重重，吏治败坏、武备废弛、土地兼并等朝代末期通常具有的特点，在晚清的岭南一一出现，官员恣意搜刮民脂民膏，上下级都是如此，巡抚百龄到任不到一年，

[①] 陈凯玲：《广东清代诗歌总集的后出转精之作——论凌扬藻〈国朝岭海诗钞〉的体例创新》，《江南大学学报》（人文社会科学版）2009年第6期。

就兼并土地 5000 余亩，各府州县大小官吏也都雁过拔毛，不择手段，"清远县的杂派，有所谓盖戳钱、派堂钱、遵依钱等多至八九种；且盖戳钱初收 40，后加至 400；派堂钱初收数百，后加至数千；遵依银初收两余，后加至数两"①。地主豪绅也肆意占有土地，彭泰来指出，"沙田日积，豪民日肥"，大量土地落入地主豪绅之手，"大量土地被兼并的结果，使更多的农民沦为佃户或耕丁，受着沉重的地租剥削。此外，贫苦农民因缺食缺穿和缺乏生产工本，总要向人借贷，因而又受到高利贷的残酷盘剥。所以，比及收获，交租还债之后，已余无几，甚至连最低限度的生活也难以维持"②。由此造成民变不断。从岭南的历史记载上，我们可以窥见民变的社会诱因：

道光八年正月庚申（二十五日）（1829.2.28）：御史章沅奏，粤洋通市，不得违例私易银钱，请旨敕议章程一折。向来粤洋与内地通市，只准以货易货，体例綦严。近日夷商货物，务为奇巧，炫惑渔利，取值不啻数十百倍。据该御史奏称，该夷人赋性狡黠，纯用机心。卖物则必索官银制钱，买物则概用番银夷钱，银低钱薄，仅当内地银钱之十七。或仍以番银之行日广，官银之耗日多。至鸦片烟一物，流毒尤甚，该处伪标他物名色，夹带入粤，每岁易银至数百万两之多，非寻常偷漏可比。若不极力严禁，弊将何所终极。③

五月甲午（初一日）（1829.6.2）：李鸿宾等奏，越南国差官护送广东遭风生监回省顺带货物来粤售卖，并请通市贸易一折。此处越南国王因内地生监遭风漂收到境，恤给衣粮盘费护

---

① 蒋祖缘、方志钦：《简明广东史》，广东人民出版社 1993 年版，第 389 页。
② 同上。
③ 同上书，第 8 页。

送回粤，实属恭顺可嘉，所有带来各货及将来出口货物均着加恩免其纳税。至该国王请由海道来粤通市贸易一节，自当照例驳回，但须妥为晓示。着李鸿宾等传谕该国王，现据尔国王请由海道来粤通市，业经奏闻大皇帝，以尔国王久列藩封，素为恭敬。尔国地界毗连两广，向与内地商民有陆路交易处所，货物流通足资利用，非他国远隔重洋，必须航海载运者可比。外夷诸国如有于各海口越界求通贸易，例禁綦严。今若允国王所请，诚恐各外夷船只偶有掺越混入，以致滋生事端，于尔国王诸多未便，转非所以示体恤。是以仍令尔国王恪守旧章，于广东钦州及广西水口等关各陆路往来贸易，毋庸由海道前来，此系大皇帝格外恩施，曲加优眷。尔国王其善体此意，敬谨遵循为要。①

十二月丙子（十六日）（1830.1.10）：谕军机大臣等。朕闻外夷洋钱，有大髻、小髻、蓬头、蝙蝠、双柱、马剑诸名，在内地行使，不以买货，专以买银，暗中消耗。每一文抵换内地纹银计折耗二三分。自闽广、江西、浙江、江苏渐至黄河以南，各省洋钱盛行，凡完纳钱粮及商贾交易，无一不用洋钱。番舶以贩货为名，专载洋钱至各省海口收买纹银，致内地银两日少，洋钱日多。近年银价日昂，未必不由于此。又鸦片流行内地，吸者日众，鬻者日多，几与火烟相等。耗材伤人，日甚一日，皆由番舶装载鸦片驶至澳门、厦门等处关津停泊，或勾通书差，暗中抽税，包庇进关。或巡哨兵役，游奕往来，私为奸夷夹带，代为发贩。或得规容隐，任听奸夷分销各省商船，载往各处售卖。行销之路既多，来者日众，该兵丁等且藉以抽分吸用，贱价留买。南北各省

---

① 蒋祖缘、方志钦：《简明广东史》，广东人民出版社1993年版，第11—12页。

情形,如出一辙,较洋钱之害为尤甚。①

可见晚清岭南已经是风雨飘摇,危机重重了。

二 晚清岭南诗人的共同心态:如此飘零怨也迟

诗歌创作方面,此时的诗作可谓触目凄凉,风云气少,面对风雨飘摇的社会现实,"一叶而知秋",诗人的内心无比沉重,大厦将倾,回天乏力,历史的车轮无法逆转,如果说怀才不遇,忧谗畏讥,这本是文人常态,但是,晚清岭南布衣文人的笔下,多了一层风雨飘摇的时代背景所带来的特殊心态,个人的不平与国家的命运发生了碰撞,由此形成了晚清岭南布衣诗人的特有心态:悲怆心态。

这种心态的形成,与官场的黑暗有关。李黼平曾因漕粮亏空而系狱数年,这事其实别有隐情,杨钟羲记载了此事始末:"故岁收漕,奸民倚为衣食薮,(黼平)惩治之,则饰诉于上官。缙绅以寡交往,故视之漠然也。会交代,以亏空免官。"②可见李黼平本意是想革除弊端,但由于没有得到上级及地方缙绅的支持,反而被陷害而入狱三年。"清代县官收漕,本来就弊病滋多,加以工作繁琐,吏胥又从中翻覆其手,作弊侵吞。黼平以一介书生,骤对此等繁剧,自然穷于应付,而且家用不节,乃至亏空陷狱。"③李黼平满腔忧国忧民之心,欲建功立德,收获的却是牢狱之灾,其满腹委曲可想而知,在《即事》诗中写道:

---

① 蒋祖缘、方志钦:《简明广东史》,广东人民出版社1993年版,第19页。
② 杨钟羲:《雪桥诗话》卷十一,民国求恕斋丛书本。
③ 陈永正:《岭南文学史》,广东人民出版社1995年版,第424页。

> 三年飞挽备辛勤，为负官缗拟赴军。蚕室浸嗟桑叶尽，燕巢已被艾香薰。星移贯索愁中没，风掣银铛梦里闻。一个错成难再悔，故人曾动北山文。
>
> 西窗月暗雨淋淋，酒冷灯残感旧吟。对簿吾宁从掖背，探弦人自辨琴音。远招瓮伯来耕玉，近向王阳学铸金。妄念未消钟撼起，依然身在八寒阴。

李黼平欲语还休，哀怨之情却溢于言表。可悲的是，李黼平的遭遇并非个案，黄培芳也经历过类似的事件。嘉庆二十年（1815），新会洋商卢观恒以财物贿赂当局，将其父亲入祀乡贤祠。乡贤祠最早出现于东汉，孔融当北海相时，建祠堂供奉甄士然，这是祭祀乡贤的开端。明清时期，地方上品学兼优声望卓著之人去世后，由地方官申请上级，经上级批准后牌位入乡贤祠，地方春秋进行祭祀。能够进入乡贤祠，是一件非常荣耀的事情。卢观恒的父亲显然不符合如此条件，但商人以财开道，居然达到目的。此事在士林中引起轩然大波，刘华东与陈昙率众上书总督予以反对，后又广造舆论予以揭发。最后，清廷派官员查办，卢父神位被撤出乡贤祠。但刘华东也因此得罪了广东巡抚，被革去举人身份。黄培芳也参与此事，虽然侥幸未被牵连，但心有戚戚，在《怀刘三山》中，黄培芳写道：

> 墨翟悲丝染，苍黄事可伤。世人原直道，之子岂伴狂！萧艾纷何益？兰荃折亦芳。赠怀何所切？言念有高堂。

在是非颠倒的现实中，除了对朋友加以宽慰，还能怎么样呢？

这种心态的形成，与社会的危机有关。不幸的是，晚清社会的危机不断加深，官场的黑暗仅仅是其中之一。"兵戈已见满天地，杯酒何须问主宾。正忆秋城闻角夜，霜风残月最伤神。"① 广东地处祖国南端，这样的地理位置决定了它是帝国主义经济和军事侵略的首冲，身处此地的诗人自然能够感受到战争的阴霾已经无限接近，黄培芳在《西园》中写道：

> 外患谁与攘，纷纭日多故。帷幄岂有谋？偶然及毫素。起来览青天，西园展幽步。鸟影渐归山，斜阳在高树。

雪上加霜的是，各地盗贼纷起，为祸一方，如黄玉衡写道："百里膏腴地，伤心付劫灰。连山烽作戏，中泽雁流哀。一月春粮去，千艘赎水回。似闻邻妇哭，爱女不归来。"② "海氛扇海波沸天，一林之后连二陈。"③ 张维屏写道："昨日新造墟，破晓海贼入。乡人早料此，各自备矛戟。相持成一哄，仓猝势不敌。妇女遭生房，火焰尤惨烈。"④ "羊矢坑边豺虎窟，惊飙卷树日光没。树头老乌啼哑哑，飞下草间啄人骨。烟火萧条三五村，富者移家贫闭门。黄昏贼呼斩屏入，掠取财物搜鸡豚。闺中妇女色如土，欲避仓皇无处所。老姑顿足儿抱头，气结眼枯不得语。贼怒缚人如缚鼠。骨肉割绝庐舍焚，哭声啾啾村外闻。天阴路黑儿走失，剪幡烧纸招儿魂。儿不归来儿死矣，岂知房作他人子。他人子，卖富室，贵贱不同儿则一。慎勿鞭笞与瞋叱。君不见，亲儿终日不离膝，饭饱娇啼索梨栗。"⑤ 盗贼杀人放火，抢劫财物，强抢民女，令人发指。

---

① 陈融：《读岭南人诗绝句》卷十二，民国油印本。
② （清）黄玉衡：《江城六首》之三，盛大士辑《粤东七子诗》卷三，道光二年刻本。
③ （清）黄玉衡：《海氛行为彰化县尹朱澜作》，盛大士辑《粤东七子诗》卷三，道光二年刻本。
④ （清）张维屏：《新造墟》，（清）盛大士辑《粤东七子诗》卷四，道光二年刻本。
⑤ （清）张维屏：《羊矢坑》，（清）盛大士辑《粤东七子诗》卷四，道光二年刻本。

时事日非而无法力挽狂澜，诗人心中满是悲怆无奈，黄玉衡《与秋舫夜话感赠》写道："寒柝沉沉几度过，红灯影里起悲歌。人如落日聪明减，交到中年感慨多。共识扬雄文似者，其如李广数奇何。著书自是名山业，莫任流光付逝波。""襟期落落更谁亲，风雨孤灯笔有神。北野几人悲伏骥，南溟无地寄修鳞。难将大药回元髓，但恃群书忍赤贫。寸寸挽强真不易，艰难吾亦百年身。"① 谭敬昭《醉后放言》写道："文人如春蚕，出丝以自缚。衣被满天下，身命竟何托。累累东方书，兀兀子云阁。金门事徘优，元经终寂寞。百龄若朝露，繁华逼摇落。却恨少年时，痴顽矜著作。死生一蝉蜕，声名两蜗角。不如饮美酒，腰金跨黄鹤。"② 招茂章《端阳日柬药洲》写道："抑郁如陶孰解忧，相思无那柬频投。岂堪贫里还多病，只在君前可说愁。白雨打荷惟倚槛，红云烧荔漫擎瓯。一年好景推蒲节，孤负朋侪载酒游。"③ 钟启韶《立秋夜独坐有感》写道："拂拂微飔露气凄，又兼桐叶度窗西。风雷几夜迎秋壮，星月三更傍汉低。瘦影渐惊人似鞠，愁肠须仗醉如泥。年来惯作并州舞，倦听中宵膊膈鸡。"④ 吴梯《和小舟夜话感赠之作》写道："块磊填胸百未消，劳君借我酒杯浇。散材自合归空谷，老物犹知恋圣朝。忍使怀惭蒙铁甲，只应和泪绩冰绡。雪花穿户炉灰烬，且自辛勤剪烛条。"⑤

在时局日非的现实面前，诗人们沉忧莫释，悲怆莫名，感慨"不谓承平久，优游养患深"⑥，对时局的变化忧心不已而欲哭无泪："共知材大难为用，不到贵来方悟希。"⑦ "莫怪诗情懒，凉风

---

① （清）盛大士辑：《粤东七子诗》卷三，道光二年刻本。
② （清）盛大士辑：《粤东七子诗》卷一，道光二年刻本。
③ （清）招茂章：《橘天园诗钞》卷二，嘉庆十年刊本。
④ （清）钟启韶：《听钟楼诗钞》卷二，光绪庚寅（1890）刻本。
⑤ （清）盛大士辑：《粤东七子诗》卷二，道光二年刻本。
⑥ （清）黄钊：《阅邸报感作》，（清）盛大士辑《粤东七子诗》卷六，道光二年刻本。
⑦ （清）黄玉衡：《送子履出都》，（清）盛大士辑《粤东七子诗》卷三，道光二年刻本。

梦正赊。"① "吾侪豪气何曾减,天地秋声自可哀。"② "谁怜局外忧心亟,独向樽前老泪零。"③ 在内忧外患的局势面前,人微言轻的诗人报国无门,"借箸何人思发粟,上书无路且横经"④,只能满怀悲怆,忧从中来,"波涛四壁惊风雨,坐拥寒灯焰不青"⑤。他们的悲怆,源自诗人们对国家民族、天下苍生的关注,是对中国忧患文化传统的继承。《系辞》曰:"作《易》者其有忧患乎?"又曰:"明于忧患与故。"忧患,是深受儒家思想影响的中国文人共同的心态,无论穷达,无论朝野,萦绕在文人心头的,是挥之不去的忧患之思,屈原《离骚》写道:"长太息以掩涕兮,哀民生之多艰。"曹植《杂诗六首》写道:"闲居非吾志,甘心赴国忧。"陈子昂《感遇》写道:"圣人不利己,忧济在元元。"杜甫《自京赴奉先县咏怀五百字》写道:"穷年忧黎元,叹息肠内热。"这种忧患之情,在范仲淹的千古名作《岳阳楼记》中得到了最淋漓尽致的表述:"居庙堂之高,则忧其民;处江湖之远,则忧其君。是进亦忧,退亦忧。"文人忧患,渊远流长;文人忧患,惊天地泣鬼神。

三 晚清诗人的创作主题

1. 倾诉哀怨之情

在这样的社会背景之下,晚清岭南布衣诗人的心态普遍低落忧郁,充满着"山雨欲来风满楼"的危机感。也许每个人的经历处境

---

① (清)招茂章:《山居杂咏》,《橘天园诗钞》卷一,嘉庆十年刊本。
② (清)黄钊:《余近颇怀秋善愁颜鲁舆太史以诗相劝赋此奉酬》,(清)盛大士辑《粤东七子诗》卷六,道光二年刻本。
③ (清)黄钊:《舟过淮阴与子履剪灯夜话得诗四律》,(清)盛大士辑《粤东七子诗》卷六,道光二年刻本。
④ 同上。
⑤ 同上。

171

千差万别，但在他们笔下较为一致的，是他们悲凉低沉的心绪，"幽怀""惊心""悲""凄""寒""愁""零丁""苦""黄叶""哀怨"之类的冷色调词语屡屡出现他们的笔下，不胜枚举："一纸八行字，伤心万古愁。"①"莲花结子心偏苦，烛泪成珠色尚红。"②"闲愁时困梦时孤，深拥春寒竹火炉。"③"梦真如水吹来澹，愁竟同云锁处低。"④"愁极不成寐，雨多春更寒。"⑤"青萍顾影销红蜡，梦境愁心孰短长。"⑥"频年诗学苍凉写，去岁梅花怅望探。"⑦

他们的愁绪执着而深沉，他们的情感敏锐而纤细，稍有触动便泪泪而出，为旅途奔波而忧伤："客馆惊秋早，寒灯影共深"，"幽怀耿不寐，望断阃风岑"⑧。"心同旅雁经秋苦，眼并鳏鱼彻夜醒。"⑨"咏罢墙莴曲，临风黯自伤。"⑩ "可堪萍梗嗟行役，况复江湖动旅愁。"⑪

为朋友的生离死别而惆怅："有客扁舟劳载酒，石门南望渺愁予。"⑫

---

① （清）杨一夔：《秋日检读梁自文先生遗札戚然感赋》，（清）温汝能纂辑，吕永光等整理，李曲斋、陈永正审定《粤东诗海》，中山大学出版社1999年版，第1557页。

② （清）田上珍：《寓怀》，（清）温汝能纂辑，吕永光等整理，李曲斋、陈永正审定《粤东诗海》，中山大学出版社1999年版，第1759页。

③ （清）宋绍濂：《春雨》，陈融《读岭南人诗绝句》卷十二，民国油印本。

④ （清）许鋘：《孤馆夜长余兴未尽效放翁体》，陈融《读岭南人诗绝句》卷十二，民国油印本。

⑤ （清）崔弼：《鹿步舟晓》，（清）刘彬华《岭南群雅》，清嘉庆十八年（1813）玉壶山房刻本。

⑥ （清）钟启韶：《八月十七日病起遣怀时海氛渐息》，《听钟楼诗钞》卷三，光绪庚寅（1890）刻本。

⑦ （清）许鋘：《孤馆夜长余兴未尽效放翁体》，陈融《读岭南人诗绝句》卷十二，民国油印本。

⑧ （清）凌扬藻：《客馆》，《药州花农诗略》卷三，清道光庚寅（1832）刊本。

⑨ （清）凌扬藻：《夜泊甘竹滩》，《药州花农诗略》卷四，清道光庚寅（1830）刊本。

⑩ （清）叶兰成：《自潮州之南澳途中作》，（清）刘彬华《岭南群雅》，清嘉庆十八年（1813）玉壶山房刻本。

⑪ （清）黎暹：《客舍除夕》，（清）温汝能纂辑，吕永光等整理，李曲斋、陈永正审定《粤东诗海》，中山大学出版社1999年版，第1682页。

⑫ （清）凌扬藻：《黄春坡见过不值却寄》，《药州花农诗略》卷四，清道光庚寅（1830）刊本。

"太息空齐阻良觌,离愁吹满荔枝风。"①"古渡落黄叶,西风江上愁。何堪长病客,复送远行舟。"②"风雨浃旬生死隔,莺花三月梦魂空。"③"不死与君成老大,相逢何日重依违。词人止有陈琳在,书剑飘零涕满衣。"④

为岁月的流逝、为物是人非而哀怨:"飘零书剑天涯客,白发萧萧感岁华。"⑤"残年风雨先愁客,早岁征轮倍忆家。"⑥"如水闲愁尽拨清,梦回凉与簟纹平","残年易近忧来日,旧事重提似隔生"⑦。"年来触绪易悲凉,况遇佳辰倍感伤。"⑧"重来岂独悲摇落,感旧伤怀意悯然。"⑨"人当老去牵愁易,花为春归着色难。痴心不忍春归去,拾得残红两袖多。"⑩

为生活的艰辛而感慨:"为亲惭负米,抚己愧担簦。"⑪"半世成何事,抚怀为怆然。悲歌微醉后,强笑众人前。"⑫"客贫绝衣食,家室忧兼并。不如麦浆辈,犹能养其生。"⑬"母没不能葬,生男不

---

① (清)凌扬藻:《黄春坡见过不值却寄》,《药州花农诗略》卷四,清道光庚寅(1832)刊本。
② (清)吴维彰:《汾江送家叔敬之迁江》,陈融《读岭南人诗绝句》卷九,民国油印本。
③ (清)李保孺:《题杜洛川诗》,陈融《读岭南人诗绝句》卷十二,民国油印本。
④ (清)崔弼:《怀田西畴兼寄陈绍堂》,(清)刘彬华《岭南群雅》,清嘉庆十八年(1813)玉壶山房刻本。
⑤ (清)林孟璜:《寄弟》,(清)温汝能纂辑,吕永光等整理,李曲斋、陈永正审定《粤东诗海》,中山大学出版社1999年版,第1689页。
⑥ (清)招子怀:《喜晤冯子良夜话》,陈融《读岭南人诗绝句》卷九,民国油印本。
⑦ (清)许锽:《孤馆夜长余兴未尽效放翁体》,陈融《读岭南人诗绝句》卷十二,民国油印本。
⑧ (清)张炳文:《连州九日》,(清)刘彬华《岭南群雅》,清嘉庆十八年(1813)玉壶山房刻本。
⑨ (清)凌扬藻:《重阳前三日与诸词人载酒文洲竹墅》,《药州花农诗略》卷四,清道光庚寅(1832)刊本。
⑩ (清)官桢扬截句,陈融:《读岭南人诗绝句》卷十二,民国油印本。
⑪ (清)胡海:《岁暮书怀五十韵》,(清)温汝能纂辑,吕永光等整理,李曲斋、陈永正审定《粤东诗海》,中山大学出版社1999年版,第1595页。
⑫ (清)仇巨川:《寄黄虞亭》,(清)温汝能纂辑,吕永光等整理,李曲斋、陈永正审定《粤东诗海》,中山大学出版社1999年版,第1686页。
⑬ (清)叶兰成:《感怀》,(清)刘彬华《岭南群雅》,清嘉庆十八年(1813)玉壶山房刻本。

如无。举世贱游子，商歌临风起。哀哉鲜民俦，虽生不如死。"①"艰难成好会，饥饿积新诗。"②

为壮志难酬而不平："侧身天地路漫漫，昨日长歌已大难。乞食柴桑非故里，挂书函谷几征鞍。……向来寂寞梁园赋，瞻望秦关马首西。中原揽辔澄清志，摇落江潭只自哀。"③"剑积风尘尚作芒，悲歌同对鬓毛苍。"④"投诗与知己，沉痛结中诚。向日不垂照，葵心空复倾。丈夫一失路，乃为臧获轻。滔滔望南海，洪涛驾蓬瀛。天吴与海若，怒啸使人惊。"⑤"干禄诚难免，其如贱子贫。文场争角艺，有似逐鹿时。蹭蹬久不齿，飞腾或遇之。风鶱谢燕雀，日驭策龙螭。待览扶桑景，人间第一奇。"⑥

为战争的阴霾而忧心。岭南布衣诗人的哀怨，有相当一部分是因为战争所带来的忧虑。"经年战影混樵渔，孰向菰芦问索居。"⑦"烽燧连三楚，旌旄耀六师。天心原不杀，国法自无私。鼠鼷渠魁获，狐鸣胁从疑。秋风鼙鼓发，露布不须迟。"⑧战争不是在来临的路上，而实实在在就发生在岭南，民变不断，海寇横行，外敌虎视，危机四伏，这就是晚清的岭南。

满目秋情，构成了晚清岭南布衣诗人的创作的主要基调。

---

① （清）叶兰成：《伤歌行》，（清）刘彬华《岭南群雅》，清嘉庆十八年（1813）玉壶山房刻本。
② （清）凌扬藻：《见东畴》，《药州花农诗略》卷三，清道光庚寅（1832）刊本。
③ （清）朱启连：《春晚遣兴》，陈融《读岭南人诗绝句》卷十一，民国油印本。
④ （清）莫元伯：《维扬与同舟诸公话别》，（清）刘彬华《岭南群雅》，清嘉庆十八年（1813）玉壶山房刻本。
⑤ （清）叶兰成：《感怀》，（清）刘彬华《岭南群雅》，清嘉庆十八年（1813）玉壶山房刻本。
⑥ （清）李欣荣：《有所思四首》，陈融《读岭南人诗绝句》卷十二，民国油印本。
⑦ （清）凌扬藻：《黄春坡见过不值却寄》，《药州花农诗略》卷四，清道光庚寅（1832）刊本。
⑧ （清）林伯桐：《漫兴》，（清）刘彬华《岭南群雅》，清嘉庆十八年（1813）玉壶山房刻本。

2. 对社会弊端的揭露

大厦将倾非一日之功，诗人有着敏锐的触觉，对晚清岭南的风雨飘摇洞若观火。鸦片已经悄然潜入晚清的岭南，百姓吸食成风，局面格外严峻，李光昭注意到鸦片泛滥成灾的情形，《阿芙蓉歌俗名鸦片烟见李时珍本草》写出了鸦片对岭南所造成的严重危害：

> 熏天毒雾白昼黑，鹄面鸠形奔络绎。长生无术乞神仙，速死有方求鬼国。鬼国淫凶鬼技多，海程万里难窥测。忽闻鬼舰到羊城，道有金丹堪服食。此丹别号阿芙蓉，能起精神委惫夕。黑酣乡远睡魔降，昼夜狂嬉无不得。百粤愚氓好肆淫，黄金白镪争交易。势豪横据十三行，法纲森森伴未识。荼毒先深五岭人，遍传亦不分疆域。楼阁沉沉日暮寒，牙床锦幔龙须席。一灯中置透微光，二客同来称莫逆。手执筠筒尺五长，灯前自借吹嘘力。口中忽忽吐青烟，各有清风通两腋。今夕分携明夕来，今年未甚明年逼。裙屐翩翩王谢郎，轻肥转眼成寒瘠。楼阁还如蜃气销，乌衣巷口斜阳白。屠沽博得甘愚顽。①

在这里，吸食鸦片的人之多，以至于空中漂浮着黑烟，烟枪们一个个面有菜色，却乐此不疲，每当运送鸦片的船只靠岸，大家都竞相购买，而十三行对官府的禁令置若罔闻，在鸦片交易中充当帮手，触目惊心的是尽管吸食鸦片造成了身体的损害，但大家却心甘情愿沉湎其中。

鸦片泛滥，损害的不仅仅是百姓的身体，还带来军事上的威胁。"吾粤地濒海，番舶琛宝贡。奈何潢池兵，赤子乃盗弄。养痈彼何心，

---

① （清）李光昭：《铁树堂诗钞》卷二，清道光二年（1823）刊本。

吮血此堪恸。鲨帆竟横飞,犀弩孰争控。波涛为之腥,鱼鳖咸甚恐。可怜林将军(虎门镇名国良),战死有余痛。至今新安县,谈者泪如冲。尚书天上来(百公龄),威名范韩重。惟公赋同仇,军事言必中。一朝绝寇粮,困若鳖处瓮。思明有高李,骁骜各拥众。临淮设神谋,自缚款争送。遥遥千载来,智勇相伯仲(谓张保、郭学显之降)。京观筑高雷,天宇豁氛雺。屈指百余年,奇功压蛮洞。杜牧有罪言,露布今喜诵。请待纪略成(公撰《平海纪略》,未成),更作摩崖颂。万古照南荒,吓彼瑶獞种。"①从诗的前面部分看,对鸦片战争有所叙述,有识之士对养痈遗患的现状十分担心。

此外,盗贼横行乡里,严重地破坏了百姓的生产和生活,黄培芳的《赎人行》写出了盗贼的嚣张:"海上盗船动盈百,东西南北候过客。相逢炮火声轰天,万众齐呼飞过船。人人土色心胆裂,短刀交下白如雪。尽掠财物兼捉人,捉人上船佯怒瞋。奴颜囚首见板主(贼首称号),板主头裹红罗巾。贫富诘罢各乞命,千金百金赎一身。大呼纸笔作细字,索取百物限浃旬。逾时不赎剖肠腹,速寄家书归至亲。典衣贷产并哀贷,拮据措置潜悲辛。遣人入海与交易,但得再活宁论贫。更有细民居海畔,日日惊惶四遭窜。夜匿荒山洞里眠,晨归破屋茅中爨。盗船惟向炊烟来,奔逃不及遭羁绊。老父留赎儿放回,速卖耕牛数亏半。含啼鬻子仅取盈,老父归来苦家散。人亡财尽四壁空,不死凶残死困穷。君不见,兵船西,盗船东,兵船候潮,盗船乘风。兵懦或退避,盗众还相攻。不恨兵船不得利,但恨不见黄总戎(谓黄公标)。"②

盗贼鱼肉百姓,嚣张至极,给老百姓带来极大的痛苦,而且,

---

① (清)叶兰成:《上温莘圃廉访》,(清)刘彬华《岭南群雅》,清嘉庆十八年(1813)玉壶山房刻本。
② (清)刘彬华:《岭南群雅》,清嘉庆十八年(1813)玉壶山房刻本。

摁下葫芦浮起瓢，盗贼横行，四处时有发生，顺德人简厥良写道："火城蔽天贼何所，但见百艘环东西。利矛过身刀在手，欲进未进艰长堤。辘轳一声看坠箭，蒙冲几处惊然犀。防奸诚先防火后，贼酋鼓掌居民啼。灵神庙古闭老幼，环而阵者兵皆捵。徐分勇健各守隘，贼骑未敢轻长嘶。扬帆似听炮车响，金丸荡漾青琉璃。嗟尔么么本无用，腹馁欲饱官仓稗。内河竟敢恣驰突，深入得不时日稽。"① 番禺人漆璘《己巳十月廿二日阅省报有感》写道："海堧隐隐哀鸿声，远村近村昼数惊。荐绅相度筑高垒，村夫横戈供使令。垒不及筑，戈不及横，风起水涌来蛟鲸。飞樯接舵蔽空下，中有座架如雕甍。（贼首郑一嫂及张保仔、郭婆带等另有座架船，掳掠财货悉聚焉。）一妇麾旌，群寇鸣钲，连环巨炮雷轰轰。短刀长矛竞登岸，焚庐毁室蹂稻粳。身逢盛世不知敌，众溃一战难复并。妻妾被掳男儿烹，白发黄口填沟坑。粤人富足知礼义，井湮树踣嗟女贞。（良家妇女闻贼至，投井，井为之湮。悬树，树为之踣。）"②

盗贼的手段极为残忍，可悲的是，这种情形的出现不是一日两日，而是长达二十年。杨师时《平粤海雅》的序中写道："粤海为东南要区，朝廷倚毗特重，往往以节相统制其地。百余年来，太和翔洽，民饱而嬉，其士卒亦习安佚，怯风涛，所谓巡哨不过奉行故事，按期结报而已。岛屿墺隩，藏匿奸匪，莫有踪迹，而穷诘之者，汹洲涠洲诸岛，久为盗据，而当道辄以肃清入告，有报盗者，悉令改窃，故致蔓延，勾通内外。驯至蚁聚蜂屯，分股立帮，如乌石二，即麦有金，籍隶海康乌石村，兄弟三人，皆雄猾。郭学显、郑石氏、郑一死，妻石氏代领，其众诸小帮多附之。张保总兵宝蟾蚨，养东

---

① （清）简厥良：《四月初六夜书事》，（清）刘彬华《岭南群雅》，清嘉庆十八年（1813）玉壶山房刻本。
② （清）刘彬华：《岭南群雅》，清嘉庆十八年（1813）玉壶山房刻本。

海霸，诸匪肆行，劫掠二十余年。"① 所以，当官员决心铲除盗匪，诗人是欢欣鼓舞。凌扬藻《平海三十二韵为制军百菊溪赋》写道："太息萑苻盗，蜂屯二十年。人皆嗤局外，谁实炳几先。市侩相勾引，巡哨互结联。蜃蟠无定窟，鲸沸辄滔天。噬杀宁论骨，馋拿竞吐涎。夷帆琛屡攫，贾舶贿常迁。始尚稽行旅，寻将藐弁员。捕兵猫畏鼠，提帅雀陵鹯。（藉言堵剿，辄以盘诘良民为利，偶遇贼，亦俟其远扬乃发炮石。）"② 盗贼横行已有二十年，官府对这种情况却是纵容的态度，不敢与盗贼交手，却趁机去盘剥良民，以此获利，由此可见局势的混乱。

面对如此危机四伏的现实，布衣诗人们只有无穷的悲愤，他们焦虑，危机面前武将依然醉生梦死，"衰草啮病马，秋风盘俊雕。黄沙浩莽苍，凄断乌兰桥。下有陈死人，惨澹魂谁招？将军醉言舞，锦帐罗妖娆。兵佳伤必多，功高心益骄"③。他们祈祷期盼，"郅治不忘惟武备，且教盃盎溷弓刀。（近以海防至计，垒筑为炮台，驻抚标总一员，兵四十名。）"④ "何日斩楼兰？万里无氛霁。"⑤ 他们警惕，"今春报蠢动，小腆肆杀戮。犹传汉诏宽，尚恢汤网祝。天下马将军，人闻归太仆（谓杨观察星园先生）。已足慑百蛮，不俟用三木。遁之如鸟散，降者亦容蹙。刁楼绝烽烟，营门息剥啄"⑥。

可悲的是，将士们对外懦弱无能，却以欺压百姓为能事，凌扬藻的《城上楼》写了作威作福的军队：

---

① （清）凌扬藻：《国朝岭海诗钞》卷十七，清道光六年（1826）刻本。
② （清）凌扬藻：《药州花农诗略》卷五，清道光庚寅（1830）刊本。
③ （清）凌扬藻：《拟杜工部出塞》，《药州花农诗略》卷四，清道光庚寅（1830）刊本。
④ （清）凌扬藻：《海珠慈度寺》，《药州花农诗略》卷四，清道光庚寅（1830）刊本。
⑤ （清）凌扬藻：《拟杜工部出塞》，《药州花农诗略》卷四，清道光庚寅（1830）刊本。
⑥ （清）林家桂：《次樊云坪都督过那暮山至龙门防海韵》，（清）刘彬华《岭南群雅》，清嘉庆十八年（1813）玉壶山房刻本。

壬寅冬，郡城楼有将军部伍，戏掷瓦石破民屋十余家，吏不得问。值天雨雪，有僵冻死者，花农感焉，作是诗也。

城上楼，游人谑浪居人忧。游人破而屋，居人安可仇？夜来被冷足拳铁，天阴雨黑声啾啾。死者已矣，生者俯肩。累息不得暂休。我欲言之大将军，覃覃公府，如云列戟森戈矛。将军气可回万牛。吞声不敢哭，愿汝速取相印，锦衣肉食皆封侯。

将士们以投掷石头为乐趣，砸坏了百姓的房屋，使得百姓无法御寒，竟然活活被冻死。将士们的气焰之嚣张，百姓之苦痛，就在看似冷静的叙述中展露无遗。

他们控诉官府的颠倒黑白，漆璘的《系斧表》写道："斫仇头，恨未休，白日神鬼愁。书父冤，报无门，怨气星斗昏。圣朝敕法岂妄杀，使者按奏胡不察。赃污不察更倾轧，诬以大逆膺天罚。身首分裂痛，忍言千载彼田闲。子营生，几经年，铢积而寸累，稍稍赢腰缠。何来肽篚盗，忽控当门弦。庚肱摧使后，捉发摧使前。厉鬼欲食人，狰狞肆贪残。深夜邻弗闻，欲呼不能言。但祝毋食人，囊篚甘弃捐。席卷寇远飏，惊定泪涟涟。母子相抱泣，余寇恐来还。青磷闪崇岗，悲虫吟草田。还愁虎穴近，扉破壁亦穿。低头拾破釜，顾步心凄然。凌晨赴城郭，入诉大官贤。村老走相问，欷歔为闵怜。诉者久未归，日中无爨烟。"① 这首诗写了一个本分商人，经过多年的打拼，稍有资产，却被一群强盗趁夜抢走，自己也被残害，他的妻儿前往官府告官，却被"诬以大逆膺天罚"，官府的颠倒黑白，指鹿为马，与歹徒沆瀣一气，让人愤慨。其《剪发操》也是一首相似之作，写道：

---

① （清）刘彬华：《岭南群雅》，清嘉庆十八年（1813）玉壶山房刻本。

南海茂才某，家贫，其妹许字同邑某，将届请期，而兄为夫族巨豪伤命，妹即剪发携嫂赴省讼官，检验羁候，数月竟不得直。寻闻绝食狱中死。历今二十余年矣。忆其事为作《剪发操》以哀其志焉。

姑呼嫂，嫂毋持，抱霜锋，剪发如剪草。杀之豪，吾所知，誓剪仇首如青丝。兄仇若得报，愿作比邱尼。此生妆镜甘长谢，彼未成夫妹不嫁。嫂来携我到官司，昼恐仇知行暮夜。仇家金帛等邱山，入门黑雾何漫漫。嫂呼姑，行无路，仰天欲上天门诉。霎时厉鬼重罗布，嫂不能前，姑不能步。吁嗟！姑嫂同一牢，衔冤但向兄魂号。神目昭昭鉴何处，天道茫茫不可据。奇冤惨未伸，还忍加刀锯。小姑壮烈不求生，十日不食死见兄。兄抱沉冤不可雪，千秋谁表小姑节。魂兮叩天天雨血，魄兮入地地应裂。[①]

在官府与富商的勾结下，原本简单的案情却悬而未决，伸冤者反被作为凶手而被逮捕下狱。在这种情况下，被害者沉冤无法昭雪，他的亲人被迫自杀，官府的颠倒黑白真是令人发指。这样的现实让布衣诗人心情无比沉重，自然也就无比渴望英雄的出现。他们歌颂骁勇善战的英雄，"跃登盗舟盗披靡，屠杀盗魁若羊豕。峨舸大舳下广川，云是总戎出海船。手举巨炮向风发，须臾盗舰消为烟。群盗闻之心胆怖，见总戎面如遇虎。何物贼子悬购金，狡愚乃敢撄威武。我闻总戎不自尊，大善抚兵平居同食如弟兄。鲸波稍稍失便利，出死力救如所生。天子召对屡劳奖，诏使凌烟绘其像。行年六十弓挽强，顾盼突过伏波上"[②]。"男儿志气如洪涛，浇云沃日掀天高。伸

[①] （清）刘彬华：《岭南群雅》，清嘉庆十八年（1813）玉壶山房刻本。
[②] （清）徐本义：《黄总戎行》，（清）刘彬华《岭南群雅》，清嘉庆十八年（1813）玉壶山房刻本。

缩万壑纳众有，涤荡尘秽曾不留纤毫。动则撼摇山岳，砯砰百尺腾金铙。静则虹收雨止，平铺冰镜澄眉毛。乃有徐市之末孙，千人渡海驱连艘。生小胸次文武韬，早拔赵帜花药洲。"① "羡君意气似张骞，此日乘风傲海天。秋宇云消开蜃窟，楼船风静按龙泉。即看杨仆偏师出，莫使孙恩只舰还。自笑书生能草檄，谈兵尚想勒燕然。"②

钟启韶的《手车车夫行》写道："前者六十双鬓丝，后者三十健且颀。滑泥着脚手欲胝，羊肠诘曲汗绠縻。仰登峻阪俯下陂，要与去马争奔驰。自言家在东山陲，石田荦确久不治。少习推挽疏耘耔，一饱计得忘险夷。家中十指常待炊，告爷辛苦爷得知，六十老翁三十儿。"③ 写了一个已是耄耋之年本应安享晚年却还要从事苦力活的老人，为了抚养家庭，依然在苦苦支撑。钟启韶的《妾本良家子》写了女性的被逼为娼："妾本良家子，读书解声诗。少小雅髻绿，耶爱同娇儿。阿母膝边戏，阿姊床前嬉。灼灼春庭花，风雨无猖披。家势忽中落，耶与人世辞。辛苦事阿母，十指供晨炊。一朝遇强暴，以妾为居奇。沦身教坊籍，忍死待母知。朝朝泪妆镜，所愿逃鞭笞。诸姬挽双鬟，为妾簪花枝。进妾双丝履，画妾双蛾眉。兰堂眂檀槽，妾抱中心悲。拥妾出妆阁，弱质谁支持。妾实生寒闺，不贯亲香脂。缠头金百万，买妾双涕洟。诸姬妒且怜，杯酒还嘲嗤。强言谓妾媚，不语云妾痴。堪笑霍家奴，见妾冰玉姿。百计谋一盼，妾心安得移。翩翩贵公子，闻此肝肠摧。为妾觅阿母，母在珠江湄。为人杂作苦，一命如悬丝。参商倏数载，不得同渴饥。"④ 生活的巨变，让原本为

---

① （清）崔弼：《题观海图寿徐东筥》，（清）刘彬华《岭南群雅》，清嘉庆十八年（1813）玉壶山房刻本。
② （清）叶兰成：《送家锡庵守戎巡海》，（清）刘彬华《岭南群雅》，清嘉庆十八年（1813）玉壶山房刻本。
③ （清）钟启韶：《听钟楼诗钞》卷一，光绪庚寅（1890）刻本。
④ （清）钟启韶：《听钟楼诗钞》卷二，光绪庚寅（1890）刻本。

父母掌上明珠的她沦落到社会的最低层,成了一个毫无尊严可言、被迫出卖色相的青楼女子,母亲也由原本的金尊玉贵的夫人变成了靠出卖劳力谋生的下人,人生的反差如此巨大,究竟是怎么造成的呢?诗人没有说,我们也无从推测。林伯桐的《农谣》写了社会上苦乐不均:"一人耕,十人食。农夫安得有余力。十人耕,一人田,农夫何者为丰年。天上地下,无墙无瓦。朝朝暮暮,露处田野。有妇能馌饷,日中汗流赭。有志能驱牛,田中泥没踝。驱牛复驱牛,牛行但低头。高车怒马谁遨游,贾人有稚子,奴仆皆风流。"① 写出了苦乐不均,商人家的奴仆都过着无比优越的生活,而农民却辛辛苦苦地从年头忙到年尾,却不要说衣食无忧,家中无片瓦,只能露宿田野。

3. 描写自身的困境

在晚清岭南诗人笔下,啼饥号寒之作比比皆是,如田上珍《夜分不寐百感交集赋以自遣》写道:"霜叶纷纷坠,星河耿耿幽。凄凉心一寸,寂寞客三秋。风警鸦移树,灯昏雁过楼。吟虫何太苦,终夜伴人愁。"② 在一个不能入梦的秋夜,诗人眼见着落叶纷飞,星光黯淡,耳听着蟋蟀的鸣叫,乌鸦的聒噪,大雁的迁移,让诗人倍感凄凉与寂寞。彭泰来《郡城寒食》写道:"小雨暗寒食,离人正倦游。湿烟吹不起,深树黯如愁。春燕未归垒,春花应满楼。无书问徐淑,换酒鹔鹴裘。"③ 凄凉的不仅仅是这个让人伤感的节气,更是诗人凄凉的内心。

他们的凄凉,来自自身的漂泊之感,李元珪《夜遣寄梅溪诸子》:"寂寂寒宵独闭门,灯花挑尽与谁论。凄风苦雨他乡客,不是怀人亦断魂。"④ 惨淡的风雨加剧了诗人的凄凉。方绳武《客夜感怀》云:

---

① (清)刘彬华:《岭南群雅》,清嘉庆十八年(1813)玉壶山房刻本。
② 同上。
③ 同上。
④ 同上。

"定省虚三月,灯前有所思。遥知志读夜,未是母眠时。健饭书频报,依人遇可悲。归帆如早挂,又学老莱嬉。"① 方绳武背井离乡,为自己借人篱下不能承欢膝下的处境悲凉不已。温承恭《中秋夜泊沅江》写道:"万里同晴夜,天涯寄一身。当头怜好月,顾影是孤人。鄂渚霜寒断,衡阳雁去频。家书连日写,今夕倍思亲。"② 温承恭在中秋佳节之际,形单影只,独自漂泊,内心的凄凉难以言表。郑灏若《从役新安道中有作》也说:"寒柝声声急,荒鸡处处鸣。星芒流大屿,海气逼孤城。入寺宵传食,依山夜结营。墨痕飞盾鼻,戎马有书生。"③ 这真是日夜兼程,风餐露宿,鞍马劳顿,旅途的艰难跃然纸上。颜崇衡《雨夜不寐作寄家旭亭碧岩》说:"一别已寥寂,况兼寒雨声。芭蕉三五叶,滴滴到天明。人隔暮潮阔,愁随春水生。今宵眠不得,无梦度江城。"④ 孤身在外,愁绪萦绕于心,无法排遣。芭蕉夜雨,更加剧了诗人的惆怅。蔡廷榕《寒夜怀舍弟楠》写道:"冻合前山断来雁,车轮百转离居肠。前尘蹭蹬休重说,身迫饥驱还怅别。谁怜王粲尚登楼,自笑张仪但存舌。灯花客馆夜流辉,却讶乡园信息稀。寒生弱弟同眠被,暖入慈亲旧制衣。北堂明镜多华发,百里关山梦难越。萱花无恙倘忘忧,莫惜殷勤寄邮札。"⑤ 真是牵肠挂肚,百感交集。

他们的凄凉,来自人生的落落不偶,郑灏若《抱福山》写道:"十载清游滞梦魂,强抛尘鞅叩松门。寒泉曲抱孤山麓,落叶深埋野树根。欲访仙岩云乍合,待修丹鼎灶空存。徘徊尽日无人见,暝色苍茫叫暮猿。"⑥ 郑灏若奔波了十年,始终没有能够实现人生的抱负,

---

① (清)刘彬华:《岭南群雅》,清嘉庆十八年(1813)玉壶山房刻本。
② 同上。
③ 同上。
④ 同上。
⑤ 同上。
⑥ 同上。

就连求仙问道也不可得,其人生的落拓不言而喻。温承恭才华过人,"有治事之才,倜傥自许,慕盖次公陈同甫为人,谈兵则效杜牧,请缨则思终军,川中十度往返,卒落落无所遇",他内心无比抑郁,在诗中倾吐了自己的内心世界:"此间莫笑醉题诗,怅望千秋有所思。风雅尚存来后辈,古人可惜不同时。心怀忧国谁无泪,客返他乡我亦迟。前哲一般愁易感,凄凉不独为分离。"① 壮志难酬,空有一身才华无处可以施展。蔡廷榕《秋怀四首》之一写道:"良夜境幽绝,四壁闻虫吟。嗟尔细微物,亦自悲秋深。月黑树无影,庭空烟易沉。百感入孤坐,新愁萌凤心。怅然抚尘匣,太息曩中琴。"② 自己就如同匣中之琴一般,没有遇到知音,反而如同柴火被投入灶中,置于无可用武之地。他的另一首诗也表达了类似的情感:"南浦魂销又别离,一场春梦几然疑。江波无尽愁如此,山木能吟恐未知。清镜自怜消瘦影,红蚕空剩短长丝。尊前便是回肠地,不到回头不泪垂。"③ 时光飞逝,自己依然落魄。

他们的凄凉,来自生活的困顿与艰辛:"形容看惨澹,执手却疑生。家剩妻孥累,魂知忧患情。身犹余病态,语不杂欢声。起坐惊寒柝,夜乌啼到明。"④ 生活有着诸多的不得意,使得诗人与亲人在梦中相对欷歔,可见其忧思之深。"檐瓦飘鸣金,窗纸碎裂帛。布衾冷萧缩,旅梦愁辗侧。寒灯剔焰长,冻笔呵指赤。"⑤ 寒冬腊月,诗人衣裳单薄,无以御寒。张炳文写道:"炎州无雪雨偏寒,卒岁人多

---

① (清)温承恭:《庚申回粤邀潘未庵明府张玉溪孝廉话别少陵草堂》,(清)刘彬华《岭南群雅》,清嘉庆十八年(1813)玉壶山房刻本。
② (清)刘彬华:《岭南群雅》,清嘉庆十八年(1813)玉壶山房刻本。
③ (清)蔡廷榕:《南浦》,(清)刘彬华《岭南群雅》,清嘉庆十八年(1813)玉壶山房刻本。
④ (清)蔡廷榕:《梦伯兄荣字》,(清)刘彬华《岭南群雅》,清嘉庆十八年(1813)玉壶山房刻本。
⑤ (清)刘济之:《寒夜词寄仲兄尧山》,(清)刘彬华《岭南群雅》,清嘉庆十八年(1813)玉壶山房刻本。

褞褐单。乞得天公黄袄子，排门唤起卧袁安。"① 岭南气候暖和，终年无雪，但也有严寒难耐的时候，而很多人却依然穿着单薄的粗布衣，无法御寒，诗人希望天降棉袄，帮助贫寒之士摆脱困境。李贤所注的《后汉书·袁安传》中，引用晋朝周斐的《汝南先贤传》中记载，有一年，洛阳大雪，其他人皆扫除积雪，出外乞食，独有袁安门前积雪依然堆积。洛阳令逐家逐户地查看，发现袁安家毫无动静，以为他已经冻饿而死，便让人扫除积雪，进屋察看。只见袁安直挺挺地躺着，"问何以不出，安曰：'大雪人皆饿，不宜干人。'"后世于是把宁可困寒而死也不愿乞求他人的人称作"袁安困雪"或"袁安高卧""袁安节"。张炳文的这首诗很简短，却写出了诗人的期盼，其困窘也就跃然纸上了。

---

① （清）张炳文：《冬晴》，（清）刘彬华《岭南群雅》，清嘉庆十八年（1813）玉壶山房刻本。

第二章　乾嘉岭南布衣诗人的构成与交游

与中原诗坛的相对平庸不同，乾嘉时期，岭南风雅中兴，称盛一时，可谓岭南文学史的繁荣期，人才济济，诗家辈出，极一时之盛，布衣诗人功不可没，他们活跃在岭南这块土地上，以平等的姿态积极参加与中原诗坛的对话，如果说"惠门四子"是由清初到清中叶岭南诗坛的过渡人物的话，"岭南四家""岭南三子"在全国诗坛都占据了一席之地。

第一节　乾嘉岭南布衣诗人的构成

岭南的各个时期，布衣诗人的数量并不均衡。本节重点在于剖析乾嘉布衣诗人的构成，包括他们的功名构成、地域分布，以及成为乾嘉岭南布衣诗人的特点。

一　乾嘉岭南布衣的构成分析

前述柯愈春《清人诗文集总目提要》收录布衣 10761 人，但是，此书收录了岭南人别集 637 部，远远不能反映清代岭南人创作的全部。因此，我们对岭南布衣诗人的统计，主要依据中山大学古文献研究所编订的《粤诗人汇传》，此书是目前最齐全的关于古代岭南诗人的传记，收录了粤诗人6002家，明代之前334人，明代1696人，清代3540人，释道、闺阁434人。根据前述对"布衣"的界定，我们对《粤诗人汇传》进行统计，岭南一共有布衣诗人3246人，其中，汉至元有布衣诗人101家，明代布衣诗人有932家，清代布衣诗人有2213人——清代布衣诗人占了岭南布衣诗人的泰半，这个数字是很可观的。再看乾嘉时期，岭南诗人有1278人，其中布衣诗人有896家，占据了此时诗人总数的绝大部分。下面，我们从功名的维度分析乾嘉岭南布衣诗人的构成。

乾嘉布衣诗人的功名构成情况从表1中可以一目了然：

表1

类别	没有科名头衔	监生	贡生	举人	诸生	增生	廪生	庠生	各类学生	其他
数量	294	9	101	189	196	7	17	9	63	11
比例（%）	32.8	1	11.3	21	22	0.8	0.2	1	7	1.2

从表1中可以看出，此时的岭南布衣诗人中，完全没有科名头衔的布衣诗人共294人，占了岭南布衣诗人的32.8%，其他各类生员，如监生、贡生、举人、诸生、增生、廪生、庠生共528人，占布衣诗人的绝大多数；乡荐及各类学生（如县学生、府学生、太学生）共63人，只占布衣诗人总数的很少一部分。

科举制度由隋唐时期设立，到了清代，已经深入人心。读书、考试、做官已经不是读书人个人的事情，而事关整个家族的荣耀。社会上也把是否获得功名、是否出仕作为衡量一个文人是否成功的标准，"今俗竟以科名混称，功名浸假，而多金捐纳，要津保举，亦同此称。平居偶语涉及朝市，必曰某人功名大，某人功名小，若者功名顺，若者功名逆。间有布衣下士，则共目之曰：此无功名，而其人亦茫然自顾，曰我无功名"①。可见，在世俗眼中，一个人成功的标志便是步入仕途，否则，便会受到他人的冷眼、冷遇。可见，布衣选择与主流社会不同的道路，确实需要勇气，而选择不仕其所面临的困难也显而易见。难怪有些文人因为没有摆脱布衣身份、进入仕途而觉得羞愧，范仕义《门人蒋纯甫自吴淞来访，诗以慰之》诗云："如何十年别，犹是布衣来。"② 这个"犹"字很可以道出双方各自的心情：作为老师，对弟子十年还没有步入仕途而惊讶；诗中没有写出弟子本人是如何看待这个问题的，但从老师的反应中不难看出弟子的心境。黎兆勋《出汉阳门渡江感怀》云："黄叶溪头两板扉，十年计与素心违。谈兵客厌残棋局，被褐吾惭老布衣。水阔鱼龙腾浪早，天长鸿雁拂云稀。江神识我应相惜，微禄何求久不归。"③ 黎兆勋在经过了十年的艰难追求后，还是布衣之身，的确感到羞愧无比。可见，文人要在社会上立足，并不能脱离科举考试这个标杆。不过，人各有志，乾嘉布衣诗人对待科举考试的态度是不同的，由此呈现不同的人生抉择。

二 岭南诗人对功名的选择

可以看出，乾嘉时期彻底放弃科举考试的布衣诗人其实是不多的，他们之所以如此，要么因为生性傲岸耿直，与官场格格不入。如洪如纶，"生峭直不避权贵，人有过，面斥之。家贫，介节自持，未尝以事干人，人亦不敢干以私。生平以履公庭为耻，然邑有利病，毅然直陈，独无所屈挠，理之所在，务以扶直为己任，虽力排众论，

---

① （清）邱炜萲：《五百石洞天挥麈》卷一，清光绪二十五年邱氏粤垣刻本。
② 徐世昌编：《晚晴簃诗汇》，闻石点校，中华书局1990年版，第5422页。
③ 贵州古典文学学会编选：《贵州古文学作品选》，贵州教育出版社1994年版，第104页。

有所不顾，一时间里疾苦，得以无壅，顽梗亦为敛迹"①。翟泉，"性傲岸，不骛荣进"②。要么因为看透了科举考试的本质。陈振之，"舅氏少薄举业，谓制义宜圣贤语意，必如王太傅、归太仆者乃足当中，若时下肤庸恶习，则亦朱子所讥舞砑鼓而已。于是力求时务之学，凡古今成败、山川形势以及刀槊弛射，靡不究心"③。罗元焕索性和清初的廖燕一样，放弃了诸生的身份④。要么因为注意力上有其他专精。如温汝遂，专力于绘画及搜集金石文物，"嗜学，多聚书，手加丹黄，喜札记异闻，兼工草书。兄弟皆以仕宦显，汝遂独恬退，绝意科名。同县黄丹书、张锦芳、黎简，南海谢兰生，并以书画名，皆与交好。汝遂专心画竹，以己意为造新法，好事者每以炙鹅换之，传播日下，为成邸所称。……生平精鉴别，喜收藏。时方承平，收藏家订日期，具榼酒于珠江，各出所有，互为品评，殿者供其费。汝遂每出必为第一。文酒娱乐，至老弗衰"⑤。招茂章，"性宕逸，淡于荣利，以延师教子为事。与同志为诗酒棋茗之会，遇事托讽，一寓于诗。古文爱欧阳修，尤喜《泷岗阡表》。……有高声，重立品自爱，不似俗人之徒慕功名"⑥。要么因为拥有一技之长，足以维生。文斗，"家贫，惟资润笔以给饔飧，绝不干谒豪贵。性狷介，好吟咏，尤耽弈。家人不以断炊告，虽求画者踵至，漫应之而矣"⑦。翟宗祐，"好学工诗，善书画，尝于山水教会处构一小洞，杜门不出，日夕惟弹琴赋诗以自适。生平安隐逸，绝交游，时人罕识其面"⑧。凡此种

---

① 中山大学中国古文献研究所编：《粤诗人汇传》，岭南美术出版社2009年版，第1171页。
② 同上书，第1349页。
③ 同上书，第1227页。
④ 同上书，第1318页。
⑤ 同上书，第1348页。
⑥ 同上书，第1391页。
⑦ 同上书，第1220页。
⑧ 同上书，第1359页。

种，使他们主动远离仕途。但是，这类布衣诗人人数是有限的。

此时的布衣诗人，更多的是不排斥科举考试，他们对考试的结果则能泰然处之，并不为得失所困扰。罗天尺，"少以淹雅闻。年十七应试，日竟十三艺。元和惠士奇按试广东拔之，大加称许，手录其《荔枝赋》《珠江竹枝词》示诸生，声望蔚起。乾隆元年，举博学鸿词，以亲老不就"①。麦峦，"聪颖，博览关闽濂洛诸书。主书院讲席十余年，远近学者称层岩先生"。"清操自矢，布衣蔬食泊如也。邑长高其风，欣为结纳，然非公事未尝至其庭。"② 苏珥，"性脱略不羁，诗有别趣。惠士奇称之曰'南海明珠'。性嗜酒，无日不饮，然笃于内行，执亲丧三年，一勺不入口。人饷以珍异，必焚香荐于寝，而后敢尝。会荐举博学鸿词科，大吏上其名，南海劳孝舆同被征，约与俱，珥曰：'予有母八十，不畏碧玉老人见哂乎？'乾隆三年举于乡，无计偕意，母促之乃行。及南返，不复出"③。高肖，"以五经举于乡。春官报罢，杜门讲学，益肆力于诗。性刚介，见义勇为，不为利害怵"④。陈世堂，"家藏唐寅《长江万里图》，学使夏之蓉愿三百金购之，属其友致意，世堂曰：'我之功名，岂以画易哉！'卒不许。藩使王安国慕其名，以礼聘之，亦不就。老病将死，题一绝曰：'寄迹人间七十秋，也无荣辱也无忧。'"⑤ 易业富，"为人慷慨磊落，好读书，尤精骑射，年二十六中乾隆壬申武科。三上公车不第，遂不复图进取，归隐林下，日读书自娱，于古昔圣贤格言至论，靡不笃志诵习，身体而力行之"⑥。洪瑞元，"乾隆乙酉，

---

① 中山大学中国古文献研究所编：《粤诗人汇传》，岭南美术出版社2009年版，第1161页。
② 同上书，第1166页。
③ 同上书，第1169页。
④ 同上书，第1179页。
⑤ 同上书，第1183页。
⑥ 同上书，第1195页。

举于乡。一上公车,以母老不再赴"①。劳潼,"既举于乡,以母老,不肯再应试礼部"②。潘炳纲,"久困童子试,中岁屏举业,负弩从军。晚为黄提督梅亭课子,藉馆谷以自赡"③。甘天庞,"乾隆三十五年岁贡生。性孤介,绝迹公门。家贫甚,未尝有忧色。善书画,瘦秀孤高,如其为人。县令聘为景贤书院主讲,岁得束脩,分半以供社中文会。县令尝诣书院,辄谢以事弗见,其高如此"④。张系,"为人清矫拔俗,家贫授徒自给,足不履衙署,暇日惟寄情山水间,啸歌自适"⑤。黄伯毅,"乡荐后,日以养母课子为事"⑥。谭馥,"由恩贡广授生徒,笃志课子。晚年犹耽坟籍,手不释卷"⑦。……还有一些诗人一旦失利,他们就彻底放弃科举考试,如易业富,他"三上公车不第,遂不复进取"。林琼,"好学不倦,尤工吟咏。数奇不售,乐道安贫"⑧。李韫,"嗜酒击剑,少有狂生之目。既从其族父在廷先生游,磨揉迁革,渐鏖备至。然十试有司不得遇,乃悉焚其著作,以自放于渔樵牧群之间。时亦为童子句读师,藉以消磨岁月,非其志也。年六十,幞被走江西,访香炉、洪崖、百花洲诸胜,阅岁而归,积诗成帙"⑨。莫维华,"资质纯粹,功苦力学。……屡战棘闱不售,归养母"⑩。梁枢,"以连试不售,乃弃举业,专意于画"⑪。蔡恺,"少时三应童试不售,即弃去。工诗画、篆刻,诗仿黎简民,有《眺松阁集》。……嗜茗饮,手制茶具,极精妙。乡中荐绅多出门

---

① 中山大学中国古文献研究所编:《粤诗人汇传》,岭南美术出版社2009年版,第1216页。
② 同上。
③ 同上书,第1226页。
④ 同上书,第1239页。
⑤ 同上书,第1249页。
⑥ 同上书,第1261页。
⑦ 同上书,第1267页。
⑧ 同上书,第1365页。
⑨ 同上书,第1506页。
⑩ 同上书,第1541页。
⑪ 同上书,第1689页。

下，以布衣而推为祭酒"。黄荣康，"一度科场失意，不复再试，设馆授徒，以终其身。……所著《求慊斋文集》《凹园诗钞》《击剑词》，次第刊行"[1]。叶伯纶，"屡困棘闱，因致力教育，兼任各馆撰述"[2]。……他们在失利之后，认为"此路不通"，就及时放弃了科举考试。

这样的事例是很多的。他们非常洒脱地对待科举，心情丝毫不受影响。这也说明他们对于这件事情并不重视。蒲松龄曾经撰文写士子应举之后的心理："迨望报也，草木皆惊，梦想亦幻，时作一得志想，则瞬息而骸骨已朽。此际行坐难安，则似被扎之猱；忽然而飞骑传入，报条无我，此时神情猝变，嗒然若死，则似食甘毒之蝇，弄之亦不觉也；初失志，心灰意败，大骂司衡无目，笔墨无灵，势必举案头物而尽炬，炬之不已，而投之浊流。从此，披发入山，面向石壁，再有以且夫尝谓之文进我者，定当操戈逐之。无何，日渐远，气渐平，技又渐痒，遂似破卵鸠，只得衔木营巢，从新另抱矣。"[3] 一般文人把全部希望精力都寄托在科举考试上，所以患得患失。岭南布衣诗人却不然。他们不在意考试的结果，因为对考试本身就不重视，所以，能够潇洒地抽身而去。

此时的布衣诗人之所以并不拒绝参加科举考试，自有其社会背景。岭南曾经僻处一方，但随着秦始皇在岭南建立政权，岭南逐步纳入了中央政权的版图当中，岭南政治经济文化的发展与中央政权的政策息息相关，岭南人也就不可避免地与科举考试发生了关系，表2一组数字很能说明问题：

---

[1] 中山大学中国古文献研究所编：《粤诗人汇传》，岭南美术出版社2009年版，第2132页。
[2] 同上书，第2091页。
[3] （清）徐珂：《清稗类钞》考试类之"蒲留仙论乡试情形"条，中华书局2003年版，第635页。

表2 清代乡试各省中式名额（名）

	浙江	江西	江南（江苏、安徽）	湖广（湖北湖南）	福建	河南	山东	广东	广西	四川	山西	陕西	云南	贵州	合计
康熙	107	113	163	106	105	94	90	86	60	84	79	79	54	40	1260
比例（%）	8.5	8.9	12.9	8.4	8.3	7.5	7.1	6.8	4.7	6.7	6.2	6.2	4.2	3.2	100
乾隆	94	94	114	92	85	71	69	71	54	60	60	61	54	40	1019
比例（%）	9.2	9.2	11.2	9	8.3	7	6.8	7	5.3	5.9	5.9	6	5.3	3.9	100

明清科举都按照地域分配名额，而科举的名额设定，与当地的经济文化文教事业的发展等密切相关。从表2中可见，康熙朝岭南中式名额一共为146人（其中广东为86人，广西为60人），乾隆朝缩减名额，也有125人（其中广东为71人，广西为54人），这个名额其实超过了湖南、湖北两省之和，远远高出了云南贵州的录取率，在全国十余省中属于中上，可见岭南此时的文教事业的发展，科举对岭南士子同样产生了巨大的吸引力。乾隆朝时的录取比例是六十比一，可见士子之多，竞争之激烈。在这种大的环境下，岭南文人也难以置身事外。据《雍正朝实录》记载："（雍正二年，甲辰，三月）谕礼部等衙门：治天下之要，以崇师重道。……直省应试童子，人多额少，有垂老不获一衿者。其令督抚会同学臣，查明实在人文最盛之州县，题请小学改为中学，中学改为大学，大学照府学额数取录。督抚等务宜秉公详查，不得徇私冒滥。"根据圣旨，各地纷纷上奏增广学额。这也说明时至清中叶，科举考试制度已经被文人普遍接受，尽管某些文人对仕途并不热衷，但毕竟科举考试已经施行多年，"应试入仕盖已成为士子的专业，不特为一身一家的贫富荣辱所系，亦且舍此亦无以他途"①。此时的岭南布衣诗人并不排斥科举考试，应该主要是这个原因。

---

① 王德昭：《清代科举制度研究》，转引自田晓春《清代"盛世"布衣诗群文化性格论》，《苏州大学学报》（哲学社会科学版）1999年第4期。

三 乾嘉岭南布衣诗人的普遍心态

相对于明末清初那种血淋淋的鼎革之争，咸丰、同治、光绪悲伤凄惨的危亡之叹，乾嘉时期在政治、经济、文化、军事、外交等方面均取得了丰硕的成果，属于清朝相对承平的时代，因而被史家称为乾嘉盛世。但是，"繁华地有冷淡人"，在这举世讴歌太平盛世的同时，却有那么一群文人，他们顺应自己内心的呼唤，冷眼旁观，甘守寂寞，形成了一道别样的风景线。

乾嘉盛世，"承平"的表象下潜藏着深刻的危机，社会风气奢靡成风，各地府库亏空严重，吏治全面腐败，尤其招人诟病的是，乾隆帝以打击与怀柔两手来对付文人，摧折士气，造成文人思想空前僵化。社会氛围的空前肃杀，"诗能兴狱"成为文人的共识。

同时，乾隆皇帝尤其擅于使用怀柔手段。历朝历代，帝王并非与诗绝缘，刘邦的《大风歌》传诵至今，唐代李渊、李世民、李隆基等人都有诗歌创作，康熙、雍正皇帝还有别集行世，但是，其他帝王纯属个人爱好，而乾隆则在个人爱好之余，还有以自己的创作作为示范的意图。当然，诚如严迪昌先生所指出，"御制《乐善堂全集》终究领导不了一代诗风，皇帝不会去做诗坛宗师的。他需要有一个代理人，在诗的领域里能顺应'朕意'而又有权威性的总管。沈德潜无论从诗教修养、年资名望以及谦恭冲和等哪个方面讲，都符合'相知见始终'的条件，于是，被渔洋誉为'横山门下尚有诗人'的三十年前早孚诗名的'清时旧寒士，吴下老诗人'被超擢为总理'诗'务大臣"[①]，因而受到乾隆的特别赏识与栽培，乾隆曾

---

① 严迪昌：《清诗史》，浙江古籍出版社2002年版，第677页。

言:"朕于德潜,以诗始,以诗终。"① 他为沈德潜的《归愚诗集》作序云:"德潜老矣,怜其晚达而受知者唯是诗","非常之人然后有非常之遇,德潜受非常之知,而其诗亦今世之非常者,故以非常之例序之"②。在沈德潜里居的20余年,君臣之间的诗歌酬唱更是绵绵不绝。"楚王好细腰,宫中多饿死",乾隆对诗坛的掌握意图昭然若揭。又如,编撰《四库全书》实际上有一种导向作用,那就是引导文人皓首穷经,埋头于考据之中。"四库"开馆于乾隆三十八年(1773),乾隆五十二年(1787)全帙初就,又经过6年时间校核、审订、增补,在五十八年(1793)结束,前后耗费20年时间。这起到了引导读书人致力于学术研究的作用,文人或埋首书斋,不问世事,"避席畏闻文字狱,著书都为稻粱谋"③,文人或"遇事辄持两端,其或幸人之急而排挤之,讪笑之,以自明涉世之工,否则自诩为深识远见,以为固早虑其有此"④。或"以模棱为晓事,以软弱为良图,以钻营为进取之阶,以苟且为服官之计"⑤。与成功地统治了他的王国一样,乾隆帝成功地驾驭了文人的思想,将文人玩弄于股掌之上。

岭南人虽僻处一隅,山高皇帝远,但压抑的社会氛围并不远。前述屈大均别集被禁可见一斑。被岭南学子所仰慕尊崇的惠士奇、翁方纲都不得善终。翁方纲于"乾隆甲申奉命视学广东,至辛卯秋役竣,凡三任,八年。嘉道而后学臣无久任者"⑥,在岭南大力提倡

---

① (清)沈德潜:《自定年谱》,见《沈归愚全集》,乾隆十六年刻本。
② 同上。
③ (清)龚自珍:《咏史》,《龚自珍全集》,上海人民出版社1975年版,第471页。
④ (清)洪亮吉:《复臧文学铺堂问通俗文书》,《洪亮吉集》,刘德权点校,中华书局2001年版,第969页。
⑤ (清)洪亮吉:《乞假将归留别成亲王极言时政启》,《更生斋文甲集》,光绪重刊本。
⑥ (清)陈康祺:《郎潜纪闻初笔》,见李春光纂《清代名人轶事辑览》,中国社会科学出版社2004年版,第1922页。

文教，奖掖后进，为岭南文化事业的兴盛做出了杰出的贡献，深受岭南士子爱戴，却因为乾隆三十六年辛卯（1771），适逢皇太后80大寿，乾隆特意开恩科，给80岁以上的读书人赏赐以"举人"，而岭南一地，"入闱士子，九十以上者三名，八十以上者十六名"，乾隆竟认为"此必若辈见有上年恩旨，各蒙幸泽之心，增填年齿，以致多人混冒"，斥责翁方纲"不过因学政更换届期，捏词自炫，希图留任耳"，下令"交部严加议处"①。

岭南官员也有无辜下狱者。刘鹤鸣（1724—?），字禹甸，一字松厓，广东香山人。"松厓当风流披靡之时，独能以骚选、盛唐为宗，岂非豪杰。至后冯伯求、黎二樵辈继起，皆松厓有以开之。"②他是连接清初三大家与清中叶岭南四家的过渡型人物，然而他专力创作，却是迫不得已的行为。刘鹤鸣从小聪慧过人，"汝父束发时，聪明在汝右"③，本来选择的是走科举——仕宦之路，但他的人生在38岁那年抵达了巅峰，却又马上跌落谷底：27岁时（乾隆十五年）考中举人，38岁被选为钦州学正。"学正"是地方学校的学官，负责教育所属生员，官职不大，地位也不重要，但却是刘鹤鸣所做的最大的"官职"了。令人不解的是，仅仅两个月后，刘鹤鸣因为"讳误"被解职，个中原因并无相关记载，可能因为刘鹤鸣任职时间不长，史料上并无记载。但可以肯定的是，刘鹤鸣随即被谪徙湖南澧州，并在那里度过漫长的30多年，直到他70多岁高龄时才被开释，返回家乡，不久后在家中去世。学正协助县令做好教育的辅助

---

① 广东省地方史志编委会办公室、广州市地方志编委会办公室编：《清实录广东史料》第二册，广东省地图出版社1995年版，第355—356页。
② （清）温汝能纂辑，吕永光等整理，李曲斋、陈永正审定：《粤东诗海》，中山大学出版社1999年版，第1559页。
③ （清）刘鹤鸣：《四儿佩华于春日将归广东作诗一首付之以当训言并示三儿佩书》，《松厓诗钞》，清道光丙戌（1826）刻本。

工作，权利不大，属于不入流的官员，但就是这样一个小官，刘鹤鸣都没能坐稳，便受到严厉的惩罚，一生中宝贵的30多年被贬他乡，成了不戴镣铐的囚徒，其处境之尴尬，比之那些从未踏入仕途之人尤甚。刘鹤鸣《松厓诗集》全部为其在贬谪湖南期间所写，虽然内容上显得有些单一，无非是写景纪事、交游唱和、咏怀咏物，但无论是什么内容的诗篇，都离不开一种情感：那就是抑郁哀怨之情。刘鹤鸣完全把诗歌作为抒发个人情感的工具，他的伤感，渗透在字里行间；他的痛苦，诗篇中触目即是。如《四时不得一日乐》："四时不得一日乐，秋尽冬来忧如昨。冥情屏却复飞来，似叶纷纷扫更落。勉寻规矩既不堪，放浪形骸终可薄。人言一醉解千愁，浊醪素性从来莫。思将豪纵遏忧患，岂有闲钱更挥霍。去冬寒至乏衣裘，借贷知交换藜藿。今年资斧稍稍给，钱到贫囊便焦灼。忧能伤人信有之，那得期颐羡瞿铄。我今五十虽未衰，便到百年也萧索。痴云碍日常阴阴，竹外寒风起磅礴。"[1]从这个标题就可以看出他的内心世界，一年365天，每一天都是那样难过，没有开怀的时候。他的痛苦，与季节无关，年复一年，日复一日，始终萦绕不去。他的诗，写出了一个不幸文人的忧愤深广。

刘鹤鸣是地地道道的岭南人，他的遭遇就发生在岭南，岭南的文人自然也熟知此事。与中原诗坛上充满了"世路方险嘖，小官亦不易"[2]、"逢人恶说风波险，曾向蛟龙窟里来"[3]的休惕感慨相似，岭南诗人也有"丈夫一失志，骨肉不能完"[4]的心有戚戚。真是宦

---

[1] （清）刘鹤鸣：《四时不得一日乐》，《松厓诗钞》，清道光丙戌（1826）刻本。
[2] （清）龚景瀚：《夜雨有怀小范家兄触绪纷纷遂至满纸》，《澹静斋全集》，见顾廷龙主编《续修四库全书》第1474册，上海古籍出版社2002年版，第645页。
[3] （清）折遇兰：《舟过洞庭》，转引自刘靖渊《从台阁诗风的消长看乾嘉之际诗风转换》，《山东师大学报》（人文社会科学版）2001年第3期。
[4] （清）吕坚：《哀所见赠家凝因》，《迟删集》卷二，清滋树堂刊本。

海风波,功名难求。

　　这就是乾嘉时期的大致背景,乾嘉诗人就活动在这个历史舞台上。诗人欲进入仕途,就要消磨个性,随时俯仰,否则无法立足。但是,对于文人来说,如果抛弃了科举考试、抛弃了仕进,基本上就失去了施展自身才华的可能,一生中只能在默默无闻中度过。这对于他们来说是个残酷的二难选择,一些人不得不选择放纵,以这种方式来与现实对抗,螳臂当车,反抗的力量是弱小的,但也是难能可贵的,他们的所作所为虽于现实无补,却直接伤害了自己。这里我们以陈襟芳为例。陈襟芳,"字湘舟,又字若兰,又号松肩山人,南海人。初与若谷合刊和沈诗,署称棚桥二子。棚桥者,汾江深处隔溪有幽僻地,中流跨板桥二,相望分歧可度。湘舟辈尝结社于此"①。他才高而放荡不羁,"陈三诗不存稿,然自少至老,历历可诵。尝作《游鬼词》数十首,语皆奇绝。又自名其诗曰《夜锦堂集》"②。不事产业,也不乐仕进,家中万金被他挥霍一空,包养妓女,饮酒作乐,但他的内心却是痛苦的,他与黎简尤其推心置腹,曾经对黎简说,"已过中年,哀乐无心,寿命欲速"。活着是一种痛苦,只有选择麻痹自己。他的痛苦,来自现实中的压抑,"陈三尝语予,一夕舟中与妓话至五鼓,见江天茫茫,晓风残月,因思柳七,恍如前身,不觉泣下"。柳七,即宋代著名词人柳永,一生郁郁不得志,陈湘舟以这样一个落魄文人自拟,我们可以想见他的内心世界是何其愤激不平。黎简看到了陈湘舟放荡的表象下隐藏着无法排遣的痛苦:"妇人醇酒佳公子,生不荒淫死亦贤。"③ "锋棱惊坐貌陈

---

① 中山大学中国古文献研究所编:《粤诗人汇传》,岭南美术出版社 2009 年版,第 1379 页。
② (清)黎简:《陈湘舟挽歌七首》,《五百四峰堂诗钞》,梁守中校辑,中山大学出版社 2000 年版,第 206 页。
③ (清)黎简:《陈湘舟相过赠之》,《五百四峰堂诗钞》,梁守中校辑,中山大学出版社 2000 年版,第 120 页。

三，左顾掀髯骂不堪。为数几人流汗处，一生私喜一时惭。"① 这是对生活中的陈湘舟的如实写照。可惜的是，陈湘舟生前落魄，死后注定寂寞，他"一世诗豪只么闲"②的诗篇，在其生前已经零落，"剪取陈三白海棠，苦无佳句剩奚囊"③。他的诗作当时就只留下了只鳞片爪，"刀过人颈人啮泥，主者来验惊红丝"。这是他《快刀歌》中的一联，多亏吕坚在《写白海棠诗忆陈三若兰》诗中注释引用了此句，我们得以一睹部分真容，那是快人快语，愤激不平的。后人欲辑录其遗稿，"（凌汝潜）念己为陈湘舟外孙，屡欲辑其遗稿，闻谢守戎荩臣、大总戎少白昆玉尝代存湘舟《夜锦堂集》一轶，至两谒谢于军门，知散佚不可得，乃已矣"④。陈湘舟只留下了布衣狂放不羁的身影，让后人缅怀。

四　乾嘉布衣诗人与商人的关系探究

田晓春博士曾经分析过清代"盛世"布衣诗人的文化性格，她认为，"清代布衣与前代相比，有两个最独特之处。一是与商业文化的关系，一是与政权的疏离之势，两者是密切相关的"。她尤其详实地考察了布衣诗人与商业的关系："当布衣与科第、官场相离时，除了依人作幕、坐馆外，最普遍的衣食着落便是与商业结缘。其途有二：1.寄食热心艺文的富商之门，恃其诗、画、书、学问等一技之长被礼为上宾，与主一起从事吟社活动或为之鉴别真赝艺品，前者如陈皋、陈章、汪沆等一批邗江吟社或天津水西中的主风雅者；后者如陈撰先后寄身仪

---

① （清）黎简：《陈湘舟挽歌七首》，《五百四峰堂诗钞》，梁守中校辑，中山大学出版社2000年版，第206页。
② 同上。
③ （清）吕坚：《写白海棠诗忆陈三若兰》，《迟删集》卷五，清滋树堂刊本。
④ 中山大学中国古文献研究所编：《粤诗人汇传》，岭南美术出版社2009年版，第1533页。

征项氏、江都江春家。2. 将自己的创作直接投诸市场，这一类人多是书画家，其中以扬州画派中诸布衣如黄慎、金农、高翔、汪士慎、华嵒等最典型。"① 田晓春博士上述有关布衣诗人的分析是以扬州诗群为中心而阐发的，这种特点却与岭南布衣诗人颇相抵牾。

  历史上，岭南曾经以自然条件恶劣、物质生产落后而闻名，以致进入岭南的外地文人对岭南绝无好感，谈及岭南，他们印象最深刻的就是当地恶劣的自然条件，从而倍感凄凉，"莫道淮南悲木叶，不闻摇落更堪愁"（刘言史《越井台望》），"独立阳台望广州，更添羁客异乡愁"（李绅《端州江亭得家书二首》之二），"平林雨歇残阳后，愁杀天涯去国人"（寇准《闻杜宇》）；但这种情形，在明清时期已悄然改变，从文人的笔下我们可以一目了然。明代著名诗人、南园五子之首的孙蕡在《广州歌》中写道："广南富庶天下闻，四时风气长如春。长城百雉白云里，城下一带春江水。少年行乐随处佳，城南南畔更繁华。朱帘十里映杨柳，帘栊上下开户牖。闽姬越女颜如花，蛮歌野曲声咿哑。峱峩大舶映云日，贾客千家万家室。春风列屋艳神仙，夜月满江闻管弦。良辰吉日天气好，翡翠明珠照烟岛。乱鸣鼍鼓竞龙舟，争睹金钗斗百草。游冶留连望所归，千门灯火烂相辉。游人过处锦成阵，公子醉时花满堤。扶留叶青蚬灰白，盆钉槟榔邀上客。丹荔枇杷火齐山，素馨茉莉天香国。别来风物不堪论，寥落秋花对酒樽。回首旧游歌舞地，西风斜日淡黄昏。"② 此诗写出了明代岭南经济的繁荣。虽然在明末清初，战乱对岭南经济造成巨大的破坏，但岭南经济有着极强的自我恢复能力，一旦社会安定下来，岭南的经济就迅速恢复。乾嘉时期，岭南经济的繁荣给外地文人留下了深刻的印象，在外地文人看来，此时的岭南富庶繁华："回

---

 ① 田晓春：《清代"盛世"布衣诗群研究》，博士学位论文，苏州大学，1998年。
 ② 陈永正辑：《全粤诗》第3册，岭南美术出版社2010年版，第79—80页。

首繁华地,名都壮海浔。明珠轻薏苡,孔雀抵家禽。"作者还在自注中写道,"余宦游所至,物阜俗华,无逾此邦者"①;"教侬远上五羊城,海寺花田次第经。沙面笙歌喧昼夜,洋楼金碧耀丹青"②;"诏除剧郡到番禺,岭外雄繁第一区","繁华闻说五羊城,人物嬉恬见太平"③。岭南经济的繁荣可见一斑。

岭南经济的繁荣主要是靠商业的推动,"明清时岭南商品经济迅猛发展,当时浙商、徽商、晋商、闽商争相'走广',广州城南的豪畔街成为'天下富商聚焉'的闹市区。珠江三角洲在明代就成为商品性农业区,农业生产结构发生了很大变化,人口骤增,人们纷纷离开土地走向商业贸易与手工业,把经济作物和其他产品转到国外市场"④。经商可以带来丰厚的利润,这其实是人所共知的事实。颇为另类的是,乾嘉岭南布衣诗人处在这样浓厚的商业氛围中,却丝毫不受这种氛围的影响。乾嘉岭南布衣诗人,与江浙布衣诗人不同,既不游于富商之门,笔下也对商人绝无好感。在布衣诗人的笔下,极少出现商人,即使有,商人的形象也是负面的,如吕坚有《冯宗山让蓉儿诗同谢剑池作为十首(蓉儿为吴商夺)》诗:

公子乘闲误色身,水嬉湖畔损精神。牧之不是黄金铸,浅绿深红尽别人。

小红初擘可人怜,露浥风筛耐几年。夜放银丝素馨死,一钩残月梦花田。

蝶粉蜂黄着处枯,流莺想得尽情呼。酥胸香汗分人字,压

---

① (清)姚祖同:《过岭十首》之一,(清)张应昌《诗铎》,清同治八年秀芷堂刻本。
② (清)袁枚:《留别香亭》,《小仓山房集·小仓山房诗集》,清乾隆刻增修本。
③ (清)赵翼:《贵县途次奉旨调守广州寄别镇安土民》,华夫主编《赵翼诗编年全集》,天津古籍出版社1996年版,第428页。
④ 李权时、李明华、韩强:《岭南文化》,广东人民出版社2010年版,第19—20页。

被篝灯学鹧鸪。(鹧鸪胸文作"人"字。)

　　凄绝诗情似沈园，不曾上墓也消魂。镜台碧玉能歌舞，赚煞知之为不昏。("婚"与"昏"同。)

　　水部催妆日照梁，风情谢客绕银塘。阿侬打鸭寻常事，宁耐红亭等细香。(细娘亦冯公妓。蓉儿一名瑞香。)

　　荔枝湾对柳波涌，烟锁霞蒸见阿蓉。偎得文君好眉色，只今湖上望双峰。("涌"，俗读平声。)

　　搴帘软语带围宽，安得茆山药一丸。今日有心人绝少，齐将往事媚新欢。

　　竹林示欲病维摩(见《维摩说经》)，小玉频呼初渡河。幻极芙蓉亭出破，美人才子逐声歌。(阿玉，剑池妓。《芙蓉亭》，黎二樵曲部，今馆吴所。)

　　褪粉零香不耐秋，参军打鹘闹横楼。柳丝馆外平安泊，小约抛春赌玉钩。(平安，小妓。)

　　莲心辛苦自家知，欲倩旁人巧护持。未吊春风生柳七，青荷镜里藕丝丝。①

这组诗写了商人对文人爱情的破坏。蓉儿虽为妓女，却不慕荣华富贵，与文人冯宗山真诚相爱，但是，他们的结局是悲惨的，"牧之不是黄金铸，浅绿深红尽别人"。富商成了真挚爱情的破坏者，横刀夺爱，"莲心辛苦自家知，欲倩旁人巧护持。未吊春风生柳七，青荷镜里藕丝丝"。在对爱情歌颂的过程中，商人的丑恶面目可想而知。在乾嘉岭南布衣诗人笔下，我们看不到布衣诗人与商人的良好关系，布衣诗人与商人是疏离的。

---

① (清)吕坚:《迟删集》卷四，清滋树堂刊本。

同时，岭南布衣诗人也没有很明确的商业意识。岭南布衣诗人，大都多才多艺，虽然也卖文卖画，但主要的谋生来源还是教书。如黎简以"诗书画印"四绝驰名当时，向他求书求画者"趾相接，意稍不合，虽巨金必挥去"①；黎简并不屑于以书画来获得利益，他更讲求旨趣相通，所以"有大腹贾以纸索画，简民为画洋钱数十元。或问之，简民曰：'若辈之所识者此耳！'其圭角类如此"②。商人眼中只有钱，不懂得风雅，黎简对其嗤之以鼻。曾经有人伪托黎简之画，在市场上售卖，获取了重利，黎简知道后，写下《近有赝予书画鬻于肆者作诗自嘲》一首，诗云："虚名望人腹，腹饱笑不止。我笑天何心，同时产樵子。樵乎彼何人，天特厚我耳。我之所好道，下况同溺矢。彼有姓与名，无翼飞万里。聊以名假我，如画符治鬼。鬼不畏我符，已被我驱使。昨闻彼樵者，闭户病未起。风雨阴压旬，写帖去乞米。朋友远日疏，妻子饥欲死。欲死且未死，吾何惜乎此。安得以我手，遍赠穷独士。尽令彼因我，而使其似尔。我则自卧病，亦所大欢喜。东海百尾鱼，西海鱼百尾。相忘江湖中，谁能识真鲤。"③可见，黎简完全没有将其诗画作品作为商品买卖的意识，尽管他的父亲是一位成功的米商，黎简身上却没有商人的气息。黎简是一个例子，此时的岭南布衣诗人大多如此。

那么，为什么中原、江浙布衣诗人能够建立起与商人的良好关系，而岭南布衣诗人则不然？恐怕与岭南文化缺乏深厚的历史积淀，不似江浙商人那般风雅有关，也与岭南布衣诗人深受儒家"重义轻利"的传统是分不开的。虽然岭南向来远离中央，被视为"在中国史上可谓无丝毫之价值也"，"就国史上观察广东，则鸡肋

---

① （清）郭汝诚修，（清）冯奉初纂：《（咸丰）顺德县志》卷二十六《黎简传》，清咸丰六年刊本。
② 同上。
③ （清）黎简：《五百四峰堂诗钞》，梁守中校辑，中山大学出版社2000年版，第168页。

而已"①，但是，由于岭南经济地位重要，朝廷还是不断加强对岭南的控制，通过委派学政的方式不断为岭南注入官方思想。惠士奇、翁方纲、李文藻等人都是学富五车的正统学者，他们入岭广开教化，自然也就带来了主流的思想。乾嘉时期，岭南布衣诗人通过与中原仕宦的交游，已经完全接受了儒家思想，他们的思维与行事方式，都打上了儒家思想的烙印。由此可见岭南诗人价值观与主流社会的同步。

第二节 乾嘉岭南布衣诗人交游考证

魏中林先生曾经指出："就诗歌创作而言，同一时代的诗人们总是自然形成层次不同并包括各种文化活动在内的宽泛文化圈。每个人的成就地位自然要在历史检验中受到评判，却首先要被所处的文化圈所界定，同时又在界定别人中显出自身。……文学研究中，对作家交游等一系列文化活动的考察之所以重要，这应当是一个主要原因。"②

一 乾嘉岭南布衣诗人的交游

乾嘉时期，统治者不断任命官员前往岭南，与清初布衣对仕宦有所排斥不同，乾嘉之际岭南布衣并不拒绝与官员的交往。岭南布衣与仕宦既有师生之情，也有朋友之谊。

（一）师生之情

清代实行异地做官制度，多数担任岭南各级官员的是外地文人。

---

① 梁启超：《世界史上广东之位置》，《饮冰室合集》文集之十九，第二册，中华书局1989年版，第76页。
② 魏中林：《法式善与乾嘉诗坛》，《民族文学研究》1992年第3期。

乾嘉时期，外地文人入岭南为官者不少，惠士奇、杭世骏、全祖望、赵翼、钱大昕、翁方纲、李文藻、李调元、尹秉绶、阮元等都是在这个时期进入岭南。他们都在某一方面颇有建树，进入岭南，他们大兴教化，极大地促进了岭南文教事业的发展，他们与岭南后学结下的师生情谊也传为美谈。下面择其要者而言之。

1. 惠士奇与"惠门四子"

惠士奇（1671—1741），字天牧。康熙五十年（1711）进士，选翰林院庶吉士，授编修。两次担任会试同考官。康熙五十九年（1720），担任湖广乡试正考官，不久提督广东学政，以经学倡导，三年之后，广东士子通经者多。雍正初年，奉命留任广东。后召还，因奏对不称旨，被罚修镇江城墙，以家产耗尽停工被削籍。乾隆元年（1736），起用为侍读，赦免欠修城银子，下令纂修《三礼》。四年后，惠士奇告归，在家中去世。

惠士奇督学广东六年，颇有政绩，尤其为人称道的是发现和培养了一大批人才，对此惠士奇自己也不无骄傲："一尊遥忆论文地，同醉珠粮旧酒庐。"[①] 惠士奇倾囊相授，弟子们求知若渴，离开广东后，惠士奇追忆自己与弟子们的相处，依然满怀温暖，可见师生之间的融洽。据钱大昕记载："下车日，焚香设誓：不妄取一文，不妄徇一情。颁条教以通经为先，士子能背诵五经，背写三礼、左传者，诸生食廪饩，童子青其衿。尝言：'汉时蜀郡辟陋，有蛮夷风。文翁为蜀守，选子弟就学，遣隽士张宽等东受七经，还以教授；其后司马相如、王褒、严遵、扬雄相继而起，文章冠天下。汉之蜀犹今之粤也。'于是毅然以经学倡，三年之后通经者渐多，文体为之一变。"[②]

---

① （清）惠士奇：《采莼集》，《清代诗文集汇编》第798册，上海古籍出版社2011年版，第155页。
② （清）钱大昕：《惠先生士奇传》，《潜研堂文集》卷三十八，顾廷龙主编《续修四库全书》第1439册，上海古籍出版社2002年版，第124页。

这段誓言就是惠士奇的施政纲领，他在担任广东学政期间，为官廉洁，力倡学经史，培养了大批人才，最为杰出者数"惠门八子"。惠门八子，分别是何梦瑶、劳孝舆、吴世忠、罗天尺、苏珥、陈世和、陈海六、吴秋。八子中有四个是布衣：罗天尺、苏珥、吴世忠、吴秋。罗天尺，"字履先。年十七，应学使试。士奇手录其赋诗示诸生，名大起。征鸿博，念亲老不就，以举人终"[1]。苏珥，"字瑞一。为文长于序记，诗有别趣，书法亦工。惠士奇称之曰'南海明珠'。举鸿博，以母老，辞不试。乾隆初乡举，一试礼部，遂不出"[2]。吴世忠，"字仲坡，号南圃，南海人，吴文炜之从子，得以博览丰富藏书。年少就有谢庭兰玉之美誉，诗名亦早著。白燕堂诗社选拔列第十一名，白燕堂诗社的结集《峤华集》收录其五首诗"。吴秋，"字始亭，号竺泉，番禺人。受业于岳父胡方，是其高足，诗笔独秀。'惠门八子'中最年轻而早卒"[3]。

  他们与惠士奇的结交，始于惠士奇督学广东，相互之间建立了深厚的情谊。"惠半农在广树风教，士靡然从之。诸生敏博者多在幕府。罗履先与陈海六约婚于九曜石，而半农命瑞一媒之。师生宾友，可谓盛矣。半农以事籍产，官虽复而栖止无地，粤士醵金为赎红豆斋。"[4] 惠士奇为罗天尺与陈海六促成姻亲之好，为罗天尺诗集写序，对弟子们大加揄扬，如罗天尺，"元和惠士奇按试广东拔之，大加称许，手录其《荔枝赋》、《珠江竹枝词》示诸生，声望蔚起"[5]。弟子们对惠士奇极为感念，如劳孝舆有《寄呈惠天牧学士》诗：

---

[1] （清）赵尔巽：《清史稿》，中华书局1977年版，第13376页。
[2] 同上。
[3] 荀铁军、杨丽容：《论惠士奇督学广东的政绩及其文化意义》，《兰台世界》2012年4月下旬刊。
[4] （清）苏珥：《安舟遗稿·附事迹》，嘉庆甲戌刻本。
[5] 中山大学中国古文献研究所编：《粤诗人汇传》，岭南美术出版社2009年版，第1161页。

斯文将坠倩谁扶，名士之生自不孤。六载白衣行炭穴，一斋红豆贮冰壶。（学士有"行炭穴而不缁"之语，视学六载，有《红豆斋文选》。）难忘温语遗吾党，长此清风遍海隅。试酌贪泉经饮后，至今滴滴变醍醐。

桃李蹊成泛石渠，美人天上叹离居。万年春在龙池树，一代名高虎观书。蓟北飞花堪佐酒，岭南甘雨尚随车。承明新著贤臣颂，从此风云护禁庐。

栽培力厚及榛营，万仞龙门若可攀。张网昔曾罗薄海，藏书今已副名山。匡时经术羞毛郑，命世文章陋马班。试上金台回首望，铸金丝绣满人间。

年来鱼雁久升沉，万里瞻云思不禁。北去久劳明主梦，西归时有美人音。秋风敢后驽骀力，甘雨频催寸草心。誓托千秋报知己，恩波流入海门深。①

苏珥有《上惠天牧夫子诗》：

南桥北梓尽儒林，不数刘家有向歆。借得青箱书柳简，挑灯雨夜足披吟。

廉石归来远俗埃，旧游寻兴漫徘徊。贪泉可饮饶清况，记得曾分水一杯。②

1726年冬天，惠士奇自广东学政任满还都，罗天尺与众人送至胥江驿站，盘旋三日，依依不舍，赋诗送行，罗天尺有《奉送惠文宗还朝》八首，表达与惠士奇的师生之情：

---

① （清）劳孝舆：《阮斋诗钞》卷五，清刻本。
② （清）苏珥：《安舟遗稿》，嘉庆甲戌刻本。

207

撷兰从楚泽，飞镜下吴阊。夜火刘生阁，秋花陆氏庄。道仍行海外，风自振潮阳。鼓荡乃元化，雷霆破大荒。

党塾兴三传，弦歌起万家。珠光多应月，凤彩半生霞。汲古千金购，谈经五鹿夸。文翁称教授，不复数夔巴。

绛帐通宵侍，亲看玉尺量。丹黄忘栉沐，手口亦文章。艺苑从人问，经厨恣客尝。不殊开讲地，红豆旧山庄。

岩穴搜奇士，江山发大观。文怜韩愈怪，诗表孟郊寒。自愧千秋业，无成七尺看。荷承新札子，先后上长安。

入觐天颜近，文昌按部回。臣心沧海日，人事岭头梅。雉鸟今朝贡，鸾坡旧友来。三家饶古韵，开读几衔杯。（文宗刻有《岭南文》，选三家：进士谢元汴、孝廉梁朝钟、明经胡方。）

绣斧仍三载，桐乡继十州。龙图羚峡肃（包孝肃），玉局桄榔秋（苏文忠）。八代潮澜砥（韩文公），三贤穗石留（周濂溪、王阳明、陈白沙三先生也。）士林争配享，端足绍前修。

仍拟担簦去，胥江几日程。路遥同古驿，心远傍行旌。山势从天截，河流入夜倾。文章与风义，于此见生平。①

何梦瑶也有《送天牧师还朝》六首：

支硎山色郁崔嵬，秀毓明贤旷世才。丹篆光分龙虎气，紫霄人上凤凰台。家传史记当周柱，榜放门生尽楚材。南海何处瞻北斗，文昌高座近三台。

九重御命出持衡，双引朱衣向越城。六籍争吹孤竹管，百家人馈五侯鲭。青阳已遣和风布，碧落重磨水镜行。借寇六年

---

① （清）罗天尺：《瘿晕山房诗钞》，乾隆壬午年（1762）刊本。

刚一瞬,珠江秋月若为情。

漫劳年月细分程,劝学初编炳日星。怀饼不辞双腕脱,卖薪还教一灯荧。劣能注选称书麓,粗解摛词类鼎铭。最是中庭犹趁蝶,杏花坛上写遗经。

七尺珊瑚出水寒,月明铁网海天宽。琢成美玉皆如意,掷去明珠亦莫难。千古才人齐吐气,一时名士尽弹冠。自怜冀北群空后,也辱孙阳着眼看。

一自笙歌列绛帷,春风回首六年期。爱莲亭畔看花样,拾翠洲边唱竹枝。安定来时人奏雅,昌黎归后士无师。沉香水绿同南浦,惆怅兰舟缆引丝。

括将山上满空囊,绝胜黄金陆贾装。归路北辕无少犊,空衙东壁有胡床。新登宝座依铜鹤,近接彤云捧玉皇。从此青冥天路远,何时重得观龙光。①

以上诗概括了惠士奇在岭南任职期间的政绩,也记载了师生之间的深厚情谊,"任满还都,送行者如堵墙。既去,粤人尸祝之,设木主配食先贤。潮州于昌黎祠,惠州于东坡祠,广州于三贤祠,每元旦及生辰,诸生咸肃衣冠入拜,其得士心如此"②。袁枚也说:"苏州惠天牧先生,督学广东,训士子以实学;一时英俊,多在门墙。去后,人立生祠,如潮州之奉韩愈也。"③

不过,他们之间的师生之谊没有随着惠士奇的离去而终结。1715年,罗天尺赴京应试,当时惠士奇已经回到京师,罗天尺前往拜见。数年后回忆此事,罗天尺依然一往情深:"忆昔在京国,下第归岭

---

① 陈建华主编:《广州大典》第 444 册,广州出版社 2016 年版,第 283 页。
② (清)钱大昕:《惠先生士奇传》,《潜研堂文集》卷三十八,顾廷龙主编《续修四库全书》,王英志点校,第 1439 册,上海古籍出版社 2002 年版,第 121 页。
③ (清)袁枚:《随园诗话》,江苏古籍出版社 2000 年版,第 152 页。

南。拜别惠天翁,捧手承绪谈。"① 更让人唏嘘的是,惠士奇回京后,因为应对不合雍正皇帝心意,雍正罚惠士奇回乡修镇江城墙。工程巨大,耗费颇多,惠士奇变卖家产依然难以为继,受到雍正严厉处罚,房屋充公,以致惠士奇致仕后居无处所。罗天尺等岭南学子得知此事后,发起了募捐,筹集了400两银子,帮助惠士奇把卖出去的红豆山庄重新赎回,罗天尺《赎屋行》记载了这件事:

> 学士掉头发归兴,诏许太湖得养病。长须束装不待晓,短簿祠边欣所命。是时吾曹当公车,汗流气喘趋九衢。挽车问师何戒途,家无屋住胡归与。师似乖龙割左耳(师时重听),有见无闻笑不止。挥手诸君请勿喧,百问不答忘所以。苏君杨君慷慨前,解囊争为粤人先。太史相继空腰缠,会计兼及子母钱。飞鹚共向阊门去,赎屋待师行李至。手扶红豆开书斋,五库九经次第置。吾师吾师本何求,甲第宁为子孙谋。胡不为秘书万卷牙签忱。可少名山二酉藏书楼,田园宁为身家计。胡不为传经三千载酒地,草亭雪门可不备。师仍挥手戒勿喧,我屋虽赎亦徒然。明朝定有山公启,荐授龟蒙一叶船。②

岭南学子们与惠士奇的师生情谊不因为地理空间、人物地位的改变而褪色,牢不可破。爱屋及乌,罗天尺这次应试返乡途中还特意去东吴探访惠士奇之子惠栋,有诗为证:"东吴自古文学薮,季子子游堪尚友。更说今人胜古人,赠纻为先凭吊后。出林铃铎虎邱塔,山塘游人复千百。停舟未拜短簿祠,怀刺先问齐门客。茂苑啼莺二

---

① (清)罗天尺:《苏二瑞一举子古诗奉寄因柬何十共和》,《瘿晕山房诗钞》卷二,乾隆壬午年(1762)刊本。

② (清)罗天尺:《瘿晕山房诗钞》卷五,乾隆壬午年(1762)刊本。

里余，醋桥旧宅子云居。田庐入官不复识，路人指点多唏嘘。耳廊侧入通书屋，旧经书券当官鸎。露压烟欺红豆枝（用《峥嵘集》诗语），小窗近借童蒙读。相思廿载不相见，文章手把读复羡。喜极相逢意气倾，典衣为我供朝膳。整襟更谢邮书人，老父遂初已如愿。佣书自笑舌尚存，辞官更喜身犹健。依旧牛衣载满船，沿途乞食赋归田。圣恩虽乏镜湖赐，关吏不索金装钱。宦海茫茫贵知足，有竹便可食无肉。羡尔晨昏菽水欢，可安不合时宜腹。膝前为缮采莼篇（惠公有《采莼集》），床头进补精华录（定宇有补注王新城《精华录》）。一家门内有名山，注述千秋非等闲。何日大中重入岭，散来新语满梅关。"[1] 字里行间充满了对惠士奇的同情和对朝廷的忿忿不平，并有"宦海真无术，元龙气尚豪"[2] 之语。他的立场是完全站在惠士奇这一边的。这种情谊非常可贵。"贫在路边无人问，富在深山有远亲"，当某人身居高位时，人人都欲与之亲近，而当其人落魄时，则避之唯恐不及，这种情形在社会上并不少见。罗天尺与惠士奇之间的情谊不因身份地位而改变，始终如一，确实让人动容。

2. 李文藻与岭南四家（张锦芳、黄丹书、黎简、吕坚）

李文藻（1730—1778），字素伯，号南涧，山东益都人。天资俊朗，年十三，随父游曹家亭，仿作记一篇，见者惊为神童。及长，从钱大昕游。乾隆二十五年（1760）乙卯举人，二十六年（1761）进士。任广西桂林府同知，"居官以清白强干称，购书籍置属书院以教学者。平生穷经致古，肆力于汉唐注疏，聚书数万卷，皆自校雠，丹铅不去手。尤嗜金石，崖洞寺观，椎拓无遗。诗文自慮所

---

[1] （清）罗天尺：《由山塘至齐门访惠定宇红豆书屋兼寄半农师》，《瘿晕山房诗钞》，乾隆壬午年（1762）刊本。

[2] （清）罗天尺：《读惠研溪太史集回寄惠定宇》，《瘿晕山房诗钞》，乾隆壬午年（1762）刊本。

见，不傍人门户"①。著有《恩平》《潮阳》《桂林》《李南涧文集》各一卷。

李文藻于乾隆三十四年（1769）年底赴任广东恩平，开始宦游岭南的生涯。"南涧成进士，谒选，得广东恩平县知县。后调潮阳县，以海疆三年俸禄满保荐，擢广西桂林府同知。"②李文藻出仕进入岭南，因其文名远播，"在岭表，士子以文就质无虚日"③。这其中，就有岭南四家——张锦芳、黄丹书、黎简、吕坚。从认识的先后顺序来说，李文藻首先结识了张锦芳，后又通过张锦芳结识黄丹书、黎简等，对四人兼有师友双重身份，结交之初是师，尔后是友。其《初四日寄怀药房兼示二樵》有句云："戴笠交情见肝胆，同袍吾道是文章。"可见他与大家是同道中人，可以肝胆相照。《十二月十二日羊城解缆顺德张毓东曰珣张药房锦芳黎二樵简黄铭室丹书送至佛山镇舟中弹琴围棋赋诗作画至次日夜半过沙口始别怅然留赠三首》写于乾隆四十一年（1776），反映的是李文藻按照惯例赴京朝参，张锦芳、黎简、黄丹书等至佛山送别一事，临别时大家难分难舍，"结交昔所重，合并后难必。清泪落北风，分手怅今日"。分手之际，李文藻更是殷殷期待，"诸君玉圃粹，将为金闺精。词头归根据，券取千秋名"④。在李文藻病重之际，留下遗言，要求四人各写一首挽诗来悼念，而四人也不负所望，各自写诗悼念，悼诗中极尽哀痛之意。黎简《秋九月桂林少尹李南涧文藻病腐胁书来与药房石帆虚舟及余各求一挽诗又云他日语其死状以救荒策陈于上官不得行其志郁郁以至此也继又至一书仅辨三字余燥渗断续不复识矣聊作此诗而已》挽

---

① （清）钱大昕：《李南涧墓志铭》，《潜研堂文集》卷四十三，顾廷龙主编《续修四库全书》第1439册，上海古籍出版社2002年版，第175—176页。
② 同上。
③ 同上。
④ （清）李文藻著，栾绪夫注：《岭南诗集注》，大连海事大学出版社1994年版，第187页。

诗中写道：

> 梦寐三年交，西北万里别。一官身将老，五斗腰懒折。经年无只字，有字即永诀。丙申饯穷冬，冻泪结面雪。离舟各烟水，殊方协裘葛。两柱大雅作，远寄慰寒褐。之官思东游，空囊净如抹。竖河奔苍梧，况是生死穴。苦云今年饥，饿殍四觐列。病躯冲死气，检葬日不歇。千钱致斗米，官亦啖面麸。上书策救荒，所学期一泄。方圆有趋趋，肝肠坐幽郁。淫毒积恺怀，疽背见肺窟。伏枕荒山中，待命幸痂结。右胁复生杨，臂肉溃至骨。民瘼病未苏，吾瘿痛可割。呼儿俯就爷，背上作书札。首书竟死矣，三字读千咽。次下不可识，语断墨渗缺。先来一封书，书中愿有乞。张黄与黎吕，各求挽歌一。续有最要事，托传（去声）陈氏节。自言未传此，千古眼不闭。伤哉儒生心，炯若日月揭。往闻周侯窘，独哭坐天末。每寻兄弟乐，口自生石碣。贾生厚天性，哀乐致殊绝。叔逝伯柴立，季怒伯止啜。悼亡两佳人，琼树余短茁。（原注：李侯弟静叔，有文行而早逝。又两丧家室，一儿一女俱幼稚。）皇天岂无意，贤俊古颠蹶。神圣实怔忪，后士复何说。人情固叹喟，公衷洞慈达。转为掀髯吟，爽翠眉上发。拂乱溢方寸，困横忍豪发。生名青云器，死为丹邱血。吾辈遗一信，彼土阻累月。不翼气数外，但望旦夕活。庶几黄泉底，交心得粗彻。转惟我侯者，及时产邦杰。经书为文章，忠义之所出。司命倘可告，兹厄或尔脱。实恐命至此，饮羽坚不拔。枯鱼不望水，惟有久涸辙。昔年居广州，往往生聚疾。医和照五内，体胖致痰厥。忽然得清晏，走报误仓猝。用是私或宽，而兹邈难决。山河亘纤遥，斯人亦慎密。北风吹寒景，独立真宰阔。题诗留后时，委心任存殁。

存为再来人，殁为哀辞述。①

张锦芳《挽李南涧先生六十韵》写道：

一代文章伯，频年瘴厉乡。摧残八桂树，惨淡九秋霜。朱鸟魂安适，苍梧野正荒。音徽犹昨日，涕泪忽重阳。凤秉璆琳质，横驰翰墨场。石渠遗贾马，岭峤得龚黄。下邑牵丝远，孤城制锦良。才多厌闲寂，政简富篇章。暖律回山郭，春风又海疆。排衙榕叶暗，行部贝多香。蛮语侏离队，文书雁鹜行。治仍儒术用，学未素襟妨。云气通铃阁，潮声到讼堂。抽身成眺览，随地足徜徉。数柱遗双鲤，时还客五羊。僦居邻府廨，晋谒或僧坊。秘笈承嘉惠，琅函发旧藏。说诗类匡鼎，谈易祖京房。韵学亭林录，经师红豆庄。取材梨枣富，辨字鲁鱼详。胥口寻祠宇，诃林绕殿廊。唐碑金薤迹，汉塔玉毫光。雪面同炊饼，乌醵对举觞。遗闻传耆旧，宿草诔门墙。报最登天府，怀归指帝阊。正空潘岳簟，宁计陆生装。旧雨留书帙，娇儿共舣艎。随身惟药里，出饯但诗囊。此去过芸馆，赓歌合柏梁。群儒资纂述，四库盛缥缃。岂意头衔换，还持手版忙。共怜鲇上竹，自笑鼠拖肠。惨甚松楸别，悠哉道路长。佐州仍五管，飞楫历三湘。帝子竹枝怨，骚人蕙草芳。缓寻真兴发，独往亦神伤。朔雁飞难到，愁猿听转常。衙斋多见石，官俸薄春粮。江远萦罗带，峰奇耸剑铓。饥寒博山水，趋走胜琳琅。集古应多录，储书欲置仓。身闲稀岸狱，心苦问流亡。百室方悬磬，编氓困暴尫。污莱难具论，道殣惨相望。束带愁陶令，忱时似漫

---

① （清）黎简：《五百四峰草堂诗钞》，梁中守校辑，中山大学出版社2000年版，第38页。

郎。严程冲潦雾，触热入舟航。救敝宁无术，活人犹有方。骖鸾信虚语，栖鹏定何祥。素发频看镜，丹砂待觅床。扶衰尚芝术，贞疾乃疡创。浪说痛移柳，惊闻闰厄杨。危词来永诀，噩梦镇难禳。山鬼怜司户，青蝇吊仲翔。生前名磊落，身后事悲凉。明义深惭负，遗型未易忘。高踪接韩柳，末学逊晁张。敢拟寝门哭，空怀镜具将。临风怅凋谢，感旧益傍徨。牢落乾坤阔，萧条雨雪雱。西州有余恸，一为诉穹苍。①

吕坚《李进士南涧公挽诗》写道：

天地有闲气，先生道固穷。一官留菜色，小岳竭葵衷。北献登蒲谷，南迁苦麦穷。简书龙骨出，图画虎头工。（黎二樵为公作小照数帧，毕肖。）梦遇犹班草，伻言已祀桐。盖棺无长物，归布有嬴僮。二晓编遗稿，（二晓先生，钱晓徵、纪晓岚也。遗诗即寄两宗工订之。）三生任转蓬。弥留征薤露，（先生一函寄药房，言张、黄、黎、吕各索挽诗一首。）畴昔和松风。泰岱难时雨，罗浮嗾毒雾。骊珠谁簸弄，燕石待磨砻。（先生自北而西，坚在罗浮裁诗，误寄泗城府，后又得十余章，方缮寄，而先生讣至，遂遗终身之恨。）疽以彭城殒，封如泗水崇。未能观马鬣，何自逐鸿蒙。龙性驯香钵，牛溲感药笼。辒令魑魅喜，碑戬猣苗凶。竹泪蒸云绿，鹃啼郁水红。楚魂招上下，鲁道自西东。山斗昌黎伯，湖亭玉局翁。蓝关渐雪沈，梅驿泣花丛。宦橐诗千首，家园地几弓。鹡鸰从古叹，雏凤与君同。死友闻张劭，通家愧孔融。达期明德后，歌讶哲人终。璚液消臣渴，

---

① （清）张锦芳：《逃虚阁诗钞》卷四，嘉庆六年刻本。

金箆刮世矇。陈思悲白马，庆忌泥黄骢。（庆忌，状如人，长四寸，乘黄马，以其名呼之，能使千里外一日还。报千年涠泽之精也。见《管子》。诗成不得寄，故云。）侨也伤为善，天乎信鞠凶。含珠惟处士，（公书来，数称朱白衣小岑。）褒衮赖群公。晋乘传青镁，周庭宝赤铜。文章光万丈，淹雅续三通。篆绣都成虎，雕镌不比虫。金偿同舍值，火笑阿奴攻。凡作生民式，攸宜启圣聪。谁腾三尺喙，千骑会丰隆。①

黄丹书《哭李南涧四首》写道：

两载骖鸾未得俱，惟凭清梦过苍梧。我惭后辈恩犹重，天夺先生道益孤。海外文章空磊落，病中书札尚模糊。归魂倘逐浈江水，忍挈椒浆奠一壶。

七年炎海困肩舆，绪论欣聆趋谒余。最忆为官如漫浪，更怜搜士及渔樵。亭依扬子谭奇字，枕向中郎得异书。今日羊昙感知己，西州一恸竟何如。

怀橄重期过五羊，峭帆倏已渡三湘。一官未遂莼鲈兴，数口犹栖道路旁。此夜悲风生桂管，他时遗爱祠桐乡。只今浊酒红灯里，试诵遗篇泣数行。

回首严寒出饯迟，同舟仙侣快追随。春花共踏曾游地，剪烛分题赠别诗。才倚松门思旧雨，胜充官橐有娇儿。（先生《游峡山寺》诗，有"张黄黎吕各云树"之句，又《行李诗》有云："婴儿是官橐，不恨太痴顽。"）却怜身后无穷事，永诀谁闻易箦时。②

---

① （清）吕坚：《迟删集》卷四，清滋树堂刊本。
② （清）刘彬华：《岭南四家诗钞》，清嘉庆十八年（1813）刊本。

长歌当哭，四人的诗作皆写出了李文藻一生的功绩，并极尽悲痛之情，论者皆服膺李文藻的眼光。"南涧将死，邮书至粤东，云愿乞张、黄、黎、吕各制挽诗一篇，于此可见司马与诸君交谊之笃。"①李文藻是岭南四家共同的知音，与张锦芳交情更是不同一般。张锦芳与李文藻的相识当为李任潮州令时，李调任广州主持诸生考试，张锦芳应试，两人遂结交。李文藻极为欣赏张锦芳，写有《岭南三子歌示胡亦常》，将张锦芳与冯敏昌、胡亦常合称岭南三家：

合浦珠去蚌亦死，川海精华有冯子。十岁文惊翁学士，皈者万人此得髓。云闲陆郎亦知己，天骥之诗无比轨。浮沉人海三年矣，二张词赋光峨峨。南海珊瑚交枝柯，红豆遗学谁扬波。独抱说文雠舛讹，大张其如粤士何。我得胡生如片玉，淹博兼作荒年谷。北上未遂登天禄，买书满船手遍触。投交小戴搋经腹，二晓先生并推毂。归来向我吞声哭，病甚形容到槁木。劝尔且为天下谷，静摄胜于啖参独，闭户吟研老亦足。②

李文藻另有《端午招孙稼轩张药房冯耒堂小集大佛寺遂游六榕光孝二寺四首》《元日得张药房见怀诗四首次韵奉答》《柬张药房》《十二月十二日羊城解缆顺德张毓东曰珣张药房锦芳黎二樵简黄铭室丹书送至佛山镇舟中弹琴围棋赋诗作画至次日夜半过沙口始别怅然留赠三首》《初四日寄怀药房兼示二樵》《芦林潭阻雨寄怀药房》《阳朔舟中寄药房》《酬药房四首》等诗，盛赞张锦芳为"噪甚张公子，才名独冠时。天南有坛坫，海内几心知"③。不仅如此，李文藻将张锦芳推

---

① （清）张维屏：《国朝诗人征略》，陈永正点校，苏展鸿审定，中山大学出版社2004年版，第674页。
② （清）李文藻著，栾绪夫注：《岭南诗集注》，大连海事大学出版社1994年版，第67页。
③ 同上书，第95页。

荐给钱大昕,"潮阳令李君文藻者,山东名宿,复以书遗京中诸老,称君之才尤至。故君至京,若今尚书纪晓岚先生,少詹钱辛楣先生,无不倒屣迎者,一胡二张之名满于都下"①。李文藻不仅有书癖,他的金石癖尤甚,他自称:"敢言著录追欧赵,不是藏书为子孙。典尽羊裘买胶墨,图将跋尾遣辰昏。"②他甚至说:"登梯百仞眵两胪,夙所癖嗜宁惮劬,病且死即埋山隅。"③他对金石书画的搜集研究达到了入迷的程度,其"所过学宫寺观、岩洞崖壁,必停骖周览","见有古碑刻石必拓之"④。张锦芳曾多次跟随李文藻考订古迹,"塔铭共考新出字""罗汉同摹旧唐绢"⑤,就是大家金石考据的记载。在其影响下,张锦芳写下一些金石诗,如《拓西铁奋新出字寄李南涧》《光孝寺贯休四罗汉》等。张锦芳还帮助李文藻校对《九经正义》《左传补注》等书。另外,张与李亦师亦友,集中唱和颇多,如《寄李南涧明府四首》《南涧见和原韵复寄四绝句》《次韵答李南涧》《次李南涧先生留别韵三首》《送李南涧先生至沙口别后追赋三首》《得李南涧书云正月五日度岭与东坡同日》《二月三日得李南涧先生保昌见寄诗册因以石鼎虚舟所画像装于首而系以诗》《寄怀李南涧少府桂林四首》等,两人的交往一直非常密切,贯穿于李文藻生前,无怪乎赵希璜说"吾乡冯(鱼山)与张(药房),君之唱和友"⑥。李文藻去世后,张锦芳深为悲痛,多次写诗悼念。

---

① (清)冯敏昌:《太史张君墓志铭》,《冯敏昌集》,陆善采等点校,广西民族出版社2010年版,第361页。
② (清)李文藻:《拓碑二首》,栾绪夫注《岭南诗集注》,大连海事大学出版社1994年版,第286页。
③ (清)李文藻:《阳朔看山作》,栾绪夫注《岭南诗集注》,大连海事大学出版社1994年版,第303页。
④ (清)钱大昕:《李南涧墓志铭》,《潜研堂文集》卷四十三,顾廷龙主编《续修四库全书》第1439册,上海古籍出版社2002年版,第175—176页。
⑤ (清)张锦芳:《五日寄怀李南涧冯鱼山都中》,《逃虚阁诗钞》卷三,嘉庆六年刻本。
⑥ (清)赵希璜:《哭桂林司马李南涧先生》,《四百三十二峰草堂诗钞》卷三,嘉庆四年己未(1799)刻本。

对黎简，李南涧写有《赠黎简》诗："西郭有高士，读书常闭关。昨携筇竹去，独上罗浮山。我爱坡谷作，因怀冰雪颜。何当访丹灶，共踏苔斑斑。"① 李南涧对黎简颇有知遇之感，在李南涧去世后，黎简不断写诗悼念，如《李南涧哀词寄肃斋药房石帆虚舟》《冶铜仿古私印破一月得三十颗夜梦李南涧来索观甚称美余曰人久云公死妄耶但笑而不答肃斋药房同坐甫议为铜印诗而觉》《南海神庙怀亡友李南涧》《检李南涧手札》《正月五日省视李南涧丙申十二月留别之作别后书至言正月五日度岭》《独夜检故李少尹南涧与前新宁周明府南川手札十八韵》等诗，表达"应同挂墓剑，不敢负徐君"②的拳拳之意。

3. 翁方纲与张锦芳、黎简

翁方纲（1733—1818），号覃溪，大兴人。乾隆壬申进士，选庶吉士，授编修。擢司业，累至内阁学士。先后典江西、湖北、顺天乡试，督广东、江西、山东学政，官至内阁学士。翁方纲精于考据、金石、书法之学，又是清代肌理说诗论的倡导者。著有《复初斋全集》《礼经目次》《苏诗补注》等。

翁方纲于乾隆二十九年甲申（1764）奉命督学广东，直至乾隆三十六年辛卯（1771）始返回京师，在岭南将近八年。翁方纲振兴文教，培养人才，对岭南文化事业的繁荣做出了突出的贡献。翁方纲前往广东，正是抱着振兴文教的目的而去："岭海搜奇岂易胜，宦途利涉果谁凭。平生本不求温饱，今日深知畏友朋。城角晓钟清似偈，渡头残月淡于冰。自应检点初心在，风味青衿记

---

① （清）李文藻著，栾绪夫注：《岭南诗集注》，大连海事大学出版社1994年版，第165页。
② （清）黎简：《冶铜仿古私印破一月得三十颗夜梦李南涧来索观甚称美余曰人久云公死妄耶但笑而不答肃斋药房同坐甫议为铜印诗而觉》，《五百四峰堂诗钞》，梁守中校辑，中山大学出版社2000年版，第53页。

昔曾。"① 对翁方纲而言，其"初心"就是在其位，谋其政，做好学政之职。事实上，翁方纲也是这么做的，在任期间，翁方纲走遍了岭南的山山水水，即便是偏远的琼州，翁方纲也毫无遗漏，并抓住一切机会对士子们进行训导。翁方纲的教导手段是多样化的，并不仅仅限于学府，他拜祭前贤祠堂以弘扬向学之风，《潮州谒韩文公祠》写道："道脉需扶树，其间必有人。汉唐何契阔，孔孟接精神。圣域谁登岸，词源此问津。旁搜岂纤曲，私淑实艰辛。谶纬师儒滥，荒唐释老因。千年贻废堕，一手辟荆榛。磊落仁兼义，昭彰物与伦。六经初约旨，八代遂还淳。旷古渊源续，斯文日月新。"② 对韩愈在岭南的教化之功予以高度肯定。张九龄为韶关曲江人，是岭南历史上第一位宰相，也是岭南诗风的奠基者，深受岭南士子的景仰，翁方纲专程前往祭奠，《韶州谒张文献公祠》写道："相度高今古，鸿名岭峤齐。地灵钟埶比，天宝事遥稽。□泰时方盛，披猖迹未梯。道元伊吕并，望遂许燕跻。……"③ 翁方纲的这些举动，无疑能激发起岭南学子的向学之心。

此外，翁方纲对士子们还多方鼓励以振奋学子信心，《嘉应试事既竣示诸生二首》之二可以看出翁方纲对学子们的严格管理及要求："首戒学官稽，再核案牒报。循名求其真，鉴貌按所肖。层层严出入，一一慎考较。更别其疑似，庶驯彼桀骜。锁院十五日，宿弊此一扫。文虽逊旧闻，终胜于剽盗。匪为目前计，愿永告庠校。尔文可章身，忍等沟浍潦。尔才可决科，忍听虚牝耗。长者诱毋诳，幼者进毋躁。欺上即不忠，罹法岂谓孝。平旦扪寸衷，清凉拔淤淖。苟有人心人，此辙勿再蹈。移风进真醇，改过发悔懊。有如此江水，

---

① （清）翁方纲：《初发广州按试肇庆以西诸郡登舟有述兼呈象星怡庵介庐石泉》，《复初斋外集·诗》卷二，民国嘉业堂丛书本。
② （清）翁方纲：《复初斋外集·诗》卷三，民国嘉业堂丛书本。
③ 同上。

澄心送我櫂。"① 嘉应考生有冒名顶替之事，翁方纲敏锐地察觉了，并加以整治。其《高要舟中与诸子论文作》可见翁方纲教导士子们的一片拳拳之心："国朝聚奎厘，熊刘最宏敞。明堂圭璧品，磊落光万丈。文懿文贞出，大乐钧天享。景庆丽星云，哲匠同时仰。往者推宜兴，储任共欣赏。胥惟经术深，不独持论谠。渊乎竹里翁，弦外寄遐想。五色园客丝，众茧归一纺。如车赖司南，如舟得五两。如控马有辔，如登山有杖。自从先生后，斯道益炯晃。饮食而知味，一一饱所饟。顾惟立绳墨，本不由勉强。设非积学久，敢以虚词罔。精理内充实，真气外摩荡。谁能猝使然，是亦关所养。六经乃膏腴，诸史亦宝帑。中藏未涵濡，外貌徒仿像。鲸鱼掣沧溟，鲲鹏适莽苍。苟虚羽翼培，焉免枋榆抢。为山必基篑，搏水可过颡。真誉必有试，伪体吾何奖。幸得受斧斤，南来收篆荡。滔滔珠江水，照此珊瑚网。远稽文献公，岭海风向往。近时诗振奇，陈屈尤竞爽。乔生蒲衣伦，瑰玮非肮脏。要取器雄深，宁借气慨慷。陆犀水贝玑，韩子歌荒莽。仁义动君子，吾道信所仗。岂谓帖括卑，章句听剽攘。今古一瓣香，大抵存吾党。方圆各成器，奇制何必放。簠簋弗荐诚，安用陶与旅。契古有神会，谭艺殊技痒。寸心得失闲，令我怀畴曩。陆子吾畏友，况接熊裘蒋。长啸求元音，聊倚舟人桨。"② 虽然此诗引经据典，可读性不强，但从中可以看出，翁方纲不放过任何机会对士子们进行教诲。《暮春肇庆使院即事》诗写出了翁方纲的学政生涯：

尊经阁本讲堂规，列戟门寻礼器碑。近日庋还添史册，后生雅共考尊彝。（院旧府学址尊经阁尚存，西即今府学。学官欧阳卓山买二十二史贮之。又从化学官饶桐阴请依经义定奠献诸

---

① （清）翁方纲：《复初斋外集·诗》卷三，民国嘉业堂丛书本。
② （清）翁方纲：《复初斋外集·诗》卷二，民国嘉业堂丛书本。

尊之次，二君皆予乙酉所得士。）肯徒稽古相夸诩，更欲他时看设施。社稷民人胥视此，晚阴记伫短墙鼛。

祖侯遗墨墨名岩，空副王家池北谈。（大岩之左副墨岩，有宋祖择之石刻，载渔洋《北归志》。予屡访之，不获。）旬日幽崖深雾雨，古云秘迹护烟岚。岂雷电下五丁取，那玉虚官二癸庵。放失宏多搜蓄少，异闻仍有未曾探。

端溪砚石重球琳，一物搜罗阅古今。闻说宋时坑字在，空青镌入水声深。（羚羊峡砚坑刻字云：治平四年，岁次丁未，重开此古岩。）羚湘峡更精粗辨，上下岩穷窈窕寻。胜作碑材又紫绿，已经三百载于今。（院有明成化六年一碑，是阮石。以手摩之，光润如渥。）

杨郎话与陆郎诗，三度蕉窗听雨时。怀古可谁商往□，莫春今我梦前期。南宫桦烛长廊静，北极台垣昼漏迟。遥想棘墙吟暮雀，杏花红过出楼枝。（谓春闱典校诸公也。"棘垣暮雀"，昔介野园宗伯师语。）①

翁方纲规范了制度，改善了学校条件，完善了学习内容。对翁方纲的良苦用心，士子们感念于心，对其可谓是一呼百应。翁方纲有《前诗嘉应之士和者至二千人爰择其稍成顺者弟子五十人童子八十人使歌粤风源流仍用前韵》，从诗歌标题中就可看出翁方纲是一呼百应，士子们对翁方纲奉若神明。"昼鼓宵铃如响答，红灯绿酒每趋陪"②，这也是翁方纲学政生涯的写照。

翁方纲与张锦芳的关系最为密切。张锦芳与翁方纲的结交，当始于翁方纲在广东学政任上。翁方纲有《张粲夫取韩子门以两版丛

---

① （清）翁方纲：《复初斋外集·诗》卷六，民国嘉业堂丛书本。
② （清）翁方纲：《视粤东学役竣留别》，《复初斋外集·诗》卷八，民国嘉业堂丛书本。

书于间之句名其室曰版门来乞分书并诗》，张锦芳就是在应试中与翁结交的，并与其弟锦鳞同时受到翁方纲的器重。翁方纲为乾嘉时期一位大家，他博雅嗜古，无论经学、考据学、书志学、诗学、书法，无不精通。在其耳濡目染之下，张锦芳对金石考据也小有研究，岭南人公认张锦芳为金石考据的行家，吕坚看到冯辋之家传安南铜铛时，就遗憾"铭室黄生咏且叹，恨不及示花田张"①。"花田张"即指张锦芳。此时张锦芳已逝，没来得及把这个文物给张锦芳考证一番竟成了吕坚的一大遗憾。终其一生，张锦芳对翁方纲持弟子礼，始终恭敬有加。张锦芳有《赵子固落水定武阑亭从翁覃溪先生诗境轩获观赋此》《十二月十九日东坡先生生日同集苏斋拜像听琴作画覃溪夫子命赋》两诗，分别作于1781年与1783年，前者的主要内容是记述他跟随翁方纲鉴赏文物，后者是记述他与翁方纲的诗文之会，可见翁方纲对这位来自岭南的弟子的关爱。

对黎简，翁方纲始终抱有厚爱。虽然翁方纲离开广东后，黎简才从南宁返回，故二人未曾谋面，但翁方纲得知黎简后，对其才华非常赏识，写下"冯张黎赵四诗才，山石同岑岂异苔。他日苏斋诗话里，二禺风雨送潮来"；"曾见黎生画李耆，如何丹绿忽浓添。此中郁勃淋漓气，压倒经生十万签"②，希望将其纳入门下。更令人称奇的是，翁方纲曾经梦到过黎简，说他在京城住一晚就返回了，而翁方纲梦中所见，居然与黎简相貌一样。乾隆五十七年壬子（1792）翁方纲特意将自己写成的《杜诗附记》寄予黎简，请他代为点定，对黎简的重视可见一斑。

对于翁方纲的器重，黎简虽然心存感念，却不愿改变自己淡泊功名的人生态度，他在《感咏》中写道："壮怀频拂昔游衣，海内行

---

① （清）吕坚：《冯辋之家传安南铜铛歌》，《迟删集》卷七，清滋树堂刊本。
② （清）翁方纲：《为东河题二樵画三首》，《复初斋诗集》卷四十一，清刻本。

尘出箧飞。中岁渐多生死事，前途今恐友朋稀。伤离满眼花俱泪，养疴同林鸟息机。远枉都人怪奇迹，渔樵何梦上京畿。（翁洗马覃溪对张药房言，仆曾入都中，一宿而去。都中故人转相称异。）"① 后又写下《寄翁少宗伯方纲》一诗："公尝一使九年归，归廿年更拔士期。不见二樵圆夙梦，（见怀诗有'寄语二樵圆夙梦，苏门学士待君来'之句。）远来双鲤访论诗。（先生将刻所著《杜诗附记》，欲征鄙论。）斯文要得天地壮，此事诚非龟策知。也喜将心寄北斗，不然翕舌似南箕。"② 一位地域文人，得到文坛盟主的青眼而依然泰然自若，留下文坛上的一段佳话。

（二）朋友之谊

1. 惠门八子

罗天尺与何梦瑶、劳孝舆、吴世忠、苏珥、陈世和、陈海六、吴秋都为惠士奇的高足，同在惠士奇门下，相互切磋，互相唱和，彼此之间结下了深厚的友谊。

何梦瑶，字报之，南海人。雍正八年进士，出宰粤西，治狱明慎，终奉天辽阳知州。性长于诗，兼通音律算术。谓蔡元定《律吕新书》，本原九章，为之训释。更取御制律吕正义研究八音协律和声之用，述其大要。参以曹廷栋《琴学》，为书一编。时称其决择精当。又著《算迪》，述梅氏之学，兼阐数理精蕴、历象考成之旨。江藩谓近世为此学者，知有法，不知法之所以然；知之者，惟梦瑶也。③

劳孝舆，字阮斋。乾隆元年，召试鸿博，未用。以拔贡生廷试第五，出为黔中令。治古州屯务，足茧万山中。将去，民攀辕曰：

---

① （清）黎简：《五百四峰堂诗钞》，梁守中校辑，中山大学出版社2000年版，第101页。
② 同上书，第368页。
③ （清）赵尔巽：《清史稿》，中华书局1977年版，第13375页。

"公劳苦以衣食我！"皆泣下。历锦屏、龙泉、镇远诸邑，皆有绩。卒于官。①

他们互相关心，学问上相互切磋，彼此情深意重，诗作便是他们情谊的见证。罗天尺有《大寒日寄苏二瑞一羊城客中》《苏瑞一举子古诗奉寄因柬何十恭和》《春日送苏二瑞一之东泷》《同何赞调陈海六苏瑞一游报资寺》《羊城晤何十赞调归自辽阳因柬苏二瑞一》《再接惠学士天翁来粤手扎寄瑞一诸子》《秋夜同苏瑞一宿晚成堂》《春雨舟泊碧江哭苏德周先生（瑞一尊人）》《秋日同李皆玉何章民过南园访苏瑞一》《冬日苏瑞一过访》《冬日同苏瑞一辞优荐不获归舟口占上惠文宗兼寄何赞调劳孝于二同学》《冬日送陈海六优荐北上》《戊午放榜喜苏二瑞一获隽次丙辰见赠韵奉答》，何梦瑶有《舟过碧江阻风寄苏瑞一》《寄怀陈圣取》《怀罗履先陈海六苏瑞一》《罗履先邮诗招隐次韵奉答》《怀陈兼三》《读罗履先丁卯冬得劳孝舆凶问作感赋次原韵》《庚午腊月罗履先寄示新刻并索和桐花诗次韵》《辛未春杪罗履先过访粤秀书院赠诗次韵奉答》《张司马招引西湖客邸同大尹李镜江孝廉罗履先中翰刘象山上舍罗雨三司马郑槐望叠前韵》等诗，劳孝舆有《辛未春杪罗履先过访粤秀书院赠诗次韵奉答》《怀罗履先生陈海六苏瑞一》《题罗履先甓女诗后却寄并柬苏瑞一陈海六诸同学兼贺何报之家贻秩二子》《送陈天木归东官因讯其乡吟社》《冬日寓省与罗履先宿岑湘衡寓斋同赋》《小儿入塾承诸友过访赠诗次韵奉答》《和陈我云》《千山秋色歌寄罗履先时罗履先读书粤秀山》，苏珥有《食羊联句》《春雨与罗履先集鸡庋轩忆西樵联句寄同游陈世和何梦瑶陈海六四十五韵》等诗，陈华封有《喜罗孝廉履先过访见赠原韵》《和罗履先桐花歌》等诗，都是他们交往的

---

① （清）赵尔巽：《清史稿》，中华书局1977年版，第13375页。

记载。罗天尺诗《苏二瑞一举子古诗奉寄因柬何十共和》云："君拜书绅去，道箓时常探。朝读嵇生书，夜睡如春蚕。""有子酒可饮，有友茗可耽。飞书招何十，三人盍一簪。吟诗继五子，少二不为惭。疑义析陶令，微言注老聃。我与何监州，诸孙文渐谙。令子为少友，群纪相往还。"① 反映了"惠门八子"的亲密无间。何梦瑶在《罗履先邮诗招隐次韵奉答》诗的序中，回顾了他们的文字之交："草檄陈琳，埋麟秋草（圣取）。季子既泣梦于古藤阴下（始亭），诸君复伤心于画蜡条边（海六仲坡诸子）。所喜不第江东，终焉折桂（履先）；上书苏子，相继联镳（瑞一）。实慰我心，差强人意耳。"可贵的是，他们在切磋中保留了各自的个性，和而不同，"吾曹讲道弃糟粕，胸中各自有邱壑。组织羞为獭祭鱼，庄重何须凤尾诺。扬雄病吃善谈玄，诗人善谑不为虐。射覆还凭记事珠，雕龙又作蝌文书。味外之味得其趣，元之又元焉能如。人生那得长聚首，况复青山后重九。败意不来催租帖，相逢共试持螯手。时一子，海六君，昔之二陆今二陈。扁舟雪夜后先到，大醉重论红豆文"②。这种切磋对于提炼诗艺，无疑是有益的。

2. 赵希璜与张锦芳、黎简

赵希璜（1746—1806），字子璞，一字渭川。长宁人。乾隆四十四年（1779）举人，知河南安阳。有《四百三十二峰草堂诗钞》。赵希璜的诗绝无尘土气，又好交结海内名士，曾经刻有《黄仲则全集》，被时人誉为"罗浮仙吏"。岭南四家中的张锦芳、黎简与之唱和不断，相互欣赏。赵希璜有《梨花夜月图为张药房同年作》《和黎二樵茂才初燕原韵》《再和二樵燕子入闱中原韵》《题二樵山人禅病

---

① （清）罗天尺：《瘿晕山房诗钞》卷二，乾隆壬午年（1762）刊本。
② （清）罗天尺：《甲辰被放复掩关登俊山中秋杪苏瑞一过访留住旬日陈海六时一后先继至》，《瘿晕山房诗钞》卷三，乾隆壬午年（1762）刊本。

图》《次三水县怀药房同年兼寄云隐》《出大藤峡后作诗瓮图寄二樵山人》等诗，张锦芳有《赵渭川以诗卷见示书后三首》《有客赠赵渭川句云"招手逢人骑蛱蝶，绕林和月梦梅花"，渭川绘为小照属题》《赵渭川归长宁后画花卉册见寄作此奉怀时将有黔阳之行》等诗，黎简有《送别赵孝廉渭川希璜还惠州题碧嶂红棉图》《和赵渭川云髻山》《赵渭川索观予近诗一本遂携至燕作诗寄之》《南海道中夜雨寄怀邱明府铁艼并问赵渭川归》《读赵明府渭川诗集有文琴绝句三首感怀书寄渭川邺中》《赵明府渭川以汉瓦当一枚及朱拓瓦当文三十款装十轴益以钱氏题识二轴见寄为作歌》等诗，互致倾慕之意。

张锦芳评价赵希璜的画作："书来亦不迟，画挟新诗清。罗浮春浩荡，掇拾为丹青。问谁学勾染，源流溯毘陵。如何席不暖，翻然思长征。门户付阿戎，内顾无牵萦。他时载弱毫，五岳图真形。胜于嵇含状，浪识草木名。"① 他表示"蓬莱左股云气垂，我思同结山中茨"②，足见两人的志同道合。黎简将赵希璜视为东方朔一类人物："惜予久愧东樵客，知君自比东方朔。好辟山窗媚细君，日对盘龙学新绿。"③ 并高度肯定赵希璜的创作："慧绝文琴十五年，侍儿的的小名传。珠跳白傅征歌地，花落维摩解语天。梦蝶抱干乌足叶，戏鱼泣谢屋湖莲。自嗟与物同衰暮，拨尽心灰独不燃。"④ 对他作品中的出尘之气大为赞叹。

赵希璜在张锦芳逝后，写下《挽张药房太史同年》，洋洋洒洒一千二百余字，对张锦芳致以沉痛的悼念："惟君腹充牣，朗朗看特

---

① （清）张锦芳：《赵渭川归长宁后画花卉册见寄作此奉怀时将有黔阳之行》，《逃虚阁诗钞》卷五，嘉庆六年刻本。
② （清）张锦芳：《赵渭川以诗卷见示书后三首》，《逃虚阁诗钞》卷四，嘉庆六年刻本。
③ （清）黎简：《和赵渭川云髻山》，《五百四峰堂诗钞》，梁守中校辑，中山大学出版社2000年版，第117页。
④ （清）黎简：《读赵明府渭川诗集有文琴绝句三首感怀书寄渭川邺中》，《五百四峰堂诗钞》，梁守中校辑，中山大学出版社2000年版，第351页。

立。惟君气爽俊，深情重然诺。惟君体宏浚，古道厉廉隅。惟君忘悔吝，幽兰撷其华。丹凤仪其顺，忆与鱼山游。共矢南园愿，词坛执牛耳。"对张锦芳的人品、气质与诗坛地位均予以高度评价，并对张锦芳英年早逝痛心不已："少年文字交，当日都贫贱。惟君与鱼山，成名相后先。随风飘茵褥，顾我堕藩溷。学问亦何常，终始痛方半。天或假之年，卓为海内冠。呜呼次暴庐，呜呼沦硕彦。宿草元伯坟，鸡酒何时奠。"① 两人不同一般的友谊由此可见。

另外，赵希璜将黄丹书刻画为："戏作好字图，珍重花田泪。一泪还一珠，鬓影琴声异。弱昔不胜衣，近复何所嗜。伯子能文章，难与分轩轾。"② 他指出，黄丹书与张锦芳的成就在仲伯之间。赵希璜形容黎简为："清合匹狂士，人天无二趋。""五百四峰萃，草堂葺吾庐。有此狂主人，孟光志与俱。"③ 肯定黎简的"狂"，对黎简的个性把握得很到位。

3. 温氏兄弟与岭南四家

温氏兄弟是指顺德龙山的温汝适、温汝能、温汝遂等，他们当时同为岭南诗坛的风云人物。

温汝适（1760—1814），字步容，号筼坡，乾嘉四十九年（1784）进士，历典广西、四川和山东等地乡试，也曾督察陕西、甘肃，官至兵部右侍郎，有《携雪斋诗文抄》《咫闻录》《日下纪游略》等书。温汝能（1748—1811），字希禹，晚号谦山。乾隆五十三年（1788）举人，官中书，以编纂乡邦文献著称，辑有《粤东诗海》106卷，《粤东文海》60卷；著有《谦山诗钞》《谦山文钞》《画说》等书。温

---

① （清）赵希璜：《四百三十二峰堂诗钞》卷十一，嘉庆四年己未（1799）刻本。
② （清）赵希璜：《怀人诗》，《四百三十二峰堂诗钞》卷十一，嘉庆四年己未（1799）刻本。
③ （清）赵希璜：《题二樵山人禅病图》，《四百三十二峰堂诗钞》卷六，嘉庆四年己未（1799）刻本。

汝遂，字遂之，自号竹梦生，聪明嗜学，性恬淡，绝意科名，工于画竹，又精于鉴赏，著有《梦痕录》《续录》。

温汝能在整理岭南诗文方面做出了杰出的贡献。温汝能有明确的为岭南诗人留名的意识，他所辑录的《粤东诗海》《粤东文海》真可谓卷帙浩繁，其中，《诗海》"自甲子迄庚午，凡七阅寒暑。四方缄寄者千余家。与二三同志稍加裁则，咸使雅驯，共得诗一百卷，补遗六卷。上至公卿，下征谣谚，旁及僧道，幽索鬼神，无体不有，无奇不备"[①]。共收录岭南诗人1055人，其中唐代13人，宋代33人，元代9人，明代459人，清代416人，闺媛78人，方外30人，仙佛20人。内容十分翔实。尤其值得称道的是，屈大均由于强烈的民族气节而受到统治者的厌恶，雍正和乾隆朝都下令销毁其作品，温汝能却以屈大均之道号"一灵"为名，将其诗作收录进来，这是很有见地的。其《粤东诗海》的"例言"部分，简明扼要地概括了从唐代到清代岭南诗歌的发展历程，可以当作一部《岭南文学史》来阅读，这里稍加称引："自乾隆二十年以来，风雅中兴。刘松崖追摹楚骚，得其神理。张玉洲绰约仙姿，目无下土。李杏墅光芒剑气，影掣层霄。胡同谦敏妙高超，赵渭川端庄流丽，皆一时之隽。至冯鱼山出，笼盖群英，直追往哲，无体不备，无美不臻，可谓至矣。盖其秉性孝友，又复胸罗万卷，足迹遍天下名胜，故造诣独高。王兰泉《湖海诗传》尚未甚许鱼山，而推黎二樵为岭南三家后一人。或者疑之。予细审《五百四峰堂诗钞》，昌明博大不如鱼山，而微妙精深，巉岩峭削，镂肝雕饰，摄魄勾魂，实有过乎鱼山者。其无笔不到，无韵不稳，无声不谐，格虽奇而实平。正如桃源洞天，桑麻鸡犬，男女衣服，悉无异于外人，但其取径稍曲，世儿悯悯自迷其

[①] （清）温汝能纂辑，吕永光等整理，李曲斋、陈永正审定：《粤东诗海·例言》，中山大学出版社1999年版，第14—15页。

津，遂疑流水桃花为人间天上耳。鱼山诗如虬松偃盖，修荫普垂。二樵诗如玉梅据霜，古香独绝。皆岁寒友也。"① 这段话揭示了乾嘉时期岭南诗坛彬彬称盛的现状，并颇为精到地概括出不同诗人的不同风格，使读者对当时岭南诗坛的情形有大致的了解。

张锦芳与温氏的投赠之作有《甘露降于见山堂中木棉上作歌寄温舍人兰田》《古铁简歌》。黎简与温氏的投赠之作有《温誉斯赠研歌》《和温誉斯对月见怀之作廿六韵》《寄温中书步容汝适并索药酒》《于梅树下作寄温中书》数首。张锦芳在《甘露降于见山堂中木棉上作歌寄温舍人兰田》中对甘露降落到温氏见山堂一事作了记载，并告诫主人："舍人清如玉壶冰，他年珥笔侍蓬瀛。钟乳一剂承恩泽，神浆或遣为先声。即如山堂初落成，异石辇致皆崚嶒。宝晋桐杉宛在眼，佳气感召宁无凭。和风甘雨天壤物，岂必在处占祥祯。知君承来爱高洁，不以上瑞骇俗听。"② 所谓的"祥瑞"，并不足以为凭据，人品高洁是最重要的。张锦芳是很理智地看待这些现象的，对主人也直言不讳，并不担心会影响二人的交情。在《古铁简歌》中，张锦芳对温氏所收藏的文物进行了鉴定："帐前昨日斩钤辖，一夕旗鼓趋昆仑。指麾蕃落数百骑，此简独出疑有神。模糊碧血洗不得，啾啾鬼哭愁归仁。氛祲净扫魑魅伏，留此可镇邕与宾。至今抚视芒角出，犹带惨淡京观魂。"③ 可见，在张锦芳与温氏兄弟的交往中，既推心置腹，又能够互通有无。黎简则肯定温氏的侠肝义胆，在《和温誉斯对月见怀之作廿六韵》中，黎简写道："不怨交疏阔，因时策万全。家声在忠孝，乡里赖安便。贱士增遥瞩，方隅解倒悬。事如幽赏内，书必故人先。"诗中注曰："温氏连年救荒于其乡，乡

---

① （清）温汝能纂辑，吕永光等整理，李曲斋、陈永正审定：《粤东诗海·例言》，中山大学出版社1999年版，第23页。
② （清）张锦芳：《逃虚阁诗钞》卷五，嘉庆六年刻本。
③ 同上。

人甚赖之。"① 温氏的仁爱之举造福一方，为黎简所赞美。

温汝适则写有《张药房明经招同冯鱼山吉士兄弟胡颐山孝廉李文颖明经游光孝寺》《闻黎二樵近已续婚风月夜坐赋此戏赠》，前者言大家一起游光孝寺并一起用斋、雅集："清斋已爱林笋嫩，佳果况有湖菱鲜。坐中数公尽豪俊，挥毫共赋凌云篇。"② 后者言黎简续婚："与君昔别夏仍半，今日梅花复璀璨。朱弦闻续彩鸾胶，绿窗共举梁鸿案。少年行乐且相寻，异时富贵恐非今。龙宫石枕樱桃帐，绛蜡瑶觞五夜心。画眉重染喻麋汁，得意相濡复相湿。何时一棹过江来，读画评诗度残腊。"③ 从中可见大家的交情，作为朋友，温氏由衷地为黎简重获幸福而高兴。

总之，乾嘉岭南布衣诗人与仕宦的交往，对于布衣诗人来说是有着积极影响的。其一，通过与官员的交往，使布衣诗人打开了另一扇窗户，获得了更为广阔的社会生活面，尤其对于官场的一些阴暗龌龊，可通过与官员的往来而获悉。其二，官员的社会地位高，交游面广阔，布衣诗人可以借此扩大自己的影响，从而走出岭南，进入中原诗坛的视野，进而在全国诗坛拥有一席之地。

二 乾嘉岭南布衣与中原诗坛

清代中叶，岭南与中原诗坛的交往日趋密切。这种交往，一方面是通过"走出去"，即岭南文人走出岭南，与外地文人建立起联系；另一方面，是外地文人因做官、旅游、访友等原因进入岭南，与岭南本土文人交游。岭南布衣在这种交往中各自扮演了不同角色，

---

① （清）黎简：《五百四峰堂诗钞》卷十七，梁守中校辑，中山大学出版社2000年版，第197页。
② （清）温汝适：《携雪斋诗钞》卷二，道光癸未（1823）刻本。
③ （清）温汝适：《携雪斋诗钞》卷六，道光癸未（1823）刻本。

他们既在走出去的过程中，与外地文人交往，也在尽地主之谊的同时，把岭南文化与岭南文风传播出去。

（一）岭南布衣与中原文人的交往

乾嘉之际，岭南布衣与中原文人交往增多，岭南布衣走出去者，如罗天尺、刘鹤鸣、张锦芳、黄丹书，他们与外地文人结交，建立了深厚的友谊，如焦祈年、潘鼎珪、龙雨苍、鲁秋塍、惠栋、许廷嵘、陆贯夫、李正夫、谭辰山、周肃斋、梁石痴、黄景仁、洪亮吉、安桂甫、余少云、左辅、铁保、宋芝山、刘世仪、王竹坪……他们中，不乏在某一领域中颇有建树者，如惠栋，是惠士奇之子，清代有名的经学家；陆贯夫，文物学家；黄景仁，才高而落魄的著名诗人；洪亮吉，精于辞章考据及舆地之学；铁保，清代四大书法家之一……这种交往构成了岭南布衣题材的一个重要来源。如黎简与黄景仁，两人其实并未谋面，两人建立联系，是通过张锦芳。张锦芳在赴京应试过程中，与黄景仁结交，并向黄景仁推荐黎简的诗。回乡后，张锦芳又向黎简介绍了黄景仁，因此，两人至始至终没有谋面，但却相互推崇，引为同调。黎简《药房北行因之寄黄上舍仲则（景仁）》一诗评价黄景仁："支床一览竟，天水生清光。化作海上峰，三十三剑铓。吁维百年来，新城剩秕糠。遂使灶下姬，竞为时世妆。得此手巨刃，为我摩天扬，君为天上谣，笙鹤空翱翔。众人仰而和，引声绝其吭。庶几闻钟鼓，和声奏陶唐。"[①] 黄景仁则为黎简写下《放鹤图黎二樵为周肃斋明府作属题》："二樵笔如铁里棉，爱画独柳秋滩边。枝枝叶叶带风色，坐令山水生清妍。一琴一鹤一童子，使君宦况清如此。呼童放鹤拿舟行，淡淡斜阳天拍水。其人

---

① （清）黎简：《五百四峰堂诗钞》卷十，梁守中校辑，中山大学出版社2000年版，第78页。

与画皆千秋，令我悄然思旧游。梅花夜舫孤山寺，芳草春江鄂渚楼。"①对黎简的风格特色把握得非常准确。无怪乎有人评价道："清诗莫盛于乾、嘉，而才高情真，钟在二樵、仲则二诗人。二樵才高，出语务欲胜人；仲则情真，无语务欲感人。其初盖不同也，及其终也，胜人者亦常能感人，感人者亦常能胜人。两贤一生于东方，一生岭南，所当相视而笑莫逆于心者也。"②

当黄景仁在贫病交加中逝去后，黎简极为悲痛，写下《检亡友黄仲则手书》《读翁学士所辑黄景仁（仲则）诗集》。在诗中，称之为"古之伤心人"，虽然未曾面交，却"夫子隔天末，气通共肝肾。（自注：来书有云'可见心气之通也'。）"③黎简视黄景仁为知己，在诗中他说："君才挞万象，樵也小黠顽。类感倘云龙，天授殊易艰。心气可遥通，期我乎道山。"④对黄景仁致以拳拳之意。"尝读《五百四峰堂草诗》一集，二樵惓惓于仲则者甚多。""相待至殷，推许至高，文章气谊之隆，岂寻常诗人所可及哉！"⑤

此外，乾嘉时期还有不少外地文人客居岭南，如四川罗江人李骥元、浙江钱塘人姚祖同、浙江海盐人朱履中、江苏无锡人王相英等，他们"经年共领江山趣，一点真传法汝清"⑥，为岭南独特的风景所倾倒。就籍贯而论，来自江浙一带的居多。朱履中，江苏海盐人；潘耒，江苏吴江人；赵翼，江苏阳湖人；钱大昕，江苏嘉定人；王相英，江苏无锡人；姚祖同、袁枚，浙江钱塘人；朱彝尊，浙江

---

① （清）黄景仁：《两当轩集》，李国章点校，上海古籍出版社1983年版，第376页。
② 苏文擢：《黎简先生年谱》，香港中文大学出版社1973年版，第134页。
③ （清）黎简：《检亡友黄仲则手书》，《五百四峰堂诗钞》卷十五，梁守中校辑，中山大学出版社2000年版，第156页。
④ （清）黎简：《读翁学士所辑黄景仁（仲则）诗集》，《五百四峰堂诗钞》卷二十四，梁守中校辑，中山大学出版社2000年版，第335—336页。
⑤ 苏文擢：《黎简先生年谱》，香港中文大学出版社1973年版，第13页。
⑥ （清）韩廷秀：《题刘霞裳两粤游草》，钱仲联《清诗纪事》，江苏古籍出版社1989年版，第6823页。

秀水人；杭世骏，浙江仁和人；全祖望，浙江鄞县人……他们入粤后，与本土文人交游唱和，乐此不疲："一诗迎我一诗催，驿使奴星日几回……恰喜文星聚一时，彭杨各各树旌旗。足酬太史东来意，不采珍珠只采诗。"① 外来文人与岭南本土文人诗词唱和，成为一时盛事。

在这些入粤文人中，江浙文坛上的后起之秀很引人注目。他们与岭南布衣交往密切，向岭南诗人学习创作，如江苏的刘嗣馆、孙尔准，浙江的许宗彦、钱仪吉，江西的袁堂，著名藏书家汲古阁后人毛寿君等人，是其中的代表性人物。历史上，江浙一直是人文渊薮，经济和文化高度繁荣，有着非常深厚的文学传统，江浙诗坛如此看重岭南诗坛，足以说明岭南诗坛的成就。② 当代研究者也认为，"特别是到了清代中叶以后，广东诗歌已独具精神面貌，傲然雄视诗坛，不少江浙诗人便自觉地以岭南诗人作为自己的仿效榜样，在诗歌创作中有意识地吸取岭南诗歌特长之处，进而开辟出江浙诗中的崭新境界"③。江浙的文化底蕴由来已久，此时的岭南已经能够把江浙文人吸引进来并施加影响，足见岭南文化的先进。毫不夸张地说，清代岭南文学已成为全国文学的重心之一。"清代文学家的地理分布重心在今天的江西、江苏、上海、安徽、浙江、广东、福建、山东等省。"④ 这种文学重心的转移，无疑是对岭南文学崛起的一种肯定。

(二) 岭南布衣对中原诗坛的影响

岭南布衣的影响并不限于岭南一隅，他们共同努力，进一步将

---

① （清）袁枚：《端州纪事诗》，见袁枚撰《小仓山房集·小仓山房诗集》卷三十，清乾隆刻增修本。

② 张琼、曾建生：《略论黎简的宗宋倾向及对宋诗派的影响》，《学术交流》2007年第4期。

③ 严明：《清代广东诗歌研究》，台北：文津出版社1991年版，第122页。

④ 曾大兴：《中国历代文学家之地理分布》，湖北教育出版社1995年版，第220—221页。

岭南诗派推向全国。清代中叶，岭南与中原的交流日益密切，岭南人走出岭南，向外地传播岭南文化，扩大岭南的影响。这里以刘鹤鸣为例。刘鹤鸣被贬湖南澧州长达三十余年。澧州，位于湖南，本属于湖南省岳州境内，雍正七年被升为直隶州。东南距省治六百五里。广四百三十五里，袤二百有五里①。在这漫长的三十余年中，刘鹤鸣聚众讲学，追随他的学生有一百多名，推进了当地文教事业。其自身也仍坚持笔耕，"诗不多作，然每一篇出，远近传诵，奉如拱璧"②。身处澧州，刘鹤鸣还能重操旧业，以授徒为生，有些学生在他的指导之下，学业有了很大的长进，在《贺陈耘村乡荐》中刘鹤鸣写道："识子多年犹未遇，辛苦低头事章句。或云才士半屯邅，坎止流行关气数。或云文字羞雷同，齐门鼓瑟嗟徒工。文章时命两难必，虽有特立之士心忡忡。惟君意气自挥洒，六年馆寓兰江下。我亦从而怂恿之，促膝论文知者寡。心精力果无前人，银镂镂铁归陶冶。昨宵乍向省门回，三篇示我如琼瑰。心知必获隽，我口不敢开。五色或迷目，恐为人所咍。一朝冀北逢伯乐，名士声称满寥廓。悠悠行路亦称贤，豪杰当场尽唯诺。此时为君换却头上巾，此时为君屈指同学人。桂亭毛子文最醇，吸精抉髓务清真。竹屏马君犹绝尘，天骨卓立何嶙峋。其余才力亦雄放，未能匹敌称瑜亮。君拔鳌弧已先登，鼓行而前郁相望。嗟予衰谢同驽骀，万缘劫尽还怜才。看君咫尺登金马，顾我穷愁安在哉。"③ 学生如愿以偿，终于出人头地，刘鹤鸣深感欣慰。

同时，刘鹤鸣也结交了一些好友。他曾经病重不起，多亏一帮朋友精心照料，才得以转危为安。关于此事，刘鹤鸣在其《病后吟》

---

① （清）赵尔巽：《清史稿》，中华书局1977年版，第2193页。
② （清）刘鹤鸣：《松崖诗钞》，杨瑞序，清道光丙戌（1826）刻本。
③ 同上。

中有详细记录：

> 景逼桑榆病又伤，颓然一榻卧空房。神魂似入鲛人国（恍惚泛舟巨浪），身世如逢点鬼场。好友关心飞尺素（梁素园、李熙载诸君代予写书寄儿辈），医人摇首问黄肠。辛勤调护劳知己，更有深情为祷禳。（马竹屏同诸君为予祈祷甚切。）
>
> 参苓芝术竟无凭，日夜床头药气蒸。骨肉久疎难入梦，怨仇不记已如冰。招魂人向厄边至（毛白山、黄熙台、徐书臣诸君及中定和尚，仓皇自津市来问病），续命丝惟妙手能。（黄熙台投药二剂即起。）扶杖临风挥老泪，余生何以报良朋。
>
> 呓语支离日偃床，何知朋辈此仓皇。清晨剥啄询疴状，入夜商量订妙方。（马竹屏、李熙载、龚衮东、谢元叔诸君日夕在寓，每服一药，再三审定。）甑竭不忧尘满甑（州别驾叶公广文龙公俱遗以米），囊空仍见药盈囊。（毛白山、徐书臣、黄天一诸君俱赠以药钱。）可怜卧病兼旬久，谁最殷勤在榻旁。（门人李素存、洪介夫亲伺汤药，服事最苦者则汪永芳。）
>
> 开樽重对芰荷天，共兑余杭酒十千。宝剑且休悬陇树，黄金聊得买歌筵。（诸友为予酬福，演戏宴饮二日。）生前自祭曾何恋，病后人言尚可怜。不是黄虀餐未了，诸君真有术延年。①

患难见真情，在刘鹤鸣病重之时，一群朋友向他伸出援手，有照料他生活的，有为之斟酌药方的，有替他祈祷的，有捐钱的，有赠米的……当刘鹤鸣痊愈之后，朋友们又专门请来戏班子演出两日，为之庆贺。这样的竭尽全力，毫无保留，对刘鹤鸣来说，未必不是落

---

① （清）刘鹤鸣：《松崖诗钞》卷三，道光丙戌年（1826）刻本。

魄人生的一种慰藉。

再如稍后的张锦芳，他由于应试，多次往返于岭南与京师之间，而京师是文人汇聚之地，张锦芳也就与许多著名文人，如法式善、洪亮吉、黄景仁、宋芝山、左杏庄等有过交往。交往中，张锦芳逢人说项，不遗余力地向他们推荐自己家乡的知名诗人，如黎简等人。黎简得以"足不逾岭而名动海内"，进入中原诗人的视野，最终对后来的宋诗派发挥先导之功，影响了中原诗坛，他通过与钱载等人的交叉影响，对道咸年间的宋诗派产生过非同一般的影响①。乾嘉之际的岭南布衣诗人中，黎简的成就最高，这是毋庸置疑的，他在继承岭南诗歌的优秀传统的同时，也注意向中原诗坛学习，而反过来，黎简在创作上的成就又影响了中原诗坛。梁守中先生就认为，黎简"在诗歌艺术的形式上，擅长造境造意，又开了清末'宋诗运动'的先河"②。择其要点而言，"黎简在创作实践上宗法宋诗，其有关创作主张又与宋诗派理论的基本精神近似，这就是他间接影响宋诗派的前提；他通过自身与江浙诗人之间的交叉作用，最终使这种影响成为现实"③。

---

① 张琼、曾建生：《略论黎简的宗宋倾向及对宋诗派的影响》，《学术交流》2007年第4期。
② 梁守中：《序》，（清）黎简《五百四峰堂诗钞》，梁守中校辑，第2页。
③ 张琼、曾建生：《略论黎简的宗宋倾向及对宋诗派的影响》，《学术交流》2007年第4期。

第三章 乾嘉岭南布衣诗人诗歌创作概述

诗歌是一代人心迹的写照,诗人们的抗争、诗人们的妥协、诗人们的痛苦都浓缩在诗篇之中,发出了时代的最强音。可以说,清中叶的布衣诗人摆脱了清初布衣那种内心的纠结,不再把创作视为自己的寄托,在创作中寄予国仇家恨,宣泄自己内在的矛盾痛苦与愤怒,也没有晚清布衣诗人"山雨欲来风满楼"的危机感,他们的心态相对平和,也正因为如此,"繁华地有冷淡人",他们能够甘守寂寞,冷眼旁观,在这举世讴歌太平盛世的时刻,他们从社会底层的视角,展现了一个下层社会的全景图。

第一节 乾嘉岭南布衣诗人的创作主题

乾嘉岭南布衣诗人尽管个人际遇千差万别,由于他们相近的生活状态,相似的人生轨迹,这使他们的关注点较为接近,从而在创作时呈现一些明显的共性,诸如描绘自身艰难处境、抒发自身怀抱、关注民生疾苦、揭露社会弊端,等等。

一 描绘自身艰难处境

布衣身份,带来的是人生的落魄与失意,我们可以看到,布衣诗人笔下啼饥号寒之作比比皆是,"今年春和食屡绝,羊裘久为典库物"[①],"一家蹲饿虎,双眼仄愁胡"[②]。胡亦常家境困窘,他与朋友互相鼓励:"聚首浑如梦,临岐不忍看。穷愁同寂寞,生计各艰难。为客将何已,高歌且莫阑。丈夫敦气谊,那作别离叹。"[③] 为了暂时摆脱困境,谢景卿典当衣物:"半生余尔最绸缪,贫似无情不暂留。绨赠更谁怜范叔,泪零犹记湿江州。曾经扪虱谈天下,岂为悬鹑竟贱售。翻羡食贫苏季子,归家还有敝貂裘。"[④] 这也是布衣文人的生活常态,所以他反而羡慕苏秦最落魄的时候,即使那时,他还有貂裘可以御寒,而自己却只能典当衣物来渡过难关。王昶变卖古琴:"抱此出门去,踌躇匪自今。世难存太古,贫易绝知音。好月虚良夜,清风忽隔林。归途空两手,逋欠谩相寻。"[⑤]

更可悲的是,布衣文人生前困窘,死后也同样凄凉:"死去心长割,重泉奈有知。家贫存老父,妻病共孤儿。书籍卖何惜,秋旻高何疑。杜鹃啼出血,凄绝夜归时。"[⑥] 朋友不幸早逝,留下了白发苍苍的老父和尚未成人的幼子,家境十分困难,让诗人不禁产生兔死狐悲之感。更让人同情的是,他们死后的依然寂寞:"呕心旧句凝为

---

① (清)黎简:《独居行》,《五百四峰堂诗钞》卷九,梁守中校辑,中山大学出版社2000年版,第53页。
② (清)吕坚:《谢守戎西衙感事四首》,《迟删集》卷三,清滋树堂刊本。
③ (清)胡亦常:《录别呈其詹应龙隽垣》,《赐书楼诗钞》,嘉庆癸酉年(1813)刊本。
④ (清)谢景卿:《典衣》,见(清)温汝能纂辑,吕永光等整理,李曲斋、陈永正审定《粤东诗海》,中山大学出版社1999年版,第2019页。
⑤ (清)王昶:《卖琴》,《粤东诗海》,第1466页。
⑥ (清)胡亦常:《哭苏及先秀才》,《赐书楼诗钞》,嘉庆癸酉年(1813)刊本。

血,炼药成丹不自医。"① 短短十二个字写出了布衣文人的寥落,他们生前为了创作不惜呕心沥血,死后却是一片寂寥。其苦心经营的作品难逃湮灭的命运,真是可悲可叹!总之,地位低下,处境凄凉,生活困顿,这是布衣文人的常态。

二 抒发自身怀抱

布衣文人的作品也抒写了他们的内心世界,描绘了他们生活的平静悠闲,他们可以沉湎于创作的快乐之中,"我生结习未尽除,每从拾得书新句。纷披满院皆瑶笺,汗简谁将续陈蠹。禅堂一轴写经图,案上楞严细填注。疏林恰映贝叶光,妙缔无言试参悟"②。他们享受生活的平淡与恬静,"醒宿排朝饮,诗新寄古欢。柴门车马少,吾得卧江干"③。自甘寂寞,没有时间流逝的紧迫感,诗酒逍遥,虽门庭冷落,却也乐得自由自在。孟佐舜的《销夏八咏》写出了自己的气定神闲:

酷吏愁难去,故人期不来。霎时飞雨过,空际送秋回。凉意生湘簟,浓阴驻碧槐。转怜今夜月,须待暮云开。(喜雨)

待月月初上,光清暑亦寒。树疏萤影黯,夜静葛衣单。不是素娥好,谁能青眼看。每因轮破缺,为尔泪阑干。(玩月)

槐夏日初午,荔塘风正幽。自当杭一苇,来此住三秋。静领水云趣,闲销龌龊愁。渔歌催返棹,花下有栖鸥。(泛荷)

---

① (清)谢景卿:《刘曙先卒余去年九月见其稚女感赋》,(清)温汝能纂辑,吕永光等整理,李曲斋、陈永正审定《粤东诗海》,中山大学出版社 1999 年版,第 2019 页。
② (清)谢景卿:《菩提纱》,《粤东诗海》,第 2018 页。
③ (清)方绳武:《此日书事》,见(清)刘彬华《岭南群雅》,清嘉庆十八年(1813)玉壶山房刻本。

240

小鼎茶歌后，疏帘风过时。休谈三尺剑，宜对一枰棋。赌墅兴何逸，烂柯嫌太迟。谁能忘胜负，观者坐支颐。（观弈）

何处堪逃暑，松根枕石眠。凉宜苔作荐，梦与蝶为缘。未得飞蓬峤，还当卧葛天。浇书复□饭，不负日如年。（枕石）

临流何所羡，濯足有余清。洞口流花气，岩腰漱玉声。一湾寒可掬，万虑涤皆莹。归咏沧浪句，风含细葛轻。（濯泉）①

虽然生活并非一派祥和，但是总体说来，却是很惬意的，为善解人意的及时雨而高兴，为皓月当空而感慨，为盛开的荷花而流连，为他人的棋局而痴迷……可见诗人内心的宁静平和，因此，他们可以心平气和地去欣赏周围的风景。欣赏田园生活的美好，"茅檐早鸡啼，苇岸残月落。人声出江郊，岚光冒林薄。役役影与形，劳劳息复作"②。田园生活一片静谧与美好，对此，诗人感慨道："不为物外游，岂识田园乐。"③ 如果不是自己舍弃了功名等身外之物，怎么能够有此闲情逸致去欣赏田园风光呢？田园风光有着无穷的吸引力。"槲叶枫林半染红，村墟景物画难工。溪头木落寒鸦舅，墙角霜深老橘童。穧秠熟应占稔岁，芙蓉开合向秋风。闲居随意能寻乐，那管潘郎两鬓蓬。""面圃开轩境最幽，长松两岸夹寒流。迎风笛亮归群牧，挂树罾闲罩小舟。日落远寻沽酒市，雨晴常倚看山楼。此身未拟渊明隐，又为黄花住一秋。"④ 田园生活的宁静祥和，正是文人的精神家园。

---

① （清）刘彬华：《岭南群雅》，清嘉庆十八年（1813）玉壶山房刻本。
② （清）谢景卿：《秋晓田家偶作》，见（清）温汝能纂辑，吕永光整理，李曲斋、陈永正审定《粤东诗海》，中山大学出版社1999年版，第2018页。
③ 同上。
④ （清）丁皓：《田园秋兴和晙山韵四首》，（清）刘彬华《岭南群雅》，清嘉庆十八年（1813）玉壶山房刻本。

前人说："偷得浮生半日闲。"官场劳形，身心俱难以得闲，而对布衣来说，却是唾手可及，人生的得失，总是那么界限分明。所以，布衣诗人对于鲤鱼跳龙门似的摇身一变并无兴趣，他们喜爱平静的生活，谢景卿写道："尘世食贫资点墨，神仙余劫尚斯文。天边古韵无传本，花外雕栏空暮云。"① 方绳武写道："世途乃九折，所思无定端。小人何戚戚，君子自闲闲。无心与物竞，终已得所安。"② 官场变幻无常，世路风险，不如退守书斋，更愿意过着"不然竟作隐退局，买田阳羡供家慈"③，"世路自叵测，吾生甘息机"④ 的生活，大家对于功名利禄淡薄，视之如敝屣。

三 展示家乡魅力

岭南布衣诗人一生中的大部分时间居住在岭南，生活在自己的家乡，熟悉这块土地，与这片土地呼吸与共，这使他们的作品呈现浓厚的地域特色，诗作中展示了家乡的魅力。加之他们没有案牍劳形，思想单纯更有闲情逸致能够去体会家乡的美，更能够用艺术的表现去再现家乡的魅力。岭南地理位置特殊，"广东跨中亚热带、南亚热带、热带和赤道带，加上地形影响，又兼具了寒带、温带、亚热带和热带等垂直地带性特点，形成水平和垂直两个方向上复杂的地理景观"⑤。"广东境内，北为山地丘陵，中部为网河密布冲积平

---

① （清）谢景卿：《写韵轩》，（清）温汝能纂辑，吕永光等整理，李曲斋、陈永正审定《粤东诗海》，中山大学出版社1999年版，第2020页。
② （清）方绳武：《阁夜》，（清）刘彬华《岭南群雅》，清嘉庆十八年（1813）玉壶山房刻本。
③ （清）方绳武：《送刘三山北上》，（清）刘彬华《岭南群雅》，清嘉庆十八年（1813）玉壶山房刻本。
④ （清）何元：《江行遇雨》，（清）刘彬华《岭南群雅》，清嘉庆十八年（1813）玉壶山房刻本。
⑤ 司徒尚纪：《广东文化地理》，广大人民出版社1993年版，第3页。

原和三角洲,南临大海。"① 地形地貌丰富,名山有白云山、越秀山、罗浮山、西樵山、丹霞山,河道有西江、南江、三水、端溪、端江、鼎湖、甘竹滩、十八滩等,名胜有黄龙洞、白云洞、七星岩、大士岩、海珠石、羚羊峡、菖蒲涧、梅岭等,寺观有三忠祠、珠海寺、南海神祠、宝积寺、冲虚观、五仙观、白云庵、千佛塔、惠州泮宫等,古迹有五羊城、粤王台、超然台、镇海楼、阅江楼、浴日亭等,物产更是丰富,真可谓是一个风水宝地。

岭南布衣诗人常年生活在这块土地上,对这块土地有着深厚的感情,熟悉这里的人情风俗,熟悉这里的一草一木,与案牍劳形的仕宦诗人相比,他们更能用心去体会家乡之美,也不同于外地诗人对岭南更多的是猎奇心态,岭南布衣诗人更愿意去描写岭南秀美俊逸的自然风光,如"昨暮风吹北去帆,城头旗带裊河南。西淋十里三分舵,红树如花新妇潭"②,"江上青山江绿波,碧瑶新莹镜新磨。镜中一簇桃花影,照水燃山成绛河"③,"雨酿浓青柳翠天,一弯愁黛暮山圆。船头花影垂垂簇,亲见饥鱼嚼紫烟"④,这些诗都写出了岭南特有的地形地貌。张锦麟《系舟沙口作》是其成名之作:"扁舟曾此泊苔矶,暝宿归帆驿树微。野岸无人潮欲上,碧天如水雁初飞。娟娟冷露侵渔火,瑟瑟凉风卷客衣。翘首家园无信宿,羁心翻比两乡违。"⑤《湖心亭》也备受称道:"湖光如雪静无波,绿酒红亭倚醉歌。三面青山四围水,藕花香处笛船多。"⑥ 诗情画意的水乡风情在张锦麟笔下显得特别美好,"诗人以此作而得'张藕花'之名,与

---

① 司徒尚纪:《广东文化地理》,广大人民出版社1993年版,第4页。
② (清)黎简:《秋江棹歌》,《五百四峰堂诗钞》,梁守中校辑,中山大学出版社2000年版,第129页。
③ (清)黎简:《江堤桃花四绝》之一,《五百四峰堂诗钞》,第364页。
④ (清)黎简:《春江吟》,《五百四峰堂诗钞》,第364页。
⑤ (清)张锦麟:《少游草》,道光十四年刻本。
⑥ 同上。

'祁鱼虾'同例"①。其他诸如"如油新水镜新磨,苔绣萍花逼软莎。白昼有人冲雨立,碧天无际奈春何"②,"群山乱几重?天半矗圭峰。泉饮千岩石,云吞万壑松。南溟奔绝岸,朝日起孤筇。不觉一长啸,空潭吼卧龙"③,"何意寻幽敻,都忘避俗难。法应无所住,心更遣人安。松老吟风细,江空受月宽。依然觉来往,经卷就僧看","略彴微通屐,溪塍浩绕门。向来携酒客,多自卖花村。扑地梭梧影,霑衣烟雨痕。秋蝉强相聒,轧轧自朝昏"④……大家对家乡倾注满腔深情:"日弄烟光上白沙,雨殷霞气变青瓜。海咸土黑宜群植,溪转门开瞰万花。五月蚬塘栽子母,晚潮龙户送鱼虾。吾乡合有岁时记,未敢题诗忘物华。"⑤"两岸夹田船贴沙,隔江烟树隐农家。掬来水暖宜捞谷,怪底春寒不养花。野性入洲娱雁鹜,诗名到处长鱼虾。暮年不作相如渴,呼取姜盐一点茶。"⑥ 这里山川秀丽,景色怡然,是布衣诗人们的精神家园,足以抚慰壮志难酬的失落。

第二节 乾嘉岭南布衣诗歌的认识价值

"书生性命自穷薄,尚有余痛关蒸黎"⑦,"天上牂牁属要津,谷丝唇齿互相因"⑧,凡此种种,体现了他们对民生疾苦的一致关注。他们体贴农民的艰辛,"君不见田头踏车声最悲,白汗翻浆

---

① (清)张锦麟:《湖心亭》,陈永正《岭南历代诗选》,广大人民出版社2009年版,第399页。
② (清)吕坚:《春日塘边即事》,《迟删集》卷三,清滋树堂刊本。
③ (清)胡亦常:《游圭峰》,《赐书楼诗钞》,嘉庆癸酉年刊本。
④ (清)张锦芳:《宿大通寺》,《逃虚阁诗钞》卷二,嘉庆六年刻本。
⑤ (清)黎简:《吾乡》,《五百四峰堂诗钞》卷十二,梁守中校辑,中山大学出版社2000年版,第112页。
⑥ (清)吕坚:《沙洲即事》,《迟删集》卷六,清滋树堂刊本。
⑦ (清)张锦芳:《大水叹济宁道中作》,《逃虚阁诗钞》卷五,嘉庆六年刻本。
⑧ (清)黎简:《牂牁》,《五百四峰堂诗钞》卷十七,梁守中校辑,中山大学出版社2000年版,第180页。

泪沾臆"①，"姑忍北窗冻，且祈南亩霁"②，"泥我看花期尚可，早禾秧冷万人忧"③，深受儒家思想浸染的布衣诗人始终把百姓的生计放在首位，有此立场，他们更关注底层百姓的疾苦，撕开了"盛世"的面纱。

一 揭露吏治腐败的真相

吏治的腐败在乾嘉时期虽未成规模，但也有迹可循。陈份的《煮粥歌》揭露了一个社会性问题：

> 癸巳阻饥，道多饿莩，广州城外煮粥以赈，人皆扶老挈稚就食。陈子过而哀焉。作《煮粥歌》。

> 飓风为暴岁阻饥，将军入告银章飞。天子曰嗟民其瘦，尚书钦哉宣朕意。四月骢马抵粤滨，艦航输挽走江云。飞檄十郡榜乡曲，传出天语令煮粥。东门煮粥在较场，白骨累累青冢荒。西门煮粥开僧舍，红蛮鸳瓦晶晶射。南近大海北枕山，煮粥无地就市间。南北东西路坎坷，十万人家待举火。不因增龛壮行营，已叹积薪委旷野。煮粥吏，监粥官，吏侵米，法不宽。官侵米，吏无权，侵米一斛入万钱。我来粥地清晨立，万颗珍珠釜中泣。俄顷扶老挈幼来，煮粥未成号声哀。杂如百万师中人耳语，骤如山风乍来初送雨。凄如飞雁下前汀，一响一泪复一声。怨如秋蝉吟古木，嘶尽斜阳时断续。壮如义士奋臂尽争先，

---

① （清）张锦芳：《衢州道中赋水碓》，张锦芳《逃虚阁诗钞》卷一，嘉庆六年刻本。
② （清）黄丹书：《寒雨十四韵同霞洲》，见（清）刘彬华辑《岭南四家诗钞》，清嘉庆十八年（1813）刊本。
③ （清）黎简：《连日暖可禅裕》，《五百四峰堂诗钞》，梁守中校辑，中山大学出版社2000年版，第299页。

寂如老僧趺坐欲途禅。长卧半归庄叟梦，清癯多类子房仙。欲惜女儿颜色佼，日午尚未得一饱。人多粥尽突烟寒，添泉沃釜更传餐。传餐尚尔粥不足，饥不能行待粥熟。初煮粥以米，再煮粥以白坭，三煮粥以树皮。嚼坭坭充肠，啮皮皮有香。嚼坭啮皮缓一死，今日趁粥明日鬼。人鬼满前谁是真，人与鬼共受皇仁。呜呼，人与鬼共受皇仁。①

在自然灾害面前，百姓衣食无着，皇帝下令煮粥赈灾，但是官吏们营私舞弊，上下其手，趁着灾难中饱私囊，百姓不得不以泥土与树皮充饥，饮鸩止渴，终究断送了性命。在"避席畏闻文字狱，著书都为稻粱谋"的当时，陈份能够直面现实，对弊害进行揭露，是很可贵的。

黎简毫不客气地写道：

四郊几年来，鸡狗不得宁。贼穷贼入城，贼远贼杀兵。官军围市桥，里正日点兵。里正跪大官，玉石诚不分。里中所编户，耕□□常人。常人但在家，恶少四散奔。捕盗于市桥，市桥固云多。□田有鼠子，去食他乡禾。父老拜大官，官曰汝无苦。父老但来首，与父老酒脯。杀盗数百人，人各悬姓名。昨日大暗雾，□地三尺平。数武不可见，但闻刀斧声。俗言有怨气，天意不可知。又言□□□，□地亦安归。我有书数簏，三年不可读。持此为长物，莫易升斗粟。愿官早归衙，春田试肥犊。②

---

① （清）温汝能纂辑，吕永光等整理，李曲斋、陈永正审定：《粤东诗海》，中山大学出版社1999年版，第1518页。
② （清）黎简：《围市桥》，《五百四峰堂诗钞》集外诗，梁守中校辑，中山大学出版社2000年版，第407—408页。

灾难面前，官府不是想方设法帮助饥民渡过难关，而是趁火打劫，与商家沆瀣一气，置民于水火之中，即便在平常年景，官府也没有忘记剥削百姓，趁火打劫，弄得百姓鸡犬不宁。他的《四月二日》也写得毫不隐晦："四月二日日向酉，官差如牛市中走。是时樵夫始籴米，米市仓皇告无有。回身问里正，但言官捉人。旁人问他正，但道莫须问，行同官差捉人频。归来惊怪不得坐，出门已见郎当锁。短衣赤拳众健少，沮色胁间持米里。重城内外负郭村，属县大市齐争传。同时空尽市中米，法以示靖止沸然。最后有一翁，籴米夜行路。官差问米从何来，纳米官差放之去。道左不敢言，言之即是掠米人。吁嗟尔小民，还家不饱从皇天。湖南米船接续至，米价尚至不肯平。乡中大户藏旧谷，不出谷，贿吏目。大吏安知小吏奸，小吏不及里正顽。譬如私囊自固闭，伸手还借他人钱。君不见低田水上高田水，东人奴是西人子。去年贫作今年鬼，粤国遥待楚国米。"① 黎简在诗中大胆揭露所谓的赈济灾民，反而使百姓更为不幸。钱仲联先生认为"吁嗟尔小民，还家不饱从皇天"与上下文不连贯，韵也不对，因此，怀疑此诗有犯忌之句，被删掉了②，这是很有道理的，那么，不难想象，被删掉的无疑问是批判力度更大的句子，可惜我们今天见不到了。

二 揭露官府盘剥的无情

吏治腐败，直接带来的一个后果便是官府的盘剥。清代"养廉银"的政策，为官吏盘剥变相提供了借口，布衣文人因自身处境艰难，更能体会百姓的不易，胡亦的《获稻行》写道："翔飞策策寒云

---

① （清）黎简：《四月二日》，《五百四峰堂诗钞》集外诗，梁守中校辑，中山大学出版社 2000 年版，第 409 页。
② 魏中林：《钱仲联先生讲论清诗》，苏州大学出版社 2004 年版，第 65 页。

低,田野月黑天鸡啼。妇子腰镰破晓集,沙田潮落凝水泥。水泥数尺冻成雪,手足皴裂僵欲折。稼穑艰难更莫论,一年守望同膏血。春耕秋获功有成,晴时祈雨雨祈晴。凶年籴米伤价重,丰年卖谷伤价轻。凶丰频过总未足,官府征求日催促。等闲几日课儿孙,烟雨春胜呼布谷。"胡思将目光投向一位妇女,她一年到头辛辛苦苦在田里耕种,时刻祈祷上天庇佑能够风调雨顺,但可悲的是,无论是否有个好年成,依然逃脱不了悲剧的结局:丰年会谷贱伤农,凶年官府依然盘剥,她所向往的"等闲几日课儿孙,烟雨春胜呼布谷"终究是一个美梦而已。而百姓的悲哀是普遍现象,何文宰《踏车曲》也颇能看出对劳动人民的同情:"今年入夏久不雨,眼中焦悴怜禾黍。西畴东皋争吁天,赤日杲杲天不语。踏车历鹿朝复暮,筋酸骨痛足不驻。骄阳暴背衣尽湿,安得天雨如汗注。原田迸裂西风过,电母偃帜谁能呵。水车欲折民力竭,蓬头鼍面临长河。去年天吴成歉岁,今年旱魃复为祟。田中得水浑非水,半是农人眼中泪。商羊隐伏唤不起,浓云乍吐还乍止。吁嗟乎,征赋已迫民含哀,天雨不来官吏来。"农业的丰歉与天气有着直接的关系,农民靠天吃饭,逢上年成不好,农民就要付出数倍的艰辛。这里,何文宰笔下的农民为了抗旱,"踏车历鹿朝复暮,筋酸骨痛足不驻"。他们从早到晚足踏水车,即使浑身酸痛也不敢停下,这样高强度的工作,以致水车都无法承受,几乎被损坏了,"水车欲折民力竭,蓬头鼍面临长河"。农民的辛苦可想而知。但是,不幸的是,尽管他们竭尽全力,仍然改变不了他们的处境,诗人对此充满了同情,"田中得水浑非水,半是农人眼中泪"。而与此相反的是,官府却竭泽而渔,不管百姓的死活,"征赋已迫民含哀,天雨不来官吏来"[1]。大灾之年,百姓承受

---

[1] (清)温汝能纂辑,吕永光等整理,李曲斋、陈永正审定:《粤东诗海》,中山大学出版社1999年版,第1678页。

的赋税却丝毫没有减轻。诗篇到此戛然而止，却使读者不能不为百姓的将来而感到担心。此时正是乾嘉盛世，但在盛世中，百姓的处境依然艰难。

胡亦常的《踏车曲》写了百姓在天灾之外，又加了人祸："历鹿历鹿，水入车腹，不往则复。""海远于岸，中间转灌，水上天半，一半人汗。""长腰环环，足茧车翻，暮满朝干。""龟坼呀开，草死飞灰，谁省灾，大吏回。催租谁，县吏来。"① 本来农业生产就是靠天吃饭，风调雨顺还可以有个好收成，遇到了大旱之年，土地被炙烤得龟裂，无论农民怎么竭尽全力，挥汗如雨，也依然挽回不了损失，可是，看不到官府前来赈灾，只看到小吏前来催缴租税。真是屋漏偏逢连夜雨，诗人对之愤慨不已。张维屏评价说："'汗'语极古质，而人力之劳已见。"② 陈华封的《筑城歌》则写出了百姓沉重的劳役负担："朝筑城，暮筑城。长官奉上官使令只要城。城完岂得知百姓，鞭死冻死毋乃命。杵声催，如霆雷。人命薄，等尘埃。尘埃落地顷刻灭，抽丁更代路不绝。"③ 为了筑城墙，百姓在差役的逼迫下日夜赶工，"鞭死冻死毋乃命"，甚至有累死者。官府的竭泽而渔，可见一斑。

此外，岭南盛产珍珠，这样的奇珍由于官府的苛求无度也给百姓带来了灾难，谢景卿《采珠词》写道："洪涛喷啮水连天，老蚌深藏百尺渊。采得夜珠归掌握，一天风雨抱龙眠。"④ 罗植三《采珠歌》写道："黑夜无烟海有光，明珠在浦水茫茫。鲛人泪尽恐难比，

---

① （清）温汝能纂辑，吕永光等整理，李曲斋、陈永正审定：《粤东诗海》，中山大学出版社1999年版，第1606页。
② （清）张维屏：《国朝诗人征略》，陈永正点校，苏展鸿审定，中山大学出版社2004年版，第638页。
③ （清）温汝能纂辑，吕永光等整理，李曲斋、陈永正审定：《粤东诗海》，中山大学出版社1999年版，第1471页。
④ （清）刘彬华：《岭南群雅》，清嘉庆十八年（1813）玉壶山房刻本。

其奈蛟龙水底藏。世人采珠身不顾,爱珠不畏波涛怒。孟尝高洁去复还,神物从来有呵护。我今来采复如何,明月清风放小舸。得失亦知原有命,不敢临流叹逝波。忽尔潮平海水绿,一批一珠聊自足。归日客来出走盘,夜静窗前照书读。吁嗟至宝真难得,劳劳徒自费胸臆。鱼目何尝一混之,六宫粉黛无颜色。"[1] 温汝骧的《采珠谣》写道:"白龙池,一片月。月色迷离,珠光灭没。月圆珠圆,月缺珠缺。圆圆缺缺会有期,采珠须及月明时。海底翻波海水立,夜半徒闻鲛人泣。"[2] 岭南盛产珍珠,但在不懂得人工繁殖珠贝的清代,珍珠的获得要靠人工采摘,而珠贝通常生长在深水中,常常有因采摘贝珠而丧命者,美丽珍珠的获取却是建立在采珠人的痛苦之上。温汝骧写出了百姓的呼声:"海底翻波海水立,夜半徒闻鲛人注。"美丽的珍珠给百姓带来的不是幸福,而是灾难。

三 揭露物价飞涨、苦乐不均的现实

在封建社会中,百姓处于劣势,元代张养浩的小令《山坡羊》道出了几千年来一直存在的现象:"兴,百姓苦。亡,百姓苦!"由于百姓被剥夺了受教育的机会,他们的痛苦只能由文人代为倾诉。在号称"乾嘉盛世"的清代中期,在"盛世元音"的歌颂中,乾嘉布衣诗人却发扬了田园诗关注民生疾苦的优良传统,充分表现出"乾嘉盛世"中百姓的悲惨境遇、官府的残暴腐败,揭露隐藏在"盛世"面纱下的深层矛盾。如黎简的《村饮》写道:"村饮家家酿酒钱,竹枝篱外野棠边。谷丝久倍寻常价,父老休谈少壮年。

---

[1] (清)温汝能纂辑,吕永光等整理,李曲斋、陈永正审定:《粤东诗海》,中山大学出版社1999年版,第1357页。
[2] 同上书,第1748页。

细雨人归芳草晚，东风牛藉落花眠。秧苗已长桑芽短，忙甚春分寒食天。"① 古代风俗，在春秋两季的社日里，村民们凑钱准备牲酒，先祭土神，祈求丰年，然后欢饮。同样是春社，唐人王驾的名篇《社日》表现的是欢乐景象："桑柘影斜春日散，家家扶得醉人归。"黎简的《村饮》中却笼罩着一层阴影，家家凑钱买酒，但是村民们没有开怀畅饮。老人们说起过去的日子，可年轻人却不高兴了，现在物价成倍上涨，你们再谈从前又有什么用呢？老人的唠叨和年轻人的厌听，反映了他们对物价飞涨而导致生计困难极为不满。"细雨人归芳草晚，东风牛藉落花眠"更说明虽然饮酒时间长，但却无人喝醉，暗示了由于贫困，村民无钱打酒的窘境，从而深刻反映了乾隆"盛世"物价飞涨、百姓无法承受的现实，尤其"谷丝久倍寻常价，父老休谈少壮年"一联，在恬静的牧歌中添上愁惨之音，被凌扬藻誉为"绝妙"之音。

胡亦常的《感贫儿》则写出了社会的苦乐不均：

> 富儿易为欢，贫儿怀抱恶。负薪日暮归，寒厨烟寂寞。昔时机上妻，背坐两萧索。黯淡忍调饥，汗下自操作。汲井井水浑，炊薪泪交落。呐呐妻怒号，上言守穷约。下言长贫贱，忍使同沟壑。身愿还母家，贫儿惓不乐。中肠刚复柔，俯首览空橐。夜闻索典钗，欲愤理转弱。飒飒晨风吹，妇步出林薄。还顾身上衣，颜面憯不怍。贫儿含楚辛，追步城南郭。此别无还期，生死长漠漠。飞鸟鸣当乘，流云向空住。不冀昔日恩，去去宁莫顾。指彼城东隅，从此还家路。②

---

① （清）黎简：《五百四峰堂诗钞》卷七，梁守中校辑，中山大学出版社2000年版，第26页。

② （清）温汝能纂辑，吕永光等整理，李曲斋、陈永正审定：《粤东诗海》，中山大学出版社1999年版，第1607页。

诗写了一对贫贱夫妻因生活困苦而离异,刻画了贫儿与母亲分别的情景,并强调了贫富的强烈对比。

总之,乾嘉岭南布衣诗歌从底层知识分子的视角表现清代武功与文治,描摹社会经济状况,承载了丰富的文化信息,对于揭示清代普通百姓的文化生存状态具有深广的意义。他们一世穷途,自身也面临着生活的艰辛,情感上与下层民众息息相通,更能体会百姓的痛苦哀怨与希翼企盼,这使他们对百姓的疾苦有着更深切的体会,对百姓的不幸有着更深沉的同情,底层生活形成的真切的生命情感体验,儒家的责任感与忧患意识,这使布衣文学更多了民胞物与的情怀,具有别样的认识价值,从底层文人的视角,揭开了乾嘉盛世的面纱,"在乾、嘉诗坛上,注意民瘼者本不多"①,在大家都在歌功颂德的时刻,布衣诗人却充分表现出"乾嘉盛世"中百姓的悲惨境遇、官府的残暴腐败,"唱出了与'盛世'很不协调的'哀音'","具有鲜明的时代特点,对我们认识封建末世的社会面貌和封建社会的必然崩溃,有着不可低估的意义"②。这是乾嘉岭南布衣诗歌的价值所在。

不可避免的是,由于生活面狭窄,布衣文人的创作也存在局限,正如申涵光所言:"且身在草野,复亦无文可作。不能为史,则无纪载之文。不能上书陈言,则无谏诤之文。杜门兀坐,不复浪游四方,则无山川古迹登眺游览之文。论古则旧学半忘,不能忆古人姓氏。论今则于分非宜,且亦不知国计生民利弊安在。将为传志之文,则为人子孙者,多求显爵以荣亲,问及布衣者寡矣。即往来尺牍向颇有之,今经年无见及者。及者又不过寒暄数语,无可裁答。以是而

---

① 魏中林:《钱仲联先生讲论清诗》,苏州大学出版社2004年版,第59页。
② 钱仲联:《清诗精华录·前言》,齐鲁书社1987年版,第534页。

思，真复何文之可作哉？"① 这使他们的创作不可避免地存在生活面狭窄的问题，难以表现更广阔的社会生活。

---

① （清）申涵光：《与朱锡鬯书》，《聪山文集》卷三，《清代诗文集汇编》第70册，上海古籍出版社2010年版，第110页。

第四章 乾嘉岭南代表性布衣诗人研究

乾嘉时期的岭南诗坛可谓是群星璀璨，是岭南诗歌的繁荣期。以布衣诗人而论，罗天尺是"惠门八子"中最能诗者，黎简是"岭南四家"成就最高者，也代表着乾嘉岭南诗坛的最高成就，所以本章依次讨论罗天尺、黎简。

第一节 乾嘉岭南布衣诗人的谋生方式

一 乾嘉布衣诗人的地域分布

岭南文化的地域构成是有所变化的，"秦代及以前的岭南文化系指古百越族中的南越、骆越、西瓯三大族群的文化；秦统一岭南及赵佗建立南越国后，岭南文化地域大致包括秦置南海郡、桂林郡和象郡所在范围；发展到近代前后，以方言区和民系文化特质划分，岭南文化主要包括广府文化、潮汕文化、客家文化、桂系文化和海南文化。广府文化、潮汕文化和客家文化是岭南文化的主体部分。其中尤以广府文化，特别是近代前后以来的广府文化为岭南文化的典型代表"[①]。

[①] 李权时：《岭南文化》，广大人民出版社2010年版，第72—73页。

为了论述的方便,我们采用第三种构成,即以方言区和民系文化特质划分。

在清代社会,文学活动的主要区域是广府文化区域,关于这点,我们从乾嘉岭南布衣诗人的区域构成可见端倪。表3反映了岭南布衣诗人的地域构成。为了便于读者了解,笔者将古代地名更换为今天的行政名字,如古代番禺即今天的广州,古代曲江即今天的韶关。

表3　　　　　　　　乾嘉岭南布衣诗人的区域构成

籍贯	佛山	广州	东莞	中山	梅州	新会	韶关	揭阳	茂名	博罗
数量	140	275	167	76	97	21	6	1	7	11
比例(%)	15.6	30.7	18.7	8.5	10.8	2.3	0.7	0.1	0.8	1.2
籍贯	汕头	肇庆	江门	河源	潮州	其他	籍贯不明	乾嘉诗人总数		
数量	2	20	15	2	12	14	29	895		
比例(%)	0.2	2.2	1.7	0.2	1.3	1.6	3.2			

从表3中不难看出,布衣诗人数量最多的是广州,有275人;其次是东莞,有167人;再次是佛山,有140人。这三个城市的布衣诗人总数占了布衣诗人总数的泰半,梅州、中山的布衣诗人数量也不算少,布衣诗人数量的众多,也反映了广府文化区域的文教事业的繁荣,广府文化区域包括"广东东南部珠江三角洲一带,含香港、澳门,整个粤中和粤西、粤西南部和广西南部一些地区"①。这也正是岭南布衣诗人主要的活动区域。其他区域的布衣诗人数量较少,河源、汕头、揭阳甚至屈指可数,历史上这两地的布衣诗人数量当不会仅此几人,应该是记载有所遗漏,我们可以从岭南地方诗歌总集的编撰一探究竟。清代岭南地区的郡邑诗集有,东莞:蔡均的《东莞诗集》,邓淳、罗嘉蓉的《宝安诗正》,罗嘉蓉、苏泽东的《宝安诗正续集》,民国张其淦的《东莞诗录》;潮州:陈珏的《古

---

① 李权时:《岭南文化》,广大人民出版社2010年版,第73页。

瀛诗苑》；新会：顾嗣协、顾嗣立的《冈州遗稿》《续冈州遗稿》；端州：咸丰黄登瀛的《端溪诗述》、彭泰来的《端人集》；梅州：清末张煜南、张鸿南的《梅水诗传》，胡曦的《梅水汇灵集》，温廷敬的《潮州诗粹》；中山：黄绍昌刘芬的《香山诗略》，等等。郡邑能够编选诗歌总集，侧面反映了诗人的数量和诗歌的质量：没有数量和质量的保证，是不可能编选诗集的。当然，上述诗集的编选时间不尽相同，收录诗人诗作的取舍标准也有着较大的差异，但不是我们探讨的重点，此处不赘。

二 乾嘉岭南布衣诗人的谋生方式

研究古代诗人的谋生方式，难度在于资料的匮乏。古人对于谋生大多讳莫如深，不愿提及，在前述895名乾嘉岭南布衣诗人中，仅有101人的传记中明确提到了他们的谋生方式，巧妇难为无米之炊，我们对乾嘉岭南布衣诗人的谋生探究，只能根据101人的传记加以分析。

在这101人中，游幕3人，笔耕2人，靠田租为生者2人，94人以坐馆授徒为业。从这组数字不难看出，授徒成为布衣诗人谋生方式的首选。名气大者，有以下几位。

关少白，"少随其叔榕庄上谋宦浙，读书西湖。后归乡，教授汾江三十余年，负诗名，九十始卒。有《双青堂诗钞》"[1]。

麦崟，字翠岭，岁贡生。"崟聪颖，博览关闽廉洛诸书。主书院讲席十余年，远近学者称层岩先生。"[2]

---

[1] 陈融：《读岭南人诗绝句》卷十二，民国油印本。
[2] 中山大学中国古文献研究所编：《粤诗人汇传》，岭南美术出版社2009年版，第1166页。

刘鹤鸣,"乾隆十五年举人"①。

黄臣鸣,字廷诏,顺德人。乾隆丁酉(1777)举人。"少嗜学,刻苦穷经,不问寒暑。生有至性,早失恃,事继母、诸母,抚爱幼弟,内外无闲言。季弟丹书,尝从受业,臣鸣悉心指授,遂成大名。为文力追先正,学者称'叩山先生'。初以贡授南雄训导,革陋规,日进诸生谆谆诲以经书大义,督学李调元称其'不愧经师、人师'云。"②

谭纮,"性敏慧,少与兄纶同学,声振一时。由进士授甘首镇原县。原称疲剧地,纮至,则抚循噢咻之,颂声四作。寻以疾告归,居家嗜学不倦,广授生徒,前后得其裁成者甚众"③。

岭南布衣诗人的授徒为业,可以细分为三个层次:普通的私塾发蒙,这部分对诗人要求不高;主持书院,对主持者要求稍高,需要有一定的名望;做学官,需要有功名在身。这三个层次中,教谕、学正之类的学官是布衣诗人所青睐的一种谋生方式。在乾嘉岭南布衣诗人心目中,做学官的吸引力大于进入仕途,如陆树芝,"乾隆庚子举人。嘉庆丙辰举孝廉方正,不就官。会同教谕。生平酷好学问文章,朱墨未尝去手"④。陆树芝宁可选择教谕,也不愿进入仕途。这并不是个案。

也有文人拒绝训导之职,从事私塾职业的。陆殿邦,"丁父忧,哀毁至呕血。大挑二等,补吴川训导,母老不就养,舍去,课徒以修脯养母"⑤。但这毕竟是少数。

学官的待遇不差,黄延标,"族世父锦亭公为诸生时,受知学使

---

① 中山大学中国古文献研究所编:《粤诗人汇传》,岭南美术出版社2009年版,第1190页。
② 同上书,第1253页。
③ 同上书,第1209页。
④ 同上书,第1267页。
⑤ 同上书,第1495页。

翁覃溪先生，学有根柢，尤熟于《水经》，兼工碑版文，年四十已病聋，六十始选授司训，携一妻一子渡海，六载罢归。以橐金买薄田自给，晚取黄子久大痴山人号自署，年七十余卒"①。韩懋林，"节愍公上桂之后。节愍殉节后，所著书已散佚，懋林剔蠹搜残，近取远访，必欲汇成先集。及任海康教谕，乞陈昌齐作序刊行。早负文誉，以敦愍周慎见称于时。性嗜书，披吟无倦，晚筑别馆啸咏其中"②。

我们可以分析布衣诗人谋生方式的选择。诗人们青睐坐馆授徒，因为这种方式基本上是一举两得，既可以满足生存的需要，也可以在授徒之余继续学习，著书立说、复习应考，所以，这是布衣文人常用的谋生方式。

岭南人对游幕兴趣不大，从事过游幕的三人中，游幕的时间都很短暂，没有以游幕为终身职业者，劳潼，"既举于乡，以母老，不肯再应礼部试。夙受知余姚卢文昭，文昭视学湖南，强召之往，至冬归"③。王文锦，"通吏治，尝客其邑进士胡建伟无极幕中，又与休宁汪明府鼎金结文字交，尝携往佐治新安，并序其诗"④。

当然，布衣诗人中也不乏经济实力雄厚者，自然无须费心谋生。如易业富，"为人慷慨磊落，好读书，尤精骑射，年二十六中乾隆武科。三上公车不第，遂不复图进取，归隐林下，日读书自娱。于古昔圣贤格言至论，靡不笃志颂习，身体而力行之"⑤。易业富无需谋生便可以过着诗书自娱的优越生活，胡亦常凭田租赡养母亲："事母孝，有郭外田数十稜，最其岁入，悉以奉母甘旨。"⑥ 他们都有一定

---

① 中山大学中国古文献研究所编：《粤诗人汇传》，岭南美术出版社2009年版，第1304页。
② 同上书，第1219页。
③ 同上书，第1216页。
④ 同上书，第1224页。
⑤ 同上书，第1195页。
⑥ 同上书，第1242页。

的经济实力，无须操心谋生。

此外，古代各类传记当中较少提到传主的谋生方式，在君子耻不言利的观念下，社会普遍以"粪土金钱"为高，自然不会在写传记时特意提及。由于资料的匮乏，我们的论断难免有所偏差，这是要说明的。

第二节　黄屋自娱臣老矣,何曾争胜汉朝仪
——论罗天尺

罗天尺一生跨越康熙、雍正、乾隆三个朝代，属于"岭南四家"的前辈，是一位以授徒为生的布衣文人。在罗天尺身上，既具有坐馆型布衣诗人的特点，又有着受岭南地域影响而呈现的特殊之处。

一　罗天尺生平与思想

（一）罗天尺生平概况

罗天尺，字履先，号石湖，顺德人。

罗天尺的一生没有什么大起大落，无非是读书、应考、教书、写书而已。他崭露头角是17岁那年在广州应试，日竟十三艺，一时颇负盛名。但是，由于考试的条件恶劣，加之考试过程中高度紧张，考完后，罗天尺得了悸疾。此后，在母亲的严格督促下，罗天尺在石湖养病14年。直到30岁那年才又赴京考试，结果落榜。回乡途中，又获悉次子夭折的噩耗。后入凤山书院读书，砥砺学问。康熙六十年（1721），罗天尺36岁，惠士奇担任广东学政，罗天尺得到了他的青睐，与何梦瑶、苏珥、劳孝舆同学于督学惠士奇门下，被称为"惠门四子"；又与何梦瑶、劳孝舆、吴世忠、苏珥、陈世和、

陈海六、吴秋有"惠门八子"之称。另外,罗天尺又与佘锡纯、梁麟生、陈份、严大昌结社,被目为"凤城五子"。在惠士奇的高足中,罗天尺备受赏识,诗名最盛。"惠士奇手录其《荔枝赋》《珠江竹枝词》示诸生、声望鹊起。"① 42岁时,罗天尺受邀参与编辑《大清一统志》,后又被任命为省局分校。两个月后,罗天尺因病辞归。"雍正时修《一统志》,与劳孝舆同纂《粤乘》。"② 这次修史的时间不长。"乾隆元年(1736),举博学鸿词,以亲老不赴。是年秋,考中举人"③,之后不再应试,在乡中石湖别业讲学终生,"授书马宁、锦鲤、羊额诸塾,为甘脆计,村庄无事,遂得整理其前后所录"④。教书之余,致力于著书立说。与诸位好友悠游唱和,79岁在家中去世。

此处,我们有必要澄清一下他的生卒年。关于罗天尺的生卒年,学界有四种不同的说法:比罗天尺稍后的同乡人温汝能认为他1686年出生,1766年过世⑤。陈永正先生先是认为,他生于1668年,卒于1766年⑥;后又修正为1698年出生,卒于1766年⑦。也有人认为他出生于1697年,卒年不详⑧。各种看法之间出入很大。

其实,罗天尺的生卒年并不难确定,他的《五山志林》自序说得很清楚,"乾隆辛巳中秋日,书于石湖之鸡庋轩,时年七十有六"。这很明确地告诉大家,乾隆辛巳年(1761)罗天尺已经76岁高龄,

---

① 马良春、李福田:《中国文学大辞典》第六卷,天津人民出版社1991年版,第3729页。
② 同上。
③ 同上。
④ (清)罗天尺:《五山志林》自序,见吴绮等撰《清代广东笔记五种》,广东人民出版社2006年版,第31页。
⑤ (清)温汝能纂辑,吕永光等整理,李曲斋、陈永正审定:《粤东诗海》,中山大学出版社1999年版,第1490页。
⑥ 陈永正:《岭南文学史》,广东高等教育出版社1993年版,第379页。
⑦ 陈永正:《岭南诗歌研究》,中山大学出版社2008年版,第107页。
⑧ 马良春、李福田:《中国文学大辞典》第六卷,天津人民出版社1991年版,第3729页。

那么往前追溯，罗天尺当出生于 1686 年，这与他 17 岁应试时间是相吻合的。至于卒年，因罗天尺享年 79 岁，所以是 1764 年过世的。

（二）罗天尺的坐馆生涯

应该说，罗天尺不是纯粹依靠授徒为生的文人，虽然他基本没有提到自己的经济状况，但是罗天尺年轻时疾病缠身，中年以后才坐馆授徒，再看他的诗作，几乎没有哀叹自己困境的诗篇，较少啼饥号寒，诗歌显得比较风轻云淡，完全没有经济上促迫之感，可见罗天尺的经济条件是不差的。"塾师是否具有士绅身份是衡量经济收入高低的决定性因素。只有那些自己中了生员的士绅才有资格辅导学生准备乡试，他们能从中获得较高的收入。"[①] 罗天尺教授的层次不低，他的学生大多有一定的社会地位，非一般的读书人可比，如梁景璋是户部主政，并做过余杭大尹。罗天尺在培养学生方面也是卓有成就，乾隆乙亥（1757）创下了同一科有十三名学生上榜的辉煌。像这样一位老师，其酬劳绝非私塾发蒙的塾师所能比的，收入应很可观。因无经济困扰，罗天尺的坐馆生涯，还是比较惬意的，他携徒游玩，《冬日同李镜江门人梁釪舍弟天俊游六榕访唯传南溪二上人用柳柳州赠超师韵》写道：

> 老游恃筍舆，畏寒备裘服。入门曲径迷，细把榜题读。寺古迹屡迁，坛高记征逐。旧识半无存，新茶报初熟。心赏画与诗，恨少榕兼竹。学进无浅言，神清似新沐。塔影渐横斜，言归意亦足。[②]

[①] 顾鸣塘：《儒林外史与江南士绅生活》，商务印书馆 2005 年版，第 94 页。
[②] （清）罗天尺：《瘿晕山房诗钞》卷二，乾隆壬午年（1762）刊本。本节罗诗均出自本书，不再一一注明。

他与挚友、弟子们分题赋诗，《冬雨舟泊南园与何十梦瑶苏二珥暨门人何让外孙冯学胜夜集分赋用秋菊有佳色为韵余得秋字》写道：

尔我如三山，各自峙一洲。天风昨夜吹，堕此南园楼。病后见犹疑，别久情自周。欲呼五子魂，共破千岁愁。菊英篱下隐，菜甲雨中抽。采采供杯盘，欸欸话更筹。执烛有二子，轩举笑伛偻。老景当后尝，高咏仰前修。击钵贾衰迈，拥被发清讴。抗风遥振响，落木夜凌秋。诗歌归正气（旁有大忠祠），运会回孤舟。多谢霜飚情，遂我十日留。

他对学生多加鼓励，希望学生能够大展凌云之志，如《送门人户部主政梁景璋远都》写道：

我愧黄宫允，未老先龙钟。敢学韩与孟，低头拜云龙。望子张吾军，两广当要冲。或者娴隅蛮，亦可敌吴侬。王李吴宗徐，岂必承明宫。况复千秋业，不朽言德功。岂贪念珠俸，税役混租庸。天运北而南，勉矣凌高空。勿复恋草亭，区区此雕虫。

弟子们高中之后，也对罗天尺致以真诚的感激之情，如《乾隆乙亥岁案发及吾门者得十三人各致脩谒纪之以诗》：

今春岁乙亥，吾年及古稀。老景日苍茫，设窝仙祖祠。朝烧品字柴，暮食煨蹲鸱。不异退院僧，任彼堂头嗤。忽尔苔阶破，缝腋来参差。数之人十三，拜我称经师。顾我盎粟空，跪献住山资。顾我盘鲑缺，脯肉手亲携。吾衰谢轩冕，座满牛医儿。岂意泮宫英，犹念授经时。

罗天尺算得上是一个较为成功的老师。

(三) 罗天尺的思想

终其一生，罗天尺显得十分平淡，没有起起伏伏。表面看来，他之所以没有进入仕途，前期是因为体弱多病，后期是为了赡养家中老母。罗天尺在家中排行老大，自觉地承担起照顾母亲的重任，还多次以这个理由拒绝朋友们的相劝，不过，这只是是他拒绝出仕的部分原因。

"人生贵适志，散发学飞仙。"(《春晴乘巾柴出郭西度金榜岭拟访究千大师山居不果》) 他个性中本来就有不慕荣华富贵的因素，"我意本空澄，古风时闲作。"(《喜山人张云桥从舅潘允大宿剩松轩》) 对于轻松悠闲的生活，罗天尺本来就非常向往。他曾经为朋友何栻写过一首《南塘渔子歌赠何丈太占》：

富贵非吾好，相门勿复道。宦游有三休，香山成九老。侠不愿为信陵君，五陵裘马今无人。仙不愿为勾漏令，蓬莱劫数今无定。终宜把钓归南塘，南塘泉石映青苍。长虹系着青琅玕，手持一竿划斜阳。有饵无饵心两忘，得鱼不得终何伤。芦笙铁笛吹两傍，酒尊诗卷列中央。是时渔子睡初长，有脚不踏帝与王。爱住南塘老南方，汉且不识何晋唐。无端欸乃歌一章，白云淡淡天茫茫。渔子渔子乐无比，头发丝丝垂两耳。

这首诗所写的何栻，他的生活方式是：既不愿像信陵君般建立丰功伟业，也不愿去求仙问道，一切只讲究随缘自足。这其实也是罗天尺的向往。出去应考，有旅途不可预料的艰辛，"生逢宇宙内，岂知此逼迫"(《除夕阻雪东流同何骥北张慎三仝年门人梁汪慈舍弟履衡舟中作》)。罗天尺曾经有除夕被大雪困在船上的经历，他对考场恶

263

劣的环境也心有余悸：

> 粤地位南离，万人应大比。号舍不能容，编篷竹为垒。上自至公堂，下至龙门止。甬道分东西，三千尚余几。士子鱼贯进，执卷细谛视。吏人曰瓦号，不啻千金市。我也逐队来，任运无希企。乃坐甬道东，位列龙门尾。掌管导我前，挥旗遥相指。丈室为一区，区列五十几。几外路傍行，短篱界疆理。通望数十区，蜂房略相似。有如居肆客，喧阗列笔纸。不则发童蒙，包书共触抵。席外环火炉，杂沓呼汤水。邻生偶动触，墨渍满行里。相戒勿横肱，三年一望此。况罹水火灾，两端靡所底。天阴虞雨漏，烛炎防风驶。扪䘏虫舐肤，伸头竹集矢。救死尚不遑，作文余事耳。（《篷号诗呈观风使焦公》）

在岭南人的诗作中，很难看到有诗篇对考场环境进行这样详尽的描写，其他文人对这种情形可能并不觉得诧异，而罗天尺却印象深刻，简直有死里逃生之感。在他看来，在这样的环境中考试，能够平安出来已属不易。印象这样糟糕，罗天尺自然不愿再去经历。当然，旅途在外，更有白发老母的泪眼盼归，"痛哭终难已，伤心为老亲。一官垂死别，千里暂归人"（《岁杪杂感》），"只当自怨艾，有亲垂暮年。乃贪身外名，应遇此迍邅"（《牏吏》）。

所以旅途中的风波，也促使罗天尺认真反思困扰文人的"出""处"问题："大江雪漫漫，今夕是何夕。巴斗舟名黄头郎，盘中饤果核。云是岁将除，聊以娱行客。自顾久离家，两月岁暗易。未见岭南书，呵寒寄刀尺。岂禁万里舟，雪片落如席。景短日易昏，林深失古驿。风鼓孟婆威，夔多暂足掷。闻道旧东流，古本隶彭泽。陶令有高风，饮酒谢行役。有官尚不为，况乃方献策。何不归去来，典型称在昔。"(《除夕阻雪东流同何骥北张慎三全年门人梁汪慈舍弟履衡舟中作》)在罗天尺看来,一切荣华富贵都比不上保全生命,因追名逐利而使自己陷入窘境,咎由自取。有此认识,罗天尺则以"父母在,不远游"为借口,拒绝外来的诱惑了。"笑我母在不远游,敝庐空自守饘粥。"(《夏日潘华苍北上过环溪话别因次何敷庶韵送之》)"读书不寻行,事母岂求名。"(《答何暂调》)

在传统社会里,这是个很冠冕堂皇的理由,让人很难拒绝。不过,这只是罗天尺拒绝应试的表面原因。不为人所知的是,在他内心深处,其实隐藏着对清初遗民的同情。对澹归、屈大均等遗民,罗天尺都很仰慕。

澹归是明末清初的遗民僧人,生于1614年,卒于1680年,俗姓金,名堡,浙江仁和人。明朝时担任过临清知州。清兵入关后,澹归先后跟随南明隆武帝、永历帝,辗转各地,最后来到桂林,辞去官职,落发为僧。后至广州海幢寺天然和尚门下,曾任伙头、知客等职。清顺治十八年(1661),得到明朝遗臣李充茂以在仁化县的产业丹霞山相赠。康熙元年(1662),澹归至丹霞山开辟道场,弘扬佛法,跟随他学禅之人众多。有《徧行堂集》行世,已被整理出版。他的作品,"最值得珍视的是尺牍与记传部分,其中记载抗清赴死的瞿式耜、何腾蛟、张同敞、李元胤、李永茂等人事迹,篇篇'叙述沉痛,凛凛有生气,故犯清廷之忌'"[①]。在澹归去世之后,其《徧行堂集》被发现有谤毁清廷之语,清廷下令销毁澹归骨塔及碑志,其遗著、墨迹也被全部销毁,就连地方志中所选录的澹归诗文也未能幸免,参与刻书及作序之人亦受惩治,别传寺改作十方常住,澹归支派僧人全部被逐。

---

① 段晓华:《前言》,(清)澹归《徧行堂集》,段晓华点校,广东旅游出版社2008年版,第6页。

这样一位被朝廷视为心腹大患的澹归，罗天尺却极为推崇。不仅肯定他在佛教史上的贡献，"海螺墩上别传寺，锦岩伐木开鸿蒙"，对其作品中流露出来的强烈民族情绪深表认同："今观徧行集中记，卧游十日揩双瞳。忽梦四百仙告我，自称我是勾漏洪。丹砂万里曾乞令，不用只手辟蚕丛。舵石舵石尔有掀天拔地之奇功，力为佛子开花宫。千古袈裟有程济，何不老佛相缅甸中。"（《丹霞歌题徧行堂集后》）——"双瞳"在此处意指"重瞳"。"重瞳"一词，在我国古代汉语中，有特殊的含义，指代帝王。看来罗天尺对澹归禅师这位岭南先贤推崇备至，他是打心眼里认同其所作所为的，真是胆大到逆天而行！

对屈大均，罗天尺也很推崇。不仅觉得他文学地位重要，"百年文藻歇，五岭海天孤"（《过屈华夫先生故宅》），而且认为其气节也非同一般，"华夫天下士，抱恨隔桑田。高义题湘卷，春心托杜鹃"（《览梁二灵长所得丽人张乔〈莲香集〉用屈华夫先生答庞祖如赠张丽人画兰诗韵》）。对屈大均精卫填海式的悲壮之举予以高度评价，以"天下士"视之。尽人皆知，屈大均一生中一直从事反清复明的事业，核心的因素就是坚守民族大义，罗天尺对其推崇备至，实在耐人寻味。时过境迁，清朝的统治已经稳固，并出现了历史学家所认为的"康雍乾盛世"，清初那种轰轰烈烈的反抗已经基本销声匿迹，罗天尺应该不可能还有强烈的反清复明情结，至少表面上是如此。但是，罗天尺对屈大均诸人的推崇，本身就反映他们立场、见解的一致，思想上受其影响在所难免。罗天尺由最初的受遗民思想熏染，进而淡化对仕途的向往，这是完全可能的。如此看来，罗天尺的不求仕进是有其深层的思想原因的。

二 罗天尺创作研究

罗天尺淡泊名利，对功名无所追求，寄情于诗歌创作上。罗天尺有明确的地域意识，他希望与中原诗坛一较高下。他曾经组织南香诗社，学诗从宋人入手，俨然一方宗主，对矫清初竞尚神韵的流习，起到了一定的作用。惠士奇对他有过如下评价："诗与为赝唐，不若真宋，精求于韩杜，而佽助以眉山、剑南，是惟吾子。"① 罗天尺诗，被评为"力矫当时诗坛竞尚神韵，以至流于空泛纤弱的弊病，从学宋诗入手，特重骨力。七古尤为时人所称，《晚成堂歌》、《金带歌》、《洞箫歌》等都是较为出色的作品"②。其《瘿晕山房诗删》有两个版本。六卷本约乾隆二十五年（1760）刊行。罗天尺的诗被评为"天才独绝，超超元箸，余尤喜其赠遗之作，颂不忘规"③。在当时刻印之后，有"洛阳纸贵"之说。十三卷本则是于乾隆三十一年（1766）刊印，他去世后由其弟罗天俊增修而成。其《五山志林》乃罗天尺76岁那年刊刻。

不过，令人遗憾的是，无论是他的诗歌创作，还是他的地方志《五山志林》，都没有纳入学界视野。严迪昌先生的《清诗史》与朱则杰先生的《清诗史》都没有提到罗天尺，只有陈永正先生的《岭南文学史》对其有简要的介绍。到目前为止，学术界还没有相关的研究成果出现。

（一）罗天尺诗歌创作的内容

现存的《瘿晕山房诗删》一共有953首诗。在这些诗作中，既

---

① （清）罗天尺：《瘿晕山房诗钞》，劳孝舆序，乾隆壬午年（1762）刊本。
② 马良春、李福田：《中国文学大辞典》第六卷，天津人民出版社1991年版，第3729页。
③ （清）苏珥：《序》，劳孝舆《春秋诗话》，毛庆耆点校，广东高等教育出版社1996年版，第7页。

有对现实弊端的揭露，也有对自己布衣生活的闲适以及对岭南独特民俗风情的刻画。

1. 对社会弊端的揭露

罗天尺有一颗仁民爱物之心，虽然没有出仕，却一直心忧苍生，关心民生疾苦。布衣的身份也使罗天尺在揭露现实弊端时显得极为大胆，无所顾忌。与百姓密切相关的无非是衣食住行四个字，在这四个方面，"食"其实是摆在首位的，所谓"人是铁饭是钢，一餐不吃饿得慌"，"开门七件事，柴米油盐酱醋茶"。因此，罗天尺对于粮食问题格外关注，从这个角度出发，他对社会弊端进行了大胆的揭露。

《县总行》将矛头直指当地的父母官，写出了官府对百姓的盘剥："无田苦，苦易知。有田苦，苦难支。无田之苦，上无以事父母，下无以畜妻子。无田无年死已矣，有田到底无田似。乡落传来有新政，清丈严行奉宪令。县总都总大似天，沿门日索公食钱。腰牌在身恣吞剥，岁暮犹自催量田。弓步手，书算手，量寡量多尔何有。晓事还应出例钱，腴田尚可填荒薮。错上上，田中中，大官按册鱼鳞封，圩叚井然易不得。易不得，贱子有税无田插，独摇双舻江心立。"真可谓无田苦，有田更苦！官府以丈量土地为名，肆意盘剥，更改田地的面积，颠倒黑白，肥田变成了荒田，荒田成了肥田，百姓的土地就这样被官府大笔一挥，多变成少，有变成无，还上诉无门。地没有了，百姓还必须缴纳土地的税款。诗歌揭露了官府对百姓敲骨吸髓尚且不满足的社会现实。

在官府的重重压迫剥削下，百姓无法安居乐业，遇上大灾之年，百姓就雪上加霜了，其《籴仓谷行》写出了百姓痛苦的根源："粤东连年遭亢旱，斗米高昂价百钱。海幢寺前坐仓吏，点名平粜争相先。一丁日许一升籴，饥民羸弱争无力。携男挈女泣江干，谷满仓廒不得食。依然杸腹渡江归，自向斋钟乞饭糜。闻道官仓粜千石，穷民依旧无朝炊。四月鸠鸣始布谷，粤民休说饭不足。喜见新苗绿渐多，大官飞章报丰熟。"连年大旱，斗米千秋，官府虽然打出了赈灾的名义，借口平定物价，一人可以买一升平价粮食，据说是"闻道官仓粜千石"，已经有足够多的粮食供应了，照道理足够可以帮助饥民度过这次饥荒，实际上却是"饥民羸弱争无力"，"穷民依旧无朝炊"，真正的饥民买不到平价粮食，依然无米下锅，原因何在？罗天尺不动声色地给出了答案："谷满仓廒不得食"，原来官商勾结，大发民难财，百姓的生死又算得了什么呢？

那么，悬挂着"明镜高悬"的衙门是否可以为百姓做主呢？《虎差诗》写出了官吏的淫威："顺邑多虎差，杀民官不知。康熙年间事，绅士上陈词。树石县门前，可名酸鼻碑。一事奉差去，鸡犬屋上飞。银铛拘禁来，未即见官师。酷受诸苦刑，法外名多奇。有名箫引凤，铁笛口中吹。有名女照镜，秽物满盘厄。有名地抛球，四爪伏如狮。有名鸠点水，一足立如夔。胪列数不尽，以为后车规。日久法渐弛，姓某名某谁。祖述称宪章，不冠而虎威。赃私积十万，泪岂一家垂。士民睊睊视，谁敢奈何为。"差役对付百姓的手段可谓无所不用其极，令人发指。之所以如此肆意妄为，其背后的官员难辞其咎。即使差役使出的种种手段官员并不知道，也有失察之过；如果是官员私下授意，那就更为恶劣了。在这样的统治之下，百姓有冤也不能伸，生活在痛苦之中。

其实，百姓的痛苦也是罗天尺的痛苦，因为他无法改变这种现实，只能尽其所能地呼吁。如他在《端溪采砚歌同孝廉何章民明经李佳玉赋》中写道："蛟龙尔何不为山川守秘奥，峡云凿尽坐枯槁。毋乃盛世星聚赍文明，山川不敢爱其宝。我游双峡观东坑，东坑渊淳冠水岩。岩口宝气射天紫，中有黄龙火捹戣光涵。大官请旨得开禁，官采民采无人问。壮丁冬涸腰双斧，绠曳蛇行到康子（岩名）。焚脂光洞石齿齿，山气冰人半僵死。割得溪云尽石髓，鬼神昼哭潜蛟徙。得石何艰价不赀，卖与文人当鼎彝。风云会合书制词，一字直可千秋垂。呜呼噫嘻，负趋何时无大力，岭南之宝岂独石。"这首诗写制作端砚的第一道工序——采石。端砚是国内四大名砚之首，以石质坚实、润滑、细腻、娇嫩而驰名于世，用端砚研墨出墨快，墨汁细滑，书写流畅而不损伤毛笔，字迹颜色持久不褪色，古人都以得到一块端砚为幸。但是，端砚虽好，采石不易。广东肇庆东郊羚羊峡烂柯山的端溪一带，是采石的基地。这里两岸崇山峻岭，山下是滚滚东流的西江水穿峡而过。在这种地方，壮丁到悬崖峭壁上去采石，稍有不慎，便有跌下悬崖的危险。文人以得到名砚为幸，罗天尺却宁愿当初它没有被发现、被开发出来。即便一方好的砚台能够为文人的创作增色，但再好的作品，又哪里比得上人之身家性命宝贵呢？随着端砚名气大增，官府对端砚生产的盘剥变本加厉，百姓不堪其扰，罗天尺宁可没有端砚这个品牌，也希望不要因为物品而伤害更多的无辜百姓。其忧民之心，呼之欲出。有此用心，当广州太守吴乐园将自己的裘衣典当去换取四朝诗歌集时，对这个风雅的举动，罗天尺却不识趣地提醒道："夷齐纵饮不易心，此诗不用典裘市。使君使君何奇哉，典裘购书胡为来。解衣衣民恐不足，此诗还向市中鬻。"（《奉和吴使君乐园典裘购书歌》）他希望对方将典裘所得去救民于水火，这比附庸风雅要实际得多。

2. 对岭南风物的描绘

罗天尺一生，只有两次走出过岭南，那就是远赴京师，并于回乡途中顺道去过江苏。他一生大部分时间是在岭南度过的，他对家乡有着很深厚的感情，所以他的别集中，有一部分诗篇描写了岭南的山水风光。伏波桥，就是罗天尺着力表现的内容之一：

> 秋鹰团风江水黑，江流西注还东归。太平双塔截江口，长虹千丈高无依。我来桥边吊古迹，九门澎湃愁斜晖。南粤老夫王五世，子孙三匝如鸟飞。伏波将军奉汉节，水府镇动扃泉扉。吕嘉亡命奔入海，编桥追逐鞭蛟螭。火攻楼船斯下耳，瓯骆变尽非蛮夷。功高自合隆尸祝，送用歌曲迎云旗。我读东西两汉纪，新息亦奉汉天子。龚公名号定南蛮，薏苡未免谤青史。祠庙巍峨满日南，铜船铜鼓任人探。马留孙子居象郡，汉后自称为美谈。村氓犁锄手自把，说公功岂新息下。只有桥名属我公，愿子歌之入风雅。我闻斯语感叹生，长江酹酒向桥倾。公之灵爽如有在，江涛忽挟飞鸣声。前波后波人不察，射潮我欲穿七札。霜风满地不思归，甘受黄沙当面刮。更拟桥边俎豆公，神弦自叶赓丝桐。鼋形马式不足数，魂来魂去波涛中。（《伏波桥怀古用元翁扶胥歌韵》）

> 汉将威名壮，编桥势尚存。地穷南越路，天绝尉佗孙。驱石奔千骑，横流撼九门。渔歌今唱晚，烟火自成村。（《伏波桥》）

这两首诗都讲述了发生在伏波桥的一段历史。"石涌在顺德西南二十里。吕嘉败时，与其王建德亡入海，伏波将军路博德追至石涌，得嘉。今有桥在顺德南门外，名伏波桥。有吕姓者，家其傍及石涌，云嘉之后。南越之亡以嘉，而土地人民得去蛮为华亦以嘉。"[1] 这里

---

[1] （清）屈大均：《广东新语》，中华书局1985年版，第49页。

是汉代将军追赶吕嘉之地,历史上曾经显赫一时的南越国就在这里终结。罗天尺在五古长诗中,再现了伏波将军路博德的英勇豪迈;五绝则以高屋建瓴之笔力,概括了那段风云历史,再现了一代豪杰穷途末路的悲壮,而曾经血腥的战场,如今已经是百姓安居乐业之所,精练的文字中隐藏了诗人不胜今昔之感。

再如,他对岭南著名的古庙飞来寺的描写。飞来寺位于清远境内,传说是轩辕帝的两个儿子太禹、仲阳用法力将其搬到此处:"古寺仙人洞,层崖帝子台。君臣吹笛去,妻子化猿来。瀑布坠飞石,山花见早梅。打牵声不断,天半峡门开。""十九称福地,飞来附一峰。葬花嫌地少,采药爱山重。帆影穿林木,篙声应鼓钟。归心虽似箭,犹自策孤筇。"(《游飞来寺》二首)罗天尺尤其突出地写了飞来寺的佳木蓊郁,紫竹丛林,巍然矗立,高耸险峻,雄伟壮观。中宿峡则突出了它的险要:"二禹逢至日,气候一阳先。断烧烟中寺,澄沙峡里船。犀沉森绿水,猿啸迫高天。好采轩辕竹,东风入管弦。"(《至日度中宿峡》)

他笔下出现过的岭南风景名胜除了伏波桥、飞来寺之外,还有十八滩、观音岩、罗浮山、梅岭、五层楼、五仙观、歌舞岗、应元宫、大庾岭、丹霞山、珠江、六榕寺、大庙峡、西樵山、中宿峡、南汉宫、顺德八景,等等。

此外,罗天尺有不少诗篇记载了岭南的风土民情,他有《广州竹枝词》数首:

不顾名川作洛神,广州风物逐时新。西园菱角鲜出水,粤峤杨枝颠向人。

海神二月鼓鼕鼕,若木花开古庙东。侬在扶桑看日出,郎来何地得相从。

金花庙口桃花开,荔枝湾前艇子回。晴明如此不肯醉,明日飓风闻又来。

西角楼头春日长,鲛珠翠羽曳明珰。鹧鸪恼杀无情绪,空劝哥哥不劝郎。

广纱斜领髻初丫,西闸村前弄海霞。怪得女儿颜色好,朝餐长食佛桑花。

前船打鼓后船号,愁绝如山浪渐高。闻道海风今晚大,催郎明日趁红毛。

"惠半农云:余素知罗生不独工制艺,且擅声诗,能古文辞,曩试古学,手录其《荔枝赋》《珠江竹枝词》数阕,声望蔚起。罗生之学,信足以传世而行远矣。"① 得到惠士奇的高度肯定,并为之四处宣传,罗天尺遂名声大起。

《荔枝竹枝词》则写岭南的特产荔枝。"万树蝉声一笛风,岭南五月火山红。香名欲买真无价,只在杨妃一笑中。""南人饱食不曾饶,树底蒲葵任意摇。妾似青盐郎白水,相逢内热一时消。"每年五月之后,荔枝就开始大量上市了,但荔枝好吃却容易上火,化解荔枝火毒的办法便是喝盐水,也即罗天尺所写:"妾似青盐郎白水,相逢内热一时消。"非常形象、风趣地写出了荔枝的特点。

罗天尺也写出了岭南的一些陋习,如《斗鹌鹑歌》写的是岭南斗鹌鹑的恶习:"赵佗城边筘声发,黑云昼卷日光薄。五陵裘马多王孙,气热观场争赛博。哆哪绒袋手中囊,啄以香米浴清汤。铁爪金嘴养将就,战旗高树登华堂。两军屹立山不动,智驱力使俱无用。气吞直欲无千军,死敌何曾止一哄。助者群呼声似鹊,左袒右袒千

---

① 中山大学中国古文献研究所编:《粤诗人汇传》,岭南美术出版社 2009 年版,第 1161 页。

复百。夺却金钱报主人,直许头颅供一掷。汝真不负飞将军,壖上儿戏安足云。安得天子用汝守要津。一夫当关势莫争,印如斗大金里身,抱头鼠窜知何人。斗罢观者皆云散,城脚老翁生感叹。我闻黄鱼化鹌鹑,谁知鹌鹑能化人。君不见昔日三城纨绔儿,身上今衣百结衣。"罗天尺对这种赌博的习俗是很反感的,希望当地能改变这种陋习。

而在《鸦片诗呈锦川高明府》两首中,罗天尺更是有先见之机:"岛夷有物名鸦片,例禁遥颁入贡艓。破布叶醒迷客梦(《新语》云:'身无破布叶,莫上梦香船。'梦香船,即以鸦片迷人者也),阿芙蓉本断肠花(一名阿芙蓉)。何期举国如狂日,尽拌长眠促岁华。醉卧氍毹思过引(食者以思时为起引,食已为过引),腥烟将欲遍天涯。甘蔗香橙钉上头,筠筒三五互相酬(食时三五为朋,眠卧密室,次第轮唊,口燥则以时果润之)。使君问俗开秦镜,里正编名入楚囚。医国自来须辣手,沉冥谁敢号清流(食者自号'清流',以不食者为'俗物')。几时蒙药消除尽,当宁无劳海澨忧。"可见,当时吸食鸦片已有泛滥的可能,人们甚至认为吸食鸦片是风雅之事。罗天尺及时捕捉到了这种逆流,为此忧心不已,并希望当权者能够采取措施来制止这种现象。罗天尺见微知著,遗憾的是他的时见没有得到统治者重视,要不然何来鸦片泛滥及至晚清没落呢?

3. 对历史的歌咏

罗天尺学识丰富,尤其精通史学,其《五山志林》颇受史家好评,这种知识背景使罗天尺在创作诗歌时,也呈现深沉的历史意识。罗天尺的咏史诗主要是反映诗人对历史的反思,如《靖南王故第白石狮歌和陈古村》就很为人称道:

读书粤台暇吊古,将军府前双兽舞。将军府旧耿王宫,宫门高蹲神狮雄。靖南甲士化沙虫,神狮仍吼佗城东。狮成何物白齿齿,星岩凿破山灵死。铁锥利斧五丁捶,藩差如虎奉王旨。高要县官强项客,九尺丈夫低檐立。千人驼载舟艨艟,河伯怒夺蛟龙得。王不省灾与神敌,黑蜑龙人尽无力。河伯转念怜苍生,神狮掷出水面行。王迎神狮列军伍,犀兕虎豹同一城。京师九重阙双象,王夸神狮更雄壮。白日攫人狗监随,把握官门当上将。上书陈情杨御史(讳雍建),手凿石狮知粤苦。一省两王民不堪,一王两狮义何取。谁信迁闽狮不从,狮不念王狮不忠。毋乃神物知兴废,王有逆萌狮能通。伪周作孽三藩动,八千子弟终何用。逆党株连不及狮,雪毛拳挛见者恐。粤民至今德神狮,王不凿狮王不移。豹房虎圈食人肉,西园余烬同时戮。双狮长并五仙羊,不为粤殃为粤福。

靖南王指耿仲明、耿继茂、耿精忠祖孙三人。耿仲明跟随多尔衮入关,战功显赫,被封为靖南王。后与肃亲王豪格之女成婚,封和硕额附。这是耿氏家族荣耀的顶端,康熙帝时耿精忠继位。由于康熙削藩,三藩造反,耿精忠兵败,被凌迟处死。罗天尺此诗从门前一对白玉石狮入手,渲染了耿氏家族当初的显赫,按照古代的习惯,高门大宅门前摆放石狮,既可避邪,也是身份地位的象征。但正所谓登高跌重,耿氏家族从前的荣耀更映衬出没落的悲哀。尤其神奇的是,当耿仲明去世后,其子耿继茂袭靖南王,移镇福建,本打算把石狮子搬到福建去,却未能迁动石狮,以致民间都传说,这狮子有灵性,如果靖南王当初不是打算搬走狮子的话,王位尚且可以保留。罗天尺当然并不相信这样的传言,他紧接着揭示了靖南王最终败落的原因:"豹房虎圈食人肉",豹房是明代皇帝武宗朱厚照所建,专门用来享乐的场所。武宗执政期间有许多荒唐的举动,此处罗天尺实际上是说，正是靖南王的荒淫享受、压榨百姓造成他最终失败。这种结论应该说是接近历史本来面目的：三藩之乱，虽然打着反清复明的旗帜，但实际上还是为了寻求个人一己之私利。

再如，《君臣冢》："流花桥北蔽蒿莱，孰向荒原酹酒杯。一死未惭俘缅日，九泉休羡伯齐才。钟山空有遗民泣，宫树谁为内监哀。不道白云兵燹后，孤坟犹得傍朝台。"这首诗写的是南明绍武皇帝朱聿鐭与属下苏观生、梁朝钟等君臣十五人的葬处。君臣十五人在城破之后坚持民族大义，宁死不投降，也有可取之处，正是这种气节，让罗天尺十分推崇，"一死未惭俘缅日，九泉休羡伯齐才"。他们的气节足以抵消绍武政权的庸懦昏聩。由此也可以看出罗天尺对气节的推崇。此诗历来备受称道，"这首诗怀念南明绍武帝及苏观生等死难大臣，对他们不肯投降清朝、杀身明志的行为作出了公允的评价。全诗意蕴深厚，骨力遒劲，格调颇高，很能体现罗诗的艺术特色"[1]。

（二）罗天尺《五山志林》

罗天尺的坐馆生涯，使他有足够的时间和精力去著书立说。《五山志林》是罗天尺的一部力作，内容丰富，一共有8卷，分别是述典31条：摘录顺德地方志的记载；识今42条：记载当时所发生的新闻事件；谈艺30条，记载岭南尤其是顺德重要诗人和逸事；传疑24条，记载无可解释之事；阐幽35条，记载地方志所不收录的奇闻异事；纪胜32条，记载顺德的山水名胜；辨物28条，记载顺德的特产；志怪33条，记载顺德的灵异事件。罗天尺《五山志林》，被认为是质量较高的一部地方志。"孝廉罗君履先，五山中之文献也。生平娴修练要，捡藻扬芬，领袖群英，楷模多士，于其地之前言往行，遗闻轶事，举夫声名文物，政教风谣，下逮虫鱼草木，与居与

---

[1] 马良春、李福田：《中国文学大辞典》第六卷，天津人民出版社1991年版，第3729页。

稽，而得之见闻者，笔于书记；藏之箧笥者，寿于枣梨。江淹曰：'修史之难，无过于志。'罗君固已为其难焉者矣。"[①] 为保留地方文化做出了杰出的贡献。乾隆以后纂修的县志、府志以及省志都从中撷取材料。

三　坐馆生涯对罗天尺创作的影响

"坐馆"，意指文人凭借教书谋生，罗天尺的坐馆生涯，影响了罗天尺诗歌创作特点的呈现以及《五山志林》的内容选择。前文已经指出，就坐馆这一群体而言，承担的是"传道、授业、解惑"的社会使命，通常来说，坐馆型布衣诗人的道学气更浓厚些，正统思想更为明显，这导致他们的创作也呈现与游幕诗人、笔耕诗人不同的特点。罗天尺身上，典型地体现了坐馆诗人的特点。在诗歌创作上，罗天尺反映的社会生活面不是那么广阔，他更关注家庭伦理，如《去妾吟》《饥妇吟》《孤儿行》都写出了社会上的弱小者的痛苦与挣扎。《去妾吟》写道："柏红霜惨乌夜啼，下有去妾持书悲。嫁郎一年今何归，生子弥月忍分离。郎力可挽十石之弓，胡不能制一伏雌。郎欲诉九阊之神，窃恐泉路之多歧。擘郎系妾之臂纱，补郎大妇之破衣。郎但无语双泪垂，郎心已决不可追。水府尊严扃重扉，案牍颠倒任蛟螭。郎虽有冤谁白之，妾化精卫妾心痴。"此诗写一个小妾，生下儿子仅仅一个月，就被赶出了家门，而丈夫惧怕正妻，不敢为之做主，走投无路，小妾只好投河自尽，酿成了一出悲剧。《饥妇吟》写发生在康熙年间的一次大饥荒，百姓无以为食，妇女只能采摘野草充饥，用妻子儿女去换粮食的比比皆是。诗人对此十分

[①] （清）胡定：《序》，（清）罗天尺《五山志林》，见吴绮等撰《清代广东笔记五种》，广东人民出版社2006年版，第30页。

同情,"不知两载饥民泪,可化明珠赠客无?"(《送刘五三县尉归会稽》)百姓的疾苦,时刻萦绕在诗人心中。

《孤儿行》更写出了一个骇人听闻的事情:"孤儿苦,无母苦,无母苦加有母苦。孤儿苦,有父苦,有父更如无父苦。母在日,梨枣实儿腹。儿出母腹儿腹饱,母知之,父见母,抱提之。母死日,抱儿置父膝。垂泪对父言,勿令离膝前。儿稍长,后母我鞠。儿能提瓮出汲,母嫌水浊。父外出,儿能荷锄,种豆南山颠。母曰黄雀不驱,罚尔粥膳。儿忍饥,父不知。邻人怜儿,与以饭糜。母知之,剖儿腹。儿不出母腹,儿腹痛,母不知。儿瘦肉苦,母烹何为。儿痛待父归,父不归,父归儿气将绝双泪垂。父救我,父救我,父若不闻儿肠断。儿生苦,儿死乐,地下有母死何憾。"孤儿其实不是孤儿,但是比孤儿更苦。诗序中诗人写道:"龙涌村有后母,生烹其前子者,破腹而父适回,儿曰'父救我',邻人缚其妇,鸣之官。予睹而悲之,作《孤儿行》。"生母死后,后母对其百般虐待,既打水,又种田,什么苦活都干,后母尚且不满意,不给孤儿饭吃,邻居看着小孩可怜,给小孩一点吃的,后母竟然匪夷所思地活活把小孩放到锅里去煮,又用刀去剖开小孩的肚子,虽然因为父亲及时回来而被制止,小孩已经奄奄一息了。罗天尺对这样的事情充满了愤怒,"儿生苦,儿死乐,地下有母死何憾",字里行间,渗透着诗人对备受虐待的小孩的同情,对后母的残忍以及助纣为虐的父亲的愤慨。

此外,罗天尺虽然明知"转嗤老朽不识时,自古太平宜润色"(《乾隆辛巳鉴江午日观竞渡歌》),却坚持自己独立的思考,更为务实,他不吝赞美澹归、屈大均,他不烦记载民生疾苦,为百姓痛苦呼吁,无一不体现这一特点。与他同时的人评价说:"罗子少婴怯疾,母夫人戒弗事举业,键关多暇,且病且吟,凡数十年。年二十五而诗成,中岁举于乡,一上春官,归耕奉母,益肆力于诗,迄今又数举十年，年六十而诗大成。然罗子方自恨不能行万里路，读万卷书，徒抱残守缺于荒江寂寞之滨，而不知自人观之，一切富贵贫贱，人世可喜可忧之事，举无足以夺之。如所云：'病疏世事真吾福'，及'江皋负米归来晚，还向窗前补白华'者，言之不足，故长言之。其病也，其乐也，其乐而不渝也，其诗之有成也，于以树帜诗坛，接武三家，谁曰不可。"① 罗天尺的诗篇，对于我们认识雍乾时期的吏治窳败、下层百姓的困苦是有帮助的。在模山范水、批风抹月的神韵诗占据诗坛的时候，罗天尺的诗吹来一股务实之风。惠士奇评价说："诗与为赝唐，不若真宋，精求于韩杜，而佽助以眉山、剑南，是惟吾子。"② 康熙、雍正年间，诗坛是比较沉寂的，罗天尺在惠门八子中，诗歌创作成就是最高的。他的诗戛戛独造，骨力特重。无论五律、五绝、五古、七律、七绝、古风，罗天尺都有所涉足，无论长篇短制，都有可观。如前述《伏波桥》古风与五绝，长篇不觉其长，短篇不嫌其短，真是各臻其妙。当然，罗天尺的诗篇也有失于雕琢的不足，名句警篇稍嫌不足。张维屏《国朝诗人征略》中，罗天尺仅选有标题3篇，截句5句。这在罗天尺将近一千首诗的总量中，实在显得有些微不足道。乾嘉岭南诗坛的高潮，还有待后起者的推动。

而在《五山志林》中，罗天尺尤其注重对乡民品格的塑造，如他赞美知恩图报，"报嫂"条记载："董仕贞者，金陡人，孝行纯笃。一日从师归，见嫂唐氏事母孝，再拜曰：'非嫂，仕贞安能离母一宿于外，他日贵，不敢忘。'及母没，终身事兄嫂如父母焉。……先人产业，贞尽以让兄，即其俸入，惟兄是执，不归私室。"③ 他赞美佣

---

① 陈融：《读岭南人诗绝句》卷八，民国油印本。
② （清）罗天尺：《瘿晕山房诗钞》，劳孝舆序，乾隆壬午年（1762）刊本。
③ （清）罗天尺：《五山志林》，见吴绮等撰《清代广东笔记五种》，广东人民出版社2006年版，第47页。

工的孝顺:"李崇朴云:余枕邻有苏昌贵者,原市桥黄姓,少育于苏,奉其母不啻所生。佣工他乡,五鼓自炊米数撮为早膳,出门必呼床上老妪曰:'有饭一杯炖土铧,母起须食之,候朝膳恐饥也。'数十年不改。后母八十,卧多遗矢,昌贵每佣归,必亲取下衣自浣涤之,若不闻其秽者。"① 他赞美朋友之间的高义:"龙山梅挺似、黎文度,少交好。贾于燕,梅染重病,医谓得人咀去鼻瘀血可痊。黎亲咀之,梅愈而黎卒。梅感其义,服衰三年,抚其子建大如己子。后梅持筹积至廿万,一日,集戚友与黎平分。曾为子捐贷费数千,于己分内偿之,黎让不受,梅卒与之。"② 两人虽为商人,一个为了朋友奋不顾身,一个愿意拿出重金报答朋友的救命之恩,上演了管鲍分金的一幕。他赞美六贞女的气节,却又警醒世人不能仿效,顺德有六贞女,相约自杀以躲避地方恶霸伍进士,罗天尺欣赏她们的勇气和气节,同时又指出:"近年吾顺乡落无知女子,多相约溺于河,或三四人,多至五六人,核其私意,皆为嫌夫贫丑者,或少结异性英皇,情痴不愿分嫁者,甚有行丑失身,自耻同尽者。"③ "好为人师",坐馆的谋生方式使罗天尺循循善诱,注重对乡民思想的正面引领,力图形成和谐、和睦、和美的社会风气。

第二节 既事千秋足知己,画痴书癖最诗豪

—— 论黎简

黎简是一位以笔耕谋生的诗人,在岭南四家中,名气最大,成就最高,代表着乾嘉时期岭南诗人的最高成就。虽然终其一

---

① (清)罗天尺:《五山志林》,见吴绮等撰《清代广东笔记五种》,广东人民出版社2006年版,第57页。
② 同上书,第73页。
③ 同上书,第55页。

生，黎简靠当塾师及卖画的收入维持生活，故其生活圈子相对狭小，但黎简突出的成就，为他赢得众多的赞誉，名气远播中原和江南地区。

一　研究现状

在清代，黎简名气很大，获得了众多的关注。如黄景仁深为黎简所折服，写下："二樵笔如铁里棉，爱画独柳秋滩边。"① 指出黎简诗歌具有"铁里棉"的特点。张锦芳说："山樵胸有造化炉，镌镂万象无精粗。"② 黄丹书则赞道："山樵画笔通诗禅，胸罗幽怪穷雕镂。"③ 吕坚对黎简也是十分推崇："文章显晦忤神鬼，学问根柢生萌芽。谋篇井井布铁网，结字涩涩披金沙。"④ 洪亮吉对黎简的诗作了整体的把握："黎明经简诗，如怒猊饮涧，激电搜林"，因此激赏不已："余于近日诗人，独取岭南黎简及云间姚椿，以其能拔戟自成一队耳。"⑤ 刘彬华也认为黎简的诗："意境幽峭，吐属深警，戛戛独造，刿目怵心。"⑥ 温汝能在《粤东诗海·例言》中将黎简与冯敏昌的风格进行了细致的比较："予细审《五百四峰堂诗钞》，昌明博大，不如鱼山；而微妙精深，巉岩峭削，镂肝雕肺，摄魄勾魂，实有过乎鱼山者。其无笔不到，无韵不稳，无声不谐，格虽奇

---

① （清）黄景仁：《放鹤图黎二樵为周肃斋明府作属题》，《两当轩集》，李国章点校，上海古籍出版社1983年版，第376页。
② （清）张锦芳：《铜印歌赠石鼎》，《逃虚阁诗钞》卷四，嘉庆六年刻本。
③ （清）黄丹书：《为胡秋筠题二樵红棉碧嶂图即送归山阴》，（清）刘彬华辑《岭南四家诗钞》，清嘉庆十八年（1813）刊本。
④ （清）吕坚：《闻五百四峰草堂诗刻成余迟删集亦锓板百余片醉占长句兼调二樵》，《迟删集》卷六，清滋树堂刊本。
⑤ （清）洪亮吉：《北江诗话》，（清）黎简《五百四峰堂诗钞》附录，梁守中校辑，中山大学出版社2000年版，第468页。
⑥ （清）刘彬华：《岭南四家诗钞序》，刘彬华辑《岭南四家诗钞》，清嘉庆十八年（1813）刊本。

而实平正。"① 都能把握到黎简诗作的精髓。南社开创者之一的高旭以"诗笔健""此惊才"来推崇黎简:"三家去后二樵来,少小成章便不凡。五百四峰诗笔健,岭南难得此惊才。何堪风雅久飘零,艳丽芙蓉句可听。况复平生擅三绝,令侬倾倒众香亭。"②

王昶在编选《湖海诗传》时,收入黎简各类诗歌共十八首,为粤中诗人录诗最多者,并视"简民为之冠"③。刘嗣绾认为黎简"才高粤三子,品重鲁诸生"④,即黎简无论是诗歌成就还是人品都高人一筹。冯询认为:"五百四峰峰卓卓,君最高峰拔一角。"⑤ 也把黎简居四家之首。李元度中认定:"岭南自三家后,风雅寥寥,继起者为张太史锦芳、冯户部敏昌、温侍郎汝适、赵大令希璜,而必以黎二樵先生为冠。"⑥ 林昌彝甚至将黎简与清初岭南三大家相提并论:"奇笔天风卷海潮,生平字画亦孤标。岭南我定三家集,祧去药亭配二樵。"⑦ 可见,林昌彝认为黎简完全可以跻身于岭南三大家的行列。

张维屏《引听松庐文钞》中指出黎简的诗学取向:"其诗由山谷入杜,而取炼于大谢,取劲于昌黎,取幽于长吉,取艳于玉溪,取瘦于东野,取僻于阆仙,锤焉凿焉,雕焉琢焉,于是成其为二樵之诗。"王揖唐说得更具体:"其时适当嘉庆初元,士大夫治诗学,率为宗派所囿,无能自开户牖者。二樵崛起岭南,清言见骨,若论

---

① (清)温汝能纂辑,吕永光等整理,李曲斋、陈永正审定:《粤东诗海》,中山大学出版社1999年版,第22页。
② 高旭:《闻广南诗社将继越南社出世为南社应声喜而赋此寄哲夫孝则》,见杨天石、王学庄《南社史长编》,中国人民大学出版社1995年版,第234页。
③ (清)王昶:《蒲褐山房诗话》,《湖海诗传》卷三十八,商务印书馆国学基本丛书本。
④ (清)刘嗣绾:《孙平书见赠黎二樵诗集即题其后兼答平叔》,(清)黎简《五百四峰堂诗钞》附录,梁守中校辑,中山大学出版社2000年版,第478页。
⑤ (清)冯询:《赠居梅生高士(巢)》,(清)黎简《五百四峰堂诗钞》附录,第495页。
⑥ (清)李元度:《黎二樵先生事略》,(清)黎简《五百四峰堂诗钞》附录,第503页。
⑦ (清)林昌彝:《海天琴思录》卷八,王镇远、林虞生标点,上海古籍出版社1988年版,第343页。

转移风气，又在子尹、亚匏之先矣。"① 许宗彦注意到黎简的诗歌受到浙派诗人钱载的影响，指出："何人善变辟风格？近数禾中少宗伯。海内赏音谁最亲？独有岭南黎简民。简民为诗苦用心，虚空欲着斧凿痕。眼前常景入句里，百思不到一字新。"② 而浙派后起之秀钱仪吉、姚燮等人都对黎简的仰慕不已："好色好山水，身掷烟雾幻。万言立纸上，雪明倚天剑。富贵工俳词，相视孰鹏鷃？"③ 姚燮诗学取径黎简，更为自己出生太晚，不及与黎简相交深为遗憾："生早四十年，与君定为友。我有心中言，君心先我有。……前身我或君，君授如我受。""奠酒君不知，读诗君不闻。安得广漠风，吹醒南天魂……寻君我以梦，通我君以神。誓为对垒交，面目何陈新。"④ 对黎简的仰慕溢于言表。近人苏文擢在前贤的基础上指出，在黎简之后，"祁春圃、程春海、钱萚石诸家出，中原诗风乃一扫甜研重滞空疏诸病，同光体遂继起为诗大国"⑤。梁启超尽管对清代诗歌毫无好感，却对黎简诸人有过好评："其稍可观者，反在生长僻壤之黎简、郑珍辈。"⑥

在学术界，黎简受到关注是从钱仲联先生开始的。20 世纪 80 年代，钱仲联在其主编的《清诗纪事》中收集了大量有关黎简的资料，并在《梦苕庵诗话》中以较长的篇幅引称黎简的五言古体和律诗，称赞他"在乾、嘉时期殆可独步岭南"，为"雍正至乾隆时期的射雕手"⑦。同

---

① （清）王揖唐：《今传是楼诗话》，见张寅彭主编《民国诗话丛编》第 3 册，上海书店出版社 2002 年版，第 322 页。
② （清）许宗彦：《题黎二樵五百四峰草堂诗却寄》，（清）黎简《五百四峰堂诗钞》附录，梁守中校辑，中山大学出版社 2000 年版，第 482 页。
③ （清）钱仪吉：《读黎二樵诗》，（清）黎简《五百四峰堂诗钞》附录，第 491 页。
④ （清）姚燮：《灯下读黎简民诗得四章》，（清）黎简《五百四峰堂诗钞》附录，梁守中校辑，中山大学出版社 2000 年版，第 498 页。
⑤ 苏文擢：《黎简先生年谱》，香港中文大学出版社 1973 年版，第 15 页。
⑥ 梁启超：《清代学术概论》，上海古籍出版社 1998 年版，第 101 页。
⑦ 钱仲联：《梦苕庵诗话》，见张寅彭主编《民国诗话丛刊》第 6 册，上海书店出版社 2002 年版，第 322 页。

时，黎简的家乡顺德县志办公室主持、马以君先生主编了《黎二樵诗选》，周锡馥先生选注了《黎简诗选》，苏文擢先生撰写了《黎简先生年谱》。游国恩先生主编的《中国文学史》指出："（黎简）是岭南的一个著名诗人和画家。自称'简也于为诗，刻意轧新响'（《答同学问仆诗》）。诗中有画是他的诗最大的特点。"①"乾嘉时代，在拟古主义和形式主义的诗风统治之下，黎简、舒位、王昙、彭兆荪等诗人虽然一般地说成就不大，但他们的独辟蹊径的努力是值得肯定的。他们代表着诗坛风尚的转变，是龚自珍的先驱。"② 陈永正先生主编的《岭南文学史》指出："黎简是位奇士。他鄙薄功名，洁身自好，足不逾岭而名震中原。他为诗刻意求新，喜欢使用奇特的语汇和创作手法，以图创造出曲折幽深的意境。其诗风风格峻拔清峭，很有特色，'令人目遇而眩，耳遇而悦'，像孟郊、李贺那样，使用别具特色的词语，描绘出怪异的形象，烘托阴森的气氛，表现了'摄魄勾魂'的意境。然而，黎简集中也有不少语淡情深之作，如《大夫冈怀石帆诗》，以轻淡清新之笔，写苍凉悲慨之情，被誉为'自辟畦径'的佳作。"③ 朱则杰先生的《清诗史》认为："黎简走的尽管还是从借鉴求创新的老路，但他的诗歌特色却相当鲜明，不容抹杀。""黎简生平最服膺钱载，他的创作道路即多少与钱载的影响有关。而稍后的秀水派诗人钱仪吉乃至近代的浙派诗人姚燮，则又倒过来从黎简这里接受了熏染，在乾嘉时期的诗坛上，黎简与黄景仁互相推崇，并且与宋湘也有交往，同为当时岭南两大家，对近代大批的广东诗人以及台湾诗人丘逢甲都产生了深远

---

① 游国恩主编：《中国文学史》第四册，人民文学出版社2002年版，第312—313页。
② （清）黎简：《五百四峰堂诗钞》附录，梁守中校辑，中山大学出版社2000年版，第546页。
③ 同上书，第552页。

的影响。"① 严明的《清代广东诗歌研究》、严迪昌《清诗史》都对黎简做出了肯定的评价，此外，梁守中先生校辑了黎简的诗集《五百四峰堂诗钞》，成为研究黎简诗歌的权威版本，嘉惠学林。

上述成果的出现，涉及黎简的基本文献、诗歌创作、诗学理论、诗歌风格、文学地位、对中原诗坛的影响等方面，是岭南四家中研究得最为饱满的一位诗人，意味着黎简研究的不断深入。

二　黎简生平：盛世隐士

黎简以诗、书、画、印"四绝"驰名，是一个盛世隐士。他出生于广西南宁，曾祖禀忠与祖父超然都是国子监生，但是没有考取过功名；父亲晴山公以贩米为业，寓居南宁，好风雅，"亦耽吟咏"，曾经组织过"五花洲吟社"，与朋友唱和。在他的熏陶下，黎简很快展露出过人的才华，"十龄能赋诗属文，稍长博综群书，常操纸笔，独游峦洞间，遇胜处辄留题"②。青少年时期，黎简先是与父亲游览桂林山水，后一度西入云、贵，北游湘、鄂，饱览壮丽奇特的风光。20岁时回到家乡顺德，与同郡处士梁若谷的长女梁雪成婚。后再次前往南宁，一住3年。27岁时才返回家乡，从此再也没有离开过广东。一生中常往返于顺德弼教、大良镇和广州城府之间，去过番禺、肇庆、香山、新会等地，尤其喜爱罗浮山、西樵山的盛景。有《五百四峰堂诗钞》25卷、《续集》2卷，传奇《芙蓉亭乐府稿》1部，《黎二樵批点李长吉集》《黎二樵批点韩昌黎集》，另有《注庄》《韵学》等书。

---

① （清）黎简：《五百四峰堂诗钞》附录，梁守中校辑，中山大学出版社2000年版，第547页。

② （清）黄丹书：《明经二樵黎君行状》，见钱仲联主编《清诗纪事》，江苏古籍出版社1989年版，第7016页。

黎简淡泊官场，以隐为高。他说"削迹返心求故我，卖文随力饭饥人"①，甘愿消踪匿迹，以卖文维持生计。"在野吾甘作系匏，百城南面以书豪。"(《在野》)匏瓜微苦，孔子曰："吾岂匏瓜也哉？焉能系而不食"(《论语·阳货》)，实在是孔子一生"知其不可为而为之"的最好注脚，黎简则甘愿做"系匏"，其心愿可一目了然。"黄尘大道休翘足，事在嵇生七不堪！"(《树下与诸子论诗咏怀赠之》)"翘足"指踮起脚跟，表示急切盼望。这里诗人暗用了潘岳典故。潘岳热衷于权势，"性轻躁，趋世利，与石崇等诌事贾谧，每候其出，与崇辄望尘而拜"②。嵇生，即"竹林七贤"之一的嵇康，他在《与山巨源绝交书》中，列举了七种不堪忍受的事情，以表明自己不愿与当局合作。黎简弃潘岳而取嵇康，实则申明自己的态度。伊秉绶指出："黎侯杳终古，瓜蔓隐柴门。"③ 钱仪吉说："（黎简）至死不期宦。"④ 并非虚言。

中国历史上从来就不缺乏隐士，那么，黎简的隐逸有何独特之处呢？

1. 盛世隐士

在中国历史上，隐逸似乎注定与乱世联系在一起。《周易》曰："天地闭，贤人隐。"孔子曰："危邦不入，乱邦不居。天下有道则现，无道则隐。邦有道，贫且贱焉，耻也；邦无道，富且贵焉，耻也。"(《论语·泰伯》)庄子认为："古之所谓隐士者，非伏其身而弗见也，非闭其言而不出也，非藏其知而不发也，时命大谬也。当

---

① （清）黎简：《削迹》，《五百四峰堂诗钞》卷十七，梁守中校辑，中山大学出版社2000年版，第181页。本节所引黎简诗歌，均出自本书，不再一一注明。
② 《晋书》卷五十五《潘岳传》，中华书局1974年版，第1504页。
③ （清）伊秉绶：《过友石斋怀诗人黎二樵》，《留春草堂诗钞》卷三，嘉庆十九年广州秋水园刻本。
④ （清）钱仪吉：《读黎二樵诗》，《刻楮集》卷三，道光十二年刻本。

时命而大行乎天下，则反一无迹；不当时命而大穷乎天下，则深根宁极而待。此存身之道也。"（《庄子·缮性》）社会动乱、朝廷腐败、苛政丛生都会导致隐逸的盛行，唯有唐朝是个例外，这与统治者对隐逸的提倡有着密切的关系。"终南捷径"是唐人获得功名最便利的手段之一，著名的李白、杜甫、陈子昂便有过隐逸的经历。不过，李白是以退为进，以隐求名，"身在江湖之上，心游魏阙之下，托薜萝以射利，假岩壑以钓名，退无肥遁之贞，进乏济时之具"①。

清代则不然。如同前文所述，清统治者对文人的态度是高压与笼络并存，将文人玩弄于股掌之上。袁枚辞官，不是直截了当地说意欲归隐，而是以母亲和自己病重为由，可见乾隆朝的取舍。套用严迪昌先生一句话，"这是一个不需要个性的时代"②，同样，这也是一个不需要隐士的时代。处在这样一个历史阶段中的人们，大多只能沿着历史的主流，循规蹈矩，走读书—求仕之路，像管世铭、王友亮、马履泰、洪亮吉、宋湘等学识卓荦、声名远播之辈，都走上了这条路。即使在远离朝廷的岭南也不例外。试举与黎简同时的文人为例，他们几乎无一例外在为功名奔走：梁东麓，乾隆举人，官海丰教谕，知平越县；苏膺瑞，乾隆丙午（1786）举于乡，就东安教谕；黄丹书，乾隆乙卯（1795）举于乡；张锦芳，乾隆己酉（1789）进士，官编修；张药州，顺德龙江人，乾隆举人；冯敏昌，乾隆戊戌（1778）进士，前后主讲端溪、越华、粤秀三书院……他们自己致力于仕途，也力劝黎简走上这条路。在这样一个氛围之下，"黎简生盛世，独抱古忧患"③，"博古能诗，隐居不仕"④，甘当盛世隐

---

① （后晋）刘昫：《旧唐书·隐逸列传》。
② 严迪昌：《清诗史》，浙江古籍出版社2002年版，第650页。
③ （清）钱仪吉：《读黎二樵诗》，《刻楮集》卷三，道光十二年刻本。
④ 苏文擢：《黎简先生年谱》，香港中文大学出版社1973年版，第89页。

士，就显得是那样的不同凡响了。

2. 避仕但不避世

长期以来，人们对隐士形成这样一种看法，认为隐士是淡泊名利、离尘脱俗之人，如晋时的夏统、郭文、刘驎之等人，他们屏弃世事，完全不以名利萦心，清心寡欲，外界的纷扰对他们没有任何触动，即使朝廷再三征召也决不出山。对隐逸文化深有研究的近人蒋星煜先生，对隐士及隐逸现象做出毫不留情地批判：

> 中国隐士大部分是冷酷而无情的人物，并且于变态心理而自视超凡不群，结果有意无意地逃避现实……中国隐逸诗人的传统作风是使中国诗歌和现实脱离开来，而走上为诗歌而诗歌的歧路上去。①

但是，黎简的"隐"与传统的隐逸概念大相径庭，他理想中的隐逸，是陶渊明潇然东篱、固守田园，林和靖20年不入城市、梅妻鹤子之类的隐逸，在《临溪小屋成咏》中，黎简描述了他所向往的理想世界：

> 海潮入村水三折，水深花深地深极。故人村口随香风，小艇衣裳湿春碧。松藤婀娜垂檐瓦，家家帘影波光直。落花万点千鸟声，静女无心感声色。不知幽僻春狼戾，但与往来人叹息。临溪小屋不独我，到我人惊照溪白。人似冰雪为肌肤，屋垩水月上墙壁。画家草木无俗笔，花里儿童有幽识。丫鬟侍药恼宵吟，雏女问字妨昼织。不照梧桐稳鸟眠，时减盘餐与鱼食。人

---

① 蒋星煜：《中国隐士与中国文化》，生活·读书·新知三联书店1988年版，第89页。

间此屋殊不易，尽如此屋是非熄。市无争利官无讼，民无知识帝无力。不知此屋芥沧海，水面何年结一席。

诗中所表现出来的宁静祥和正是黎简的向往，但是，黎简并没有因此而脱离现实，不问世事，游离于世俗之外，相反他一直与社会保持着密切而广泛的联系，对现实生活始终关注，而不是"凌然霞举"、与世隔绝，其笔触深入社会的阴暗面，毫不留情地撕开盛世的美丽面纱，对民生疾苦有着深刻的暴露①。总之，他的隐逸，可以称为"避仕"而非"避世"。这正是黎简隐逸的独特之处。

3. 动机之异

如前文所言，黎简具有强烈的隐逸情结。所谓"情结"，是一个动力学概念，是指由情感郁积而扭成的"结"，它的形成多半是以一种无意识的原始情感为基础，但在其形成过程中也汇聚了丰富的社会内容②。隐逸虽然是一种个人行为，但是，这种生命个体对人生价值的选择，同时也渗透着特定历史时期的民族文化素养、哲学观念、思维特征、行为方式及审美趣味。范晔在分析隐士隐逸的动机时说："或隐居以求其志，或回避以全其道，或静己以镇其躁，或去危以图其安，或垢俗以动其概，或疵物以激其清"③，基本上概括了古往今来隐士的动机。

然而，黎简的隐属于哪一类呢？他的隐逸，不同于无望仕进、壮志难酬的牢骚，也不是蹭蹬名场、沉沦草野的自我排解；不同于游食于缙绅豪门的文人，也不是躬耕渔樵、岩栖穴居的穷士；更不是走终南捷径，身在江湖、心存魏阙的徘徊观望。前人猜测是由于

---

① 关于这方面，因拙作《为百姓写诗——黎简田园诗研究》（载《广西社会科学》2005年第3期）中已有详细介绍，故不赘言。
② 陈进波、惠尚学：《文艺心理学》，兰州大学出版社1999年版，第130页。
③ （南朝宋）范晔：《后汉书·逸民列传》，中华书局1973年版，第2755页。

"丁外艰，得气虚疾，故足不逾岭"①，只好"淡然于仕进"。但事实上，黎简父亲晴山公的去世，是在黎简44岁时。况且早在青年时期，黎简便体弱多病，"故国关山梦，经年药饵身"（《广州有传予作古者及见石帆黄虚舟颜菊湖始惊喜尚在乃为此诗》）。在这种情况下，他还远游过湘、贵等地，所以，这个理由是站不住脚的。即使黎简是因为"丁外艰，得气虚疾"而不去应试，那么在此之前，黎简获得李雨村赏识是在32岁那年，其成就已经得到大家的肯定，朋友们也一再劝他不要放弃科举。将时间再往后推，黎简去世是在53岁时，除去丁忧3年和病重的1年，他还有6年时间足以北上应试。如果黎简有功名之念，完全可以应试，但他没有。所以，简单地把黎简隐居归结为"丁父艰""气虚疾"是不可信的。笔者认为，是黎简个性因素导致他不乐仕进。范晔还有一句话，正可说明黎简之隐："然观其甘心畎亩之中，憔悴江海之上，岂必亲鱼鸟乐林草哉，亦云性分所至而已。"②

隐逸是黎简个性使然。他个性中最突出的就是一个"狂"字。他被人评为"狂"，黎简也自署"狂简"，更刻印曰"小子狂简"，以此为荣。在中国历史上，从楚狂人到阮籍、刘伶到李贽、唐寅再到金圣叹、扬州八怪，这种狂士代不乏人，他们与世俗的见解、态度相悖逆，毫不掩饰、遮拦、任情适性、率真表露。纵观黎简一生，他可以被称为"狂"的举动：一是恃才自傲。虽然黎简以卖文卖画为生，但是，"每至郡城，以金币求书画者全集，然君顾自矜重，意不合，或挥斥不顾，以是人稍目为狂"③。"有大腹贾以纸索画，简民为画洋钱数十元。或问之，简民曰：'若辈之所识者此耳！'其主

---

① 苏文擢：《黎简先生年谱》，香港中文大学出版社1973年版，第58页。
② （南朝宋）范晔：《后汉书·逸民列传》，中华书局1973年版，第2755页。
③ （清）黄丹书：《明经二樵黎君行状》，见钱仲联主编《清诗纪事》，江苏古籍出版社1989年版，第7016页。

角类如此。"① 二是不愿应试。袁洁《蠹庄诗话》记载了黎简的一则逸事："广东拔贡黎简民简，才情骏发，狂率不羁。入乡闱时，以搜检太严，慨然曰：'未试以文，而先以不肖之心待之，吾不愿也！'遂掷笔篮而去，从此不复应试。"② 三是对袁枚的态度。袁枚身为诗坛领袖，虽然后世骂他的人很多，但在当时，只有赵翼、蒋士铨和黄仲则三大诗人敢对袁枚说高道低。袁枚到广东一游，慕黎简之名，以七十岁高龄，亲自登门求见黎，黎简竟然将袁枚拒之门外。更有甚者，黎简写信责骂袁枚：

  近有一翁，自以为才士，无骨气，人从而谀之。看其诗与人品，皆卑鄙不堪。至其诗话，则有似所谓对夫淫妻，对父淫女者。师生之道，在此翁无人相矣。即略行而观文，亦不足取，是真欲以韵语为宣淫之具矣。……我立行，自信与彼大径庭。③

对袁枚大加抨击，不留余地。难怪袁枚在收集"近日十三省诗人佳句"时，将成就远远不及黎简的诗人诗句收录，却只字不提黎简。钱锺书先生为此感到奇怪，他说："二子相形，渊如脉张声嘶，血指汗颜，又每似使酒装疯，不若二樵之奇崛而能安闲。'奇才'之目，当在黎而不在孙耳。"④ 当为黎简得罪袁枚之故。

  正是以上三种行为使黎简赢得了"狂"的名声。但是，黎简的

---

① （清）黄丹书：《明经二樵黎君行状》，见钱仲联主编《清诗纪事》，江苏古籍出版社 1989 年版，第 7020 页。
② （清）郭杰：《蠹庄诗话》，（清）黎简《五百四峰堂诗钞》附录，梁守中校辑，中山大学出版社 2000 年版，第 496 页。
③ 《清国史·文苑传·黎简》，嘉业堂钞本第 12 册，中华书局 1993 年版，第 964 页。
④ 钱钟书：《谈艺录·七·李长吉诗》，转引自（清）黎简《五百四峰堂诗钞》附录，梁守中校辑，中山大学出版社 2000 年版，第 535 页。

"狂"，与金圣叹的调侃圣人、糟蹋试卷，袁枚的纵欲恣情、青楼狎邪、红粉侑觞，扬州八怪的画鬼魅、瘦马、土墙茅舍、乞丐娼妓大不一样，其所作所为并没有超出封建礼法的范围。与朋友一道出游，朋友看见有人家的竹子长得可爱，想前往拜访，黎简以"申礼防使之自持也"为由阻止，在现行的规范中，他循规蹈矩，按部就班，极具责任感和道德感。所以，黎简实际上算不得"狂"士。对此，黎简本人也有过解释："无诗佞笔焉用佞，便号狂简元非狂。"[《对山楼歌寄郑庶常文川（应元）秀才遥川（应翰）兄弟》]"君今忆我旧多病，我昔比君今更狂。"（《江亭寄罗海韬》）"石也应哂我，笔舌无乃佞。"（《病可以砚谢何征君》）

　　所以，黎简的"狂"，其实只有一个意思，不肯奉承别人。他性格直率，"同时有善楷书能一日万字者，山人箴之曰：'君何忙事而不耐烦，似此作字，一生都无复长进矣！'其戆直如此"①。以黎简这样直率的性格，在官场上如何厮混？父亲经商之余的会朋交友、读书吟诗，是何等的自由惬意，是一个绝好的榜样，又何必去受官场的羁绊？所以，黎简很自然地选择了隐逸，正如苏文擢先生所言："二樵崛起岭南，回粤后足迹不逾岭表，科名止于拔贡，交游者多鸿材硕宦，进无攀援附阿之意，退无嗟卑叹老之言，盖自弱冠之年，即殚精文行，常欲终身韦布，中岁贫病荐铄，不少易其介，其志固先定也。"②

三　黎简的谋生生涯

　　黎简父亲是个米商，家庭条件原本优越，但从南宁返回广州后，

---

① （清）钱仪吉：《读黎二樵诗》，《刻楮集》卷三，道光十二年刻本。
② 苏文擢：《黎简先生年谱》，香港中文大学出版社1973年版，第5页。

黎简成婚后自立门户，谋生就成了黎简不得不面对的事情。古人云"三十而立"，黎简便是在三十岁那年开始谋生生涯的。黎简的谋生，是从坐馆开始的，乾隆四十一年（1776），黎简授徒于广州西郊，应该说，黎简感觉到了生存的压力，是年的《溪上》写道："回头想身事，真觉路行难。"虽然黎简没有透露他授徒的层次，但从黎简经常写到的生活艰难来看，做为一个初出茅庐无名气的年轻文人来说，他的酬劳不可能太高，再遇上广州天旱，物价飞涨，黎简的生存是非常艰难的，在其《抒忧三十八韵》中，黎简写道：

忧来不能抒，密云共沉结。羌无西南风，为破海上月。广州入初夏，时日但坐阅。昔予万里外，自恐家食缺。今为故乡客，亦报粮屡绝。贫士愧佣保，远近事一辙。苍茫登北城，田风长苗悦。远塍蠕而动，来人更相迭。人人负囊橐，官粜久未辍。岂无诗书士，入此贫者列。予欲丛其中，朋辈笑我拙。宁无斗升储，及尔妻子活。长歌动粤市，笔巧言乃呐。君去勿复道，余自匪贤哲。畏人如鹧鹆，怀芳感鶗鴂。斯叹太仓鼠，郢待丰亭鳖。闲居指悬椎，闷处口衔碣。典衣谋客餐，搜箧兹乏竭。僮仆私自喃，我任其謇劣。年荒我当困，我愚彼当黠。妻孥且宽颜，况彼蚁附羯。西蛮比年凶，米价近稍坼。哀我短命妹，遗孤正凄孑。不及食新麦，长恨积古血。生不见汝死，老亲临汝穴。今年挈甥还，远与坟土别。新鬼待寒食，不见纸钱爇。今夕千里泪，洒汝坟旱裂。悲风下寒雨，长天亘骚屑。粤城连北山，云木隐嶱嶭。售地大石里，卜筑面广阔。移家虽城会，亦可避烦聒。养亲数弓内，近市有甘洁。惟忧二人心，终为逝者闭。床头无黄金，人闲又炎节。忽忽恐愁风，瑶草亦易歇。中宵数搔首，平生耻扪舌。涸鲋需谁苏，囊锥几时脱。

293

当他在诗文书画方面小有名气后，黎简便不再坐馆，转而笔耕谋生。黎简从哪年开始笔耕谋生，确切时间难以推断，但看黎简的编年诗中，完全没有与坐馆有关的描写，而在《和石帆雨后步月至郭山人隐居夜饮食荔》诗中，黎简首次用到的"润笔"一词。他写道："满城水气三池月（门口有三池得月颇佳），万户凉眠二妙醒。北郭地宜高士号，南来山到此峰停。杯盘火枣仙人食，云雾沧洲海客星。好约他宵储润笔，潜夫偕隐为名亭。"润笔是笔耕的酬劳，黎简此诗用到了这个词，可以证明他已经不再坐馆，选择笔耕了。其《送别赵孝廉渭川希璜还惠州题碧嶂红棉图》的自注中写道："近年四方之士来游粤，索予画，予多以此图贻之。三年以来，此图度岭几数十本矣。"可见黎简的知名度已经打开，向其求画者为数不少，他门口的春联也被人连夜窃取，"扶病帖门春胜书，有人夜半窃而趋。君知疟悔还相妒，此是医门逐疠符"（《戏札我闼门帖春秋或夜去之》）。还有人冒充黎简之名去卖字卖画获取高额利润者，在《近有赝予书画鬻于肆者，作诗自嘲》："虚名望人腹，腹饱笑不止。我笑天何心，同时产樵子。樵乎彼何人，天特厚我耳。我之所好道，下况同溺矢。彼有姓与名，无翼飞万里。聊以名假我，如画符治鬼。鬼不畏我符，已被我驱使。昨闻彼樵者，闭户病未起。风雨阴压旬，写帖去乞米。朋友远日疏，妻子饥欲死。欲死且未死，吾何惜乎此。安得以我手，遍赠穷独士。尽令彼因我，而使其似尔。我则自卧病，亦所大欢喜。东海百尾鱼，西海鱼百尾。相忘江湖中，谁能识真鲤。"这是黎简笔耕谋生的必要条件。因此，在他的一生中，笔耕谋生是黎简主要的谋生方式。

不过，原本黎简可以凭借高超的书画技艺过着衣食无忧的生活，却因为黎简个性孤傲，锋芒毕露，他的字画只卖给能真正懂得艺术之人，哪怕商人高价求画，黎简也嗤之以鼻，"每至郡城，以金币求书画者坌集,然君顾自矜重,意不合,或挥斥不顾,以是人稍目为狂"①。虽然笔耕谋生,黎简依然保持了铮铮傲骨。

四 笔耕对黎简创作的影响

清代中期,社会相对安定,既无内忧也无外患,社会财富大量积聚。《扬州画舫录》记载了当时盐商的奢侈:"徽州歙县棠樾鲍氏,为宋处士鲍宗岩之后,世居于歙。志道字诚一,业盐淮南,遂家扬州。初,扬州盐务,竟尚奢丽,一婚嫁丧葬,堂室饮食,衣服舆马,动辄费数十万。有某姓者,每食,庖人备席十数类,临食时,夫妇并坐堂上,侍者抬席置于前;自茶面荤素等色,凡不食者摇其颐,侍者审色则更易其他类。或好马,蓄马数百,每马日费数十金,朝自内出城,暮自城外入,五花灿著,观者目炫。或好兰,自门以至于内室,置兰殆遍。或以木作裸体妇人,动以机关,置诸斋阁,往往座客为之惊避。其先以安绿村为最盛,其后起之家,更有足异者。有欲以万金一时费去者,门下客以金尽买金箔,载至金山塔上,向风扬之,顷刻而散,沿江草树之间,不可收复。又有三千金尽买苏州不倒翁,流于水中,波为之塞。有喜美者,自司阍以至灶婢,皆选十数龄清秀之辈,或反之而极,尽用奇丑者,自镜之以为不称,毁其面以酱敷之,暴于日中。有好大者,以铜为溺器,高五六尺,夜欲溺,起就之。一时争奇斗异,不可胜记。"②其奢侈斗富,真是让人咋舌。这种情形的出现,只可能在承平盛世中。乱世藏黄金,盛世藏古董。清中叶相对安宁的社会环境,提供了附庸风雅的社会

---

① （清）黄丹书:《明经二樵黎君行状》,钱仲联主编《清诗纪事》,江苏古籍出版社 1989 年版,第 7016 页。

② （清）李斗:《扬州画舫录》卷六,广陵书社有限公司 2010 年版,第 45 页。

氛围，社会上的富商高官有购买艺术作品的需要，文人也可以凭借自己的才能来谋生，于是，笔耕文人应运而生。黎简就是众多笔耕文人中的一位。由于他心甘情愿地选择了笔墨耕耘，布衣终老，所以他的诗篇中，没有人生失意的抑郁牢骚，而充满了能够倾心投入创作的满足。他曾经不无得意地说："既事千秋足知己，画痴书癖最诗豪。"（《秋夜感咏》）这的确道出了他的心声。终其一生，黎简从未在仕与隐两条道路之间苦苦纠缠，而是甘愿过着自食其力的清贫生活，主要靠笔耕来维持生活，"视花鸟若友朋，以笔墨为耒耜"①，从不以功名为念。因此，谋生成为黎简生活的一部分。在《治生》中，黎简写道："治生贫不豫，寒至索衣裘。任达犹疑命，歌吟不饰愁。有来成一往，遗愿寄千秋。风叶中宵落，门前大海流。"谋生生涯给黎简打下深深的烙印，直接影响了黎简的诗歌创作及艺术表现。

1. 哀叹谋生之艰难

布衣笔耕，对其文学创作是有直接影响的。王兆鹏先生指出："稿费是文学商品化的一种体现，当它作为一种创作目的而被追求时，能够刺激作家的创作欲望，促进文学的生产；当它作为一种额外的经济来源而补贴作家的生活时，它能够改善作家的生存条件，从而潜移默化地影响作家的创作心态和创作风格。"② 这里的"稿费"亦即古人所云"润笔"。虽然并不是所有的笔耕型布衣都必须去谋求润笔，但是，客观上，布衣的笔耕墨耘，对他们的文学创作产生了诸多影响。如前所述，黎简"三十而立"，自三十岁起就自立门户，独自养家糊口，先是坐馆、后有笔耕，深切体会到谋生之不易，在其笔下，写出了生存的不易，谋生的艰难，如《不出》写道：

---

① 《清国史》，嘉业堂钞本第 12 册，中华书局 1993 年版，第 964 页。
② 王兆鹏：《宋代的润笔与宋代文学的商品化》，《学术月刊》2006 年第 9 期。

"不出故人讥坐穷，粉蛾帖死在屏风。即为塌翅林莽病，可惜饥鹰毛爪雄。前路甘辛失驱蠡，万事得失作鸡虫。恐是窃脂无饱命，未能高远托冥鸿。（窃脂小鸟喜窃肉脂窃食即死。）"黎简自嘲为"窃脂"小鸟，恐怕命中注定要受穷一生。黎简多处提到他的窘境："我瘦见面稀，致尔惊诧口。安知我妻孥，习处互忘丑。自从去年饥，卧病心血呕。家食减药钱，钱亦仗朋友。荆妻伤药价，临炊欠升斗。忍使两稚子，半饱号阿母。"（《同范愚谷（贤）晚食后柳树下已而张大谷（绍艺）亦至》）

他的这种窘境，在其《典衣诗答药房》《后典衣诗赠介卿并呈药房、肃斋》中有着真实的记载，前者云：

青桐枝湿赤米大，崇朝不熟熟已馂。铁铛瘦煮瓦铛载，二樵先生食薯菜。后园地硗草蘖黄，种树不实枝叶长。老藤露日死缠石，初蔓袅风柔上墙。痴薯十日九失水，贫食一摘三盈筐。女儿弱腹有难色，视我下箸随饱尝。齿牙大嚼声嗜嗜，踏餐烂漫沾垢服。病妇相怜看药碗，儒生薄相饫粱肉。白日鉴我苴蓿盘，阿爷生汝藜苋腹。汝曹未辨贫富身，自觉亲前作人足。侧闻甘肃谁氏败，宝窖如山惜不得。我云耿介自疑信，贻汝荣华恐非福。他时为汝曹，满储十箧之山川。山不韫宝玉，水不藏珠蜧。不能使汝饱欲死，又不使汝行乞他人怜。我今壮岁未衰惫，人生命无常，常愿得亲爱，汝曹努力且食菜。

薯菜，即红薯叶，黎简以之果腹，其窘迫可见一斑。黎简物质上是匮乏的，以致老鼠居然无食物可偷："我之所僦庐，前客畏鬼乘夜逃。比及我至此，中夜躐躠而鸮号。伏枕屏息四体静，扬沙撒泥众物劳。乃知鼠黠作诸恶，客厨十日九斋禁。汝繁有徒不得以

果腹,百技穿我屋。嗟尔前客子,应复与我贫若此,何适乎无鬼。"(《嘲鼠》)

这样的处境,无怪乎黎简常常哀叹生活的困窘,"穷"成了黎简诗歌的一个关键词,如《和张廉甫雨坐见赠且索近诗》:"病里穷愁风雨时,沉花滞絮况离思。"《客楼》:"天地兹楼迥,风波客子心。瘴江千里黑,边角五更深。身稳几无梦,年荒欲废吟。家山与穷塞,相寄食难音。"《落叶》:"秋怀感风云,林木生众号。衰黄起中野,飒上悬波涛。既无根株力,嗟尔所历高。天清浩苍茫,大江急滔滔。于何为终极,莫得就近郊。萌春一何静,陨秋何太劳。兹理诚足忧,穷士当有操。"《雨中作寄吕秀才石帆坚》:"不辨松声接海声,昼云阴傍瓦檐平。梦迷上巳浑风雨,节感中年忆死生。游戏郢人须宋匠,穷愁迁史信虞卿。柴桑夙志疏人事,计为身谋早课耕。"《穷愁》:"穷愁著书懒,何事送虞卿。天意存微贱,心机破死生。依人忘暖席,乞食入寒城。未敢敦奇服,仍防有污名。"

在他的诗歌中,"穷"字出现了74次之多。"穷"成为黎简生活中如影随形的一部分。正因为如此,黎简对民生疾苦颇为关注,我们可以从黎简对"雨"的偏爱上一探究竟。黎简诗中描绘了形形色色的雨:就季节而言,有春雨、秋雨、夏雨、冬雨;就具体时间而言,有朝雨,也有晚雨;就雨水的大小而言,有微雨、细雨、大雨,也有巨雨、暴雨;就人物举动而言,有看雨、听雨、避雨、观雨,还有祈雨、望雨、喜雨、叹雨,等等。黎简爱雨,不是为了寄托愁绪,而是因为"一雨苍生百万家,天南性命及桑麻"(《一雨数日喜甚同于农夫作诗示二三知己》),"天上牂牁属要津,谷丝唇齿互相因"(《牂牁》)。天气与人民生活息息相关,有了这种博大的胸怀,黎简完全超脱了个人的利益,牵挂的不是一己之得失,他为合乎时令的雨欣喜,写有《西潦涨甚即消喜其大助田壤晚丰可知》

《开春连日暄妍丰年之象欣然有作惘然有忆》《十九日雨滂沱之余油油若酥有秋之喜同于农夫》；久旱成灾，盼望迟迟未至的雨早日降临，作有《偶出见春田未耕望雨有作》；对将给农业带来灾害的雨而忧虑不已，作有《忧涨三十四韵》《西潦三首》；他羡慕渔民的不必担心雨情："客思苍茫煞风景，不忧霪旱羡渔家"（《野步》），"寻常离别诗中了，大半人民雨后生"（《与丘少尹》）。黎简深刻体会到天灾的危害，在《竟日巨雨作》中详细描绘了一次暴雨成灾的情景：

> 十年旧雨独南卧，自觉床头今雨大。伏枕遍增生死哀，假盖须难仆夫过。八门决窦如悬河，出城乏势鸣盘涡。竟起嗔雷动古屋，有似暗潮迎巨舸。窥檐只疑空虚窄，溢井远知湖海多。昔年六月竟夜雨，明日千家一抔土。地涌忽惊山下泉，渠泛顷为泽中卤。远闻人哭杂水声，旋见居民编鬼簿。君不见东门大坟三丈高，流膏断骱泥下捞。至今天阔云雨黑，死人夜作生人号，黄泥白骨缠青蒿。

其组诗《秋雨叹》五首同样表现水灾的情景：

> 云中飕飕鸣落木，水气作云低压屋。三年不见十日雨，一雨偏当九秋熟。苍天作意何太酷，不令人喜令人哭。水田要使禾生耳，草食真无莨充腹。君不见垄头白骨夜有声，路旁白骨行无肉。（其一）

1785—1787年连续三年广州大旱，到了1787年秋天，久旱之后终于降雨，却又降雨过多，一变而成涝灾，给成熟的庄稼带来很大的危害，诗人呼天抢地，向苍天发出愤怒的控诉。这种控诉，不是文人

299

的无病呻吟，而是替孤苦无助的百姓发出的愤怒的呼声。

王昶在《蒲褐山房诗话》中评价为："其诗峻拔清峭，刻意新颖，言人所不能言"，"简民为诗苦用心，虚空欲著斧凿痕"①。如"五岭三年千里内，多时十室九家空"（《夜将半南望书所见》）一联，连用几个数词结构，对仗工整，可见构思之精巧。当然，作者不是耽于形式而一味刻意雕琢字句，其炼字、炼句最终是为炼意服务的。该联简约的文字背后隐藏的是"乾嘉盛世"表象下民生凋敝的社会真象，深刻地揭露了人世的罪恶。

2. 追求艺术的独创

笔耕型诗人与坐馆、游幕诗人相比，有更多的自由，身心都是自由的，受到外在的束缚相对有限，即金农所言："莫怪撩衣懒轻出，满山荆棘较花多。"② 他们更可以任性适情，表现自我，追求独立，而不管外界的纷扰。"共说人生当路贵，谁知从古布衣尊。"③ 更何况，艺术创作需要个性。所以，沉湎于艺术之中的文人往往能把个性发挥得淋漓尽致，绝不屈己达人。"莫哂求官我无分，金襕不换一渔簑。"④ 恽格，"家甚贫，风雨常闭门饿，然非其人不与画，视百金犹土芥也"⑤。丁敬也颇具傲骨，"方制府观承爱其铁笔，媚制府者欲得其一二，方通意指，而恶声殷墙屋，惊而逸去。江苑卿春，慕其诗，将之武林，以币赘谢，勿与通，春亦畏其锋，瑟缩不敢进"⑥。其恃才傲物的性格可略见一斑。黎简也

---

① （清）王昶：《蒲褐山房诗话》，《湖海诗传》卷三十八，商务印书馆国学基本丛书本。
② （清）金农：《感春口号》，《冬心先生集》，西泠印社出版社2012年版，第39页。
③ （清）马镇：《五十述怀》，柯愈春《清人诗文集总目提要》，北京古籍出版社2001年版，第979页。
④ （清）金农：《乾隆十一年三月廿有二日乃予六十犬马之辰触景感事杂书四首非所以自寿也》，《冬心先生集》，西泠凌印社出版社2012年版，第98页。
⑤ （清）孙静庵：《明遗民录》，赵一生标点，浙江古籍出版社1985年版，第42页。
⑥ （清）杭世骏：《隐君丁敬传》，《道古堂全集·文集》卷三十三，见顾廷龙主编《续修四库全书》第1426册，上海古籍出版社2002年版。

是如此。

  虽然深受时人看重，黎简完全可以利用自己的一技之长，满足日常生活的需要甚至过着富足的生活，但是他没有这么做。"意稍不合，虽巨金必挥去，缘是有狂名"①，"每至郡城，以金币求书画者坌集，然君顾自矜重，意不合，或挥斥不顾，以是人稍目为狂"②。充分保持、展现了自己的个性。这样的特点，体现在艺术创作当中，便是标新立异，力求独创。有学者指出："在乾隆年间，赵子昂一体的书风盛行，乾隆本人亦颇好书法，写的字柔媚圆滑，毫无骨力，上有好者，下必甚焉，无论朝野，均以学二王高自标榜，其实仅得赵的皮毛而已。非独立卓行之士，鲜能脱出赵体的笼罩。"③黎简则随心所欲，书学晋人。在绘画上，统治画坛的是以王时敏、王鉴、王翚、王原祁为代表的"四王"，他们继承董其昌的正宗法门，号为"正统派"，为统治者推崇，占据清代山水画坛二百余年。黎简独辟蹊径，于此甜香细软之中别开一派，以其自创的面貌，博采众长，而又大胆操为的解放精神开启一个新的局面，为广东乃至全国画坛注入新的活力④，影响所及，"其弟子何深、谢兰生，以及张如芝等，均继承其志，再刻意创造。粤画因此而突飞猛进，踏入黄金时代，终于达二苏之成就"⑤。黎简意欲借创作来留名后世，"二樵写画毕，辄狂呼曰：五百年后必有识者！"⑥笔耕不仅是黎简谋生的手段，还是

---

  ① （清）郭汝城修，（清）冯奉初纂：《（咸丰）顺德县志》卷二十六《黎简传》，清咸丰六年刊本。
  ② （清）黄丹书：《明经二樵黎君行状》，钱仲联主编《清诗纪事》，江苏古籍出版社1989年版，第7016页。
  ③ 陈永正：《岭南书法史》，广东人民出版社1994年版，第101—102页。
  ④ 李公明：《广东美术史》，广东人民出版社1993年版，第560页。
  ⑤ 李铸晋：《明清广东山水画之发展》，香港中文大学文物馆丛书之六，香港中文大学出版社1973年版，第560页。
  ⑥ （清）谢兰生：《赣州袁君携所藏二樵扇面册子属题》，转引自（清）黎简《五百四峰堂诗钞》附录，梁守中校辑，中山大学出版社2000年版，第477页。

他毕生的寄托。黎简的画，被评为"生意盎然，气韵古厚"①，"直造元四家堂奥"②，这是黎简追求"逸"的结果。

"'逸'绝不是画法上的界定，它是由这些创作上的特征体现出来的自由意志和超越精神。"逸品体现的是画家的人格以及铸成其人格的全部的文化底蕴，只有将高尚简古的人格投入画中，逸品才会出现③。

黎简认为"写山水寄辟茂密，自非所难。千岩万壑，巉天塞地，而笔墨神情，儵然远寄，此其难耳"④；他还认为，"胸中无奇气崒嵂，笔下无墨沈淋漓，不可以作画"，否则，"衿奇便是使气，惜墨便是暴殄天物"⑤。而他所说的"奇气"即是画家的人格修养，人格高尚，才能创作出杰出的作品，这正是文人画与匠人画的分野。他在回顾、总结自己近四十年的创作历程时不无感触地说："觉开合之际，渐近自然；墨光所注，符于物理。至若超乎远寻，求趣象外，盖有得于偶然，非可自能据取也。"⑥

此外，黎简还提出了绘画史上一条重要的理论：

> 断霓元黄云陆离，青螺返照紫琉璃。观空种种晴阴状，正色苍苍造化师。楼阁玲珑金碧画，乾坤清淑鹭鸥知。帘波簟玉肌冰雪，莫扰成亏看弈棋。（《暑雨后有述寄梁石痴时梁君方作画五山间斐然之作兴托画理》）

---

① （清）郭汝城修，（清）冯奉初纂：《（咸丰）顺德县志》卷二十六《黎简传》，清咸丰六年刊本。
② （清）黄丹书：《明经二樵黎君行状》，见钱仲联主编《清诗纪事》，江苏古籍出版社1989年版，第7016页。
③ 李文初：《中国山水文化》，广东人民出版社1996年版，第455页。
④ 苏文擢：《黎简先生年谱》，香港中文大学出版社1973年版，第131页。
⑤ 同上书，第77页。
⑥ 同上书，第114页。

这是黎简与梁石痴谈画之作。梁石痴,即梁枢,字拱蹯,号石痴,顺德大良人。山水画家,"当其少时,顺德作画风气未开,国初老辈,喜为枯木瘦石。至枢始追摹古人,初作米家山,烘托云烟,墨气活泼。中年趋步石田(沈周)。蹊径既熟,而后随笔所之,皆能变化,脱去面目,而得其真趣。晚转青绿,点染嫣红,生致盎然"①。就是这样一位小有成就的画家,在谈到黎简时说:"幸与二樵同时,得见其墨妙;亦不幸与二樵同时,为其所掩。"② 在此诗中,黎简认为天地间的本来面目是极其纯朴、清新的,提倡再现高洁、清新的自然,实际上提出了传统中国绘画的一条重要美学原理。近代名画家黄宾虹说:"作画,岂可一味画其表。石受光,这是外表的色泽,可以画,但不是非画不可。至于石之质,此中内美必须画,是非画不可。董(源)、巨(然)山水,初看似乎平淡,却是愈看味愈浓:此为画入内美之妙。"③ 正可与黎简此诗相互发明。

　　黎简在诗歌创作上也同样蹊径独辟,在"格调派""性灵派""肌理派"统治文坛的时候,黎简却学宋诗,追求一种幽深孤峭、刻意新颖的艺术风格,表现在巉刻奇峭、琢削瘦劲、力避平熟的语言风格上,被评为"二樵生晚于沈而与袁、翁同时,独夷然不顾,狎荡红棉碧嶂间,其自喻得意也,如霜钟之清吼,如草虫之悲鸣,如春花之駘荡,如静女之怨思,然方其鞭斥流俗,有所憎而后有所好,则又骨相嶒棱,浩然无所顾讳"④。黎简的诗"通体总不肯出一易语","奇警至不可思议,令人目遇而眩,耳遇而悦,又尽在平日炼

---

① (清)汪兆镛:《岭南画征略》卷五,民国铅印本。
② (清)谢兰生:《常惺惺斋书画题跋》,清抄本。
③ 王伯敏:《宾虹先生的一席画》,《艺林丛录》第二编,香港商务印书馆1962年版,第360—361页。
④ 苏文擢:《黎简先生年谱》,香港中文大学出版社1973年版,第5页。

字炼句之工，非呫嗟可办"①，充分体现了黎简诗歌力避平熟、求生求新的特点。这与或噤若寒蝉，或讴歌盛世的主流诗坛形成鲜明对比。在《人日寄石帆》中，黎简更清醒地认识到，自己所处的时代是一个是非颠倒的时代，越是有才华者，就越是遭受不公平的待遇，他愤怒地指责这个社会："正逢人日忆斯人，绝世文章绝世贫。今日士穷堪畏惧，同时吾病称交亲。卢王前后随牛马，嵇阮琴尊漫笑嗔。自有死生真气在，千秋风义足比邻。""绝世文章绝世贫"一语，浸透了黎简在生活中屡遭打击之后的深刻体会。

3. 向往人生的适意

诗文书画是文人的本行，在文化垄断的时代里，更是一种特长。清代社会，新兴的市民阶层，高官巨贾与满朝的新贵士绅，帝王将相的雅趣，形成了巨大的文化市场，"堂前无字画，不是旧人家"。在没有其他生活来源的情况下，布衣文人以之糊口可谓一举两得，既锤炼了自己的技艺，又获得了相应的收入，解决了自己的生计问题。黎简笔耕谋生，虽然清贫却自由，表现在诗歌创作上，便是对隐逸的向往与追求，这主要表现在他对诗歌意象的选择上。意象的提炼和熔铸是中国诗歌取象思维和艺术表达的独特方式。在一定程度上，诗人在进行艺术创作时，对于使用何种意象，会有一定的偏爱，李白好用大鹏、长鲸等意象，李贺好用鬼灯、萤光等意象，柳宗元好用残月、枯桐等意象……这种对意象的选择反映了诗人的志趣、爱好、性格等因素，因而通过诗人对意象典故的选择与阐释，可以看出他们各自的心态。黎简摄取了大量与隐逸有关的意象入诗，"年深道胜甘雌守，不辩披襟顾盼雄"（《春风》）。"雌守"即退守无为，此处借指退藏不进。"篙目叫西魂，吾诗废招隐"（《检亡友黄

---

① （清）丘炜蔓：《五百石洞天挥麈》卷五，观天演斋校本。

仲则手书》），《招隐》主要渲染山中既清幽高洁又孤寂吓人的境界，意在启发隐士回归人间，"王孙兮归来，山中兮不可久留"，黎简则反其意行之。"削迹返心求故我，卖文随力饭饥人"（《削迹》），他甘愿消踪匿迹，隐居以求自守，所谓"削迹捐势，不为功名"。基于悠久的隐逸传统，文学史上存在大量与隐逸有关的典故，如谢公雅志、沧浪渔父、范蠡扁舟、严光钓台、渊明把菊、鸥鹭忘机、薜荔荷衣等，这些意象被黎简频繁使用，在诗中大致形成三个隐逸意象系列，一是前代的隐士，二是隐士的服饰，三是隐逸的象征。

（1）前代的隐士

中国有着悠久的隐逸传统，二十四史中有十七史专门为隐士列传。前代隐士中，严陵、梁鸿、陆龟蒙、倪瓒、宗炳等都是黎简钦羡的对象，其中，严陵、梁鸿是以隐高名者，陶渊明、陆龟蒙是隐士兼诗人，宗炳、倪瓒是隐士兼画家。黎简对上述隐士表达了不同程度的仰慕之情。"悼亡潘岳慵题赋，久客梁鸿识有家。"（《中庭》）"溪深称渔具，思煞陆龟蒙。"（《此水》）"倪迂画意萧萧竹，陶令诗心淡淡花。"（《短篱》）不过，陶渊明无疑是黎简仰慕的最高典范。陶渊明在"猛志逸四海"的壮志不可能实现时，没有放弃自己的人格尊严，决然地选择了一条孤独的归隐之路，赢得人格上的充分独立，对后人影响极大。在黎简诗中，"陶渊明"或者与陶渊明有关的事物出现的频率是比较高的。或者涉及陶渊明的生平经历，"梦续西堂元谢客，饥驱东海只渊明"（《与佩士二兄世讲》），"六经忧患内，五柳去来辞"（《怀周石农（闳）新兴县十六韵》）；或者盛赞陶渊明的高风亮节，后人无法企及，"后来菊花，何人复采"（《咏古八首》之六）；或者表示要效仿陶渊明，"莲社新参谢康乐，花源近访陶渊明"[《寄王平水（蒸）》]，"未能安石需葵扇，故许渊明落葛巾"（《还百花村庄避暑作》）；或者以陶渊明自喻："郎官车骑云填道，

305

中有渊明软足舆"(《香山县斋杂诗》),"北窗树底南州榻,剩许渊明六月风"(《寄彭香山》)。

(2) 隐士服装

黎简由于对隐逸的高度向往,对于作为隐士服装象征的"薜荔""荷衣"也表现出不同寻常的感情:

"吾当披萝衣,君指浮瓠艇"(《答周生见寄》),做隐士是我当然的选择啊!"莫以风尘色,能污萝薜衣"(《秋寄》),在他心目中,就连隐士的服装都是非常圣洁的;"何当萝带芙蓉祓,妻着麻姑蛱蝶裙"(《忆华首台》),期盼成为隐士。此外,还有"可教雨雪云沙路,中有芙蓉薜荔衣"(《中园寓目写怀示友人》),"残菱骚人服,寒花饥客粮"(《野堂》),"金紫他年更哀痛,菱荷送老独芬芳"(《平叔制我衣》),"远道非骇骥,吾家故薜萝"(《服药》),"山回薜萝深,忽忘斯取斯"(《蜀人刘世仪淫诗为吏目数十年往年曾令二子师事仆为诗仆甚惭矣今不见且五年作诗觅便寄之》),借用"薜荔""荷衣"这些隐士服装,黎简曲折地透露自己隐逸的心愿。

(3) 隐逸的象征

海鸥、白鹭是栖息于水边的鸟,鸥鹭意象成为隐居的象征,以"鸥"为例,《列子·黄帝》:"海上之人有好沤鸟者,每旦之海上,从沤鸟游,沤鸟之至者,百往而不止。其父曰:'吾闻沤鸟皆从汝游,汝取来,吾玩之。'明日之海上,沤鸟舞而不下也。"由此形成了"鸥鹭忘机"的成语,指人无欺诈之心,异类可以亲近,后因比喻淡泊隐居,不以世事为怀,黎简以这个传统的意象来表达自己对隐逸生活的向往。这类意象在黎简诗中表现得尤为密集。有两个意象连用者:"已成鸥鹭频来往,欲以丹青佐见闻。"(《又与虚舟》)"绮丛自有文字饮,浅棹兼修鸥鹭盟。"[《秋江行写别赠张秀才药洲(曰瑶)》]"寄言谢鸥鹭,一世几相遭。"(《追和沈约湖中雁》)"饮缘文字久，群是鹭鸥兼。"（《广州张太守清荫园席上作兼呈丘南澳杨崖州》）"鸥鹭我今犹合社，鹦鸠天与不春粮。"（《六月朔日与其詹至桂洲》）"直须鸥鹭成畸友，不避风波号此民。"（《寄白鱼潭渔者》）"衣裳存道气，鸥鹭共春矶。"（《鸥鹭》）也有单取其中之一者："渔爨芦烟湿，鸥眠浪翅干。"（《暮立》）"翁是白凫吾白鸥，偶来园沼话沧州。"（《汪静父席上作兼呈丘先生马中翰》）"中岁鸥凫盟白水，南朝龙虎证苍藤。"（《同李耻大过德山大师房》）"宿宿江湖一渔艇，茫茫天地两沙鸥。"〔《酬宋广文（葆淳）芝山见寄》〕"湛然已与天水静，不拒白鹭来相亲。"（《五月旦舟中观雨》）"浮天烟艇鸥波软，穆地桐英凤翼芬。"〔《郑庶常文川（应元）兄弟席上作》〕这里"鸥""鹭"意象的择取有与鸥鹭约盟为友，永为栖隐之意。

此外，扁舟、渔父、钓徒都与隐逸有关，黎简也对之产生兴趣，或言："洒然扁舟兴，远不逾篱藩。"（《夏日江村》）"早晚鲫鱼学张翰，绿蓑风起皱江天。"（《开镜》）"忍约离忧与钓竿，一棹青蓑湿花露。"（《寄苏啸泉》）"泽国生涯阔，身名约钓钩。"（《独生》）或言："钓徒岂为亲丧隐，早有烟波渔父吟。"〔《赠孙上舍平叔（尔准）》二首〕或者干脆以"钓徒"自喻："狂简钓徒侣，鲁公今有之。"（《八月十五日大观察吴公招饮同林汪孙三君明日咏怀投赠》）通过自适满足的渔父生活，黎简传达出对超尘绝俗、清空澄澈境界的羡慕。

当然，黎简是个避仕而不避世的盛世隐士，尽管他远离仕途，却依然心忧苍生，"在乾、嘉诗坛上，注意民瘼者本不多"[①]，黎简却不然，这是他创作最大的价值。"忧农自笑我无田，倍喜人谈大有

[①] 魏中林：《钱仲联先生讲论清诗》，苏州大学出版社2004年版，第59页。

年"(《五月下旬》),"苏肺潜知月胜火,忧农深笑士无田"(《雨》)"养疴眠伤别,忧农春早醒"(《晓立》),是他自道,也是他关注民生疾苦的写照——黎简不是劳动人民,却真诚地同情劳动人民的疾苦,为百姓代言,为他们的喜而喜,为他们的悲而悲。

简而言之,黎简是位特立独行之人,尽管他一生绝大部分时间在岭南度过,但是他的影响所及,已经不限岭南一隅。这可以归功于黎简的布衣身份,因为远离仕途,而有足够的精力去磨砺艺术创作,并保留自己的个性,对现实痛加针砭,凡此种种,最终铸就了黎简在岭南布衣诗人中的领袖地位。

结　语

乾嘉岭南布衣诗人是清中叶的一支重要力量，他们保留了真情真性，锤炼艺术，执着于内心的咏歌，岭南一隅也没有例外。当然，客观地说，清代岭南布衣诗人的个人成就因人而异，有高有低，难以一概而论。对此，大家多有评说，陈恭尹谓："吾粤作者，自张曲江而下，源流相接，代有其人，矩镬不远。"① 屈大均言："所著悉温厚和平，光明丽则，绝不为新声野体、淫邪佻荡之音，以与天下俱变，是皆岭南之哲匠也。"② 梁佩兰说得更为具体："尝与独漉、翁山论诗，谓吾粤人人自成面目，不在天下风气之内。诚以诗之高在标格，远在神韵，精在骨髓，或其造径之创，特辟鸿蒙，炼句之巧，几经淘汰。譬之黄金入火，白玉错刀，虽则光怪百出，要皆有大笔大墨行于其间。非同捃摭幽僻，纂杂稗乘，便自以为排嘎妥帖、新奇可喜也。"③ 如果说自己的评价还有王婆之嫌的话，外来文人的评说就更客观了。"地僻未染诸家病，风竟堪张一旅军。"④ 潘耒之

---

① （清）陈恭尹：《岭南五朝诗选序》，《独漉堂集》，郭培忠校点，中山大学出版社1988年版，第892页。
② （清）屈大均：《广东新语》，中华书局2006年版，第357页。
③ （清）梁佩兰：《东轩诗略序》，《六莹堂集》，吕永光校点，中山大学出版社1992年版，第420页。
④ （清）潘耒：《羊城杂咏》，《初遂堂集》，顾廷龙主编《续修四库全书》第1417册，上海古籍出版社2002年版，第205页。

言，已成定论，岭南文人自成一体，成为诗坛劲旅。王士禛也评价道："君乡粤东，人才最盛，正以僻处岭海，不为中原江左习气熏染，故尚存古风耳。"① 近人汪辟疆在其《近代诗派与地域》中总结道："岭南诗派，肇自曲江；昌黎、东坡，以流人习处是邦，流风余韵，久播岭表。宋元而后，沾溉靡穷。迄于明清，邝露、陈恭尹、屈大均、梁佩兰、黎遂球诸家，先后继起，沈雄清丽，蔚为正声。追王士禛告祭岭南，推重独流；屈大均流转江左，终老江陵；岭表诗人，与中原通气也。乾嘉之间，黎简、冯敏昌、张维屏、宋湘尤为有名。"② 这是岭南诗派的历史沿革，其中所列举数人是布衣身份，充分肯定了布衣诗人的历史地位。

---

① （清）王士禛：《池北偶谈》，文益人校点，齐鲁书社2007年版，第203页。
② 汪辟疆：《近代诗派与地域》，《汪辟疆文集》，上海古籍出版社1988年版，第314页。

参考文献

一 古籍

（清）曹廷栋：《产鹤亭诗》，《清代诗文集汇编》第 291 册，上海古籍出版社 2011 年版。

（清）陈恭尹：《独漉堂集》，郭培忠校点，中山大学出版社 1988 年版。

（清）陈洪绶：《宝纶堂集》，《清代诗文集汇编》第 11 册，上海古籍出版社 2011 年版。

（清）陈确：《乾初先生遗集》，餐霞轩钞本。

（清）陈昺：《感遇堂诗集》《感遇堂文集》《海骚集诗稿》，清刻本。

（清）陈昺：《旷斋杂记》，清抄本。

（清）陈撰：《玉几山房吟卷》，清康熙刻本。

（清）陈梓：《删后文集》，清嘉庆二十年胡氏敬义堂刻本。

（清）陈祖范：《司业诗集》，清乾隆二十九年刻本。

（清）邓之诚：《清代传记丛刊》，台北：明文书局 1985 年版。

（清）刁包：《用六集》，《清代诗文集汇编》第 18 册，上海古籍出版社 2011 年版。

（清）丁之贤：《丁布衣诗钞》，《清代诗文集汇编》第 66 册，上海古籍出版社 2011 年版。

（清）法式善：《槐厅载笔》，清嘉庆刻本。

（清）方文：《嵞山集》，上海古籍出版社影印本 1979 年版。

（清）方贞观：《南堂诗钞》，清乾隆三年刻本。

（清）冯班：《钝吟杂录》，中华书局 1985 年版。

（清）冯景：《解春集诗文钞》，清乾隆卢氏刻抱经堂丛书本。

（清）傅山：《霜红龛集》，山西人民出版社 1985 年版。

（清）傅占衡：《湘帆堂集》，清康熙六十一年活字本。

（清）顾梦游：《顾与治诗》，清初书林毛恒所刻本。

（清）顾梦游：《顾与治诗集》，清乾隆刻本。

（清）郭麐：《灵芬馆诗集》，清嘉庆至道光续刊本。

（清）杭世骏：《道古堂集》，见《续修四库全书》第 1426 册，上海古籍出版社 2002 年版。

（清）贺贻孙：《水田居文集》，齐鲁书社 1997 年版。

（清）洪亮吉：《洪亮吉集》，中华书局 2001 年版。

（清）洪昇：《洪昇集》，浙江古籍出版社 2012 年版。

（清）华嵒：《离垢集》，《清代诗文集汇编》第 251 册，上海古籍出版社 2011 年版。

（清）黄培：《含章馆诗集》，清抄本。

（清）黄仲则：《两当轩集》，上海古籍出版社 1983 年版。

（清）嵇永仁：《抱犊山房集》，文渊阁四库全书本。

（清）计东：《改亭诗文集》，清乾隆十三年，计瑸刻本。

（清）计东：《改亭诗集》，《清代诗文集汇编》第 97 册，上海古籍出版社 2011 年版。

（清）纪昀总纂：《四库全书总目提要》，河北人民出版社2000年版。

（清）焦循：《雕菰集》，广陵书社2009年版。

（清）金农：《冬心先生集》，上海古籍出版社1979年版。

（清）雷士俊：《艾陵诗文钞》，清康熙莘乐草堂刻本。

（清）黎简撰，梁守中校辑：《五百四峰堂诗钞》，中山大学出版社2000年版。

（清）李果：《咏归亭诗钞》，《清代诗文集汇编》第244册，上海古籍出版社2011年版。

（清）李桓：《国朝耆献类征》，江苏广陵古籍刻印社1990年版。

（清）李桓辑：《清代传记丛刊》，台北：明文书局1985年版。

（清）李文藻撰，栾绪夫注：《岭南诗集注》，大连海事大学出版社1994年版。

（明）李邺嗣：《杲堂诗文钞》，清康熙刻本。

（明）李邺嗣：《杲堂诗文集》，浙江古籍出版社1988年版。

（清）李元度：《国朝先正事略》，岳麓书社1991年版。

（清）梁九图、吴炳南：《岭表诗传》（国朝），清道光庚子顺德梁氏紫藤馆刊本。

（清）廖燕：《廖燕全集》，上海古籍出版社2005年版。

（明）林古度：《林初文诗文全集》，见《续修四库全书》第1358册，上海古籍出版社1995年版。

（清）凌扬藻：《岭海诗钞》（国朝），清道光丙戌狎鸥亭刊本。

（清）刘彬华辑：《岭南群雅》，清嘉庆十八年刊本。

（清）刘大櫆：《海峰文集》，清刻本。

（清）刘鹤鸣：《松崖诗集》，清道光刻本。

（清）刘青芝：《江村山人续稿》，《清代诗文集汇编》第236册，上海古籍出版社2011年版。

(明) 陆宝：《悟香集》，《清代诗文集汇编》第18册，上海古籍出版社2011年版。

(清) 罗聘：《香叶草堂诗存》，清嘉庆刻道光十四年印本。

(清) 罗天尺：《瘿晕山房诗钞》，清乾隆二十七年刊本。

(清) 吕坚：《迟删集》，清滋树堂刊本。

(清) 吕留良：《吕留良诗文集》，浙江古籍出版社2011年版。

(清) 马曰琯：《沙河逸老小稿》，清咸丰元年粤雅堂丛书本。

(清) 马曰琯：《嶰谷词》，清咸丰元年粤雅堂丛书本。

(清) 冒襄：《巢民诗文集》，《清代诗文集汇编》第37册，上海古籍出版社2011年版。

(清) 潘飞声：《说剑堂集》，清光绪二十四年仙城药洲刻，说剑堂著书本。

(清) 潘江：《木厓集》，清康熙刻本。

(清) 彭士望：《耻躬堂诗文钞》，《清代诗文集汇编》第32册，上海古籍出版社2011年版。

(清) 蒲松龄：《聊斋文集》，清道光二十九年邢祖恪钞本。

(清) 屈大均：《翁山文外》，《清代诗文集汇编》第119册，上海古籍出版社2011年版。

(清) 屈复：《弱水集》，《续修四库全书》第1423册，上海古籍出版社2002年版。

(清) 屈向邦：《粤东诗话》，民国三十七年诵清芬室铅印本。

(清) 阮元：《两浙輶轩录补遗》，上海古籍出版社2002年版。

(清) 邵长蘅：《邵子湘全集》，清康熙刻本。

(明) 申涵光：《聪山集》，中华书局1985年版。

(清) 沈德潜：《明诗别裁集》，中华书局1975年版。

(清) 沈垚：《落帆楼文集》，民国吴兴丛书本。

（清）石卓槐：《留剑山庄初稿》，《清代诗文集汇编》第 392 册，上海古籍出版社 2011 年版。

（清）史善长：《味根山房诗钞》，番禺史氏刊本。

（清）孙静庵：《明遗民录》，浙江古籍出版社 1988 年版。

（清）孙学颜：《麻山集》，民国十八年东方印书馆铅印。

（清）孙原湘：《天真阁集》，清道光刊本。

（清）孙枝蔚：《溉堂集》，上海古籍出版社 1979 年版。

（清）万寿祺：《隰西草堂诗文集》，清道光四年刻本。

（清）汪绂：《双池文集》，清道光一经堂刻本。

（清）汪辉祖：《佐治药言》，清乾隆五十四年双节堂刻本。

（清）汪景祺：《读书堂西征随笔》，上海书店出版社 1984 年版。

（清）汪士慎：《巢林诗集》，清乾隆九年刻本。

（清）汪惟宪：《积山先生遗集》，《清代诗文集汇编》第 250 册，上海古籍出版社 2011 年版。

（清）汪中：《新编汪中集》，田汉云点校，广陵书社 2005 年版。

（清）王士祯：《池北偶谈》，齐鲁书社 2007 年版。

（清）王隼：《大樗堂初集》，清道光刻本。

（清）王应奎：《海虞诗苑》，罗时进、王文荣点校，上海古籍出版社 2013 年版。

（清）王应奎：《柳南文钞》，《清代诗文集汇编》第 256 册，上海古籍出版社 2011 年版。

（清）王应奎：《柳南随笔续笔》，中华书局 1983 年版。

（清）王昶：《烟霞万古楼文集》，中华书局 1985 年版。

（清）王豫：《江苏诗征》，清道光元年焦山海西庵诗词阁刊本。

（清）温汝能纂辑，吕永光等整理，李曲斋、陈永正审定：《粤东诗海》，中山大学出版社 1999 年版。

（清）吴颢:《国朝杭郡诗辑》,清同治十三年钱塘丁氏重刻本。

（清）吴嘉纪:《陋轩诗》,清康熙元年赖古堂刻增修本。

（清）吴嘉纪著,杨积庆笺校:《吴嘉纪诗笺注》,上海古籍出版社1980年版。

（清）吴兆骞:《秋笳集》,上海古籍出版社2009年版。

（清）向璇:《向惕斋先生集》,《清代诗文集汇编》第249册,上海古籍出版社2011年版。

（清）谢堃:《春草堂集》,清道光春草堂丛书本。

（明）邢昉:《石臼集》,清康熙刻本。

（明）邢昉:《石臼前集后集》,《丛书集成续编》第120册,上海书店1994年版。

（清）徐枋:《居易堂集》,华东师范大学出版社2009年版。

（清）徐珂:《清稗类钞》,中华书局1986年版。

（清）徐士俊:《雁楼集》,《清代诗文集汇编》第17册,上海古籍出版社2011年版。

徐世昌编:《晚晴簃诗汇》,中华书局1990年版。

徐世昌编:《晚晴簃诗话》,华东师范大学出版社2009年版。

（清）徐述夔:《一柱楼外集》,民国十年石印。

（清）薛雪:《一瓢斋诗存》,清刊本。

（明）阎尔梅:《白耷山人全集》,中国地学会民国十一年版。

（清）颜嵩年:《越台杂记》,见林子雄点校《清代广东笔记五种》,广东人民出版社2006年版。

（清）杨钟羲:《雪桥诗话余集》卷四,民国求恕斋丛书本。

（清）叶燮、（清）薛雪、（清）沈德潜:《原诗 一瓢诗话 说诗晬语》,霍松林等校注,人民文学出版社1998年版。

（清）余怀:《味外轩诗辑》,清刻本。

（清）张隽：《西庐文集》，《清代诗文集汇编》第 19 册，上海古籍出版社 2011 年版。

（清）张维屏：《国朝诗人征略》，陈永正点校，苏展鸿审定，中山大学出版社 2004 年版。

（清）张云章：《朴村诗集》，清康熙华希闵等刻本。

（清）张云章：《朴村文集》，清康熙华希闵等刻本。

（清）赵尔巽、柯劭忞：《清史稿》，中华书局 1997 年版。

（清）赵翼著，华夫主编：《赵翼诗编年全集》，天津古籍出版社 1996 年版。

（清）周容：《春酒堂文集》，《清代诗文集汇编》第 66 册，上海古籍出版社 2011 年版。

（清）周筼：《采山堂遗文》，杭州古旧书店 1983 年版。

（明）朱鹤龄：《愚庵小集》，清文渊阁四全书本。

（清）朱克敬：《瞑庵杂识》，岳麓书社出版 1983 年版。

（清）朱彝尊：《静志居诗话》，人民文学出版社 1990 年版。

（清）卓尔堪：《遗民诗》，中华书局 1961 年版。

二 专著

白谦慎：《傅山的交往和应酬：艺术社会史的一项个案研究》，上海书画出版社 2003 年版。

包赉：《清吕晚村先生留良年谱》，台湾商务印书馆 1978 年版。

鲍永军：《绍兴师爷汪辉祖研究》，人民出版社 2006 年版。

卞僧慧：《吕留良年谱长编》，中华书局 2003 年版。

陈伯海、蒋哲伦：《中国诗学史》，鹭江出版社 2002 年版。

陈进波、惠尚学：《文艺心理学》，兰州大学出版社 1999 年版。

陈茂同：《中国历代选官制度》，华东师范大学出版社1994年版。

陈鸣钟：《清代南京学术人物传》，南京大学出版社2003年版。

陈维昭：《带血的挽歌——清代文人的心态史》，河北教育出版社2001年版。

陈文新：《中国文学编年史》，湖南人民出版社2006年版。

陈雪军：《梅里词派研究》，上海古籍出版社2009年版。

陈玉兰：《清嘉道时期江南寒士诗群与闺阁诗侣研究》，人民文学出版社2004年版。

戴逸：《乾隆帝及其时代》，中国人民大学出版社1992年版。

丁成泉：《中国山水诗史》，文津出版社1995年版。

傅璇琮、许逸民、王学泰：《中国诗学大辞典》，浙江教育出版社1999年版。

管林：《岭南晚清文学研究》，广东人民出版社2003年版。

郭齐家：《中国古代考试制度》，商务印书馆1997年版。

郭绍虞：《中国文学批评史》，百花文艺出版社1999年版。

郭预衡：《中国散文史》，上海古籍出版社2000年版。

韩进廉：《无奈的追寻——清代文人心理透视》，河北大学出版社2001年版。

郝树侯：《傅山传》，山西人民出版社1985年版。

何冠彪：《明季士大夫的抉择》，台北：联经出版社1997年版。

何宗美：《明末清初文人结社研究》，南开大学出版社2004年版。

黄惠贤：《二十五史人名大辞典》，中州古籍出版社1997年版。

黄霖：《近代文学批评史》，上海古籍出版社1993年版。

黄裳：《笔祸史谈丛》，人民日报出版社1988年版。

霍有明：《清代诗歌发展史》，文津出版社1994年版。

柯愈春：《清人诗文集总目提要》，北京古籍出版社2001年版。

冷成金：《隐士与解脱》，作家出版社 1997 年版。

李春光：《清代学人录》，辽宁大学出版社 2001 年版。

李慈铭：《越缦堂读书记》，上海书店出版社 2000 年版。

李公明：《广东美术史》，广东人民出版社 1993 年版。

李权时、李明华、韩强：《岭南文化》，广东人民出版社 2010 年版。

李明军：《文统与政统之间：康雍乾时期的文化政策和文学精神》，齐鲁书社 2008 年版。

李万才：《东海布衣黄慎传》，上海人民出版社 2001 年版。

李文初：《中国山水诗史》，广东高等教育出版社 1991 年版。

李文初：《中国山水文化》，广东人民出版社 1996 年版。

李小松、陈泽弘：《历代入粤名人》，广东人民出版社 1994 年版。

李兴盛：《吴兆骞年谱》，黑龙江大学出版社 2000 年版。

李永贤：《廖燕研究》，巴蜀书社 2006 年版。

李治亭：《清康乾盛世》，河南人民出版社 1998 年版。

梁启超：《清代学术概论》，上海古籍出版社 2000 年版。

梁启超：《中国近三百年学术史》，天津古籍出版社 2003 年版。

刘大杰：《中国文学发展史》，复旦大学出版社 2006 年版。

刘丽：《清初两大诗人群体研究》，海南出版社 2011 年版。

刘声木：《桐城文学渊源撰述考》，黄山书社 1989 年版。

刘世南：《清诗流派史》，人民文学出版社 2004 年版。

刘永翔：《明清上海稀见文献五种》，人民文学出版社 2006 年版。

骆伟：《岭南族谱撷录》，广东人民出版社 2002 年版。

马大勇：《清初庙堂诗歌集群研究》，吉林人民出版社 2011 年版。

马德泾、范然、马传生：《镇江人物辞典》，南京大学出版社 1992 年版。

马良春、李福田：《中国文学大辞典》，天津人民出版社 1991 年版。

梅新林：《中国古代文学地理形态与演变》，复旦大学出版社 2006
　　年版。

门岿：《二十六史精要辞典》，人民日报出版社 1993 年版。

潘承玉：《清初诗坛：卓尔堪与遗民诗研究》，中华书局 2004 年版。

齐森华、陈多、叶长海：《中国曲学大辞典》，浙江教育出版社 1997
　　年版。

钱仲联：《清诗纪事》，江苏古籍出版社 1989 年版。

钱仲联、傅璇琮、王运熙：《中国文学大辞典》，上海辞书出版社 1997
　　年版。

秦华生：《清代戏曲发展史》，旅游教育出版社 2006 年版。

商衍鎏：《清代科举考试述录》，生活·读书·新知三联书店 1958
　　年版。

上海书店出版社编：《清代文字狱档》，上海世纪出版股份有限公司、
　　上海书店出版社 2007 年版。

尚小明：《学人游幕与清代学术》，社会科学文献出版社 1999 年版。

时志明：《山魂水魄——明末清初节烈诗人山水诗论》，凤凰出版社
　　2006 年版。

孙立：《明末清初诗论研究》，广东高等教育出版社 1999 年版。

王德昭：《清代科举制度研究》，中华书局 1984 年版。

王顺贵：《清代格调论诗学研究》，中国社会科学出版社 2011 年版。

魏中林：《钱仲联先生讲论清诗》，苏州大学出版社 2004 年版。

魏中林：《古典诗歌学问化研究》，中国社会科学出版社 2012 年版。

邬国平、王镇远：《清代文学批评史》，上海古籍出版社 1995 年版。

严迪昌：《清词史》，江苏古籍出版社 1999 年版。

严迪昌：《清诗史》，江苏古籍出版社 2002 年版。

严迪昌：《严迪昌自选论文集》，中国书店 2005 年版。

杨义：《重绘中国文学地图》，中国社会科学出版社 2007 年版。

姚奠中：《山西历代诗人诗选》，山西人民出版社 1980 年版。

余英时：《中国历史转型时期的知识分子》，台北：联经出版社 1992 年版。

余英时：《士与中国文化》，上海人民出版社 2003 年版。

张建德：《明代山人文学研究》，湖南人民出版社 2005 年版。

张健：《清代诗学研究》，北京大学出版社 1999 年版。

张俊：《清代小说史》，浙江古籍出版社 1997 年版。

张少康：《中国文学理论批评史》，北京大学出版社 2005 年版。

张修龄：《清初散文论稿》，复旦大学出版社 2010 年版。

张仲礼：《中国绅士》，上海社会科学院出版社 2001 年版。

张仲谋：《清代文化与浙派诗》，东方出版社 1997 年版。

张仲谋：《兼济与独善》，东方出版社 1998 年版。

赵炜：《明末清初虞山诗学研究》，百花洲文艺出版社 2011 年版。

赵园：《明清之际士大夫研究》，北京大学出版社 2000 年版。

中山大学中国古文献研究所编：《粤诗人汇传》，岭南美术出版社 2009 年版。

周金冠：《布衣百俊歌》，西泠印社出版社 2008 年版。

周伟民：《明清诗歌史论》，吉林教育出版社 1995 年版。

周瑜华：《明代文人以文治生研究》，广东高等教育出版社 2010 年版。

朱丽霞：《明清之交文人游幕与文学生态：以徐渭、方文、朱彝尊为个案》，上海古籍出版社 2008 年版。

朱则杰：《清代诗歌史》，江苏古籍出版社 2000 年版。

三 学术论文

边艳蓉：《人当在野名偏著，陋可名轩学不穷——论明遗民吴嘉纪的诗歌》,《南昌高专学报》2009 年第 5 期。

曹冷泉:《清初具有民族气节的蒲城诗人屈复》,《人文杂志》1980 年第 4 期。

陈居渊:《论孙原湘的性灵说》,《文学遗产》1995 年第 6 期。

陈翔华:《徐述夔及其〈一柱楼诗〉狱考略》,《文献》1985 年第 2 期。

陈玉兰:《且制穷途阮生泪枯槎还具济川才——彭兆荪的不世诗情》,《苏州大学学报》(社会科学版)1999 年第 2 期。

程伟:《明遗民方文咏物诗浅析》,《安徽文学》(下半月)2008 年第 12 期。

邓晓东:《拯救与宣泄:魏耕诸友人清后的文学活动及其意义》,《南京师大学报》(社会科学版)2010 年第 5 期。

方志红:《论钟嵘的布衣文学观——兼对〈诗品〉品第批评方法再认识》,《求索》2008 年第 2 期。

冯玉荣:《清初士人身份认同的危机与调适》,《中国社会科学报》2011 年 3 月 17 日第 008 版。

葛恒刚:《〈望社姓氏〉未载之望社成员》,《中国典籍与文化》2008 年第 1 期。

葛恒刚:《望社成员考》,《南京师范大学文学院学报》2007 年第 4 期。

宫丹丹:《奇气漫漫溢九州——论王昙的诗歌创作》,《淮南师范学院学报》2008 年第 6 期。

郭静洲:《汪景祺与〈读书堂西征随笔〉》,《文史杂志》1992 年第 5 期。

何宗美、何素婷:《顾梦游诗文佚作及其价值》,《南京师范大学文学院学报》2009 年第 3 期。

胡金望:《论方文的遗民情结与诗风》,《东南学术》2008 年第 9 期。

黄建林：《清初诗人李骥考论》，《苏州教育学院学报》2012 年第 1 期。

黄瑞云：《论乾嘉诗坛》，《湖北师范学院学报》（哲学社会科学版）2001 年第 1 期。

贾峰：《浅析清初遗民诗人方文》，《安徽文学》（下半月）2010 年第 4 期。

贾荣圣：《浅析"野人体"诗歌之"野"》，《太原城市职业技术学院学报》（社会科学版）2011 年第 4 期。

简究岸：《清雍正初年汪景祺〈西征随笔〉"逆书"案》，《观察与思考》2000 年第 10 期。

郎菁：《四库禁毁书目中的三部清初陕西诗文集——〈溉堂集〉、〈槲叶集〉和〈弱水集〉》，《图书馆杂志》2005 年第 10 期。

李艳华：《屈复及其主要著作》，《时代文学》（上半月）2011 年第 8 期。

刘靖渊：《从台阁诗风的消长看乾嘉之际诗风转换》，《山东师大学报》（社会科学版）2001 年第 3 期。

刘靖渊：《论乾嘉之际诗人的诗心与诗歌》，《西北师范大学学报》（社会科学版）2002 年第 1 期。

刘深：《郭麐新论》，《中国韵文学刊》2010 年第 4 期。

毛剑杰：《从黄宗羲到吕留良：明遗民百年精神抗争》，《看历史》2012 年第 5 期。

钱成：《论明末清初东淘遗民诗群的诗歌创作——兼论吴嘉纪"布衣诗风"之成因》，《名作欣赏》2011 年第 29 期。

钱晶：《明清易代之际诗人魏耕心态考述》，《华章》2011 年第 14 期。

单海萍：《李果研究》，《理论纵横》2011 年第 11 期。

汤克勤：《布衣抑或"中国一分子"——论吴趼人由士向知识分子的近代转型》，《学术交流》2012 年第 4 期。

田晓春：《"盛世"布衣诗群文化性格论》，《苏州大学学报》1999 年第 4 期。

童维生：《布衣诗人邢昉和他的诗歌》，《中文自学指导》1991 年第 7 期。

王芳：《清风不识字，何必乱翻书：徐述夔与〈一柱楼诗案〉》，《江苏地方志》2004 年第 6 期。

王进驹：《一份清代失意文人病态心理的标本：谈汪景祺的〈读书堂西征随笔〉》，《广西师院学报》（哲学社会科学版）2000 年第 2 期。

王明芳：《乾嘉学者的生存状态试析》，《泰山学院学报》2006 年第 1 期。

王士伟：《明清之际进步思潮中别具一格的重要思想家——李二曲》，《人文杂志》1985 年第 4 期。

王英志：《袁枚大弟子孙原湘论——性灵派研究之一》，《安徽大学学报》（哲学社会科学版）1997 年第 4 期。

邢永革：《略评叶燮、薛雪、沈德潜师生三人的诗话》，《菏泽师范专科学校学报》2002 年第 3 期。

薛瑞录：《魏耕和清初的"通海案"》，《中国史研究》1989 年第 1 期。

严迪昌：《从〈南山集〉到〈虬峰集〉：文字狱案与清代文学生态举证》，《文学遗产》2001 年第 5 期。

杨积庆：《邢昉和他的〈石臼集〉》，《镇江师专学报》（社会科学版）1985 年第 1 期。

杨曦：《邢昉其人其诗》，《安徽冶金科技职业学院学报》2009 年第 2 期。

杨志平：《明末清初文人独特生命形态之考察——以陈忱日常生存与终极理想为例》，《湖州师范学院学报》2006 年第 6 期。

易启明：《吴兆骞心路历程与诗歌创作研究》，《湖南师范大学学报》2009 年第 11 期。

于春媚：《论布衣及布衣精神的内涵》，《河北大学学报》（哲学社会科学版）2007年第1期。

俞浣萍：《魏耕其人其诗》，《浙江学刊》1986年第1—2期。

原志军、郭昭明：《清初爱国诗人屈复》，《渭南师范学院学报》1990年第1期。

曾绍皇：《屈复〈杜工部诗评〉十八卷辑考》，《中国文学研究》（辑刊）2011年第1期。

詹福瑞：《布衣及其文化精神》，《清华大学学报》（哲学社会科学版）2011年第2期。

张兵：《廿载流人史，渊源自汉槎——李兴盛先生与清初诗人吴兆骞研究》，《社科纵横》2002年第12期。

张宏生：《魏耕的人品与诗风》，《古典文学知识》1995年第6期。

张佳生：《清代前、中期满族布衣诗人述略》，《社会科学辑刊》1990年第1期。

张克伟：《李颙理学思想体系中核心理论刍议》，《船山学刊》1992年第4期。

张立娜、康夏清：《浅谈顾梦游与陶渊明》，《文艺生活》（文艺理论）2012年第8期。

张琼：《论布衣文人对清代文学的推动》，《江苏社会科学》2013年第6期，《（中国古代、近代文学研究）人大复印资料》2013年第9期全文转载。

张琼：《略论清代布衣精神》，《兰台世界》2014年第2期。

张琼：《论近代爱国诗人对时局的反思》，《云梦学刊》2013年第7期。

张亦伟：《高洁的品格与真率的诗风——明遗民诗人魏耕其人其诗》，《古典文学知识》2008年第1期。

张哲：《魏耕诗歌现实主义风格初探》，《消费导刊》2008年第6期。

赵海霞：《特立独行一"笠翁"——李渔的人格解析》，《咸阳师范学院学报》2008年第9期。

赵杏根：《论江都诗人汪中》，《扬州大学学报》（人文社会科学版）1998年第5期。

赵杏根：《杜陵布衣踞词坛，白首骂座伧与蛮——论杜濬其人其诗》，《中国韵文学刊》2006年第3期。

赵永纪：《清初遗民诗概观》，《复旦学报》（社会科学版）1987年第1期。

周榆华：《明代中后期"诗在布衣"现象论析》，《江西科技师范学院学报》2008年第5期。

周榆华：《试述明代中后期的诗文消费风尚及文人代耕》，《江西广播电视大学学报》2008年第4期。

四 学位论文

敖运梅：《吴兆骞诗赋研究》，硕士学位论文，西北师范大学，2003年。

陈凯玲：《清人并称群体研究》，博士学位论文，浙江大学，2011年。

陈珊珊：《明遗民群体的心态嬗变和启蒙思想的生成》，硕士学位论文，浙江大学，2007年。

陈涛：《黄仲则诗歌研究》，硕士学位论文，山东大学，2008年。

陈晓红：《方东树诗学研究》，博士学位论文，复旦大学，2010年。

陈秀春：《舒位诗歌研究》，硕士学位论文，复旦大学，2010年。

陈雅男：《林古度诗研究》，硕士学位论文，福建师范大学，2006年。

陈燕：《乾坤清气总归诗——厉鹗诗歌研究》，硕士学位论文，山东师范大学，2007年。

程美华：《孙原湘诗歌研究》，博士学位论文，华东师范大学，2006年。

代玲俐：《丁酉科场案与吴兆骞心态变化及文学风格演变关系研究》，硕士学位论文，南京师范大学，2008年。

范瑞雪：《论黄仲则"好作幽苦语"及其成因》，硕士学位论文，山东师范大学，2004年。

付华：《杜濬诗歌研究》，硕士学位论文，郑州大学，2007年。

甘宏伟：《黄仲则诗歌研究》，硕士学位论文，郑州大学，2005年。

苟莹莹：《汪中骈文研究》，硕士学位论文，兰州大学，2012年。

顾晶晶：《评点者与创造者的互生共存：以杜濬与李渔为例》，硕士学位论文，扬州大学，2010年。

何素婷：《明遗民诗人顾梦游研究》，硕士学位论文，西南大学，2010年。

胡梅梅：《魏耕研究》，硕士学位论文，南京师范大学，2008年。

胡雅莉：《黄仲则研究》，硕士学位论文，复旦大学，2006年。

黄丽勤：《郭麐研究》，硕士学位论文，浙江大学，2007年。

黄意：《一部残稿有"遗"很：论吕留良的遗民情怀与其诗歌创作》，硕士学位论文，华东师范大学，2010年。

蒋勇：《吴兆骞诗歌研究》，硕士学位论文，湘潭大学，2007年。

蒋郁葱：《抑情无计总飞扬：黄仲则诗歌研究》，硕士学位论文，湖南师范大学，2004年。

蓝士英：《晓天星影暮天鸿：清代诗人黄仲则研究》，硕士学位论文，苏州大学，2007年。

李东琴：《傅山人格与其诗歌风格》，硕士学位论文，福建师范大学，2005年。

李冬香：《舒位诗歌研究》，硕士学位论文，暨南大学，2010年。

李亮亮：《朱卉及其七言诗研究》，硕士学位论文，安徽大学，2012年。

李艳：《乾嘉诗人舒位研究》，硕士学位论文，辽宁师范大学，2010年。

李莺莺：《胡天游诗歌研究》，硕士学位论文，暨南大学，2007年。

李永贤：《廖燕研究》，博士学位论文，复旦大学，2004年。

梁辉：《胡天游诗歌研究》，硕士学位论文，长沙理工大学，2012年。

梁素：《"寂寥抱冬心"——论金农的诗心与诗作》，硕士学位论文，山东师范大学，2008年。

卢虹竹：《汪士慎及其诗歌研究》，硕士学位论文，陕西师范大学，2011年。

鲁东平：《清初嘉定布衣张云章研究》，硕士学位论文，浙江大学，2011年。

钱晶：《魏耕其人其诗研究》，硕士学位论文，安徽大学，2011年。

任广永：《清初遗民万寿祺诗歌研究》，硕士学位论文，苏州大学，2010年。

单海萍：《清代布衣诗人李果研究》，硕士学位论文，浙江工业大学，2011年。

石天飞：《乾嘉诗人舒位研究》，博士学位论文，广西师范大学，2011年。

孙其芬：《明清江南儒商的文化艺术活动》，硕士学位论文，上海师范大学，2010年。

孙晓榴：《清初水绘园词人群体研究》，硕士学位论文，华东师范大学，2011年。

孙雪霄：《顾炎武诗歌考论》，博士学位论文，山东大学，2011年。

田晓春：《清代"盛世"布衣诗群文化性格论》，博士学位论文，苏州大学，1998年。

王丹凤：《傅山及其诗歌研究》，硕士学位论文，山东师范大学，2012年。

王栋林：《冒襄的遗民生活与诗歌》，硕士学位论文，新疆师范大学，

2010年。

王丽娟：《"扬州二马"文学活动研究》，硕士学位论文，扬州大学，2010年。

王西：《薛雪诗歌研究》，硕士学位论文，暨南大学，2011年。

王鑫：《遗民诗人吴嘉纪研究》，硕士学位论文，辽宁师范大学，2008年。

王亚茹：《汪中诗歌研究》，硕士学位论文，长沙理工大学，2012年。

王义：《申涵光诗歌研究》，硕士学位论文，河北大学，2012年。

魏传强：《春鸟秋虫自作声——黄仲则诗歌研究》，硕士学位论文，山东师范大学，2005年。

温世亮：《明遗民徐昉研究》，硕士学位论文，苏州大学，2010年。

夏雅俐：《"逆谷"与"适谷"——从金农看康乾盛世江南布衣文人心态》，硕士学位论文，复旦大学，2000年。

徐婷：《明遗民徐昉研究》，硕士学位论文，苏州大学，2012年。

许隽超：《黄仲则研究》，博士学位论文，南京师范大学，2004年。

闫会雁：《舒位研究》，硕士学位论文，河南师范大学，2011年。

阳静：《乾隆后三家之一王昙诗歌研究》，硕士学位论文，华中科技大学，2008年。

杨晓秀：《孙原湘文学研究》，硕士学位论文，山东师范大学，2012年。

杨志平：《陈忱研究》，硕士学位论文，华东师范大学，2005年。

于刚：《杜濬诗文研究》，硕士学位论文，南京师范大学，2010年。

张代会：《杜濬研究》，硕士学位论文，华东师范大学，2008年。

张维：《胡天游诗歌研究》，硕士学位论文，苏州大学，2006年。

张学芬：《邵长蘅杜诗评点研究》，硕士学位论文，河北大学，2012年。

张哲明：《遗民文人魏耕、祁班孙研究》，硕士学位论文，上海大学，2008年。

章静:《罗聘及其诗歌研究》,硕士学位论文,陕西师范大学,2010年。

朱铭:《清初流人吴兆骞心态与文学研究》,硕士学位论文,苏州大学,2012年。

朱小利:《方文及其〈嵞山集〉研究》,硕士学位论文,南京师范大学,2007年。

后　记

　　这本小书能够问世，实由多种机缘促成。2012年，我主持的教育部课题"乾嘉之际岭南布衣诗人群体研究"顺利结项；是年博士论文开题，我顺势将"清代布衣文人研究"这个题目确定下来。2014年6月如期答辩并通过，但始终心存愧疚，深感没有达到师长们的预期，因此，毕业之后忙里偷闲断断续续地在对文稿进行修改。书稿改定后，2018年申请学校的资助项目并如意获得出版资助，这才有这本书的出版。

　　回顾所走过的路，虽跌跌撞撞，却始终有惊无险，这要归功于所得到的众多的帮助。首先要感谢的，是我的导师魏中林教授。新世纪元年，误打误撞进了魏门。暨南园三年，耳提面命，授我鱼，更授我以渔，让我懂得了治学的门径，掌握了学术的规范，并较为快速地找准了自己的兴趣点。读博期间也是如此。虽然学位论文的题目早早确定下来，但博士学位论文的难度与硕士学位论文不可同日而语，面对堆积如山的原始资料，我也有过无从下手之感。尽管魏师公务繁杂，但任何时候，当得知我遇到困难时，他都会挤出时间，或打电话，或写邮件，或编微信，为我解惑；一旦陷入僵局，他三言两语的点拨，就能让我走出死胡同；当我想敷衍塞责时，又是他的微言大义，使我猛然惊醒，继续发微探幽，朝见微知著方面努力。承蒙魏师不弃，六年前曾为我的另一本小书作序，而今又拨冗再赐序予我。师恩如山，没齿难忘。

我还要感谢暨南大学的诸位老师。求学期间及毕业之后，史小军教授、徐国荣教授、赵维江教授、程国赋教授、张玉春教授、张海沙教授等诸多师长都非常关心我的学习或工作，给我提供了不可多得的帮助；中山大学的彭玉平教授、黄仕忠教授，华南师范大学的戴伟华教授、左鹏军教授、谢飘云教授是我博士学位论文答辩委员，仔细审读过我的博士学位论文并提出了诸多宝贵建议，在此一并感谢！

我还要感谢家人的支持，没有他们的支持，也不可能有现在的收获。感谢我的母亲罗知敏，操持了所有的家务，免除了我的后顾之忧。感谢丈夫曾建生，他一贯乐于成为我写出的文字的第一个读者；感谢我的儿子笑愚，开朗活泼，阳光豁达，喜爱学习，让我得以专注自己的杂务。

还要感谢教育部社科司评审专家的青睐，使我申报的项目能够立项，让我坚定研究布衣诗人群体的决心；感谢我供职的广东财经大学的资助，使拙作得以出版；感谢师妹唐何花，师弟高志忠、马国华，以及我的学生陈泽森为我查找、核对文献提供了诸多便利，感谢我的学生陈彦廷为我校对了全书。

当然，一本小书只能算是对已经逝去的青葱岁月的一个交代。限于学识与精力，这本小书也存在不尽如人意之处，就让它时时警策着我：砥砺前行，莫负韶华。